9812

PHILOSOPHIÆ
ELEMENTA.

TOMUS PRIMUS.

R. 1890

PHILOSOPHIÆ
ELEMENTA
QUINQUE DISTINCTA PARTIBUS,

Studiosæ Juventuti in Collegio bonorum Puerorum Universi Studii Remensis tradita ab Antonio MIGEOT, *Presbytero, Ins. Eccl. Metr. Rem. Canonico.*

Quam sine fictione didici & sine invidiâ communico.
Sap. Cap. 7. v. 13.

TOMUS PRIMUS.

CAROLOPOLI,
Apud RAUCOURT, Serenissimi Principis CONDÆI, Urbisque Typographum & Bibliopolam.

PARISIIS,
Apud LE CLERC, Augustinianorum aggere, sub signo Velleris aurei.

M. DCC. LXXXIV.
Cum Approbatione & Privilegio Regis.

Hortor venire vos cum benevolentia & attentiori studio lectionem facere, & veniam habere in illis in quibus videmur, sequentes imaginem sapientiæ, deficere in verborum compositione.

Ecclesiastici Prol.

AVIS DE L'ÉDITEUR.

Il y a quelque temps qu'un de mes amis me procura une Philosophie manuscrite qui lui avoit été dictée dans son Cours d'études, par M. Migeot, alors Professeur de Philosophie dans l'Université de Reims. Il m'en faisoit l'éloge, & m'en disoit beaucoup de bien. J'avoue que j'étois tellement prévenu contre tout ce qui s'appelle Philosophie scholastique, qu'il ne falloit pas moins que le témoignage d'un homme de bon sens, pour me déterminer à la lire. Je la lus donc, & je trouvai autant que mes foibles lumieres me permettoient d'en décider, que le jugement qu'on en avoit porté devant moi étoit conforme à la vérité, que cet Ouvrage étoit propre à inspirer l'amour de la sagesse, & qu'il méritoit véritablement le titre de Philosophie. Car rien de plus sacré que ce beau nom, & cependant rien de plus profané dans tous les temps. Pendant des siecles entiers on l'a prodigué à un jargon barbare, à un tas de subtilités puériles, enseignées gravement dans les Écoles; de nos jours, par un abus plus étrange encore, on prostitue très-souvent ce titre respectable aux plus minces connoissances, pourvu qu'elles soient assaisonnées d'irréligion. L'Auteur de l'Ouvrage qu'on donne aujourd'hui au Public, a sû éviter ces deux écueils. D'un côté, non-seulement il respecte la Religion, mais sa Philosophie y mene nécessairement, & s'y rapporte toute entiere: il est aisé de voir qu'il a pris à tâche d'y expliquer dans toutes les occasions les fondemens d'une saine Théologie, & de montrer l'accord merveilleux de la raison avec la foi; &, si je ne me trompe, il y a pleinement réussi. D'autre part, il a tellement élagué ce que les anciennes Philosophies avoient de barbare, d'obscur, d'inutile & de rebutant, qu'on croit pouvoir assurer que cet Ouvrage est absolument neuf dans son genre, & que ce seroit s'en faire une idée très-fausse, que d'en juger par les Philosophies scholastiques qui ont paru jusqu'à présent.

Je ne prétends pas au reste prévenir la

jugement du public, mais seulement lui exposer avec ingenuité la sensation que cet Écrit a faite en moi, & lui rendre compte des motifs qui m'engagent à le publier. Si quelque chose a pu encore m'encourager à faciliter la lecture de cet Ouvrage, & à lui assurer par la voie de l'Impression une existence que l'Auteur n'auroit jamais songé à lui donner, c'est l'empressement de tous ceux qui le connoissent, à s'en procurer des copies manuscrites.

Cette Philosophie a cinq parties. Les trois premieres, savoir : La LOGIQUE, la MORALE, & la MÉTAPHYSIQUE, qui forment le premier volume, sont en latin. Les deux autres, c'est-à-dire, les MATHÉMATIQUES & la PHYSIQUE, qui forment le second volume, sont en françois; & il semble que la plus grande facilité des calculs l'exigeoit ainsi. L'Auteur a déjà introduit dans l'Université de Reims, où il a long-temps professé, l'usage qui paroît si raisonnable, d'enseigner en françois ces deux sciences : & son exemple est imité dans plusieurs autres Colléges.

APPROBATIO.

ILLUSTRISSIMI Regiorum Sigillorum Custodis jussu, Codicem manuscriptum legi, cui titulus: *Philosophiæ Elementa quinque distincta partibus.* &c. Opus Philosophiæ studiosis inoffenso pede percurrendum, in quo Ratiocinii leges, Morum regulæ & Entium principia claré ac sapienter exhiberi mihi visa sunt. Datum Parisiis die Octobris 28ª. Anno autem Domini 1782.

LOURDET, Regius Lector & Professor.

DE PHILOSOPHIÆ ELEMENTIS

PROŒMIUM.

In hoc genere difciplinæ quod pertractare aggredimur, præfari operæ pretium eft, nullam effe artes inter liberales quâ vir ingenuus carere turpiùs poffit, quæque cæteris fcientiis majori fit adminiculo. Non enim omnes omnibus animum debemus intendere; non quifque Poëta, Pictorve aut Geometres, multò minus Orator. Nemo verò eft cujus non interfit rectè judicare, mores informare ad honeftatem, fe fuîque Conditorem nofcere, & identidem intueri fplendidam illam Orbis fpeciem quæ Deum oftendit quafi lumine repercuffo. Ignorantiæ quippe tenebris offufi nafcimur, pravoque fervientes cupidini. Sit igitur filum aliquod neceffe eft, quo regamur in hocce rerum humanarum labyrintho : sit certa quædam norma vitæ sapienter instituendæ. Id vero præstat ea quam tradituri sumus disciplina : hæc circumfusam errorum nubem luce dissolvit suâ : hæc vitia nobis, ut ita dicam, congenita detegit impugnatque : ejusdem ope terrenis exuti fasciis ad altiora quæque rerum principia erigimur, & Orbem, qualis quantusque est, celeri mente percurrimus.

Quid, si vix possint, sine illa, cæteræ prodire artes ? atqui cæcutiat oportet, qui id non pervideat, si vel leviter adverterit. « Eas enim omnes (inquit Tullius) » quasi sepimento aliquo vallat disserendi » ratione, veri & falsi judicandi scientia, » & arte quâdam intelligendi, quid quam- » que rem sequatur, & quid sit cuique con- » trarium ». Præterea multarum artium origo est illa, atque fundamentum : multis materiam nervosque, ut ita dicam, & sanguinem sufficit. Legantur, exempli gratiâ, eorum opera qui summâ eloquentiæ laude floruerunt, ea profecto Philosophiæ opibus

PROŒMIUM.

locupletata esse manifestum erit : unde præclarè Poëta :

Scribendi rectè sapere est & principium & fons.

Quid igitur eâ disciplinâ præstantius? Quid homine dignius? Quo verò studio in illam ardere debet bonus quisque?

Ut autem ingenioso adolescenti tuta brevisque ad Philosophiam pateat via, duos inter scopulos medius incedat necesse est. Sunt enim nonnulli qui omnia linguâ, vix mente quædam attingunt, dubiaque pro cognitis habent incunctanter, ac primis opinionibus temerè assentiuntur, satis sibi esse rati, si obvia quæque pervolitent; nec unquam ad se reflectunt animum, aut rei ullius intima rimantur. Alii è contra multa utilia quidem & cognitu facilia dedignati, subtiliora sectantur; & dum sublime sapere volunt, captant inania. Quibus vitiis declinatis, brevi ad ipsos Philosophiæ sinceræ fontes pertinget quisquis, cum ingenio non ita pingui, parem operi dili-

iv *PROEMIUM.*

gentiam adhibere voluerit. Quare agite, ô dilectissimi Philosophiæ Auditores, & ad eam comparandam omnes ingenii vires exerite. Difficiles esse salebrososque aditus non diffiteor : at mementote omnia vel maximè ardua labore improbo vinci atque superari.

DE

DE GENERALI PHILOSOPHANDI METHODO,

Variifque notionibus ad id necefsariis ut Scriptores Polemici possint intelligi.

PHILOSOPHIS id moris est, ubi rem aliquam investigant, quærere : 1°. *Quid sit?* 2°. *An sit?* 3°. *Cur sit?* 4°. *Qualis sit?* 5°. Denique *Quotuplex sit?* Quo vero pacto cuique quæstioni respondeatur, expediendum nobis est.

DE QUÆSTIONE, *Quid sit?*

Huic quæstioni fit satis prolatâ rei definitione, quæ alia nominis est, alia rei.

Definitio nominis est oratio explicans quo sensu aliquis vocem, cujus anceps est significatio, sit accepturus; itaque per definitionem nominis latior alicujus vocis significatio restringitur, ac veluti circumscribitur. Liberæ sunt aliquatenus nominis definitiones. Potest enim aliquis finire *malum*, verbi gratiâ, quidquid est injucundum, & inde consequens erit, dolorem, timorem, morbos esse mala. Potest & alter finire *malum*, actum rectæ rationi dissentaneum; & inde consequetur, furtum, homicidium, odium proximi esse mala: vox enim illa, *malum*, utrumque habet ex usu sensum. Itaque cum Scriptorem aliquem legimus, diligenter inquirendum nobis est quo sensu voces æquivocas accipiat; quas quidem si finire neglexerit, quid in ejus mente significent, colligere poterimus ex illius scopo, ætate, religione, ex ingenio linguæ quâ utebatur, ex iis qui in ejusdem seculo & natione vigebant mores, denique ex institutis & legibus quibus Scriptor ille regebatur. Præceptum illud uno aut altero exemplo colluſtremus.

Dicitur Brutus, cùm spem omnem amisisset restaurandæ Reipublicæ Romanæ, & mortem sibi conscire decrevisset, contumeliosè de virtute verba fecisse. Si quis verò non intelligat quid tunc temporis Romani virtutis nomine donaverint, existimabit ille profectò vituperasse Brutum id quod maximè laude dignum est. Nihil enim laudabilius est in homine, quam constans mentis propensio ad omnia potius perferenda, quam a lege & amore Dei discedat unquam; in quo sita est procul dubio vera virtus. Quisquis verò intelliget hanc Romanam constantiam atque ferociam, quam dixere virtutem, sine caruisse legitimo, nec quemquam ad beatitudinem perducere potuisse, hic judicabit suum Bruto innotuisse errorem & falsam de virtute opinionem: sensit enim Brutus, at seriùs quàm oportuit, se vacuam virtutis umbram esse operosè persecutum ac frustra, cum nulla spes tunc sibi reliqua foret.

Periculum est igitur ne vocibus vel sibi familiarissimis decipiatur quisquis gentem à gente, & moribus mores non discernit.

Hæretici non secus ac nos veræ religionis & Ecclesiæ Catholicæ nomina usurpant. Apertum est autem non eumdem esse verborum istorum apud utrosque sensum. Quilibet enim quam profitetur religionem, hanc veram esse autumat, & nullus est apud hæreticos, qui se Catholicæ Ecclesiæ membrum esse neget: Harum ergo vocum & similium sensum si cupis assequi, sciscitare prius quâ in societate versati fuerint qui illas adhibuerunt.

Qui legunt in sacris codicibus, hæc verba, *Spiritus Dei ferebatur super aquas*, possunt quidem illa intelligere de Sancto Spiritu aquis fœcunditatem addente: nonnulli vero qui linguæ hebraïcæ callent ingenium, merito suspicantur eò loci sermonem esse de magna aeris copia aquis incumbente: namque Hebræi non semel adjecto Dei nomine, aliquid ingens & singulare significant; sic *montes Dei*, pro *montibus excelsis*. Innumera alia inter explicandum exempla sufficiemus.

Dixi definitiones nominis pendere aliquatenus ex arbitrio definientis. Vitanda sunt enim duo vitia. Primum, ne qui definit, nimium ab usu vulgari recedat; ut si dixerit, *per malum intelligo id quod non est ab omni parte perfectum*. Perridiculè Doctor quidam sic pigritiam definit: *pigritia est tristitia inde exorta quod res spiritales sint spiritales*. Quis enim ita desipit, ut hoc sensu sit piger? Secundum, ne vox semel definita accipiatur in posterum secundum aliam significationem, nisi saltem auditores, lectoresve præmoneantur. Definitio nominis, si istis vitiis careat, principii loco haberi debet; cujus quidem rei multiplex se exemplum in Mathesi offeret.

Ad hoc natæ sunt definitiones nominis, ut lucem addant disciplinis. Multæ enim sunt in unaquaque lingua voces quæ non significant nisi obscurè admodum & confusè; istæ, verbi gratiâ, *vis*, *pondus*, *calor*, *natura*, *vita*, &c. Si igitur de ejusmodi rebus ratiocinari velint duo Philosophi, nec quid prædictis vocibus intelligendum sit accuratè præfinierint, periculum est ne seipsos nihilo magis intelligant, quàm si alter alterum ignotâ linguâ alloquatur: hinc acres sæpissime, nec finem ullum habituræ disputationes;

A iv

hinc raucæ fauces; hinc calami frustra retusi in exarandis libris polemicis, quorum ingenti numero pene obruitur respublica literaria; hinc inusta merito quibusdam scientiis vanitatis & inurbanitatis infamia.

Definitio rei est oratio explicans essentiam rei aut ejus statum; in quo quidem definitionis genere, rem esse oportet jam aliqua ratione notam auditori & a cæteris distinctam. Itaque notio confusa & subobscura rei per definitionem hujusmodi convertitur in perspicuam ac planè distinctam.

Definitio rei non pendet ab arbitrio loquentis, nec proinde loco principii haberi potest. Hæc enim exurgit ab examinatis prius rei qualitatibus quas tandem summatim ac dilucide exponit. Potest ergo definitio rei venire in disceptationem, si nempe examen istud vel in minimo peccaverit.

Hoc definitionis genus dividunt in *perfectum* & *imperfectum*. Definitio imperfecta quæ dicitur alio nomine *descriptio*, ea est quâ essentia vel status rei explicatur enumeratione partium è quibus componitur; ut si quis describat hominem, *rem creatam, animâ constantem & corpore, cui scilicet mens est ad intelligendum, voluntas ad amandum, sensusque varii in ordine ad varias corporum affectiones.*

Caveat istud imprimis qui describit, ne quid definitæ rei minùs conveniens misceat inter partes dinumeratas, vel ne futilibus immoretur, ut si quis dixerit: *homo est animal bipes, implume, crinitum*, &c.

Definitio perfecta est oratio explicans præcisè rei essentiam. Essentia vero, prout intelligitur vulgò à Logicis, est complexio generis proximi & differentiæ specificæ. Aliam essentiæ notionem aliquando præstabimus.

Hic animum intendite, Lectores, ut perspicua vobis fiat notio *generis, speciei, differentiæ* & eorum omnium quæ ad essentiam Logicorum more spectatam pertinent; nec vos moveant voces quædam ab usu communi paulùm abhorrentes; quæ tamen ad hoc institutæ sunt merito, ut rei intellectæ partes ad certum quemdam ordinem revocare possemus.

Genus est pars essentiæ communior, seu quæ de pluribus dici potest quàm differentia. Cùm autem multa sint plerumque ejusdem rei genera, alia aliis subordinata; per genus proximum illud intelligunt quod minimam habet extensionem: remotum illud est quod proximo latius patet; transcendens verò, seu maximè generale quod de omnibus dicitur.

Differentia est pars essentiæ strictior, id est, quæ genus latiùs patens ad pauciora restringit. Cùm verò differentiæ sint aliæ aliis communiores, differentia maximè propria ea est quæ genus restringit ad unicam speciem, ita ut dici non possit de ulla alia specie eidem generi proximè subjecta. Quamobrem hæc vulgò dicitur specifica & radix omnium rei proprietatum, quia ab illa rei proprietates veluti plantæ à radicibus exurgunt.

Differentiæ minùs propriæ, hoc est, quæ non uni speciei conveniunt, genericæ appellantur.

Species ergo nihil aliud est, quàm genus per differentiam ad pauciora contractum, & duplex distinguitur; subalterna, quæ licet generi subjecta, ipsa genus est, & alteri speciei præficitur; infima verò quæ non potest esse genus, nec quidquam habet sibi subjectum præter individua, seu res existentes.

Individuum verò quodcumque ita nuncupatur, quòd non dividatur in plura, quemadmodum genus dividitur in plures species. Nomen enim proprium individui, uni tantùm rei existenti adscribitur. Hæc omnia exemplo illustremus.

Sit hæc definitio circuli. *Circulus est figura rotunda.* Circulus indefinitè acceptus est species definienda: figura est genus proximum circuli; extensio, genus remotum; ens, genus remotissimum vel transcendens: curvitas est differentia circuli generica; nam hæc proprietas discernit quidem circulum à multis figuris, scilicet à rectilineis, non verò ab omnibus, verbi gratiâ, ab ellypsi : rotunditas est differentia circuli proxima seu specifica. Jam verò figura quæ circulo genus præficitur, est species extensionis subalterna. Ipse autem circulus indefinitè acceptus, est species infima. Circulus qui oculis subjici potest, ut solis discus, vel qui ligno ferrove constat, vel in chartâ describitur, est individuum. Ex figura denique & ex rotunditate simul conjunctis essentia circuli coalescit. Similia exempla sibi quisque vestrum proponere poterit, ut rebus hujusmodi intelligendis facilius assuescat.

Uno præcepto quid ad perfectam definitionem requiratur exhiberi potest. Legitima definitio verbis perspicuis exponit præcisè genus proximum & differentiam specificam rei definiendæ. Sunt qui laborant in definiendis vocibus quarum significatio est ab omnibus nota, quales sunt istæ, *pars*, *totum*, *amor*, *odium*, *dolor*, *timor*, &c., in quo certè desideratur eorum judicium : definitio enim debet esse definito illustrior. Si quis ergo à vobis postulet vocum hujusmodi definitionem, postulate & vos ut voces exhibeat magis perspicuas.

Sunt quoque nonnulli qui voces ideo perspicuas existimant quòd sint vulgatissimæ, ac propterea illas non finiunt, qualis est ista vox, *anima*, quam nemo non usurpat sæpissime. Verum innumeris exemplis ostendemus magnam sermonis humani partem constare vocibus, quarum sensus est vagus atque confusus.

DE QUÆSTIONE, *An sit?*

Si quærat aliquis an existat res de qua sermo est institutus, huic triplici modo responderi potest ; affirmando scilicet, cum de rei existentia certiores sumus ; negando autem, si certum sit eam non existere ; denique dubitando, si, utrum existat necne, sit incertum.

Jam verò ut quis meritò possit rei existentiam asserere, requiritur ut vel illa sui sensum faciat, qualis est dolor, qualia videntur esse corpora quæ aut oculis attingimus, aut manu contrectamus; vel ut fit, necessaria, qualem esse Deum ratio ostendit; vel denique ut adsint signa manifesta quæ cum rei existentiâ sint connexa. Quâ quidem ratione cognoscimus existere *Senatum Parisiensem*, *Romam*, *Mexicanos*. Hoc vero in casu, quo pacto nos ab errore prohibere possimus, postea aperietur.

Ut autem rei existentia jure negari possit, non satis est illam non esse sensibus propositam, aut signis manifestis probatam : non enim ideo non existit materia subtilis magnetem circumfluens, quia nec oculis, nec tactu attingitur aut olfactu ; & ille insanus haberetur qui negaret suos esse lunæ incolas, quia istud nullo signo satis manifesto compertum haberet.

Tunc merito res existere negatur, cùm hujus existentia pugnat vel cum notionibus certis, vel cum legibus *physicis* (secluso miraculorum casu), vel cum revelatione divina. Sic jure negaveris extare mentem quam ad peccandum adigat Deus; istud enim cum sapientia infinita pugnat quàm maximè; extare corpus immotum, hoc enim sociari nequit cum legibus impulsûs & attractionis quas Physica à Deo institutas esse demonstrat; extitura esse conjugia in altera vita, cùm id Christus futurum negaverit.

Notandum est breviter discrimen poni à Philosophis *ens* inter & *existens*. Entis nomine intelligunt quidquid existere potest; quamvis non existat; verbi gratiâ, *figura mille laterum*, quæ forsan nullibi existit, ens dicitur, quia possibilis intelligitur. Rem verò existentem non appellant, nisi quæ certo cuidam loco & tempori respondet. Vox ista *nihil* enti opponitur & existenti : ut enim mons crystallinus dicitur esse nihil, quia non existit; ita, quin & potiori jure, mons sine valle, quia impossibilis est.

DE QUÆSTIONE, *Cur sit?*

Hic agitur de rei principiis. Triplex est apud Logicos principii genus; *productionis* scilicet, *cognitionis* & *compositionis*.

Principium productionis duplex est, quia duplex productio; alia nempe metaphorica, alia proprie dicta. Principium productionis metaphoricæ illud est ex quo aliquid oritur præcise : hoc sensu rivi fons est principium, homo hominis, Verbi æterni Deus Pater, mens sui consensus. Quidquid confert ad alicujus rei existentiam, illud est principium productionis proprie dictæ, & dicitur alio nomine *causa*, quæ duplex distinguitur, physica & moralis.

Causa physica illa est quæ voluntatis suæ efficaciâ & imperio tribuit existentiam rei. Quodcumque vero hac ratione existit, dicitur effectus; Deus, verbi gratiâ, est causa physica rerum omnium, ac proinde omnia e quibus coalescit orbis universus, sunt effectus Dei *.

Causa moralis illa est quæ causam physicam inducit ad conferendam rei existentiam, aut novum aliquem existendi modum : hæc duplex est, finalis & occasionalis.

Causa finalis movet causam physicam ad agendum propter bonum quod in illa ipsa causa finali sese offert. Occasionalis vero propter rei alterius assequendæ perfectionem. Salus hominum, v. g., fuit Christi mortis causa finalis; peccatum vero causa occasionalis. Quidquid Deum inducit ad agendum vi legum quas ipse in perpetuum instituit ad hujusce mundi regimen, id vulgò dicitur causa naturalis; sol, verbi gratiâ, iridis causa naturalis dicitur; quia id sanxit Deus, ut nubes adverso sole arcum variis distinctum coloribus exhiberent. Eodem sensu ignis est causa caloris; remedia, sanitatis reparatæ.

Inter causas multi recensuere exemplar seu archetypum rei producendæ, quia exemplar dirigit operantem. Hi tamen fatentur conditionem meram,

---

* *N. B.* Causa physica apud quosdam idem sonat, quàm apud nos causa naturalis, de qua mox.

quâ sepositâ non existeret effectus, & quâ positâ non propterea existit, causis non esse annumerandam; in quo pugnantia certè loquuntur. Nam seposito quidem archetypo ad cujus normam res producatur, hæc profectò à causa physica produci non potest, ac proinde archetypum est *conditio sine qua non*, ut aiunt. Verùm posito archetypo, verbi gratiâ, montis aurei, non propterea existit mons aureus. Ergo minùs rectè illi admittunt causas exemplares. Mitto causas materialem & formalem solis veteris scholæ cultoribus placitas. Nihil enim non debet dici causa, si materia & forma causæ nomen obtinent.

Principium cognitionis est id quodcumque nos ducit in rei alicujus cognitionem, sive sit altera res, quo in casu signum dicitur; sive sit propositio.

Signum arbitrarium dicitur, si ex hominum voluntate significet, ut voces, gestus, notæ arithmeticæ, hedera pensilis, pulsus nolarum. Naturale autem, si à legibus physicis quas Deus ad hujusce mundi regimen instituit, pendeat ejus significatio. Sic fumus est signum naturale ignis, iris pluviæ. Essentiale verò, si à nulla libertate pendeat ejus institutio; cogitatio, verbi gratiâ, est signum essentiale mentis existentis.

Propositio autem, ut sit principium, debet vel in alterius rei cognitionem ope ratiocinii nos adducere, vel exprimere momentum quo ad assentiendum veritati impellimur. Posterioris generis sunt istæ propositiones. *Quidquid evidenter percipitur, est certissimum. Quæ Dei revelantis autoritate nobis credenda proponuntur, hæc in dubium revocari non debent.* Prioris verò generis sunt *axiomata, postulata & definitiones nominis.*

Axiomata sunt propositiones generales adeò evidentes, ut ad illas intelligendas nullâ opus sit argumentatione, qualis est ista, *totum est sui parte majus.*

Postulata sunt hypotheses, sic evidenter possibiles, ut nemo eas rejiciat: ut si quis dixerit, *fingatur corpus aliquod sphericum motu circulari abreptum.*

De nominis definitionibus dictum est affatim.

Hæc Philosophi & præsertim Mathematici principia adhibent, ut quadruplex propositionum genus demonstrent, *theoremata* scilicet, *lemmata*, *corollaria* & *problemata*.

Theorema est propositio quæ demonstranda suscipitur: si vocem interpretari velis, idem hæc græce sonat quam latine *propositio*.

Corollarium est propositio consequens ab aliâ jam demonstratâ.

Lemma est propositio quæ ideo tantum probatur, ut alia demonstrari possit.

Problema est propositio quâ certa alicujus rei faciendæ methodus exponitur & demonstratur. His addunt Philosophi *scholia*, id est, annotationes quasdam ad majorem perspicuitatem.

Denique principia compositionis sunt partes, seu elementa è quibus res aliqua componitur. Partes vero aliæ dicuntur metaphysicæ, quæ à re quam constituunt separari non possunt; aliæ physicæ, quæ scilicet separari possunt, remanente rei essentiâ: hæ totum physicum componunt, illæ metaphysicum: æternitas, verbi gratiâ, immensitas, summa sapientia, &c, sunt partes metaphysicæ divinæ essentiæ. Moleculæ quibus corpus aliquod constat, ejusdem corporis motus aut forma peculiaris sunt illius partes physicæ.

Rectius tamen partes dixeris, non quæ sunt rei alicujus affectiones, sed quæcumque in unum coactæ totum aliquod conficiunt, vel è quibus in aliquem digestis ordinem systema coalescit.

DE QUÆSTIONE, Qualis sit?

Hic conquiruntur cum rei proprietates, tum etiam qualitates illæ quas *accidentia* dixêre Logici. Proprietas est qualitas fluens ab essentiâ; hoc est, quam à genere proximo aut à differentiâ specificâ ratiocinando inferre possumus. Proprietas à re cujus est separari nequit; sic immensitas, æternitas, summa felicitas sunt Dei proprietates: circuli, diametrorum æqualitas: extensio, corporum. Accidentia autem sunt qualitates à re cujus sunt separabiles, & huic quasi forte accidentes; qualis est in corpore rotunditas, in mente creata dolor & gaudium.

In hoc fere tota est Philosophia, ut rerum proprietates, originem, variasque affectiones investiget & explicet. Verùm incautis duplex adest in hacce materia errandi periculum, idque non infrequens. 1°. Ne quæ uni rei conveniunt, alteri affingantur, corpori, verbi gratiâ, quæ extra mentem esse non possunt, colores nempe, sapores, soni, calor, frigus, &c: aut menti creatæ quæ sunt Dei, qualis est vis movendi, ut posthac demonstrabitur. 2°. Ne rei qualitates, generationem aut causas priùs expendere velimus quàm ipsius existentia extra dubium omne versetur; cujus quidem rei exempla facetè pro more præstat vir ornatissimus de Fontenelle.

« En 1593, le bruit courut que les dents étant
» tombées à un enfant de Silésie, âgé de 7 ans, il lui
» en étoit venue une d'or à la place d'une de ses gros-
» ses dents: Horstius, Professeur en Médecine dans
» l'Université de Hermstad, écrivit en 1595 l'his-
» toire de cette dent, & prétendit qu'elle étoit en
» partie naturelle, en partie miraculeuse; & qu'elle
» avoit été envoyée de Dieu à cet enfant pour con-
» soler les Chrétiens affligés par les Turcs. Figurez-
» vous quelle consolation & quel rapport de cette
» dent aux Chrétiens ni aux Turcs. En la même an-
» née, afin que cette dent d'or ne manquât pas d'His-
» toriens, Rullandus en écrivit encore l'histoire. Deux
» ans après, Ingolsteterus, autre savant, écrivit
» contre le sentiment que Rullandus avoit de la dent
» d'or, & Rullandus fit aussi-tôt une belle & docte
» réplique. Un autre grand homme nommé Libanius,
» ramasse tout ce qui avoit été dit de la dent d'or, &
» y ajoute son sentiment particulier. Il ne manquoit

» autre chose à tant de beaux ouvrages, sinon qu'il
» fût vrai que la dent étoit d'or. Quand un orfevre
» l'eut examinée, il se trouva que c'étoit une feuille
» d'or appliquée à la dent avec beaucoup d'adresse:
» mais on commença par faire des livres, puis on
» consulta l'orfevre ».

Idem paulò post.

« De grands Physiciens ont fort bien trouvé pour-
» quoi les lieux souterrains sont chauds en hiver &
» froids en été. De plus grands Physiciens ont trouvé
» depuis peu que cela n'étoit pas.

» Les discussions historiques sont encore plus sus-
» ceptibles de cette sorte d'erreurs. On raisonne sur
» ce qu'ont dit les Historiens; mais ces Historiens
» n'ont-ils été ni passionnés, ni crédules, ni mal ins-
» truits, ni négligens? Il en faudroit trouver un qui
» eût été spectateur de toutes choses, indifférent &
» appliqué ».

Postea cavendum est ne nimiùm nobis pereat temporis in investigandis proprietatibus quæ vel captum humanum exuperant, vel quarum cognitio usûs est nullius aut fere nullius; ut si quis, verbi gratiâ, conjicere velit quænam sit figura partium quibus aer aut cæteri liquores lumenve constant.

Acriter toto annorum quadringentorum intervallo disputatum est de modo quo genera & species existerent, nec ullus istam litem huc usque dirimere potuit. Si verò priùs quæsita fuisset talis argumenti utilitas, ne horam quidem esset disputatum.

DE QUÆSTIONE, *Quotuplex sit?*

Huic ultimæ quæstioni fit satis enumerando vel varios sensus eidem voci annexos, vel species eidem generi proximè subjectas, & quidem omnes saltem notas; vel partes quibus totum aliquod constat. Istud autem orationis genus *divisio* appellatur. Si vox quæ definienda occurrit plures habeat ex usu significationes,

cationes, hæc priùs dividenda erit quàm definienda. Si quis, verbi gratiâ, à me quærat quid sit scientia, hoc pacto respondebo : Scientia spectatur vel ut mentis perfectio, vel ut mentis objectum est, aut esse potest. Quatenus mentis objectum, scientia est complexio multarum in aliquo genere veritatum, quarum aliæ sunt principia, aliæ verò conclusiones ex illis principiis ope demonstrationis illatæ. Scientia autem quatenus mentis perfectio, est veritatum hujusmodi notitia. Cùm scientia sit genus, eam divido in species huic proximè subjectas, in speculativam nempè & practicam. Speculativa constat veritatibus præcisè cognoscendis : Practica, quæ dicitur quoque *ars*, veritatibus observandis, hoc est, præceptis quæ agentem certò dirigere valeant ad finem propositum. Istæ verbi gratiâ, propositiones, *Deus est æternus ; mens nostra non est materialis ; linea curva est rectâ productior, cùm utraque eadem habet extrema puncta*, &c., pertinent ad speculativam. Has autem, *alteri ne feceris quod tibi fieri nolles ; in ratiocinando debet fieri à noto ad ignotum gradus*, &c., has, inquam, propositiones sibi practica vindicat. Utraque scientiæ species potèrit iterum subdividi, prout illud argumenti natura postulaverit aut ordo lucidus ; ad quem sibi parandum utile est dividi materiam tractandam, non tamen in frustula concidi. *Idem enim vitii habet nimia, quàm nulla divisio*, inquit Seneca, *& simile confuso est quidquid in pulverem usque sectum est*.

« La Division (inquit Logicorum præceptorum Scriptor non imperitus), pour éclaircir nos idées, ne
» doit point descendre dans un trop long détail qui
» ne serviroit qu'à les brouiller : elle doit seulement
» indiquer les parties considérables, qui, étant revues
» toutes ensemble, doivent égaler précisément toute
» la chose qu'on divise, & la rendre commodément
» présente à l'esprit ».

Opposita esse divisionis membra oportet ; hoc est, cavendum ne unum in alterum recidat ; qualis esset

Tome I. B

divisio figuræ in rectilineam, & quadratam. Hoc enim postremum membrum in primum recidit : quadratum quippe est figura rectilinea. Oportet quoque omnes species proximo generi subjectas, aut partes in toto conclusas, nec plures recenseri. *In hoc*, inquit Tullius, *& deesse aliquam partem, & superare mendosum est.* Ita malè quis dividat figuram in rectilineam & rotundam : hæc enim divisio omnes figuræ species non complectitur ; nec legitimè figura dividatur in rectilineam, curvilineam & planam ; quia omnis figura plana, vel rectilinea est, vel curvilinea.

Totius in partes divisi hoc sit exemplum.

Philosophia quinque partibus constat, Logicâ nempe & Morali quæ practicæ sunt : Metaphysicâ quæ merè speculativa est : Mathesi & Physicâ quæ partim speculativæ sunt, partim practicæ.

Superest nunc ut quasdam notiones adjiciamus ad hoc necessarias, ut possint intelligi qui de rebus philosophicis scripserunt. Præcipuas tantùm colligemus; nullus enim esset dicendi finis, si omnes oratione complecti vellemus.

Scientiæ *objecto* suo discernuntur. Objectum verò cujusque disciplinæ sunt veritates, circa quas mens versatur, aut versari potest, cùm huic disciplinæ dat operam. Sic objectum Logicæ erunt præcepta quibus mens dirigi possit ad errorem vitandum, & certitudinem adipiscendam. Namque illa præcepta sunt veritates ad quas mens attendit, cùm Logicæ dat operam. Pariter Metaphysicæ objectum est quælibet veritas de essentia rerum, quia Metaphysicæ studiosus circa hujusmodi veritates versatur. Suus cuique arti finis est ad quem certò obtinendum præcepta referuntur ; Logicæ, v. g., finis est directio mentis in inquirenda veritate.

Præter objectum, Logici cùm de disciplinis agunt, sermonem habent de *subjecto* & de *momento*.

Subjectum generatim est id omne in quo qualitas existere intelligitur. Mens ergo subjectum est cognitionis, erroris, boni vel mali actûs.

Per momentum autem intelligunt id quodcumque nos ad judicandum impellit ; qualis est evidentia, vel autoritas Dei revelantis , vel cupiditas. Idcirco triplicem distingue certitudinem; objecti scilicet , & hæc est ejusdem objecti immutabilitas , quo sensu Deus, & rerum quæ produci possunt Archetypa, sunt objecta certa : subjecti, & ista consistit in dubitandi impossibilitate ; sic mens humana ratione hujusce veritatis, *totum est suâ parte majus*, est subjectum certum : momenti denique , cùm nempe ea est momenti natura , ut in errorem inducere non possit, qualis est evidentia.

Evidentiam porro ille habet, qui rem objectam mentis oculis intuetur. Alia principii evidentia dicitur, alia verò consecutionis. Prior est perceptio veritatis seorsim spectatæ ; altera autem perceptio connexionis quæ inter principium est & conclusionem è principio illatam. Ista propositio , verbi gratiâ, *quod summè perfectum est , præ cæteris est venerandum*, evidens est evidentiâ principii ; ista quoque, *Deus est mens summè perfecta*. Hæc autem propositio quam à prioribus infero, *ergo Deus præ ceteris rebus est venerandus*, evidens est evidentiâ consecutionis, seu connexionis.

His præmissis definitionibus , intelligi potest quid sit Philosophia. Est enim disciplina cujus objectum sunt res omnes quas alterutro evidentiæ genere intelligere mens humana potest.

Jam verò duæ ad Philosophiam comparandam requiruntur affectiones , *perceptio* & *judicium*.

Perceptio est status animæ aliquid sensu aut intellectu attingentis. Objectum igitur mentis percipientis sunt vel ipsius affectiones (secundùm vulgarem & minùs accuratum loquendi modum) , ut dolor , gaudium , colores, soni, sapor, frigus, desideria & cætera quæ ad mentem pertinent ; vel ideæ quæ sunt rerum exemplaria.

Apud quosdam Scriptores *ideæ* nomine intelligitur quidquid mens attingere potest, quolibet illud attingat modo. Apud nos verò hæc vox *idea* nihil aliud significabit, quàm quod rerum naturam menti exhibet.

Quæsivêre Logici an omnis idea esset vera, hoc est, an foret semper ad rem repræsentatam conformata. Quasi verò de idea per illud quod repræsentat judicandum esset, non autem de re repræsentata per ideam. Atqui tamen omnes de rebus per ideam judicant, nec alio modo de illis judicare possunt. Quærendum fuerat utrùm quæ existunt & sensuum ope attinguntur, semper sint ad ideam quæ menti adest conformata. Res etenim ad idearum similitudinem producuntur à Deo; non verò ideæ ad rerum similitudinem, ut aliquando ostendetur : & hoc esto vobis exemplum quæstionis malè propositæ. Nonnunquam autem contingit, ut disputationem pariat malè concepta propositio : quod quidem in præsenti argumento non defuit. Alii namque contenderunt omnes ideas idcirco esse veras, quòd objectum suum, quale est, repræsentarent ; & per objectum ideæ, nihil aliud intelligi voluêre præter rem ipsam repræsentatam ; in quo certè aderat inficeta subtilitas. Quis enim seriò id imaginem repræsentare neget, quod re ipsâ repræsentat ? Alii verò ideas esse semper veras negârunt, hâc ducti ratione, quòd quæcumque sensibus observantur, non semper ideis quæ menti adsunt, assimilentur. Verùm isti minùs rectè ideas ad rerum externarum exemplar conformandas esse dixerunt ; præsertim cùm sæpe sæpius fieri non possit, ut res externa quæ sensibus observatur, & idea tunc temporis in mente excitata, assimilentur.

Judicium est actus mentis affirmantis aut negantis aliquid de re aliquâ. Enuntiativum dicitur, si unâ propositione exprimi possit ; ut si quis dixerit, *Deus est causa princeps*. Illativum verò, si ab uno aut pluribus judiciis consequatur. Illativum ab enuntiativo distinguitur hac voce, *ergo*, in qua stat vis conclusionis. Sic tertium ratiocinii subsequentis judicium est illativum ; priora verò sunt enuntiativa.

Qui servit cupiditatibus est miser :
Atqui avarus servit cupiditatibus ;
Ergo avarus est miser.

Cùm ita inter se ordinantur judicia, ut ex aliis alia consequantur, ordo ille dicitur *ratiocinium* aut *argumentatio*, aut etiam *discursus*. Denique *methodum* appellant seriem ratiociniorum rectè dispositam. Quæ autem ad illa omnia spectant præcepta, postea tradentur.

Quanquam ratiocinii leges nondum sint expositæ, ac proinde non esse nunc ad usum redigendæ videantur, tamen ne magno definitionum aut regularum numero mens in ipso Philosophiæ limine satiscat obruta, argumentationem jamjam instituemus de iis quæ maximè faciunt ad errorem fugiendum & certitudinem adipiscendam. Quemadmodum enim prius sermo instituendus est & usurpandus, quàm omnes Grammaticæ leges tradantur ; alioqui impossibilis foret expositio præceptorum Grammaticæ ; ita argumentatio instituenda est præsertim de rebus à captu communi non ita seductis, antequam explicentur ratiocinii perfecti regulæ.

Hic itaque finem ponemus prolegomenis, quibus si quid deesse videbitur, id pro opportunitate tradetur in posterum.

DE LOGICA.

A Logica philosophandi principium. Hæc disciplina, rectè ratiocinandi magistra, versatur circa præcepta quæ mentem in inquirenda veritate dirigunt, non solùm cognoscenda, verùm etiam pro occasione datâ diligenter observanda. Cæteræ scientiæ sunt usûs, ut ita dicam, circumscripti : limites enim objecti peculiaris illæ non excedunt. In omnibus verò non solùm, disciplinis, sed etiam negotiis quæ homines inter se agitant, regnat ars ratiocinandi, veluti omnium domina atque moderatrix. In quocumque enim casu versari possumus, alia via est recta tutaque ad finem assequendum : alia autem fallax & obliqua. Jam verò ab omnium arbitrio pendet electio; quæ, si congrua est, sanam mentem indicat; ægram è contrà, si à scopo abhorreat.

Quot videre est levis pervolitantisque animi homines, quibus est satis, si subobscurâ luce rei alicujus corticem videant, ut de illa quid sit intus temerè judicent ac confidenter ; qui in rebus expediendis aut argumento enucleando, speciosâ delusi imagine, à vero tramite aberrant ; imò qui ratione abutuntur, errores ut propugnent suos. Quod profectò non aliundè oritur, quàm è cupiditatibus & præjudiciis quæ excutere noluerunt ; & quia ad id non assuefecêre mentem, ut quod verum esset & justum assiduâ meditatione investigarent.

Et unde, quæso, illa inter homines sentiendi & agendi diversitas ? Unde multorum ad officia exolvenda tarditas & ineptia ? Unde in quibusdam vel inter eos qui ingenio, qui vi & copiâ dicendi præstant cæteris, tam fallax, tam distorta, tam pravè sinuosa judicandi ratio ? Unde plerumque lites & simultates ?

Unde illa quæ focietati natos infauftè inimicat religionum varietas? nifi quia longè plurimis magna eft mentis fanandæ & corroborandæ incuria; quia odio habetur meditationis labor, & operofæ veritati facilis error præfertur.

Eam igitur lubenti animo amplectamur difciplinam quæ mentem in errores pronam ad verum flectit. Hæc lumen naturale fovet & amplificat; eadem manifeftas facit dolofi argumenti infidias, & quafi clavis quædam cæteras aperit fcientias. Nec quifquam difficultatem operis caufetur aut mentem ad Logicæ præcepta capeffenda minùs idoneam. Sunt enim in unoquoque noftrûm veri femina, ab ipfo ortu menti infita, quæ fenfim explicabuntur & adolefcent, pervenientque ferius ociùs ad maturitatem, fi ingenium excolatur arte ratiocinandi.

Mos fuit hucufque Scholafticis quærendi an Logica effet ars, an fcientia, an utilis, an neceffaria ad cæteras fcientias comparandas. Prima quæftio erat certè otiofa; nam fi per artem intelligunt fcientiam practicam, Logica eft ars non quidem fervilis & mechanica, quæ fcilicet corporis adminiculo, potiùs quàm mentis induftriâ exerceatur, verùm ingenua ac liberalis. Sin minùs, Logica non dicetur ars; itaque de mera appellatione difputabant. Quod fpectat ad fecundam quæftionem, illa quoque ridicula fuit. Mathematici non probant Mathefim effe fcientiam, fed proferunt veritates ad Mathefim pertinentes, quarum aliæ funt principia, aliæ verò conclufiones ex illis principiis neceffariò confequentes. Hoc idem præftandum erat Scholafticis, & nemo in dubium vocaffet utrùm eorum Logica effet fcientiis adnumeranda.

Neceffariam effe Logicam afferuerunt multi, artem fcilicet ut commendarent fuam; quod certè fidem non obtinuit de Logica in fcholis tradi folita. Hæc enim à barbaris olim invecta, informi facie cultuque horrido, Philofophiæ ftudiofos terrebat à limine. Illa nimirum in quæftionibus infulfis, exilibufque tricis ludebat pueriliter; & nedum planam ad verum sterneret viam, ipsa progredienti opponebat offendiculum sermonis obscuritate & vocum insolentiâ.

Scholastici Doctores idem præstitêre in logicis & moralibus, quod olim Chrysippum & Stoicos refert Tullius; scilicet magnam partem in his definiendis & partiendis occupati sunt; illa eorum perexigua est oratio quâ medeantur animis, nec illos errori mancipatos esse patiantur. Quapropter Logica in scholis tradi solita, similis erat quibusdam Montanii paragraphis, in quibus quod titulo fuerat promissum, id ferè unum desiderabatur. Hanc igitur refugiemus velut iniquâ natam minervâ. Verùm perutilem esse Logicam genuinam intelliget quisquis attento animo ea perlegerit quæ scripsêre, de arte cogitandi Nicolius, de errorum nostrorum origine Mallebranchius, & alii.

Naturâ fieret mens ad verum prosequendum idonea & expedita, an arte, quæsitum est. Patet autem sine lumine naturali nihil posse artem & studium; & raro ad magnum aliquid & perfectum assurgere ingenia arte destituta :

Alterius sic,
Altera poscit opem res & conjurat amicè.

« Il est d'heureux genies (inquit vir in arte phi-
» losophandi versatissimus de Crouzas), qui naissent,
» pour ainsi dire, ce que les autres deviennent par
» l'étude & par l'application ; mais leur petit nombre
» dès-là même qu'il est si petit, fournit une preuve
» suffisante du besoin qu'on a de secours. On en voit
» aussi un grand nombre qui, quoique nés avec de
» grands talens, se laissent surpasser par ceux qui
» s'appliquent à en faire valoir de médiocres. Ainsi
» l'expérience réfutera toujours ce qu'on allegue con-
» tre l'utilité des arts. Les Mexicains avoient bâti des
» Villes & des Palais sans l'usage des machines qu'ils
» ne connoissoient pas : on n'en estimera cependant
» pas moins les Méchaniques, & on ne les étudiera

» pas avec moins de soin ; seulement il faut prendre
» garde de ne pas confondre avec ce qui appartient
» véritablement à un art, les inutilités qu'on a débi-
» tées sous son nom, & qui souvent même sont tout
» opposées à ce que ce nom promet ».

Verùm in nullo splendidiùs eminet Logicæ utilitas, quàm in Oratore, & causarum Patrono. Qui Logicæ inopes publicè verba faciunt, multa sæpe congerunt quæ ad rem non spectant, & vocum plenam quidem, at rerum jejunam orationem habent. Apud eos verò qui artem callent ratiocinandi, sermonis partes inter se cohærent ; nihil admittitur quod ad rem non faciat ; plena sunt omnia succi & roboris.

Audiamus de juris-perito Tullium : sic in Bruto vir ille Orator idem ac Philosophus insignis. « Existimo
» juris civilis magnum usum & apud Scævolam &
» apud multos fuisse ; artem in hoc uno, quod nun-
» quam effecisset ipsius juris scientia, nisi eam præ-
» terea didicisset artem quæ doceret rem universam
» tribuere in partes, latentem explicare definiendo,
» obscuram explanare interpretando, ambiguam pri-
» mùm videre, deinde distinguere ; postremò habere
» regulam quâ vera & falsa judicarentur, & quæ qui-
» bus præpositis essent, aut quæ non essent conse-
» quenda. Hic enim attulit hanc artem omnium artium
» maximam, quasi lucem ad ea quæ confusè ab aliis
» aut respondebantur aut agebantur ». De Dialectica verò se loqui ait ibidem, id est, de arte ratiocinandi.

« Les Écoles des anciens Rhéteurs (inquit pater
» Buffier), faute d'une bonne Logique, ont produit
» des déclamateurs en grand nombre, & n'ont fait
» que peu de disciples judicieux ». Nec aliud parient recentiores scholæ Rhetorum, si Logica omittatur.

Quanquam hæc disciplina præceptis constet, non tamen nudam ac non interruptam præceptorum seriem vobis offeremus ; sed concertationes intermiscebimus, in quibus plurima se dabit occasio aperiendi errorum fontes & remedia proponendi ; quo pacto modum utendi præceptis simul addiscetis. Quemadmodum enim si Matheseos propositiones & regulas memoriter duntaxat teneatis, illæ brevi à mente effluent; è contra verò altiùs infigentur ipso usu: sic nuda Logicæ præcepta mentem prætervolant; usu verò atque exercitatione fit ut nunquam animo excidant.

Quæcumque verò ab Autoribus sanæ Logicæ præscripta sunt, & vestris aptata ingeniis videbuntur, hæc referre & præceptis nostris inserere non dubitabimus; pusillæ mentis esse rati, ea velle novâ dicendi ratione exponere, quæ jam ab aliis rectè & perspicuè dicta sunt.

CAPUT PRIMUM.

Exponitur quisnam sit primus ad verum assequendum gradus, & quid in hoc sit momenti demonstratur.

Ad finem propositum ut faciliùs certiùsque perveniamus, maximâ ex parte in incipiendi ratione situm est. Rem enim malè exorsi, vel in aliud offendunt, quàm quod persequuntur; vel in prima reverti vestigia & novam inire viam coguntur; quod nobis ne contingat:

Observabimus fieri vix posse, ut qui adolescentiæ tempus transegimus, meditando inepti & immaturi ad ratiocinandum, plurimos errores in mentem non admiserimus, innumeraque præjudicia. Quapropter veri studiosus debet à rebus externis, quoad fieri potest, avocare sese, in pectus intimum descendere, & ab illo excutere quidquid incautè præjudicavit; ut mentem falsis opinionibus expurgatam, veritatis investigationi feliciùs admovere possit. Existimabit fortasse quispiam negligendos errores istos à pueritia præconceptos, & citra moram, animum cæteris esse disciplinis applicandum. Ostendamus igitur in hoc ipso errorem esse maximum.

1°. Inter errores hujusmodi, multi sunt adversi notionibus comparandis quæ magni sunt momenti, quamvis illas directè oppugnare non videantur. Has ergo si comparare voles, fac priùs exulent præjudicia contraria: si, verbi gratiâ, existimas, ut permulti, cognitiones nostras ab humana ratione tanquam ab origine proficisci, & inditam esse rebus creatis ac præsertim animæ vim motricem, nullo pacto poteris divinam providentiam, qualis sit, intelligere.

2°. Quæ menti adveniunt notiones, præoccupatis erroribus, quasi veneno quodam inficiuntur. Ubique Peripatetici formas substantiales & elementorum pugnam videbant; ubique materiæ subtilis operationem Carthesiani. Keplerus Astronomiæ parens nuncupatus, rectè quidem, omnium primus observavit circa solem gyrare planetas motu ellyptico, non autem circulari, ut veteres Astronomi putabant. Verùm quia cum vulgo sentiebat necessarias esse ad motum producendum ac dirigendum animas, suam cuique planetæ adscribit, sicque explicat cur planetæ sint modò soli propiores, modò ab illo remotiores. « Planetæ (inquit) amicum latus alternis vicibus, & inimicum soli opponunt. Sol porro amicum attrahit & repellit inimicum ». Hoc certè uno exemplo satis patet, quid errores possint ad cognitiones quæ superveniunt adulterandas.

Sincerum est nisi vas, quodcumque infundis, acescit.

3°. Et hæc nobis ratio gravissima videtur; errores admitti sine peccato & retineri non possunt: quæ quidem propositio, quia plurimis paradoxi speciem offert, idcirco demonstranda est, & ab objectis vindicanda.

CONCERTATIO PRIMA.

Omnis error est peccatum; & omne peccatum ab errore ducit originem.

Error est judicium falsum; peccatum verò est actus rectæ Rationi dissentaneus. Quo prænotato, propositionis pars prior hoc pacto demonstratur.

Nihil est quod nos ad errorem possit adigere. Quoties enim certitudo menti non adest, toties coërcere possumus judicandi libidinem : undè consequitur homines in errando suâ uti liberate; atqui iste libertatis nostræ usus verum est peccatum; nullus enim est actus liber bonum inter & malum medius, cùm nullus sit nisi rectæ Rationi consentaneus, vel dissentaneus : atqui nemo est qui errorem asserere ausit esse rectæ Rationi consentaneum; ergo error cum recta Ratione pugnat, proindeque peccatum est.

Ejusdem veritatis tenacior erit quisquis adverterit mentem humanam in verum non minùs quàm in bonum generali inclinatione ferri : namque ex inclinatione generali in bonum, innotescit nobis prohibere Deum, ne pro bono boni speciem consectemur; ergò pariter ex inclinatione generali in verum, nobis perspicuum esse debet nolle Deum ut inani veri specie nos deludi patiamur.

Alteram verò propositionis partem sic probo. Ut ab amore sui, ita à bono quo beari possit prosequendo abstinere homo nequit. Quamobrem omnes nostræ libertatis actus ad hoc referamus necesse est, ut felicitatem consequamur nullo metu, nullo desiderio vitiatam; hoc est, quam inimus viam, hæc vel ad beatitudinem optatam pertingit, vel solummodo videtur pertingere, quamvis re ipsâ nos ab illa seducat : atqui in posteriore casu manifestum est nos ideò peccare, quòd in eligenda via erraverimus; repugnat enim peccare quemquam cùm certam eligit viam ad beatitudinem de qua hìc sermo est; ergo peccatum quodlibet ab errore ducit originem : quod erat demonstrandum.

Eodem ferè modo ratiocinatur Mallebranchius. « Nous sommes portés (inquit), par nos inclinations » naturelles, vers la vérité & la bonté ; de sorte que » la volonté ne se portant qu'aux choses dont l'esprit » a quelque connoissance, il faut qu'elle se porte à » ce qui a l'apparence de la vérité & de la bonté. Mais » parce que tout ce qui a l'apparence de la vérité & » de la bonté n'est pas toujours tel qu'il paroît, il est » visible que si la volonté n'étoit pas libre, & si elle » se portoit infailliblement & nécessairement à tout » ce qui a les apparences de vérité & de bonté, elle » se tromperoit presque toujours ; d'où l'on pourroit » conclure que l'auteur de son être, seroit aussi l'auteur » de ses égaremens & de ses erreurs. La liberté » nous est donc donnée de Dieu, afin que nous nous » empêchions de tomber dans l'erreur & dans tous les » maux qui suivent de nos erreurs ». Et paulò post sic idem concludit. « L'usage donc que nous devons » faire de notre liberté, est de nous en servir autant » que nous le pouvons, c'est-à-dire, de ne consentir » à quoi que ce soit, jusqu'à ce que nous y soyons » comme forcés par des reproches intérieurs de notre » raison : c'est se faire esclave contre la volonté de » Dieu, que de se soumettre aux fausses apparences » de la vérité ».

Ut autem vobis pateat ratio disceptandi, non quidem clamoso isto & inurbano more qui diu in scholis viguit, sed qualis decet viros generosæ indolis & emunctæ naris, adhibebimus in simulacrum disputationis Theodorum qui sophistæ partes agat, & Eugenium qui objecta diluat. Hoc quoque vos præmonitos volo : prima ratiocinii propositio dicitur vulgò *major* ; secunda, *minor* ; tertia, *consequens*, & quatenus à prioribus infertur, *consequentia*. Si autem ratiocinium duobus tantùm propositionibus constat, prior dicitur *antecedens*, altera *consequens*.

THEODORUS. Quamquam me non mediocriter moveant ista tua argumenta, Eugeni; nonnullæ tamen animum subeunt rationes, cur tuæ propositioni nondum possim accinere: ac primò, peccatum quodcumque voluntatis est, non intellectûs: atqui errores non ad voluntatem, sed ad intellectum pertinent; ergo errores non sunt peccata.

EUGENIUS. Majore concessâ, nego minorem. Namque error est judicium: eatenus verò mens judicat, quatenus consentit propositioni, vel dissentit: atqui consensum aut dissensum voluntati omnes adscribunt; ergo errores sunt voluntatis, non intellectûs. Et certè intelligere est rem ipsam, vel objectam rei imaginem mentis oculis intueri: atqui mens in hoc errare non potest; repugnat enim illam intueri id quod sibi propositum non est; ergo error non est intellectui adscribendus. Verùm utut sit de illa quæstione, errorne ad intellectum pertineat, an verò ad voluntatem (multa enim hìc de natura intellectûs commemorare possem, quæ me à mea propositione distractum aliò flecterent), sic ego ratiocinium instituo: errorem intellectui adscribis? ergo cùm error sit libertatis fœtus, libertas quoque ad intellectum pertinebit: quod si concesseris, pariter fatearis necesse est peccata ab intellectu prodire posse. Si autem libertas, te autore, solius voluntatis est, judicia erronea, cùm sint libera, ad voluntatem pertinere non ibis inficias, neque negare poteris illa esse vituperio digna, cùm vel ipsa judicia temeraria Religio Christiana peccatis accenseat.

TH. Quando te hoc pacto refellere non possum, aliâ ex parte aggrediar. Ubi necessitas, ibi nullum peccatum, ut probè nosti: atqui versamur in errandi necessitate; ergo nullum occurrit in errore peccatum. Secundam hujus ratiocinii propositionem procul dubio negaturus es?

EUG. Rectè conjectas, Theodore, & hæc mihi in promptu ratio est. In nulla possumus versari necessitate, nisi hæc oriatur vel à natura mentis creatæ, vel à voluntate divina; nihil enim fingi potest quod menti nostræ dominetur præter Deum: atqui 1°. necessitas errandi non sequitur mentis creatæ naturam; nam beati omni errore vacant, & tamen naturam non mutavere: hæc enim mutari nullo modo potest, ut in Metaphysica demonstratur; ergo natura mentis creatæ nullam infert errandi necessitatem. 2°. citra illatam Deo injuriam & quidem gravissimam, asseri non potest errandi necessitatem à voluntate divina ortum ducere: istud enim à suprema Dei sapientia abhorret quàm maxime; ergo non versamur in ulla errandi necessitate.

TH. Propositionem negatam probo: error ab ignorantia nascitur; non enim fieri potest, ut ille erret cui omnia comperta sunt; atqui depellere non possumus ignorantiam, quantumlibet huic depellendæ noster insudet labor; ergo neque nos ab errore prohibere possumus.

EUG. Propter hanc vocem metaphoricam *nascitur*, major duplicem patitur sensum; hanc itaque sic distinguo: error ab ignorantia nascitur, id est, arguit ignorantiam, hoc fateor: error ab ignorantia nascitur, id est, error necessario sequitur ab ignorantia, istud nego. Error quidem arguit ignorantiam; ut enim scite observabas, ille errare non potest cui omnia comperta sunt; verùm ignorantia non idcirco est causa cur erremus: namque ubi agitur de rebus ignotis, possumus ac debemus à judicando abstinere, & proinde non necesse est errorem ab ignorantia proficisci.

Hæc est, ni fallor, causa cur erremus. Sumus ad attendendum tardi, celeres ad judicandum; in primam veri speciem ferimur præcipites & incauti, quia ab investigandi labore mens nostra refugit. Ergo si sustuleris illegitimum libertatis usum, errorem sustulisti. Quid autem si palam fecero doctos, doctos inquam, qui præjudiciis expungendis non illaboravere, non versari in minore errandi periculo, quàm indoctos? Enim verò quò plura novimus, hoc magis ingenii nostri viribus confidimus: crescente doctrinâ, crescit pariter judicandi temeritas. Aliqua nescire, nonnulla ab aliis accipere nos pudet; & cum erravimus, nos ab errore liberari præ superbiâ non sinimus. Docti plerique memoriam rebus innumeris undequaque collectis onerant, judicium verò nihilo magis excolunt. Quamobrem hoc unum quandoque ab immensa literatura lucri referunt, quòd erroribus propriis asciverint alienos. Indoctos autem ab his erroribus sua plerumque tuetur ignorantia: adeò verum est non ignorantiam, sed præcipitationem levitatemque animi causam esse errorum.

TH. Rectè, egregiè, Eugeni: jam fateor errores à libertate proficisci: possumus enim coërcere judicandi libidinem, ubi non satis perspecta res est. Fateor quoque peccare illos qui ex pertinaciâ & negligentiâ errant. Sunt verò nonnulli qui secuti doctorum atque prudentium documenta, errant; tune illos peccati quoque argues?

EUG. Quidni, amabo, cùm suâ & illi malè utantur libertate?

TH. Actus prudentiæ & modestiæ non est profectò peccatum: atqui quisquis doctorum & prudentium dictis obsequitur, is modestè & prudenter se gerit; ergo non peccat, quamvis, errante doctore, erret pariter.

EUG. Antequàm istud nodi solvam, sine, quæso, nonnulla præmittam circa autoritatem requisitam ad faciendam fidem. Vel agitur de consilio ad agendum dato, tanquam opportuno, vel de re asserta tanquam vera. In primo casu fieri potest ut ad obsequendum teneamur; si, verbi gratiâ, agendum sit ex tempore, & in dubio, nihil investiganti occurrat consilio dato potius. Verùm non ita tunc consilio obsequendum est, ut credamus illud esse verum & legitimum: hoc enim temeritate non careret, cùm de re ignota judicaremus.

picaremus. Sapiens ergo in obscuris prudentis paret consilio, non quia verum est, sed quia urget agendi necessitas, nec quidquam subest opportunius; sicque ab errore simul & peccato se tuetur immunem. Quòd si examinandi tempus non desit, in hoc vim mentis nostræ conferre debemus, ut expendamus an consilium sit rectæ Rationi consentaneum; si secus contigerit, parere non modestiæ argumentum est aut prudentiæ, sed imbecillitatis. Rectè igitur Apostolus: *omnia probate, quod bonum est tenete*; & alibi: *probate spiritus si ex Deo sint*, id est profectò si veri & justi tenaces.

Si autem agitur de re asserta tanquam vera, contendo nulli præter Deum fidem deberi; ac proinde quisquis credit alicui, cùm desunt signa ad certitudinem instituta, eum idolatriæ aliquatenus esse reum; siquidem rebus creatis id tribuit quod unius Dei proprium est; fidem enim suâ autoritate facere, hoc ad solum Deum pertinet.

Nunc itaque, Theodore, ad minorem redeo, sicque illam distinguo. Quisquis prudentium dictis obsequitur, cùm, attentione præstitâ, comperit illa esse vera; aut eorum consiliis se regi patitur in obscuris, cùm urget agendi necessitas, is modestè ac prudenter se gerit, hoc fateor; at nego eum esse prudentem & culpæ expertem, qui alteri fidem adhibet ob eam præcisè rationem, quia docti famam prudentisque obtinet, aut Doctoris nomine insignitur: nullus enim homo est ab errandi aut fallendi periculo immunis. Unus omnium Magister ac Doctor Christus non absolvit culpâ cæcum quem cæcus ducit. Ergo non vacat culpâ, qui errat monitorem secutus errantem.

TH. At enim errores circa facta à peccato eximes, si errores circa jus culpâ vacare negaveris?

EUG. Ne istos quidem.

TH. Nimis severè, ni fallor, Eugeni; ponamus enim quempiam uti pecuniâ quam à parente hæres accepit, eumque nullâ ratione suspicari potuisse hanc

Tome I.   C

pecuniam esse alterius; ille suam credit, quia parentis esse credidit. Hinc sic ratiocinium instituo. Non peccat profecto ille cùm ista pecunia utitur tanquam sua; atqui hoc in casu adest error circa factum; ergo errores circa facta, saltem nonnulli, culpâ vacant.

EUG. Minor hujusce argumenti, Theodore, minùs accurata mihi videtur: hoc in casu non error adest circa factum, sed *ignorantia facti*, ut aiunt; quæ quidem ignorantia, si non est negligentiâ aut cupiditate accersita, est profecto inculpata. Erraret certè hæres ille, si assereret pecuniam istam esse suam: illud enim judicaret certum, quod nesciret verumne sit an falsum. Non errat tamen, si jus suum in hanc pecuniam verisimile esse existimet. Porro cum plena certitudo obtineri non potest (quod quidem in rebus humanis non est insolens), verisimilitudo satis est, ut in agendo culpæ simus expertes.

TH. Ex iis quæ dixisti inferri potest, Eugeni, alterutrum nostri nunc peccare, nunc, inquam.

EUG. Bona verba, Theodore! sed age, quo istud pacto evinces?

TH. Rem paucis verbis absolvere posse mihi videor. Primum hoc mihi donabis, si duæ sententiæ pugnent inter se, alterutram esse falsam.

EUG. Accedo.

TH. Tum fateberis, opinor, eos qui disceptant, pugnantia sentire, ac proinde alterutrum errare; unde postremo colligam alterutrum nostri qui disceptamus, errare, ideoque peccati esse arguendum. Vide nunc ad quas me angustias adegeris. Si non dissentio tuæ propositioni, periculum erit ne errorem mihi propinari sinam; non enim is es qui te errandi jactites expertem. Si autem dissentio, periculum est ne errorem mihi ipse propinem.

EUG. Solve metum, Theodore; non omnes qui disceptant, pugnantia sentiunt. Est qui disputat ut reipsa contrariam opinionem affirmet aut tueatur, in quo sanè casu adesse potest error, adeòque peccatum. Est qui disputat, quia nondum assecutus est rei veritatem; & idcirco momenta dubitandi proponit, donec affulgeat evidentiæ lumen, metuens scilicet ne loco veritatis novum combibat præjudicium. Et hæc est tua disputandi ratio, recta certè & Philosopho digna maximè.

Non eò loci commemorabo eos qui ex pertinaciâ disputant, & quidem acriter, ut oppugnent sententiam quam ipsi tenent, aut tenerent, si ab alio non fuisset proposita : istud enim animi ignobiliter superbi est indicium : tua ergo argumentatio probat, non te dissentire, sed nondum assentiri : neque profectò consensum præstare debes, donec ea quæ propositioni meæ adversari tibi videntur, sic ego diluerim, ut nulla supersit dubitandi ratio.

TH. Unum superest quod me jam in tuam sententiam proclivem paululùm remoretur. Quidam dicuntur bonâ fide errare : atqui nemo potest bonâ fide peccare; ergo non omnis error est peccatum.

EUG. Distinguo majorem. Dicuntur quidam errare bonâ fide, dicuntur inquam, minùs accuratâ loquendi ratione, concedo; accuratâ & propriâ loquendi ratione, nego. Sunt enim errores adeò leves, aut vitatu difficiles, ut qui errent hoc pacto censeantur errare bonâ fide, præsertim si errorem suum ingenuè fateantur, ubi prima se dat occasio erroris illius recognoscendi. Error tamen hujusmodi oritur quoque à nonnulla temeritate & negligentia; quæ certè cum bona fide sociari non possunt. Errare ergo aliquis bonâ fide dicitur, non quia error illius oritur à bona fide, sed quia abest superbia & pertinacia, quæ si errori conjungantur, errandi culpam longè graviorem faciunt, præsertim si de re gravis momenti agitur. Cæteri verò errores sunt ejusmodi peccata de quibus sermo est, cùm dicitur justum in die septies peccare : peccata levia quidem, sed à quibus tamen vir Dei amans & salutis suæ studiosus abstinet pro viribus.

At ne qua tibi reliqua sit nimiæ in mea sententia severitatis suspicio, observo errorem non in verbis esse positum, sed in ipsa mente. Sunt enim multi qui aliquid affirmare aut negare videntur, & de re ipsa judicare qualis est, cùm tamen hoc unum in mente habeant, ut de sola rei specie loquantur. Si quis, verbi gratiâ, dicat: *existimo lunam esse orbem incolis vacuum*, non ille erroris erit insimulandus; istæ enim voces, *existimo*, *opinor*, *hæc mea est sententia*, nihil aliud plerumque significant, nisi propensionem mentis ad hoc vel illud judicium. Quicumque ergo his vocibus utitur, indicat potius rem ita sibi videri, quàm rem ita esse: soli in judicando præcipites & superbi voces illas ad significandam certitudinem adhibent, cæteri verò ad significandam verisimilitudinem: quo in casu nullus est error, quamvis errorem sermo præ se ferre videatur.

TH. Priori tuæ propositionis parti tandem accedo, Eugeni, omnis error peccatum est. Quod spectat ad alteram ejusdem propositionis partem, sine, iterum exponam momenta quæ me à consentiendo prohibent. Peccata quædam sunt ex mera malitia: atqui non ita nominarentur, si ortum ducerent ab errore; ergo non omne peccatum ab errore ducit originem.

EUG. Hujusce tui ratiocinii non secus ac præcedentis major laborat vitio minus propriæ locutionis. Eodem igitur modo erit distinguenda. Peccata non ideo dicuntur ex mera malitia proficisci, quòd excludant errorem, sed quòd leviori de causa peccantes se ad facinus accingant, & ex actu vituperabili insolitam capiant voluptatem. Quod ut facilius intelligas, ponamus hominem qui alium occidat, propterea quòd parenti aut liberis suis vim inferret ille; non dicitur homo iste peccare ex mera malitia; quid ita? quia nimirum id facit, quod cadit vulgo in humanum ingenium. Ponamus alterum qui obvium quemdam & ignotum occidat, ut suæ vel audaciæ, vel dexteritatis specimen præbeat, is peccare dicitur ex mera malitia, quia voluptas quam sectatur, insolita est, nec cadit vulgò in humanos mores occidere ob causam adeò levem. Verùm uterque errat, quòd falsò judicet in occidendo majorem sibi adesse utilitatem, & similibus artibus nihil sibi periturum esse optatæ beatitudinis.

TH. Atqui sunt quædam peccata quæ propriè dicuntur ex mera malitia; nam non desunt qui pravo cupidini obsequuntur, quamvis nôrint se peccando excidere, cùm ab amore Dei, tùm à spe obtinendæ beatitudinis quæ in cœlo fruenda promittitur; ergo citra errorem peccant.

EUG. Concesso antecedente, nego consequentiam. Imò & hic error est pessimus, & stultitia cumulata. Namque hujusmodi homines ideò rei malæ dant operam, quia nascentem ex illâ voluptatem, caducam certè & opinione minorem, pluris faciunt, quàm quæ manet probos, æterna, sincera, & omnem sensum exuperans. Eos interroga qui à peccatis quæ scientes commisêre, resipiscunt; omnes se in hoc deceptos fatebuntur, quòd malas artes sectando, liquidam se colligere posse voluptatem existimaverint, cùm tamen illæ fastidia pariant, variosque in pectore tumultus; ergo cùm hi errorem recognoscant suum, tu illos ne dixeris errore caruisse.

TH. Tuam sententiam, Eugeni, affulgente tandem evidentiâ, meam facio. Si tamen animo pueriliter indulgere voluissem, pronum erat objicere primum errorem peccatum fuisse, nec ab errore duxisse originem. At eodem modo luderem quàm qui negaret istam propositionem, *omnes homines ab Adamo ortum ducunt*, quòd ipse Adam homo fuerit, nec tamen aut à se, aut ab homine alio ortum duxerit.

EUG. Observabis insuper hunc esse genuinum meæ propositionis sensum, scilicet peccatum quodlibet ab errore distinctum, id est, amorem quemlibet pravum ab errore ortum ducere.

C iij

COROLLARIUM.

Quicumque sinceræ Philosophiæ studiosus est, his de omnibus quæ præjudicavit, dubitare debet, exceptis tamen quibusdam ad quorum cognitionem nullo ratiocinio opus est, & quæ ad examen, pro rei utilitate, revocare.

PRIMA hujusce propositionis pars manifesta est. Nam emergere debemus ab errandi aut erroris retinendi periculo; atqui nisi præjudicatas opiniones in dubium vocemus, remanebimus in aperto errandi aut erroris retinendi periculo, cùm fieri non possit ut tot opiniones temerè admissæ, sint omnes veræ consentaneæ: ergo eas in dubium vocare debemus.

Cave tamen putes omnia geniuss in dubium vocari debere, aut etiam posse. Cùm enim mens attenditur ad has propositiones, *totum est suâ parte majus, duæ quantitates tertiæ pares, sunt quinque sibi invicem pares, Supremus rerum Arbiter summâ veneratione colendus est*; cùm mens, inquam, hujusmodi judicia in memoriam revocat, id sentit suam libertati non adeo permissum, ut de illis dubitet.

Præterea si dubium generale institueretur, ex illo dubio mens emergere non posset, ac proinde necesse foret ut in rei cujusque ignorantiâ mens hæreret perpetuùm. Nam ex illo dubio mens emergere non posset, nisi ope ratiocinii, id est, ope principii indubitati: atqui nullum menti occurrere potest principium quod sit minùs dubitabile, quàm quæ modò commemoravi; ergo si dubium generale institui legitimè posset, mens illud a se amovere nunquam posset.

Secunda propositionis pars, sic probari potest. Inter ea quæ nos docuère parentes, aut quisquis ætatulam nostram suscepit educandam, multa sunt profectò vera, utilia, imò necessaria, tum ad virtutem colendam, tum etiam ad fovendam hominum inter se societatem; ergo illa sunt à falsis opinionibus quas simul combibimus secernenda: atqui hoc perficere non poterimus, nisi præjudicatas opiniones ad examen revocemus, ut patet; ergo eas ad examen revocare debemus.

Neque sine causa adjeci hæc verba *pro rei utilitate*. Cùm enim vitæ tempus sit brevius quàm ut possimus omnia eâdem attentione animi expendere, lex prudentiæ jubet, ut ea diligentiùs investigentur, quæ magis ad nos spectant. Longè major est, verbi gratiâ, utilitas hujus quæstionis: *an inter illa quæ homines studiosè persequuntur, sit quidquam quod nos verè beare possit;* quàm istius, *terráne circa solem, an sol circa terram moveatur.* Potest sine magno animi damno ignorari, *an aqua sit ex naturâ suâ liquida, necne:* minimè verò, *an honestum utili, etiam cum periculo vitæ, sit anteponendum.* Præterea sunt multa quæ primo intuitu deprehendas esse extra mentis humanæ captum: cur, verbi gratiâ, *flamma faciliùs educatur à sulphure, quàm à ligno; quam ob causam Deus nondum voluerit ut omnes Orbis plagæ fidei Catholicæ lumine illustrarentur.* Omnes certè hujusmodi quæstiones si velis expendere, peribit tibi tempus ad meliora concessum.

Rectè ergo Mallebranchius exponens quid sit in inconsultâ curiositate periculi, hoc tradit præceptum. « Lorsque les vérités sont si cachées, qu'il est mora- » lement impossible de les découvrir, & que les biens » sont si petits & si minces, qu'ils ne peuvent pas » nous satisfaire, nous ne devons pas nous laisser » exciter par une vaine curiosité, ni nous laisser sé- » duire par de fausses apparences ».

Meritò ac lepidè idem irridet eos qui parùm solliciti de animæ immortalitate, operosè scrutantur quid de animæ immortalitate senserit Aristoteles, aut etiam quid de opinione Aristotelis circa immortalitatem alii opinati fuerint, hoc certe perridiculum est, namque ut recte ratiocinatur Mallebranchius.

« On ne peut trouver à redire que les Philosophes
» fassent tous leurs efforts pour résoudre la question
» de l'immortalité de l'ame : mais ils sont bien plai-
» sans de se mettre en peine pour décider ce qu'Aris-
» tote en a cru. Il est, ce me semble, assez inutile
» à ceux qui vivent présentement, de savoir s'il y a
» jamais eu un homme qui s'appellât Aristote ; si cet
» homme a écrit les Livres qui portent son nom ; s'il
» entend une telle chose ou une autre dans un tel
» endroit de ses Ouvrages : cela ne peut faire un
» homme ni plus sage ni plus heureux. Mais il est
» très-important de savoir si ce qu'il dit est vrai ou
» faux en soi ».

Quæ de præjudicatis opinionibus in hocce corollario dixi, ea sunt quoque intelligenda de iis quotquot in posterum obvenire possunt ; hoc est, quæcumque primo mentis intuitu non sunt evidentia, hæc primo in dubium, cum ad examen, pro rei utilitate, revocanda.

TH. Quandoquidem hoc mihi suasisti, Eugeni, ut ne in mentem quidquam admitterem absque prævio examine, omnes propositionis partes seorsim expendam. Affirmas 1°. dubitandum esse de præjudicatis opinionibus. Verum non omnis abest à me erroris suspicio. Namque dubitare de veris, non est certe rectæ Rationi consentaneum : atqui si omnia quæ præjudicavimus, in dubium adducamus, de quibusdam veris dubitabimus : sunt enim quædam præjudicia vero consentanea, quale, verbi gratiâ, est istud, *existunt corpora* ; ergo dubium quod instituendum proponis, à recta Ratione abhorret.

EUG. Distinguo majorem. Dubitare de veris cum mens est rei veritatem assecuta, istud est rectæ Rationi dissentaneum, hoc concedo : si mens nondum est rei veritatem assecuta, istud nego. Dubium cadere debet in incerta quæque ; porro verum potest esse incertum : ergo dubium de veris poteſt eſſe legitimum ; atqui à dubio exemi omnia de quibus mens abſque illo ratiocinio certa eſt. Quod ſpectat ad cætera, dubitabitur quidem de quibuſdam veris, quemadmodum dubitabitur quoque de quibuſdam falſis ; at ſi inter examinandum occurrat momentum credendi aut negandi, quod certè ſit ab omni errore alienum, tum demum ſolvetur omne dubium.

TH. Verùm dubitare non debemus legitimâ ratione deſtituti; atqui nulla occurrit dubitandi ratio illis qui Philoſophiæ non dant operam. Nam ut aliqua illis adeſſet dubitandi ratio, eoſdem noſſe oporteret principia quorum ope præjudicia expenduntur, & falſa à veris diſcernuntur ; aut ſaltem neceſſe foret momenta credendi oppoſitis quaſi librari momentis : atqui hæc omnia deſunt præterquàm Philoſophis; ergo multis deeſt legitima dubitandi ratio.

EUG. Nego minorem prioris, & majorem alterius argumenti. Una hæc ad dubitandum ratio requiritur, ſcilicet ut nulla ſit certa affirmandi aut negandi ratio; omnes porro ſi attendere voluerint, probè ſentient utrùm adſit ſibi deſitve tale momentum. Rectiùs dixeris, ut aliquis è dubio emergat, illi neceſſaria eſſe principia, quorum ope præjudicia expendat, & falſum à vero dividat; hæc verò ad dubitandum minimè requiruntur; neque neceſſe eſt ad excludendam certitudinem, ut momenta credendi oppoſitis librentur, ſed duntaxat, ad excludendam veriſimilitudinem.

TH. Nunc liquet dubium de præjudicatis eſſe legitimum : expendamus igitur utrùm quidquam ſit à dubitandi lege excipiendum. Multa ſunt quæ tam ſplendidam veri ſpeciem præ ſe ferunt, ut à veris primo intuitu facilè diſcerni non poſſint ; atqui niſi dubium generale inſtituat Philoſophiæ ſtudioſus, periculum erit ne à dubitatione eximat quaſdam hujuſmodi opiniones vero ſimillimas quidem, attamen falſas : ſatius ergo eſt non eximi quidquam à lege dubitandi.

EUG. Nego minorem, quam ut falſam eſſe intelligas, attende, quæso, ad istam Mallebranchii regulam.

« On ne doit jamais donner de consentement entier
» qu'aux propositions qui paroissent si évidemment
» vraies, qu'on ne puisse le leur refuser, sans sentir
» une peine intérieure, & les reproches secrets de la
» Raison ; c'est-à-dire, sans que l'on connoisse claire-
» ment qu'on feroit un mauvais usage de sa liberté,
» si on ne vouloit pas consentir, ou si l'on vouloit
» étendre son pouvoir sur des choses sur lesquelles
» elle n'en a plus ».

Videat ergo Philosophiæ studiosus utrum quæ splendidam veri speciem præ se ferunt, sint ejus generis, ut de illis, non repugnante conscientiâ, dubitare possit. Si enim intimo in pectore sentimus consentiendi necessitatem, frustra suadebis ut dubitemus ; atqui sunt quædam hujus generis propositiones, istæ, verbi gratiâ, *existit motus, existunt corpora, in dubio pars tutior est eligenda* ; quas certè si negare volueris, aut in dubium vocare, contradicentem intus & pungentem acriter conscientiam experieris. Ista vero propositio, *bellua sunt mente prædita*, quamvis magnam veri speciem præ se ferat, tamen in dubium vocari potest, non repugnante conscientiâ ; animus enim noster ad hanc opinionem illectus quidem, at non necessariò inclinatus est.

TH. Ex iis quæ dixisti, colligi potest mentem nostram aliquoties induci necessariò ad judicandum ; atqui istud mihi falsum videtur. Nam idem esto judicium de propositionibus quæ maximam veri speciem habent, ac de ista, *existunt corpora* ; atqui hæc in dubium vocari potest, imo & à quibusdam negata est ; ergo quælibet propositio in dubium vocari potest.

EUG. Distinguo minorem : hæc propositio, *existunt corpora*, in dubium vocari potest aut negari, ore tenus, concedo ; mente, nego. Ut enim nihil aut ferè nihil tam absurdi fingi potest, quod assertorem non invenerit apud homines ; ita nihil adeò certi est aut evidentis, quod negatum ab aliquo non fuerit, aut simulatè dubitatum. At illos probat mendaces judicandi necessitas quam experimur, ubi adsunt nata ad certitudinem signa.

TH. Carthesius Philosophiæ restaurator præcepit ut ab ipso philosophandi principio dubium generale instituamus, quoad illuxerit nobis principium aliquod, cui tanquam fundamento cæteræ cognitiones nostræ inniti possint: ergo nihil est à dubitatione eximendum.

EUG. Esto antecedens, & nego consequentiam. Non enim juramus in ullius Philosophi verba. Nemo, ut jam diximus, qualis quantusque sit, ab errandi est aut fallendi periculo immunis. Quidquid enim præceperit Carthesius, intimo in pectore sentimus quandoque judicandi necessitatem, ubi vel sola propositionis verba auribus percipimus; quod certè patebit attendenti ad propositiones quas in exemplum adduximus. Verùm altera proferri potest respondendi ratio quæ Carthesium ab erroris suspicione in hocce argumento vindicet. Nimirùm sic distingui potest antecedens. Carthesii mens est, ut ab ipso philosophandi limine dubium instituatur de omnibus quæ levi ac præcipiti animo judicavimus, concedo; de omnibus omninò, id est, de iis etiam quæ urgente evidentiâ judicavimus, nego. Nullibi etenim legitur Carthesius præcepisse ut has propositiones; *totum est sui parte majus*; *bis duo dant quatuor*, & similes in dubium adduceremus. Quod spectat ad cæteras omnes quas temerè, id est, absque momento credendi legitimo judicavimus, eas vult in dubitationem venire donec illucescat nobis legitimum affirmandi aut negandi momentum: hanc profectò esse Carthesii mentem ex ejus scriptis facilè colligi potest.

Hic, occasione datâ, trademus præcepta de modo intelligendi propositiones & voces generales, seu quarum significatio omnia complecti videtur.

Duplici modo vox aut propositio generalis esse potest, metaphysicè nempe & moraliter. Tum metaphysicè generalis est, cùm ne una quidem exceptio fieri potest; cùm, verbi gratiâ, dicitur, *omnis circulus radios habet & diametros æquales*. Est autem duntaxat moraliter generalis, cùm exceptionem aliquam pati potest aut interpretationem. Sic ista, *omnes quæ sua sunt quærunt*, est tantùm moraliter generalis, quia sunt quidam, paucissimi quidem, qui quærunt quæ sunt Dei aut proximi, adeòque exceptionem patitur illa propositio: ista quoque, *nisi pœnitentiam egeritis, omnes similiter peribitis*, moraliter universalis est; quia de adultis qui jam aliquod admisère peccatum, interpretanda est, non de omnibus omnino; verbi gratiâ, de infantibus baptismo renatis. Hæc autem est regula dignoscendi num metaphysicè moraliterve sit generalis aliqua vox aut propositio. Agiturne de essentia rei aut de proprietate sine quâ res intelligi nequit? metaphysicè generalis est propositio. Si quis enim dicat *omnes in circulo quovis radios esse æquales*, ille sic potest suam propositionem convertere sine ullo sensûs detrimento, *ad essentiam circuli pertinet, ut ejus radii sint æquales*. Istæ verò propositiones, *omnes quæ sua sunt quærunt*; *nisi pœnitentiam egeritis, omnes similiter peribitis*, non possunt sic converti sine sensûs detrimento: ergo sunt illæ duntaxat moraliter generales. Ea porro invaluit apud homines consuetudo, ut cùm exigua pars excipienda est, hæc pro nihilo habeatur. Quapropter falsi argui non debent, qui propositiones moraliter universales exhibent, quamvis non nihil in exceptionem veniat. Ille etiam mos incessit vel ipsis Philosophis & Geometris, ut cùm facilè suppleri mente potest id quod propositioni generali addendum fuisset ad accuratam veritatem, illud ipsum exprimere verbis non curent. Sic Geometræ inter sua principia istud recensent: *illa linea est productior, quæ longiùs aberrat à rectâ*. Possunt quidem excogitari lineæ sinuosæ rectam inter & curvam mediæ, & quæ sint curvâ illâ productiores; verùm quia hæc mente fit ab omnibus exceptio, nullumque est erroris periculum, exceptionem verbis Geometræ non exprimunt.

Cavendum ergo est, 1°. ne propositiones quæ non sunt metaphysicè generales, ad literalem præcisè sensum urgeamus; 2°. ne id vitio vertatur scriptoribus, quòd propositiones generales emittant quæ exceptionem aut interpretationem patiantur, cùm ea facilè subaudiuntur quæ in propositione desunt; utrumque enim non nihil habet iniqui & puerilis.

Hoc præcepto exposito, satis patet quid sentiendum sit de illis qui propositam à Carthesio dubitandi regulam ita generalem esse existimant, ut nolint ab illa eximi propositiones primo intuitu evidentes; vel de illis qui minùs accuratam loquendi rationem in illo proptereà redarguunt.

TH. Fateor quidem tunc esse à dubio abstinendum, cùm adest rei evidentia, aut nata ad certitudinem signa. Verùm qui primum adit Philosophiæ limen, nescit quid sit evidentia, quid alia certitudinis signa; nescit quo pacto illa discernat: ergo se ille committit errandi periculo, si de omnibus omnino non dubitaverit.

EUG. Nego quemquam esse inter adultos qui nesciat evidentiam: nominis inscius esse forsan potest, rei verò nequaquam. Cùm, verbi gratiâ, attendimus ad illas propositiones, *totum est sui parte majus; bis duo dant quatuor*, sentimus nos illarum veritatem mentis oculis assequi; atqui in hoc ipso consistit evidentia: ergo cùm idem judicium ferri possit de omnibus adultis ad propositiones hujusce generis attendentibus, pro certo est habendum nullum esse qui nesciat evidentiam. Si quæris quo illam pacto à præjudiciis discernere possit, paucis accipe. Consensus datus præjudicio est liber; repugnat enim nos versari in necessitate temerè judicandi. Consensus verò datus evidentiæ non est liber. Sed de signis ad certitudinem natis posteà.

CAPUT SECUNDUM.

De præcipuis errorum ac præjudiciorum fontibus.

Errores singulos enumerare nemo potest: satius igitur erit eos a radice convellere; namque innumeri ab una aut altera exurgunt. Hæc porro prima mihi inter cæteras origo esse errorum videtur, quod ita sensibus addicti simus, ut intelligendi vim a vi sentiendi non discernamus. Quid ita? quia sensibilia nos oblectant, intelligibilia non item: ideo apud nos continuus aut fere continuus est sensuum usus, intellectu vero parcius utimur.

Ut autem facilius assurgere mens vestra possit ad ea quæ de hocce argumento jam dicturi sumus, quædam sunt præmittendæ notiones de sensibus & de intellectu.

Cum ad ignem propius accedo, frigore coactus, observo 1°. a materia in flammam conversa moleculas proficisci quæ fibrillas subcutaneas commovent; motum vero illum usque ad cerebrum pertingere: 2°. motus illius occasione excitari in anima sensum caloris: 3°. sensum illum ad materiam inflammatam referri ab anima; & hæc tria ab humana libertate non pendent. De alio quovis sensu idem dictum esto. Jam vero sensus nomen habere multiplicem eo loci significationem, ex ipso exemplo intelligitis. Vel enim vox ista significat vim sentiendi cum relatione ad externa, & ex occasione data per oculos, aures &c.; hoc vulgo intelligitur, cum visus, tactus, auditus &c., generali sensus nomine donantur: vel significat illud ipsum quod anima experitur, ubi occasione data per oculos, aures, palatum manusve aut nasum, sibi conscia est coloris, soni, saporis, caloris, odoris, cum relatione ad externa. Istud vero sensûs genus *sensationem* dixêre recentiores Philosophi, ne in præsenti argumento æquivocatione periculosâ laboraret oratio : & nos quoque eam vocem quamvis neotericam usurpabimus. Cùm autem animus noster verum contemplatur aut bonum morale, adest illi aliud sensûs genus, quem sensum intimum appellant. Hic comitem non habet ad externa relationem. Talis est sensus evidentiæ, sensus libertatis, sensus supremæ Rationis quæ pacis internæ suavitatem, aut acres addit pectori stimulos, prout nostrâ libertate rectè aut perperàm abusi sumus. De isto sensûs genere agitur, cùm de conscientia sermo est. Multi quoque sensûs nomine appellant illas corporis humani partes, quarum ope sensatio excitatur in anima, at minus rectè. Sunt enim aures, oculi &c., quasi instrumenta animæ quibus sibi sensationes parare possit, vel quasi aditus illius materiæ quæ cerebri nervulos ac fibrillas commovet; has corporis humani partes Philosophi nostrates appellant *organes des sens*.

Hoc autem differt sensus ab intellectu, quòd sensus nihil nos doceat nisi præsentem animæ nostræ statum, id est, rei quam sentimus naturam & proprietates sensu non attingimus. Intellectus verò noster versatur circa ideas quæ rerum naturam & proprietates menti exhibent. Intelligere ergo est intueri mentis oculis illas internas imagines quæ rerum proprietates repræsentant: aliud verò quidvis si anima experiatur, tum illa sentire propriè dicitur.

Si relatio sensationis non fiat necessariò ad locum unde proficiscitur sensationis occasio, nec ad tempus præteritum aut futurum, tunc sensus *imaginationis* nomen obtinet: quo in casu longè minor est colorum, sonorum &c. impressio; sic montem aureum, crystallinum imaginari possumus: ad quemlibet enim locum referre possumus colorem, sonum & formam peculiarem quam imaginamur in monte aureo aut crystallino. Imaginatio autem memoria nuncupatur, si hæc affectio animæ necessariò referatur ad tempus præteritum; præscientia vero diceretur, si ad tempus futurum necessario referretur.

Ne quis tamen existimet esse in nobis aliquam intellectus operationem, ita à sensibus distinctam, ut nulla eam comitetur sensatio, nulla imago formæ peculiaris, nulla vel levis & languida colorum affectio: hoc enim falsum esse docet experientia. Attamen nihilominus distinguendum est quid ad intelligendi pertineat, quidve ad vim sentiendi; eâ quidem distinctio, ut facilius fieri possit, in concertatione sequenti ostendemus quid veri, quidve falsi habeat istud effatum vetus, *nihil esse in intellectu, quod prius non fuerit in sensu*; vel ista Gassendi & Locke propositio priori similis, *omnis idea ortum ducit à sensibus.*

CONCERTATIO SECUNDA.

Fæcundam quidem habemus in sensibus adipiscendæ veritatis occasionem, minime vero rerum quales sunt exemplaria, aut materiam ex qua ideæ generales componantur.

PRIMAM partem sola demonstrabit experientia. Atqui ut à visu initium ducat nostra argumentatio, sunt multæ propositiones à Mathesi petitæ quas illius disciplinæ studiosi animo quantumvis contento intelligere non possunt. Objice vero illorum oculis delineatam figuram, aut signa algebrica certo modo composita, veritatem objectam illico assequentur. Præterea quæ literis mandata sunt aut monumentis illustrata, existentiam, motum, figuram, ordinem corporum, & alia permulta oculorum ope cognoscimus; quamquam non illa quidem in se, sed illorum duntaxat imagines menti intus objectas videamus.

De

De auditu res est apertissima. Quæ sentit alter, quæve intelligit, hæc non possunt quidem ab illius mente in nostram transfundi : mens enim creata in aliam agere non potest, tanquam causa physica ; atqui tamen alter in alterius mente easdem quas habet ideas excitat, aut saltem similes. Quid ita ? quia scilicet os prioris quatit aëra, in aurem verò posterioris arrectam aër ingressus suum transfert motum in fibrillas & nervulos auditûs. Quæ commotio ubi ad cerebrum pertinuit, tunc demum ideæ in mente excitantur : ergo ut visus, ita & auditus occasionem nobis præbet adipiscendæ veritatis.

Tactûs adminiculo corporum figuram, soliditatem, hoc est cohæsionem partium materiæ & cætera id genus cognosci posse nemo non intelligit ; quamvis corpora nullâ vi in animum nostrum agere possint, neque animus noster in corpora, ut postea demonstrabitur. Cùmque idem de cæteris sensibus affirmari possit, perspicuum est positam esse in sensibus, & fœcundam quidem, veri assequendi occasionem, seu causam naturalem.

Hinc natum est istud Logicæ præceptum ab omnibus qui nomen sibi aliquod fecere inter Philosophos, diligenter observatum. Quæcumque sub sensus cadere possunt, ea sensibus & quidem pluribus, si fieri potest, attingere & observare debemus. Namque ideæ sunt conditiones ad judicandum prærequisitæ, cùm voluntas nihil negare aut affirmare possit, nisi intellectui affulgeat quarumdam idearum lumen : atqui ut modò probatum est, fœcundam habemus in sensibus idearum comparandarum occasionem ; ergo nihil omitti oportet aut negligi eorum quæ sensibus occurrere possunt, vel experientiâ comprobari.

Omnes ferè alicujus nominis Philosophi ut illas sibi animi opes pararent, multos annos extra patriam peregrinari non dubitârunt ; variorum illi populorum cultum, victum, mores, instituta, leges, præjudicia, artem politicam, religionem, obvia quæque à maximis

Tome I.   D

ad minima avidis arripuero oculis & auribus. Patriæ equidem cultura, peculiaris soli farrago, quid artes, vel in qua varias gentes, utilitates aut oblectamenti afferant, quo pacto illis exercendis pararentur, quo inveniebantur vis machinarum inquirebam; si qui genuini *hujus* rerum gestarum monumenta, priscarum rerum Præterea omnium quæ sensibus observabam *notitiam* vel propria meditatione excolebam, vel ex doctorum documentis addiscebam. Hæc ars particulas ……… in immensum intelligentiæ atque judicandi ………
Cum autem *paulo* varia penetrare ……… loca, & omnia quæ modo commemoravi …… documento comprobare potui, etiam ……… teri Scriptores illos qui multa ……… variorum populorum gesta, moribus & …… des circumstant observemus, conferamusque illa quæ olim apud majores nostros, vel etiam …… apud exteros fieri solita sunt. Pudeat istorum …… miles qui in exiguo terræ angulo conclusi …… nec scire curant an sit aliquid præter illa quæ …… zontis sui ambitu continentur, qui ……… ………sunt ibi observant, aut observaverunt, qui instar illius regiuncula in qua nati sunt, totum ……… esse existimant. Hinc etiam fit, ut …… ideas …… & insuetas aut hæreat ubi de re vel apertissima judicandum est, aut inulti efferatur. Cum autem in illa generali rerum observatione, eloquio harum delitiarum usu, multa occurrere possint periculosa probisque moribus noxia, meminisse nos oportet ……… Apostolici præcepti, *omnia probate, quod bonum est tenete*.
Nunc gradum faciamus ad secundam nostræ probationis partem, ostendamusque non advenire …… per sensus rerum exemplaria. Duplici ……… est ideas, seu rerum exemplaria per sensus advenire menti, velutí per totidem canales; …… hæc sunt Peripateticorum opinio, referente Mallebranchio.

« Les Peripateticiens prétendent que les objets du
« dehors envoient des espèces qui leur ressemblent,

De Logica.

» & que ces espèces sont portées par les sens exté-
» rieurs, jusqu'au sens commun. Ils appellent ces es-
» peces-là *impresses*, parce que les objets les impri-
» ment dans les sens extérieurs. Les espèces *impresses*,
» étant matérielles & sensibles, sont rendues intelli-
» gibles par l'intellect *agent*, & sont propres à être
» reçues dans l'intellect *patient*. Les espèces ainsi spiri-
» tualisées, sont appellées espèces *expresses*, parce
» qu'elles sont exprimées des *impresses*, & c'est par
» elles que l'intellect *patient* connoît toutes les choses
» matérielles ».

Hanc autem opinionem exponere, confutare est. Materia enim, si non suâpte naturâ, at saltem vi legum quas Deus instituit ad mundi corporei regimen, impenetrabilis est; atqui necesse foret in Peripateticorum sententia penetrari invicem imagines ab objectis profectas; nam ab innumeris locis innumera objecta videre possumus : ergo necesse foret decussari lineas quas describerent species à corporibus dimanantes : cùmque illæ non possint esse à materia diversæ (nihil etenim à corporibus dimanare potest, nisi corporeum), hoc absurdi consequitur ab istâ opinione, materiam scilicet à materia penetrari.

Enim verò quis credat eò majores illas esse imagines, quò res objectæ oculis sunt propiores ? Eccui suaderi poterit species illas, ubi oculos sunt ingressæ, & ad intellectum pervenerunt, in spiritales è corporeis converti, atque in memoria tanquam in promptuario recondi ad mentis arbitrium retractandas ? Verùm quia jam obsolevit ista opinio, alteram paulò diversam aggrediamur.

Nonnulli hodiedum existimant imagines rerum quas intelligimus, non proficisci quidem ab objectis externis, sed lumine pingi in oculis, sonove aut odoribus ingenerari in aliis sensibus ; & quia animam imaginantur veluti diffusam in sensuum nostrorum organa, hæc tangi & moveri non posse putant, quin eâdem impressione anima tangatur & moveatur. Ita-

DE LOGICA

quæ si arboris adversæ imago pingitur in parte postica oculorum, hanc picturam credunt illam esse quæ sensationem facit. Verum quæ pingitur in oculis imago, corporea est, quæ autem à mente percipitur, non ita. Ergo ut anima hauriret à sensibus rerum exemplaria, oporteret qualitates corporeas in spirituales à mente converti, quod profectò absurdum est.

Præterea figuram in oculis pictam multum differre quoad lineas & angulos ab eâ quæ menti concipitur, ostendunt leges Opticæ. Ergo quod anima ipsa mente sentit, hæc longè diversa est ab illâ quæ in parte posticâ oculi depingitur. Porrò quod de visûs objectis diximus, de cæterorum quoque sensuum objectis dici potest eâdem argumentandi formâ.

Probanda nunc est tertia pars propositionis, censu videlicet non sufficere menti materiam ex quâ ideæ generales coalescant; atque ut istud facilius obtineri possit, exempla à variis disciplinis exordiemur, & quidem à Morali.

Cùm enim audit aliquis aut legit Christi parabolam illam quâ Samaritanus inducitur, misericordiâ commotus, equo desiluisse, opem ut ferret illi quem semivivum latrones humi prostraverant, is omne Samaritani actum rectæ Rationi consentaneum & maximâ laude dignum judicat; atqui istud quibus nititur hoc judicium, ex affectionibus sensuum profectò non componitur. Quid enim hoc in negotio sensûs exhibent? ad summum ideam hominis jacentis & saucii ex illâ parte, ex alterâ verò ideam hominis equo desilientis, ideam vini & olei vulneribus infusi, & cætera id genus: atqui nemo mente sanus hoc in animum inducere poterit, ex hujus modi affectionibus componi ideam boni moralis, seu actûs rectæ Rationi consentanei. Nam nullus est actus externus misericordiæ qui fieri non possit cum pravâ voluntate; unde consequitur in illo actu externo ac sensibili non consistere bonum morale, sed in concordiâ voluntatis nostræ cum legibus divinis; atqui nihil sensibile excogitari potest, quod sit illius concordiæ, quatenus intellectæ, materia : ergo &c.

Dixi *ad summum.* Si quis enim parabolæ argumentum in tabella pictum videat, nihil ope sensuum habebit, præter colores varios umbris certâ arte discriminatos. Attamen in illius mente, præter ideas hominis saucii, olei &c., excitabitur idea boni moralis, quod profectò non componitur ex umbris & coloribus.

A Mathematicis accipimus esse cùm in numeris, tùm in spatio quantitates quas dixêre incommensurabiles, & quarum tamen proprietates quædam demonstrantur, unde colligitur esse in nobis ideam incommensurabilium : atqui nihil ope sensuum attingimus quod affirmari possit cum ulla re alia incommensurabile ; ergo quibus hìc adversamur, hi minùs rectè asserunt &c.

Logica docet legitimam esse posse conclusionem, licèt propositio à principiis eruta sit falsa; cujus quidem rei exemplum occurrit in isto divi Pauli ratiocinio : *Si (secundùm hominem) ad bestias Ephesi pugnavi, quid mihi prodest, si mortui non resurgunt ? manducemus & bibamus ; cras enim moriemur;* quasi dixisset, si nulla spes est futuræ beatitudinis, præsentem amplecti nos oportet & genio indulgere : atqui *secundùm hominem*, id est, secundùm impios quosdam, mortui non resurgunt, ac proinde nulla spes est futuræ beatitudinis ; ergo genio indulgendum nobis est; quæ certè consecutio legitima est, quamvis consequens sit falsum. Atqui quo pacto id hauriri possit à sensibus, ostendere non possunt istius sententiæ patroni; nihil enim in sensibilibus est aut fingi potest, quod simile sit ideæ conclusionis legitimæ in consequente falso.

Carthesius demonstravit qualitates sensibiles, sonos nempè, colores, sapores, &c., non inesse corporibus ad quæ referuntur. Expediant ergo adversæ sententiæ patroni qui fieri potuerit ut hæc cognitio per sensus in animum transiverit, & tamen sensus omnes nos inducant ad judicandum qualitates illas inesse reipsâ

D iij

corporibus. Quod si perficere non possint, fateantur tandem assertionem suam temeritate non carere, fateantur illud, intelligi non posse quod de sensuum affectionibus affirmat, quem sequuntur [...] lib. II. capite 2º. de ideis simplicibus, [...] simplices intelligit ille sensationes, quas [...] esse cognitionum nostrarum materiam, ergo [...]

TH. Nihil est quod objicias adversus [...] partitæ propositionis tuæ partem, neque etiam [...] mo Peripateticorum sententiam [...] pacto. At verisimile est apud me quod [...] scilicet impressiones in sensuum organa factas, sui [...] sum facere, nosque ab iis impressionibus [...] Namque anima corpori conjuncta est, et [...] anima corporis affectionum est particeps, ita [...] num animæ; atqui illa participatio fieri non potest, nisi per sensus, ergo anima per sensus operatur [...].

EUG. Primi ratiocinii antecedens distinguo. Anima corpori conjuncta est, hoc sensu quod positis affectionibus corporeis, anima sensationes [...] aut intueatur ideas, aut denique nascantur in illa quædam desideria, concedo; anima corpori conjuncta est, hoc sensu quod sit corpori confusa, quod illius proprietates aut affectiones corpori communicentur, & vicissim, nego. Itaque nec animæ qualitates in corpus, nec corporeæ in animam transeunt; manent suæ cuique substantiæ affectiones distinctæ; ut aliquando demonstrabitur. Verum quia illud Deus instituit, ut certis animæ affectionibus responderent certi motus corporis humani, & vice versa; ideo anima hoc sensu corpori conjuncta creditur afficere corpus, & ab illo affici; ideo substantiæ illæ creduntur alterâ alterius proprietatum aut affectionum participes. At si leviter advertamus, palam fiet nobis nihil esse in corpore humano, aut esse posse, præter materiam certâ ratione coagmentatam, & motum: atqui affectiones animæ longè diversæ sunt à motu & à materia, aut materiæ formâ. Quamobrem nego consequentiam quæ in ratiocinio subsequente majoris locum obtinet.

TH. Atqui anima hoc sensu corpori conjuncta est, quòd altera substantia alterius proprietatum & affectionum sit particeps; ergo nulla est tua responsio. Propositionem resumptam sic probo: corpus menti conjunctum fit animatum: atqui, nisi corpus particeps foret mentis proprietatum, frustra diceretur animatum; non enim differret à corpore inanimato, si sentire non posset; ergo anima hoc sensu corpori conjuncta est, quòd &c.

EUG. Negatâ propositione resumptâ, ratiocinii subsequentis majorem distinguo: corpus menti conjunctum fit animatum, id est, habet motus quosdam respondentes animæ affectionibus, concedo; id est, habet sensum, nego; itaque non hoc sensu corpus inanimatum ab animato differt, quòd animatum sentiat; sed quòd animati affectiones respondeant animæ affectionibus, quod asseri nequit de corpore inanimato.

TH. Tàm anima potest fieri corporis affectionum particeps, quàm corpus doloris aut gaudii: atqui corpus particeps esse potest doloris & gaudii; nam 1°. anima, te autore, non est in artus omnes diffusa; atqui tamen sensus doloris aut gaudii potest esse in omnibus nostris artubus; ergo sensus doloris aut gaudii potest corpori communicari. 2°. Surrectura ideo corpora dicuntur, verso in cinerem hocce Orbe, quia ut in virtutis aut improbitatis societatem venerunt cum mentibus humanis, ita in partem mercedis aut supplicii vocanda sunt; ergo corpus doloris aut gaudii particeps esse potest; ergo pariter anima corporis affectionum.

EUG. Nego minorem prioris ratiocinii: corpus est quidem occasio doloris aut gaudii in mente excitati; nam ad corporis partes motu aliquo affectas, doloris aut voluptatis sensum referimus: at non ideo dolor aut voluptas sunt in nostris artubus. Quapropter nego quoque minorem ratiocinii subsequentis. Namque, ut anima sentiat dolorem quem ad digitum aciculâ punctum referat, necesse non est animam in digito ipso exis-

D iv

tare, […] enim materia digna continuat, […] occasione motus digno noravi. Dicis etiam in animæ sensu doloris cum relatione ad […], qua unicam […] ratione anima admonetur […]

Quod spectat ad momentum […] tione petitum, distinguo antecedens, […] ut ideo surrexerint, quia vere dicuntur […] minus accuratè loquendi ratione, concedo […] rata, nego. Nimirum si hæc est propositio […] corpora e sepulchris excitari fore dicenda […] ritus aut dolores in […] corpus […] præsentit fuerint virtutis aut vitii […] negamus; autem hoc alio modo […] ullam cujuslibet sensus particeps […]

TH. Esto, corpus animatum non […] anima non sentiet nisi per corpus, […] per corpus.

EUG. Qui sic, Theodore […]

TH. Scilicet, sublato aliquo membro, oculo, verbi gratia, aut brachio, jam anima ex […] tire & videere non potest. Sublatis […] aut figuris algebricis, multa erunt quæ intelligere non potero; ergo per corpus alicujus rei sensus & intelligentia ad animam pervenit.

EUG. Esto antecedens, quod tamen aliqua ex parte non est verum; distinguo consequens, […] per corpus tanquam per occasionem, […] ac pariter intelligentia, concedo; per corpus, […] quam per illud ex quo velut exprimantur sensus & intelligentia, nego. Ex tua loquendi ratione colligere aliquis posset (quod tamen a tua mente, Theodore, alienum puto), sensum ac intelligentiam esse aliquid extra animam, antequam in illa excitentur. Verum istud apertè falsum est: nam fieri non potest ut anima quidquam a corpore exprimat, quod in qualitates spirituales convertat, nisi fortasse velis non stare discrimen immutabile corporea inter & spiritalia.

Dixi *esto antecedens*: sunt enim quidam qui membris amputatis sentiunt, id est, qui sensationem suam referunt ad membrum amputatum, qualis fuit ille quem Mallebranchius narrat expertum fuisse dolorem in brachio quod Chirurgus jamdudum abstulerat. Rectius ergo dixeris id solere quidem fieri ut anima non experiatur hunc vel illum sensum, nisi per has aut illas corporis partes; minimè verò rem aliter se habere non posse.

TH. Jam unum & quidem grave præjudicium à mente mea excussisti, Eugeni; existimabam enim cum vulgo hominum, impressiones in sensuum organa factas esse per se sensibiles, easque à corpore in animam transire propter arctam & intimam utriusque substantiæ conjunctionem, unde consequens erat, ideam, verbi gratia, arboris adversæ, oculorum in quibus pingitur ope ad animam pervenire.

Nunc verò ad tertiam tuæ propositionis partem venio, quæ cum prima pugnare mihi videtur. Namque tu ipse præcipis ope sensuum magnam parari idearum copiam: atqui id fieri non potest, nisi anima è sensationibus suis tanquam materia fingat ideas quarum ope intelligat; ergo materiam idearum sensus menti sufficiunt.

EUG. Nego minorem. Ut enim magna comparetur idearum copia, satis est si sensationes innumeræ attentioni & meditationi conjunctæ, sint occasiones cur innumeræ ideæ menti exhibeantur: atqui rem ita se habere probat experientia; ergo &c.

TH. Vel fatendum tibi est, Eugeni, sensationes esse idearum saltem generalium & compositarum materiam, vel assignanda est alia idearum materia: atqui nihil fingi potest aliud ex quo exurgant ideæ generales; ergo materiam idearum sensus menti sufficiunt.

EUG. Respondeo majorem duplici de causa esse falsam: 1°. quia finguntur ideæ esse ab anima ex multis affectionibus compositæ; 2°. quia etsi reverà compositæ forent, non ideo assignanda esset hujusmodi materia, quod sensationes negarent, illud esse ex quo ideæ coalescunt. Fieri enim potest, ut mentio aliqua fiat rei, quid non sit aliqua res, nec tamen asseratur esse quid sit.

"Observa igitur, Theodore, ideas dici *universales*, quod plures ejusdem rei proprietates exhibeant, & *generales*, quod multarum rerum proprietates exhibeant; non autem quod componantur ex variis affectionibus per ipsius animæ operationes. Nam si anima suas ipsa effingeret ideas ex variis affectionibus, idea circuli, verbi gratiâ, aut trianguli, non eafdem exhiberet mentibus omnibus proprietates, cum aliis nempe ex aliis affectionibus eam componerent; atqui tamen certi sumus ideam circuli easdem omnino prorsus omnibus mentibus exhibere proprietates; ergo ideam illam compositam simul & generalem, anima non componit ex variis affectionibus. Eodem modo de cæteris ideis judicandum est.

"Verùm esto, ideæ componantur hoc pacto, etsi quoque assignari non possit id materiæ genus ex quo coalescunt ideæ, non propterea confitebor istic materiam esse petendam à sensationibus; ingenuum quippe istud iis Cruzatii verbis confutatur.

« Quand je dis affirmation, negation, desir, con-
» sentement, ennui, apprehension, doute, certitude,
» estimer, approuver, blâmer, excuser, condamner,
» j'entends bien ce que je dis, & je ne prononce pas
» des mots destitués de sens; cependant je ne me re-
» presente point ce dont je parle sous aucune image
» ou sous aucune forme corporelle ».

TH. Eccur mens nostra vulgo dicitur suas sibi efformare ideas, plus minus confusas aut distinctas?

EUG. Hæc loquendi ratio minus est accurata. Usurpatur tamen ab ipsis Philosophis, ubi non agitur de explicandâ idearum origine: quemadmodum licèt sol non moveatur circa terram, sed ipsa terra circa solem, tamen ubicumque non agitur de explicando siderum ordine, ipsi Philosophi dicunt cum hominum vulgo solem oriri, gyrare, occidere. Mens igitur suas sibi fingere ideas dicitur, quia fingere videtur. Ut autem res illa qualis sit verbis propriis exprimeretur, dici debuit mentem pro majore vel minore attentionis gradu sibi parare perceptionem idearum plus minus distinctam aut confusam. Nam distinctio aut confusio non cadit in ideas, sed in percipiendi modum: quemadmodum si plura objecta aliquis eminus prospiciat, dicet ille quidem objecta esse confusa, at minus accuratâ loquendi ratione; sunt enim objecta illa distincta cominus intuentibus; ergo confusio aut distinctio in modum cadit intuendi.

TH. Idem esto judicium de quacumque idea, quod de idea Dei: atqui idea Dei componitur ex sensationibus; nam idea venerabilis senis, aut regis solio insidentis est è sensationibus composita: atqui Deum mens intelligit sub specie venerandi senis, aut regis solio insidentis; ergo &c.

EUG. Utramque minorem nego. Si enim mens Deum intelligeret sub specie venerandi senis aut regis solio insidentis, vel ex hujusmodi idea divinas proprietates posset colligere, vel eas nullatenus attingeret: atqui mente attingimus quasdam proprietates essentiæ divinæ, quæ pugnant cum idea senis aut regis solio insidentis. Demonstrant enim Metaphysici Deum esse immensum, immobilem, immutabilem, cunctis rebus intimè præsentem, & sui ipsius sensu mentes creatas pro arbitrio illustrantem, beantemque aut torquentem; atqui illæ proprietates apertè pugnant cum idea senis aut regis solio insidentis; ergo &c. Fateor tamen, & id jam monui, nullas esse aut ferè nullas in mente ideas, quas non comitentur species quædam corporum. Sic cùm adest menti idea Dei scelerum ultoris, offert se simul species alicujus fulmen certâ manu vibrantis, aut aliæ similes, ex iis excerptæ tabellis quæ divinas operationes sub aliqua figura sensibili repræsentant. Pictores enim quod sub sensus cadere non potest, id quale est repræsentare non possunt, sed convertunt se ad imagines quasdam corporum quæ sunt occasio cur mens intelligat aut in memoriam revocet ea quæ de operationibus divinis nos docuit Religio. Quapropter sapientiam quæ repræsentari nequit qualis est in se, in animum tamen revocant repræsentatâ senili canitie.

Neque etiam istud nego, scilicet esse multos adeo pinguis minervæ homines, ut eorum animus fere fere specie sensibili moveatur; et contendo eos non posse rerum insensibilium proprietates demonstrare, imo nec ipsas rerum sensibilium proprietates generales: nam id præstare nemo potest quin intuatur ideam generalem: atqui ideæ generales non offeruntur menti sub specie sensibili; quæcumque enim hoc modo attingimus, sunt singularia & propriis circumscripta finitibus, nec aliud præter se menti exhibent.

TH. At enim nos non fefellere Prophetæ, cùm de Deo verba fecere, nec voluere nos loco Dei res à Deo diversas intelligere: atqui Deum exhibent modo ut Regem è solio excelso cuncta despicientem, modo ut curvantem Angelos sui numinis pondere, modo ut ambulantem super pennas ventorum; ergo Deus intelligitur reipsâ per istas imagines.

EUG. Distinguo minorem; Deum exhibent Prophetæ modo ut regem &c., id est, has offerunt imagines, ut illarum occasione mens attendat ad Deum, aut ad sua erga Deum officia, concedo; ut illas quasi Dei genuinas repræsentationes intueatur, nego. Pari ratione distinguo consequens: Deus intelligitur per illas imagines tanquam per occasionem attendendi ad Deum, concedo; tanquam per veram Dei ideam, nego.

Imagines quidem sensibiles Prophetæ menti exhibuerunt, cùm de Deo verba fecere, non ut Deum iis similem imaginibus auditores judicarent, sed ut hac arte mentem terrenis addictam ad Dei timorem & amorem excitarent, & rectè profectò: nam ea est mentis humanæ conditio, ut, si nihil præter ideas mere intelligibiles illi offeras, si solum intellectum, ut ita dicam, alloquaris, pereat tibi fructus omnis orationis: veritatem rei fortasse mens assequetur; at si nulla fiat sensuum commotio, si defuerit imago quæ vi & splendore percellat, quâ animus agitetur & incalescat, veritas frigidè intellecta dilabetur, effluet, evanescet, ac proinde nullius erit usûs ad regendas animi operationes.

Hinc oritur illud Logicæ præceptum quod vel omnium maximè spectat ad Scriptores & Oratores. Si quos alloquimur, ii nondum habeant perspicuam argumenti tractandi ideam, hæc prima sit Oratoris cura, ut rem, qualis est, intellectui objiciat, seclusis vocibus metaphoricis & remotâ, quantum fieri potest, omni imagine quæ vehementiùs animum afficiat, ne scilicet ille à re intelligenda distractus totum se ad imaginem sensibilem convertat. Ubi verò naturam argumenti assecuti erunt auditores, ductis à rebus sensilibus exemplis & vi imaginum objectarum perficiat Orator, ne ideæ in mentem admissæ effluant. Quòd si demonstratæ veritati repugnent cupiditates, ut ab illis nata impressio contrariâ impressione deleatur, crebriores adhibendæ sunt metaphoræ & effundenda vis omnis orationis figuratæ. Innumera sunt hujusce artis exempla apud Mallebranchium. Sic ille postquam nitidè exposuit quâ ratione per ipsam oris speciem externam socientur inter se homines ac belluæ, hominem jamjam ab inimico occidendum exhibet.

« A la vue de la perte prochaine d'un grand bien,
» il se forme naturellement sur le visage, des carac-
» teres de rage & de désespoir, si vifs & si surpre-
» nans, qu'ils désarment les plus passionnés, & les ren-
» dent comme immobiles. Cette vue terrible & ino-
» pinée des traits de la mort, peints par la main de
» la nature sur le visage d'un misérable, arrête dans
» l'ennemi même qui en est frappé, les mouvemens
» des esprits & du sang, qui le portoient à la ven-
» geance; & dans ce moment de faveur & d'audien-

" ce, la nature retraçant l'air humble & soumis sur le
" visage de ce misérable qui commence à espérer, la
" cause de l'immobilité & du changement d'air de son
" ballient, les esprits animaux de cet homme reçoi-
" vent la détermination dont ils n'étoient plus capa-
" bles un moment auparavant; de sorte qu'il entre
" machinalement dans les mouvemens des passions
" qui inclinent naturellement son ame à se rendre aux
" raisons de la charité & de la miséricorde. „

At ille cæterique Scriptores probam numerorum
distant hac in parte à sacris Scriptoribus. Non est ea
mens Isaiæ ut digitos, pugillum & faciem Deo asscri-
beret. Verum quia idea potentiæ divinæ pugnantibus sensibus destituta, nihil fere nos movet ad Deum treman-
dum, pingit ille supremum Artificem, cœlos pollice
ponderantem, terram tribus digitis apprehendentem,
montes suo conspectu liquefacientem. Deus certè non
fervere non potest, non sunt illi quadrigæ ut repen-
tinus ultor advehatur: sed quia sensibilia nos à veri
metuendâ Dei justitiâ abducunt, magis sensibilia ideâ
Propheta adhibet, & ipso orationis igne territat lectores: *quia*, inquit, *ecce Deus in igne veniet, & quasi
turbo quadrigæ ejus, reddere in indignatione furorem suum,
& increpationem suam in flamma ignis.*

Sequitur & aliud præceptum quod spectat potissimum ad Interpretes & eos qui materiam objiciendi,
probandi, disputandi ducunt à sacris codicibus. Cavendum ne pro vocibus propriis metaphoricas accipiamus,
aut veram rei ideam esse imaginibus objectis assimila-
tam judicemus. In illud se vitii commiserunt Antropo-
morphitæ qui Deum esse corporeum affirmarunt, hoc
duci momento quod oculos, aures, manus Deo af-
fingerent sacri codices. Eodem errore laborant plerique ex hominum vulgo qui propterea quod Deo pa-
ternæ misericordiæ viscera affingant sacri Conciona-
tores, existimant divinam erga homines benignitatem
esse similem huic imbelli parentum indulgentiæ quâ
liberis ignoscunt etiam respiscere nolentibus. Norint

qui sacros codices legunt ideo proprietates divinas verbis exponi metaphoricis & cum rebus sensibilus conferri, ut homo qui imaginationi servit, facilius moveatur ad præstanda quæ sui sunt officii, & vis infausta sensuum sensibus ipsis oppugnetur.

TH. Scitè quidem & appositè, Eugeni; verùm divus Paulus videtur ipsam Gassendi sententiam exponere, cùm dicit Deum non videri nisi *per speculum & in ænigmate*; naturam verò Dei per ea quæ condidit Deus intelligi : *invisibilia*, inquit, *ipsius, per ea quæ facta sunt intellecta conspiciuntur*; ergò juxta divum Paulum, Deus per sensibilia intelligitur.

EUG. Distinguo antecedens : Dei natura & proprietates intelliguntur per ea quæ facta sunt, tanquam per occasionem attendendi ad Deum, concedo; tanquam per illud quod reipsâ Deum repræsentat, nego. Et hoc maximè manifestum facit distinguendum esse à sensu intellectum. Quemadmodum enim res creatæ quolibet modo compositæ nihil habent quod Deum repræsentare possit; ita sensationes quas parit in mente rerum conditarum Orbis, quolibet modo eas animus componat, non possunt esse Dei exemplar, ac proinde ex illis non exurgit idea Dei; ergò distinguendus est sensus quem res creatæ pariunt in mente ab intellectu Deum ipsum attingente; quamvis sensus intellectum comitetur, imò intellectui plerumque præeat, sitque propterea intelligendi occasio. Enim verò licèt fumus pariat in mente ideam ignis, hæc tamen idea non exurgit à sensatione fumi tanquam à materia, quia fumus & fumi sensatio longè diversa sunt ab igne aut ab ignis idea; ergo pariter, licèt effectus sensibiles mentem excitent ad Deum intelligendum, tamen idea Dei non exurgit à sensationibus quas res conditæ ingenerant, quia sunt illæ naturæ longè à divina diversæ: sunt igitur res conditæ signa divinæ existentiæ, non verò Dei exemplar.

TH. At at, destitutus sensibus homo nihil cognoscit; ergo sensus rerum naturam nos docent, proindeque non requiritur in homine intelligendi vis à vi sentiendi distincta : antecedens autem sic probo. In præsenti argumento magistram sequi debemus experientiam ; atqui nos illa docet nihil esse cognitionis in homine sensibus destituto. Namque ineunte hoc seculo Autrici Carnutum vir viginti quinque annos natus ab ortu surdus ac proinde mutus, auditum subitò adeptus est, idque nulla arte : cùmque tacitus alios quatuor mensibus auscultasset, illorum se colloquio inopinatò miscuit ; interrogatus verò an quidquam de Deo, de animæ immortalitate, de bono morali cogitasset ante receptum auditum, negavit suam ad talia assurrexisse mentem ; unde sic argumentationem instituo. Si qua nobis advenire potest cognitio quæ non prodeat à sensibus, maximè Dei & boni moralis cognitio : atqui experimento in Carnutensem facto, patet hominem sensibus destitutum iis carere cognitionibus ; ergò soli sensus nos Dei bonique moralis & cæterorum naturam, experientiâ teste, edocent.

EUG. Respondeo, 1°. concedi posse antecedens quod probasti, Theodore; scilicet eum qui sensibus omnibus destituitur esse quoque cognitione quâvis destitutum : unde consequens est sensus esse conditionem necessariam ex decreto Dei, ut mens humana possit quidquam intelligere ; ex decreto Dei, inquam. Non enim existimabis animas corpore solutas & Angelos ideo cognitione quâvis destitui, quòd sensibus careant. Negabo igitur consequentiam : occasione sensuum ideas intuemur, & rerum proprietates intelligimus ; verùm sensus edocere nos nullo modo possunt. Adest qui nos illustret mentium creatarum Sol indeficiens Deus ; ea est *Lux vera quæ illuminat omnem hominem venientem in hunc mundum*. Nos equidem non illustrabit, nisi positâ quorumdam motuum organicorum occasione, quemadmodum manus aut pedes in corpore non movet, nisi positâ voluntatis nostræ occasione. At quemadmodum voluntas nostra non movet,

movet, quamvis sit motûs occasio ; ita sensibus non edocemur, quamvis sint illi occasio intelligendi.

Respondeo 2°., nescire me an sensibus destitutus homo nihil cognitionis habeat. Nam, ut rectè observasti, magistram sequi debemus experientiam in præsenti argumento : atqui nunquam experientia nobis obtulit hominem sensu quolibet destitutum. Sunt qui careant quibusdam organis ; sed aliud est carere quibusdam sensibus, aliud verò esse sensu planè destitutum. Quod spectat ad Carnutensem illum quem narras esse ignorantiam confessum, cùm, quid de Deo aut bono morali nosceret, rogatus est ; observo, 1°. fieri non potuisse ut ille quatuor mensium intervallo linguam satis calleret, qui respondere posset interrogantibus. Sunt multi qui nullo sensu carent, & quos si perconteris quid sit bonum morale, nihil elicias responsi : indene colliges nullam iis inesse boni moralis ideam ? 2°. fieri quoque potuisse ut Carnutensis ille, deficiente occasione, nondum attenderit ad discrimen quo bonum & malum morale dividuntur. Quid verò inde colligis, nisi sensus esse intelligendi occasionem, eos esse prærequisitam ad ideas percipiendas conditionem ; minimè verò sensum esse idem quàm intellectum, aut ex sensationibus tanquam materià componi ideas : nec aliud nos docebit experientia, quam in suæ sententiæ patrocinium temerè ac frustra vocant Lockiani. Itaque cùm audis aliquid experientià comprobatum esse, cave fidem confestim adhibeas, nisi priùs didiceris legitimâ ratione tentatum esse experimentum. Ut autem nôris quo in casu legitima sit demonstratio ab experimentis petita, sit illud Logicæ præceptum à Cruzatio traditum.

« Pour tirer des expériences tout le secours auquel
» elles sont destinées, on doit 1°. les faire avant que
» de s'être déterminé à aucune hypothèse ; ou du
» moins on doit toujours être prêt d'abandonner une
» hypothèse, ou de la corriger sur les expériences. 2°.
» Il faut les réitérer ; car on peut aisément attribuer un

» effet à des causes dont il ne depend point, faute
» de s'être rendu attentif à toutes les circonstances,
» attention qu'il est difficile d'avoir du premier coup
» d'œil. 3°. Il faut les faire en divers lieux, pour décou-
» vrir ce que les circonstances extérieures ont de pou-
» voir sur les faits dont on étudie la cause. 4°. Il faut
» diversifier les matières sur lesquelles on fait des
» essais, pour remarquer tout ce que la cause qui agit,
» tire de secours des sujets sur lesquels on opere.

Jam vero hæc omnia desunt in experimento à Carnutense capto; in illo enim se advertere crediderunt Lockiani id quod videre cupiebant ad propugnandam suam sententiam, nec multoties illud, nec variis locis ac temporibus tentatum est, nec in multis hominibus observatum; ergo temere aliquid inde colligunt in suæ opinionis patrocinium.

TH. In hanc videris, Eugeni, propendere sententiam, ideas generales & complexas non componi ullatenus ab anima. Atqui istud, opinor, adversum est experientiæ. Nam quemadmodum anima componit ideam decadis ex unitate decies repetita, & ideam urbis ex idea domûs millies repetita; ita ideam generalem & complexam componit è singularibus repetitis : atqui ideæ simplices, si non per sensus tanquam per canales, at certè per eosdem tanquam per occasionem menti adveniunt; ergo anima componit ideas generales & complexas ex iis quæ per sensus adveniunt.

EUG. Hoc primum observo, totum scilicet argumentum concedi posse, quia nimirum propositioni nostræ nullatenus adversatur. Malim certè ideam ideis componi quàm sensationibus. Verùm ideas esse æternas & improductas ostendemus aliquando; quapropter nego minorem prioris ratiocinii & majorem subsequentis.

Si idea decadis exurgeret ex mera idea unitatis decies repetita, proprietates decadis essent in idea unitatis partim inclusæ : atqui istud falsum est. Nam radix quælibet unitatis commensurabilis est; radices verò decadis sunt omnes incommensurabiles. Jam verò si idea unitatis nullam exhibet notionem incommensurabilium, qui fieri potest ut eadem decies repetita cujusvis generis incommensurabilium notionem ingeneret. Quemadmodum enim è commensurabilibus repetitis fieri non possunt incommensurabilia, ita ex ideâ commensurabilium repetitâ exurgere nequit idea incommensurabilium. Neque etiam ex ideâ domûs millies repetitâ nascitur in mente urbis idea. Si mille domos mente percipiam, urbem forsan potero intelligere; at si millies eamdem domum percepero, non magis urbem intelligam, quàm populum ingentem, si Theodorum millies millies percepero.

Exponuntur errores præcipui inde exorti quòd plerique non satis sciant quid sensus & intellectus intersit.

Illi profectò errant & quidem gravissimè quos incessit opinio animam esse propter corpus suum & sensibilia creatam. Absurdum enim est quidquam à sapientissimo rerum Opifice fieri quod ad aliquid ignobilius tanquam ad finem referatur: atqui mentes sunt corporibus longè nobiliores; ergo animam ex Dei decreto ad sensibilia referri absurdum est. Istud tamen facilè in animum inducunt quicumque existimant omnes mentis operationes ad sensum esse revocandas. Sensus etenim ad corporis nostri incolumitatem referuntur, cùm illi nos accuratè moneant de iis quæ corpori favere possunt aut nocere, ut multis cùm argumentis, tùm exemplis demonstrat Mallebranchius libro 1°. de veritatis investigatione; minimè verò de naturâ rerum quales sunt in se, nisi ratiocinium sensationibus adjeceris. Quid multa? sensibus instituitur quasi commercium aliquod perpetuum animam inter & sensibilia, quatenus sunt illa aut esse possunt voluptatis alicujus occasio seu causa naturalis; ergo si nihil aliud esse in anima ju-

E ij

dicaveris præter vim sentiendi, in hanc paulatim descendes opinionem, animam esse propter corpus factam, & ut sensibilibus fruatur.

In hoc erroris incurrerunt vel inter Christianos Philosophi quidam qui asserere non dubitârunt animam esse corporis formam, eamque ad corpus informandum esse conditam; immemores scilicet hujusce Religionis Christianæ dogmatis, mentem ad hoc esse natam ut sui Conditorem nosceret amaretque, ac mercede æternâ donaretur, si concessâ ad tempus libertate legitimè uteretur: sed & multi ob idipsum dubitavêre utrum anima foret aut esse posset corpori soluto superstes: ille nimirum error à priore consequitur. Si enim anima ad sentiendum nata sit & ad corpus informandum, anima videtur esse, corpore soluto, inutilis. Nihil mirum ergo si eò temeritatis devenêre nonnulli, ut existentiam animæ corpore destitutæ minimè possibilem esse judicarent.

Præterea si vim sentiendi ab intelligendi facultate non discreveris, quî fieri poterit, amabo, ut vim sentiendi coerceas, ne ultra limites excurrat, simulque intellectûs facultati amplificandæ illabores? quo pacto aut sensibilia negliges, aut iis duntaxat uteris ut ad intelligibilia assurgas? quid verò momenti habeat in moralibus discrimen sensûs ab intellectu sic ostendit nitidè simul ac nervosè Mallebranchius libro 3.º de veritatis investigatione.

« Je veux examiner, par exemple, ce qui m'est le
» plus avantageux, d'être juste ou d'être riche. Si j'ou-
» vre les yeux du corps, la justice me paroît une chi-
» mere, je n'y vois point d'attraits; je vois des justes
» miserables, abandonnés, persecutés, sans defense &
» sans consolation; car celui qui les console & qui les
» soutient ne paroît point à mes yeux. En un mot, je
» ne vois pas de quel usage peut être la justice & la
» vertu. Mais si je considere les richesses, les yeux ou-
» verts, j'en vois d'abord l'éclat & j'en suis ébloui.
» La puissance, la grandeur, les plaisirs & tous les biens

» sensibles acompagnent les richesses ; & je ne puis
» douter qu'il ne faille être riche pour être heureux.
» De même si je me sers de mes oreilles, j'entends que
» tous les hommes estiment les richesses, qu'on ne parle
» que des moyens d'en avoir, qu'on loue & qu'on ho-
» nore sans cesse ceux qui les possédent : ce sens & tous
» les autres me disent donc qu'il faut être riche pour
» être heureux. Que si je me ferme les yeux & les oreil-
» les, & que j'interroge mon imagination, elle me re-
» présentera sans cesse ce que mes yeux auront vu, ce
» qu'ils auront lu, & ce que mes oreilles auront en-
» tendu à l'avantage des richesses. Mais elle me repré-
» sentera encore ces choses d'une toute autre maniere
» que mes sens ; car l'imagination augmente toujours
» les idées des choses qui ont rapport au corps & que
» l'on aime. Si je la laisse donc faire, elle me conduira
» bientôt dans un Palais enchanté, semblable à ceux
» dont les Poëtes & les faiseurs de romans font des
» descriptions si magnifiques ; & là je verrai des beau-
» tés qu'il est inutile que je décrive, lesquelles me
» convaincront que le Dieu des richesses qui l'habite,
» est le seul capable de me rendre heureux. Voilà ce
» que mon corps est capable de me persuader : car il ne
» parle que pour lui, & il est nécessaire pour son bien
» que l'imagination s'abatte devant la grandeur & l'éclat
» des richesses.

» Mais si je considere que le corps est infiniment au-
» dessous de l'esprit, qu'il ne peut en être le maître,
» qu'il ne peut l'instruire de la vérité, ni produire en
» lui la lumiere, & que dans cette vue je rentre en
» moi-même, & que je me demande ; ou plutôt (puis-
» que je ne suis pas à moi-même, ni mon Maître ni
» ma Lumiere), si je m'approche de Dieu, & que,
» dans le silence de mes sens & de mes passions, je lui
» demande si je dois préférer les richesses à la vertu,
» ou la vertu aux richesses ; j'entendrai une réponse
» claire & distincte de ce que je dois faire, réponse
» éternelle qui a toujours été dite, qui se dit & qui

E iij

» se dira toujours; réponse qu'il n'est pas nécessaire
» que j'explique, parce que tout le monde la sait,
» ceux qui lisent ceci & ceux qui ne le lisent pas, qui
» n'est ni grecque, ni latine, ni françoise, ni allemande,
» & que toutes les nations conçoivent; réponse enfin
» qui console les justes dans leur pauvreté & qui dé-
» sole les pécheurs au milieu de leurs richesses. J'en-
» tendrai cette réponse & j'en demeurerai convaincu;
» je me rirai des visions de mon imagination & des
» illusions de mes sens : l'homme intérieur qui est en
» moi se moquera de l'homme animal & terrestre que
» je porte. Enfin l'homme nouveau croîtra, & le vieil
» homme sera détruit, pourvu néanmoins que j'obéisse
» toujours à la voix de celui qui me parle si claire-
» ment dans le plus secret de ma raison, & qui s'étant
» rendu sensible pour s'accommoder à ma foiblesse & à
» ma corruption, & pour me donner la vie par ce
» qui me donnoit la mort, me parle encore d'une ma-
» niere très-forte, très-vive & très-familiere par mes
» sens, je veux dire par la prédication de son Évangile.
» Que si je l'interroge dans toutes les questions méta-
» physiques, naturelles & de pure Philosophie, aussi
» bien que dans celles qui regardent le réglement des
» mœurs, j'aurai toujours un Maître fidele qui ne me
» trompera jamais : non-seulement je serai Chrétien,
» mais je serai Philosophe; je penserai bien, & j'ai-
» merai de bonnes choses : en un mot, je suivrai le
» chemin qui conduit à toute la perfection dont je
» suis capable par la grace & par la nature ».

Postremò si nihil intersit sensu intellectus, fatearis necesse est sensum esse argumentum veritatis in
iis quæ spectant ad naturam & proprietates rerum;
hoc est, si quis sui de natura rerum judicii rationem
postulatus dixerit : *sentio* aut *video*, nulla alia ulte-
rior ratio quærenda erit : ergo judicia ad quæ nos sensus inducunt, pro certis erunt habenda, quod quantùm
sit à veritate alienum, jamjam demonstraturi sumus.

CONCERTATIO TERTIA.

Fœcundam quoque habemus in sensibus errandi occasionem.

INFINITUM esse me oporteat, si quæcumque in hujus propositionis demonstrationem congeri possunt, voluerim oratione complecti. Præcipua igitur duntaxat, quâ potero brevitate ac perspicuitate attingam. Per sensus hìc intelligo vim sentiendi cum necessaria ad res externas relatione. Atqui sensus secundùm hanc notionem accepti, sunt multorum errorum præjudiciorumque fons ac principium. Si enim fides habeatur sensibus, stellæ sunt lunâ minores, terra sole major, sidera erunt eò majora quò horizonti propiora, aër non erit gravis, cætera verò præter ignem corpora erunt ex innato sibi principio gravia; cœlum circa terram singulis diebus movebitur; ignis erit calidus, lac album, glacies frigida; loca subterranea erunt hieme calida, æstate verò frigida; dolebit digitus acu punctus; anima judicabitur attingere posse objecta à se distantia, aut ab illis attingi; motus corporum ascribetur corporibus, aut voluntati humanæ, aut etiam vi cuidam ignotæ, quæ tamen rebus creatis insidere videbitur, & occasiones quæ causam principem movent ad agendum, pro causis physicis habebuntur.

At ne quis forsan nobis objiciat errores à sensibus exortos, nihil aut parum momenti habere, illosque negligi posse; ostendamus quo illi pacto moralium præceptorum cognitionem adulterent, aut obsint iisdem præceptis observandis.

Multas experimur, occasionem præbentibus objectis, sensationes jucundas & ingratas. Mens verò non solùm judicat esse in objectis aliquid simile iis quæ experitur, sed etiam res creatas propterea amat aut odit, has timet, istas concupiscit, illis demum occupatur tota Dei immemor, quasi ita ratiocinaretur mens nostra: illud amare & prosequi debeo quod est vera meæ felicitatis causa; id est quod vi propriâ me voluptatis sensu afficere potest: atqui hæc vel illa corpora me sensu voluptatis vi propriâ afficiunt, si sensibus creditur; ergo, cùm sensus fallendi expertes existimem, hæc vel illa corpora amare, & quâ potero ratione mihi comparare debeo. Hinc illa divitiarum honorumque & dignitatum cupido per fas & nefas ambitiosa: hinc rerum spiritalium oblivio, finisque ultimi incuria: hinc sordidus crassæ voluptatis appetitus, & quæ plurima ex illo crimina consequuntur.

His adjice errores quos à confusione intellectûs cum sensu exoriri modò narrabam; colliges profectò fœcundam esse in sensibus errandi occasionem, cum in rebus metaphysicis aut physicis, tùm etiam in moralibus.

TH. Tecum ipse pugnare videris, Eugeni: nam error & veritas ab eodem fonte dimanare non possunt; atqui, te autore, fœcundam habemus in sensibus adipiscendæ veritatis occasionem; ergo sensus non sunt occasio seu fons erroris.

EUG. Distinguo majorem. Error & veritas ab eodem fonte propriè dicto dimanare non possunt, concedo; ab eodem fonte impropriè dicto, nego. Pari ratione distinguo consequens; ergo sensus non sunt fons propriè dictus erroris, concedo consequentiam; fons impropriè dictus, nego consequentiam. Fons propriè dictus veritatis est Deus, ut aliquando ostendetur; erroris verò libera mentis creatæ voluntas. At quemadmodum quæ patimur dicuntur meriti fons aut peccati; prout illa æquo animo perferimus vel iniquo: ita sensus dici possunt quamvis impropriè, fons veritatis aut erroris, prout illis benè vel malè utimur.

TH. Præceptum quod tumet tradidisti de sensibus

ad veritatem assequendam adhibendis, ostendit sensus esse magis utiles quàm noxios : atqui si sensus ut veritatis, ita sunt erroris origo fœcunda, non magis erunt utiles quàm noxii; ergo, vel præceptum quod tradidisti falsum est, vel sensus non sunt fœcunda errorum origo.

EUG. Distinguo majorem; præceptum illud ostendit sensus esse magis utiles illis qui sensuum usum rectâ Ratione moderantur, concedo; iis qui sensuum usum socio Rationis usu non temperant, nego. Distincta modo inverso minore, nego consequentiam.

Si igitur vim sentiendi rebus externis applicueris absque ullo ratiocinio, si judicium illud quod in incautis nasci solet à singulis sensationibus de natura objectorum non coercueris, plus certè damni erit quàm utilitatis in sensibus. Verùm si sensuum testimonium ratiocinio expendas, si antequam judicium feras de rei externæ proprietatibus sensationes cum sensationibus conferas; tunc utiles magis erunt sensus quàm nocivi. Cujus quidem rei sit istud exemplum. Aquam aut alium quemvis liquorem video, tango, moveo : in hoc me judicium illico sensus inducunt, liquores videlicet esse à corporibus solidis quantùm ad essentiam diversos. Si coercere nolim præcipitem illam judicandi libidinem, erroris expers non ero, aut saltem temeritatis. Si verò priusquam judicem, observavero metalla igne soluta liquoris speciem offerre, & aquam gelu concretam referre corpus solidum, ab errore me tuebor immunem. Ex collatis enim inter se sensationibus & addito ratiocinio, colligam soliditatem aut liquiditatem ad essentiam non pertinere corporum, sed ex infusa quibusdam corporibus materia ignea nasci liquiditatem, ex effusa verò restitui soliditatem.

TH. Si sensus sunt fallaces, nullatenus erit eis credendum : atqui istud cum rectâ Ratione pugnat nullam esse unquam fidem sensibus adhibendam; ergo sensus non sunt fallaces.

EUG. Distinguo majorem. Nullatenus erit credendum sensibus, nisi prius adhibueris regulam qua dignoscas fallantne aut non fallant, concedo; si eam regulam adhibueris, nego. Distincta modo inverso minore, nego consequentiam.

Quemadmodum homini mendaci nunquam fides est adhibenda, nisi adsit aliqua ratio discernendi utrum mendacii sit expers ejus oratio, ita sensuum testimonio non est credendum, si desit regula certa qua velut aurum lydio lapide, sic probentur judicia quæ sensationes subsequuntur.

TH. Atqui nulla videtur esse hujus modi regula satis certa; hanc enim si sciscitatus fueris à Peripateticis, respondebunt id in sensibus requiri ad faciendam fidem; 1°. ut nempe organa sint sana, tum ut aër liquorve alius organa inter & objecta medius non vitietur; postremo, ut objecta à sensuum organis debito sint intervallo dissita: atqui ista regula mihi peccare videtur, 1°. quia sensim sine sensu debilitantur organa; 2°. quia non nisi sensuum ope dignoscere possumus utrùm medius aër sit vitiatus; 3°. quia, ut rectè Mallebranchius observat, à nobis definiri non potest vera objectorum distantia. Quod quidem non modò ratione, sed & ipsis confirmatur sensibus: ergo non est hæc admittenda regula: atqui fieri non potest ut quævis alia eodem non peccet modo. Non enim possumus dignoscere, nisi ope sensuum, an illa regula sit falsa necne; ergo sensus erunt ipsi sensuum judices. Quod certè absurdum est, nisi sensus sint fallendi expertes.

EUG. Traditam à Peripateticis regulam in eo quod commemorasti peccare fateor. Nego verò nullam esse aliam quæ non eodem laboret vitio. Hanc paucis accipe. *Ubi sensationes variis locis ac temporibus variisque sensuum organis partæ nos ad idem judicium inducunt de rebus quæ sub sensus cadere possunt, nec ullam intellectus sufficere potest rationem detegendi erroris coercendique judicii, tum possumus absque ullo errandi periculo judicium ferre de rerum externarum existentia.* Cùm enim nulla alia sit ratio cognoscendi existentiam rerum externarum, earumque utilitatem ad corpus incolume servandum, præter revelationem illam naturalem quæ fit per sensationes; Deus ipse sensationum nostrarum causa physica nos in errorem induceret, si variæ variis locis ac temporibus partæ sensationes nos ad aliquid falsi judicandum inducerent, nec tamen errorem ullo modo dignoscere possemus. Exempli gratià, innumeræ sensationes quolibet loco ac tempore in mente productæ nos inclinant ad judicandum existere corpora; res scilicet à mente diversas: multæ quoque sensationes nos movent ad judicandum inesse corporibus sapores, colores, sonos, calorem, frigus &c. Admove regulam quam mox tradidi: cognosces ideo certum esse primum judicium, quòd cadat in rem quæ alio modo cognosci non potest quàm revelationis alicujus ope, cùm existentia corporum non sit necessaria, nec à nostra voluntate pendeat; proindeque si sensus omnes inter se conveniant, nullam esse posse erroris detegendi rationem, nisi adsit contraria revelatio, revelatio scilicet supernaturalis: ergo cùm nos deficiat hujus modi ratio, non possumus quin judicemus aut existere corpora, aut nos ineluctabili errandi periculo esse commissos. Secundum verò judicium non ita se habet. Nam per ideas quæ rerum proprietates exhibent, cognoscere possumus an quas corporibus affingimus proprietates, illæ reipsa corporibus necne conveniant. Demonstrabimus verò posthac qualitates sensibiles non inesse, nec inesse posse corporibus: suffecit ergo nobis Deus rationem aliquam erroris detegendi ac proinde judicii coercendi in hocce casu. Quod cùm affirmari possit de iis omnibus quæ in exemplum adducere volueris, sequitur nobis non deesse regulam quâ dignoscamus quando nos sensus fallant aut non fallant.

TH. Illa regula non est admittenda quæ in aliquo casu peccat: atqui quam proponis regulam, Eugeni, hæc in sanctissimo Eucharistiæ sacramento peccare mihi videtur; sensus enim omnes variis locis ac temporibus referunt adesse panem, quanquam loco panis adsit corpus Christi : ergo illa regula non satis est ad judicandum fallantne aut non fallant sensus.

EUG. Nequidem in sanctissimo Eucharistiæ sacramento exceptionem patitur regula cujus observandæ autor tibi sum, Theodore : nihil enim referunt sensus, nisi adesse materiam, & occasionem præbente illâ, quæcumque sit, excitari in mente nostra sensationes iis pares quas percipimus, cùm adest illud materiæ genus quod panem dixêre. Qui plura inde colligit, is ultra sensuum testimonium excurrit. Excitamur quidem omnes ad judicandum adesse panem verum : at geminam nobis suffecit Deus erroris aperiendi & coercendi judicii rationem; quarum quidem prior est ipsa revelatio, quam à Christo & ab Apostolis ad nos usque transmisit Ecclesia, vox ipsa & interpres Dei. Cùm autem Ecclesiæ doctrina non nisi sensuum ope ad mentem nostram perveniat, nego adesse illam de qua tu modò sensuum concordiam. Hæc est verò posterior ratio : si verum superesse in Eucharistia panem judicaverimus, judicium nostrum fertur de re quæ sub sensus non cadit. In materia enim quænam esse possunt sensibus obvia ? ista ad summum, ni fallor; existentia rei externæ, major aut minor ejusdem extensio, quies aut motus & ordo partium, modò partes illæ non sint nimis tenues : sensibus quoque dignoscimus an materia quæ in usum venit, noceat aut faveat præsenti corporis habitudini. Quid verò sit in se substantia quam panem dicimus, aut quævis alia corpora, hoc sensûs acumine dignosci non potest, neque ipso intellectu attingi. Ostendemus porro ea quæ sensus de rebus externis referunt, ad illarum essentiam minimè pertinere : ergo regula à me proposita nihil obest quominus fidem adhibeamus Ecclesiæ docenti panem in Christi corpus converti; nec Ecclesiæ doctrina hanc regulam solvit.

TH. Illam igitur jam ego pro certâ habeo. Est tamen aliquid quod me iterum angat. Deus est profectò sensationum nostrarum causa physica: si quidem positâ sensationum occasione, nos ab illis immunes servare non possumus: ergo sensus nos in errorem inducere nequeunt, quin & ipse Deus nos quoque in errorem inducat.

EUG. Nego consequentiam. Ut enim Deus esset erroris causa, oporteret non suffectam esse nobis ullam erroris detegendi rationem coercendique judicii facultatem: atqui Deus aliquam nobis suppeditavit rationem erroris declinandi; scilicet rectæ Rationis lumen, quo si legitimè usi fuerimus, sensuum usum ultra fines debitos non producemus. Quin & sensus ipsos bene providus concessit ad vitandos errores à sensibus nostris nasci solitos: non semel enim sensus sensibus ipsis refellemus.

TH. Hinc sequitur quidem, Eugeni, Deum non adigere mentes humanas ad errandum; at saltem nos ad errorem allicit, cùm sensibus fallacibus donatos in errorem proclives facit. Ille enim censetur invitare in errorem, qui offert erroris illecebras: atqui Deus, concessis sensibus, obtulisse videtur erroris illecebras; ergo &c.

EUG. Quando me ita urges, Theodore, sine, quæso, ea dividam quæ à Deo, quæve à nobis in præsenti argumento proficiscantur. Deus sensationes in mente producit, id est, sensum qui referatur ad partes quasdam nostri corporis, ut innotescat nobis partium illarum status quantùm ad valetudinem; qui referatur quoque ad res externas, ut earum existentia & locus dignosci possint. His verò affectionibus dat comitem voluptatis aut doloris sensum: tum ut corporis nostri habitudini invigilemus: tum etiam ut libertatem nostram exercere possimus in vario usu corporum. Hoc pacto Deus qui voluit sensus esse nobis occasionem virtutis aut vitii, nos quidem in medio ponit errandi periculo, simulque impertitur lumen rectæ Rationis, cujus ope errorem declinare possimus. Hæc certè à Deo proficiscuntur.

Nos verò neglecto plerumque rectæ Rationis lumine, sensus sequi duces volumus; quo pacto perficimus ut nati ad aliquem usum legitimum sensus, in alium illegitimum detorqueantur. Attendere nolumus, neque judicandi libidinem coercere. Unde fit ut Deus Rationis lumen à mente in pœnam superbiæ ac negligentiæ auferat, si non penitus, saltem magna ex parte. Hinc illecebræ ad errorem & peccatum vim habent majorem, sublatis illecebris ad verum & bonum morale. Nam Deus utriusque generis illecebras menti humanæ offert. Quarum quidem vis major est aut minor comparatè pro vario libertatis nostræ usu.

Fateor tamen potentiores esse sensuum illecebras ad errorem & peccatum in præsenti rerum statu, quàm Rationis ad verum & bonum morale. Verùm istud à Deo in peccati quod ab origine ducimus pœnam institutum est. Deus enim fecerat hominem ab initio rectum, id est, illius immunem concupiscentiæ quæ etiam reluctantes adigit ad sensum, quamvis non ad consensum.

His præmissis, distinguo majorem. Ille censetur invitare ad errorem, qui offert erroris illecebras, simulque non offert veri & boni illecebras cum præcepto boni verique prosequendi, concedo; qui offert simul ex una parte erroris, ex alterâ verò boni verique illecebras cum præcepto boni verique prosequendi, nego.

Quemadmodum ille non censetur invitare militem ad concives lacessendos qui illum armis instruit, quibus lacessere possit aut se tueri lacessitus, præsertim si præcipiat simul ne ferro nisi adversùs patriæ hostes utatur; ita Deus dici nequit quemquam ad errandum pellicere, quamvis nobis errandi occasionem præbuerit; cùm ille & præceptum & rationem erroris declinandi simul præstiterit.

Ne quid verò fit tibi reliquum suspicionis, observa

sensus dici fallaces minùs accurata loquendi ratione. Non enim nos propriè fallunt, sed ipsi nos decipimus, cùm malè sensibus utimur. Verùm ea invaluit loquendi ratio ut effectus occasioni potiùs ascriberetur, quàm causæ genuinæ; sic quamvis decepisset se ipsum Adam, erroris sui causam Evæ ascripsit, Eva serpenti, id est, uterque occasionem pro causa habuit. Ad proto-parentum exemplar suam loquendi rationem omnes mirè composuerunt.

TH. Verùm tu ipse fateberis, Eugeni, satius fuisse nullum in homine poni erroris irritamentum. Nam Dei optimi non est sua dona pensare noxiis; atqui si tibi fides est adhibenda, Deus sua dona pensat noxiis; siquidem concesso rectæ Rationis lumini adjecit facultates quibus vel potentiùs homo ad errorem inclinatur, quàm ex altera parte ad verum & bonum morale.

EUG. Distinguo majorem. Dei optimi non est sua dona pensare noxiis, quoties libertatem non experitur, aut in peccata non animadvertit, concedo; si libertatem experiatur, aut peccatum aliquod puniat, nego. Jam verò Deus libertatem nostram non experiretur, si nullas nisi ad verum & bonum facultates concederet: ergo cum libertatis donum non abhorreat à summa Dei benignitate, Dei optimi est periculosos sensus aut aliud æquiparabile Rationis lumini addere. Quod autem nos sensus potentiùs inducant in errorem & peccatum, quàm Rationis lumen in verum & bonum, istud oritur à peccato quod ab ipsa origine contraximus: nam in hujus peccati pœnam Adam ejusque posteri experti sunt rebelles concupiscentiæ motus, id est, difficilem frenari libidinem temerè judicandi & terrena appetendi. Justè quidem & sapienter Deus instituit, ut illis minùs plana esset ad salutem via, qui sponte à planissima aberravissent.

TH. Ex dictis tuis hoc inferre possum, Eugeni: libertatem quoque Deus in proto-parente expertus est: atqui ut illam experiretur necessarii erant, te autore, sensus periculosi aut aliud æquiparabile, quia nimirum si solas obtulisset Deus boni verique illecebras, nihil aliud prosequi potuisset Adam præter verum & bonum; ergo Adam quoque periculosis sensibus donatus est, ac proinde non in pœnam peccati sensibus utimur periculosis.

EUG. Distinguo minorem. Necessarii erant sensus periculosi, id est, quibus abuti posset Adam, concedo; id est, quibus vel invitus ad errorem & malum morale pelliceretur, nego. Suas igitur habuit Adam sensationes, quibus cognosceret quid in rebus externis esset boni quantùm ad corporis habitudinem. Potuit quidem abuti, & reipsa abusus est sensibus, cùm ex illorum impressionibus sibi satius esse judicavit de ligno scientiæ boni & mali oblatam partem assumere, quàm respuere; at sensuum ad errorem & peccatum illecebras amovere à se, illarumque vim prorsus elidere poterat, nullo labore, certamine nullo, ad dominantis voluntatis arbitrium. Nos verò possumus quidem trahentibus in malum sensibus non consentire; at non possumus quin experiamur in nobis concupiscentiæ motus, quæ in sensibus rebellis viget. Hostis ille domesticus Adamo nolenti nullam offerebat pugnam. Nunc verò nobis etiam nolentibus perpetuum cum illo certamen certandum est; ut pote qui à nobis nunquam absistat, nec frangi aut debilitari possit, nisi ope gratiæ quam fuso sanguine nobis promeruit Christus. Rem sic luculenter exponit Mallebranchius libro 1°. de veritatis investigatione.

« Adam avoit donc les mêmes sens que nous, par
» lesquels il étoit averti, sans être détourné de Dieu,
» de ce qu'il devoit faire pour son corps. Il sentoit
» comme nous des plaisirs, & même des douleurs
» ou des dégoûts prévenans & indélibérés. Mais ces
» plaisirs & ces douleurs ne pouvoient le rendre es-
» clave ni malheureux comme nous; parce qu'étant
» maître absolu des mouvemens qui s'excitoient dans
» son corps, il les arrêtoit incontinent après qu'ils
» l'avoient averti, s'il le souhaitoit ainsi, & sans doute
» il

» il le souhaitoit toujours à l'égard de la douleur.
» Heureux, & nous aussi, s'il eût fait la même chose
» à l'égard du plaisir ; & s'il ne se fût point distrait
» volontairement de la présence de son Dieu, en lais-
» sant remplir la capacité de son esprit de la beauté
» & de la douceur espérée du fruit défendu, ou peut-
» être d'une joie présomptueuse excitée dans son ame
» à la vue de ses perfections naturelles, ou enfin d'une
» tendresse naturelle pour sa femme, & d'une crainte
» déréglée de la contrister ; car apparemment tout cela
» a contribué à sa désobéissance.
» Mais après qu'il eut péché, ces plaisirs qui ne
» faisoient que l'avertir avec respect, & ces douleurs
» qui, sans troubler sa félicité, lui faisoient seulement
» connoître qu'il pouvoit la perdre & devenir mal-
» heureux, n'eurent plus pour lui les mêmes égards.
» Ses sens & ses passions se révolterent contre lui,
» ils n'obéirent plus à ses ordres, & ils le rendirent,
» comme nous, esclave de toutes les choses sensibles.
» Ainsi les sens & les passions ne tirent point leur
» naissance du péché, mais seulement cette puissance
» qu'ils ont de tyranniser les pécheurs ; & cette puis-
» sance n'est pas tant un désordre du côté des sens,
» que de celui de l'esprit & de la volonté des hom-
» mes, qui, ayant perdu le pouvoir qu'ils avoient sur
» leurs corps, & n'étant plus si étroitement unis à
» Dieu, ne reçoivent plus de lui cette lumiere &
» cette force, par laquelle ils conservoient leur li-
» berté & leur bonheur ».

TH. Ergo nobis fatendum est sensus esse magis noxios quàm utiles ; cùm certus sit sensuum abusus, nisi intellectus recta Ratione illustratus frenum sensibus constanter injiciat ; quod certè non nisi difficulter fieri potest.

EUG. Quanquam à nostro argumento paululùm aberrat ista conclusio, tamen ne quid desit tibi ad sensuum finem intelligendum, distinguo consequens : ergo sensus sunt magis noxii quàm utiles, si ultra finem suum divagentur, concedo ; si illos intra fines debitos coerceas, nego. Utilissimi sunt sensus ad cognoscendum rerum externarum existentiam, situm, ordinem, ad dijudicandum quid faveat noceatve corporis habitudini. Ex hac parte vix quemquam in errorem inducunt : namque hæc ope sensuum agrestes & inculti neque tardius, neque difficilius dignoscunt, quàm qui principem locum obtinent inter Philosophos ; & in hoc quàm sapienter rebus humanis providerit Deus, quis non intelligat? Enim verò si nullâ aliâ arte, quàm ratiocinio dignoscere possemus an hæc aut illa edulia sint corpori nociva necne, nobis non satis esset profectò temporis ad observandam ex una parte edulium naturam, plantarum scilicet, fructuum & carnium contexturam, liquores, sales &c. ; & alterâ ex parte sanguinis humani proprietates, figuram & poros earum corporis partium quæ sibi proprium liquorem ab edulibus ebibunt finguntque ad motus corporeos eliciendos, vim & copiam succi gastrici ad solvenda edulia &c. : quæ tamen inter se conferri oporteret, si ratiocinii ope corporis incolumitas esset cuique curanda.

Præterea totus foret in sensibilibus homo, quem scilicet vitæ tuendæ necessitas continuò rimandæ edulium naturæ applicaret. Hominem verò ad majora natum, ab isto servili onere exemit Deus, concessis sensibus, & additâ sensationibus voluptate, si edulia corporis habitudini faveant, aut dolore, si noceant. Certum quoddam fructus genus intuitus ego, odoratus, palato expertus, momento brevi plus in hoc genere novi, quantùm ad valetudinem, quàm si solidos dies in investigandis philosophicè fructûs illius proprietatibus transegerim. Quo pacto fit ut multùm, si libuerit, mihi supersit temporis ad Deum, ad me ipsum noscendum, ad res merè intelligibiles perscrutandas, ad ediscenda observandaque morum præcepta, ad consulendum reipublicæ utilitati & cætera id genus : ergo sensus intra fines legitimos coerciti sunt valdè utiles.

Inter errores quos modò probatum est à sensibus tanquam à fonte scaturire, multos expunxêre Physica & Geometria simul conjunctæ. Quod quâ ratione factum fuerit palam fiet vobis cùm Physicæ trademus præcepta. Verùm sunt nonnulli quos refellendi non magis opportuna se ullibi dabit occasio quàm in Logica. Sit itaque

CONCERTATIO QUARTA.

Qualitates sensiles non insunt objectis externis, nec quidquam illis qualitatibus simile; neque etiam res externæ aliud possunt quàm occasionem præbere, cur Deus qualitates sensiles in anima excitet.

PER qualitates sensiles intelligimus sensationes cum relatione ad corpora circumstantia, colores, verbi gratiâ, sapores, sonos, calorem, frigus, resistentiam, seu impressionem soliditatis, mollitiem &c. Quâ nominis definitione præmissâ sic primam propositionis partem probo.

Mens humana non potest videre aut quidquam pati extra se : hoc enim cum rectâ Ratione pugnat esse aliquem existendi modum, actionem, verbi gratiâ, aut passionem extra substantiam agentem aut patientem : atqui mens humana patitur, cùm sensationes habet caloris, soni, frigoris &c. ; ergo mens in se ipsâ habet colores, sonos & cæteras qualitates quæ sui sensum in mente faciunt : atqui ista non possunt esse mediâ in mente, quin sint ipsius mentis qualitates; nemo enim dubitat utrùm voluptatis aut doloris sensus sit animæ qualitas : atqui perspicuum est sapores, coloresve aut sonos jucundos, aut calorem temperatum esse aliquod voluptatis genus; amaritudinem vero quorumdam ciborum, sonos discordes, lucem nimiam, calorem vehementiorem esse varias doloris species: ergo qualitates sensiles sunt mentis humanæ affectiones.

Multum vero abest ut sit in corporibus quidquam simile iis qualitatibus quas sensibiles nuncupavi. Quod ut versetur extra omne dubium, hanc fingo hypothesim.

Manum igni admoveo ad eam foci distantiam ut sensationem jucundam experiar. Deinde jubeo augeri, reposito largius ligno, quantitatem ignis: hoc certè pacto non mutantur ignis proprietates, sed amplificantur, aut, si mavis, multiplicantur: ergo si sensatio quæ inest mihi, prodit ab igne, vel similis sit proprietati alicui ignis, ut vulgo creditur, voluptatem caloris primò temperati amplificari necesse est aut multiplicari. At loco voluptatis amplificatæ suberit sensus doloris, qui penes essentiam longè diversus est à sensu voluptatis: ergo nullâ ratione affirmari potest esse in igne quidquam simile huic affectioni quæ in me sui sensum facit, nisi forsan velis voluptatem crescendo fieri dolorem. Idem esto judicium de cæteris qualitatibus quas sensiles nuncupamus.

Quid, si sensationes cum sensationibus conferam? Sit ergo in alicujus objecti superficie pars quæ nudis oculis conspecta videatur albicans: si prisma triangulare vitreum oculis apponam, illa pars videbitur iridis more colorata. Dicentne adversæ sententiæ patroni colores istos esse in vitro, vel nasci subitò in ea objecti parte quæ primò albicans erat? Cujusnam substantiæ sunt colores in speculo vel potius citra aut ultra speculum in speciem picti? & si sapor vino generoso inest, cur idem bene habenti jucundum est, inamarescit verò febricitanti?

Innumeræ sunt sensationes in quovis genere, quas si comparaveris inter se, palam fiet nasci de re eâdem judicia contraria: amaritudinem quippe & suavitatem in eodem liquore, in iifdem dapibus esse judicabimus; calorem & frigus in eadem aqua, si nempe manus ambas, algentem alteram, alteram verò calentem immiserimus. Alterutrum autem ex illis judicium falsum esse oportet: at perspicuum est attendenti nullam esse posse rationem cur alterum sit altero verius: ergo falsò judicamus esse in objectis externis quidquam simile illis affectionibus quæ in mente excitantur.

Nunc probanda venit secunda pars, scilicet nullam rebus externis inesse vim peculiarem ad qualitates sensibiles procreandas. Namque, ut jam monuimus, nulla res agere potest in loco à quo abest: atqui corpora quæ in mentem nostram agere existimantur, non existunt in eodem loco ac mens, quod fatentur adversæ sententiæ patroni: ergo nulla vis est corporum ambientium ut quidquam in mente nostra excitent. Præterea semper confessi sunt omnes actioni præire cognitionem, hoc est, neminem efficere vi propriâ posse quidquam, quin rem illam nôrit quam vult efficere: atqui cognitionis pariter & voluntatis corpora destituta sunt; ergo corpora nihil aliud possunt, quàm occasionem præbere cur Deus qualitates sensiles in anima excitet.

TH. Magnopere vereor ne, dum vulgares calcare cupis opiniones, tu nimis subtilia aucuperis ac tandem captes inania. Namque consensus generalis est profectò veritatis argumentum, & ille desipit, qui solus aut ferè solus communi omnium populorum opinioni adversatur: atqui consentiunt omnes in ascribendo igni calore, splendore soli; dapibus sapore &c.; ergo istud pro certo habendum est.

EUG. Respondeo 1°. distinguo majorem. Consensus generalis in iis quæ cupiditatibus adversantur, est argumentum veritatis, concedo: in iis quæ cupiditatibus favent, nego.

Consensus generalis qui cum cupiditatibus pugnat, ideo est argumentum veritatis, quòd absurdum sit homines placito cupidini adverfari omnes, nifi momento veri vincantur. At non abfurdum eft in eundem omnes convenire errorem, fi confenfus ille cupiditatibus faveat. Namque à peccato Adami, tanta in omnes ejus pofteros cæcitas, tanta corruptio dimanavit, tanta cupiditatibus ferviendi neceffitas, ut hæc, nifi multo certamine & Chrifti Reparatoris ope, fuperari non poffit.

Refpondeo 2°. voces iftas, calorem, fonum, colorem &c., fi nudæ fint, æquivocatione laborare. Vel enim agitur de re illâ quam anima perfentifcit, & hic eft fenfus quem vocibus illis nunc affingimus; fiquidem affectiones illas confideramus fub ea ratione qua fuî fenfum faciunt : vel agitur de rerum externarum motu & contexturâ; fi, verbi gratiâ, prunas ideo calidas & candentes dixeris, quòd vehemens fit partium tenuiffimarum ab illis profluentium motus & certa quædam prunarum contextura ad emittendam lucem apta. Jam verò vel confenfus ille generalis de quo tu verba facis, verfatur circa illud quod fuî fenfum indit; quo in cafu communis opinio eft error communis, ut patet à momentis quæ modò expofui : vel verfatur circa occafionem fenfationum, quam certè rebus externis ineffe confiteor.

TH. Quæcumque videntur, aut alio quovis modo fentiuntur, illa exiftere neceffe eft in loco ubi videntur aut fentiuntur; quod enim nihil eft, nullo pacto attingi à mente poteft, nec quidquam videri in loco ubi non exiftit : atqui qualitates fenfiles videmus ac fentimus in corpore menti aptato aut in rebus externis ; ergo qualitates illæ infunt noftro corpori vel rebus externis.

EUG. Diftinguo minorem. Qualitates fenfiles videmus, id eft illas vel ad corpus noftrum, vel ad res circumftantes referimus, concedo; videmus aut fentimus illas exiftere vel in corpore noftro, vel in rebus externis, nego.

Itaque hoc fenfu fentimus qualitates prædictas in

DE LOGICA.

corpore nostro, quòd Deus ubi sensationes excitat, excitet quoque relationem sensationis ad quasdam corporis nostri partes, ut scilicet hac ratione mens cognoscat an motus in illis partibus excitatus, sit mechanicæ corporis habitudini congruus aut nocivus. Eodem sensu qualitates sensibiles videmus aut sentimus in rebus externis, tum ut rerum illarum existentia, locus, varietas cognoscantur, tum etiam ut nullo labore, nullo ratiocinio innotescat nobis an corporis incolumitati prodesse possint aut nocere. Sic variis coloribus corporum varietas menti fit manifesta; salubritas edulium saporibus &c. Verùm nec videmus, nec ullo modo sentimus corpori nostro aut rebus externis inhærere qualitates hujus modi: illud enim videre non possumus quod non existit, nec existere potest: atqui modò demonstratum est qualitates sensibiles inesse non posse corporibus; ergo &c.

TH. Quod sensus omnes quolibet loco ac tempore referunt, illud pro certo habendum est: nisi enim res ita se haberet, Deus ipse nos in errorem induceret, meritòque suspicari possemus nulla existere corpora; cùm illorum existentiæ soli sensus fidem faciant: atqui sensus omnes quolibet loco ac tempore referunt qualitates sensibiles inesse corporibus; ergo &c.

EUG. Quod sensus omnes quolibet loco ac tempore referunt absque ulla rectæ Rationis contradictione, illud pro certo habendum est, concedo: si recta Ratio contradicat, nego. Jam verò sensuum testimonium hac in parte pugnat cum recta Ratione, ut manifestè probatum est: atqui illa rectæ Rationis contradictio satis est ut erroris causa dici non possit Deus. Ille nimirum Rationis lumen impertitur ad dirigendos sensus, eorumque usum moderandum aut emendandum; sensus autem ad Rationis usum adjuvandum quidem, non verò moderandum instituit; ergo si recta Ratio ostendit qualitates sensibiles objectis externis inesse non posse, sensus nequeunt hujusce rei fidem facere.

Jure possumus, inquis, suspicari nulla existere corpora, cùm soli sensus existentiæ corporum fidem faciant. Magna est profectò disparitas utriusque testimonii. Namque huic rectæ Ratio nullatenus contradicit; Ratione quippe magistra didicimus existentiam corporum nobis innotescere non posse, nisi revelationis alicujus ope; corpora enim in se intueri mens non potest; ergo si facta sit nobis per sensus illa revelatio, nec sit quidquam huic revelationi contradicens, hoc ipso certum est existere corpora: alioquin nos ipse in errorem induceret Deus.

TH. Si mens erraret cùm qualitates illas corporibus adscribit, omnes aut ferè omnes in perpetuo eoque multiplici errore versarentur. Nam si tempus illud excipias quod somno teritur, crebræ sensationes undique in anima quolibet momento excitantur; atqui nemo sanus in animum inducere poterit omnes ferè homines errore laborare perpetuo ac propè ineluctabili; non possum ergo quin credam inesse reipsa corporibus qualitates sensibiles.

EUG. Nego minorem. Longè gravioris est momenti ista quæstio, *num in rebus creatis occurrere possit optata felicitas*: atqui omnium ferè hominum actus sunt perpetua argumenta communis in hacce materia erroris; ergo nihil est quod miremur, si omnes aut ferè omnes errore in perpetuo versentur: quod tamen foret incredibile si natura humana eo esset in statu in quo à summi rerum omnium Conditoris manibus exorta est. At eam peccato vitiatam esse nos docuit Religio Christiana.

TH. Fatere saltem, Eugeni, esse in rebus externis aliquid simile iis quæ sentimus, ut sit ratio aliqua causam inter & effectum.

EUG. Qui possum, Theodore, qui tu ipse poteris, si colores qui in speculo pingi videntur, aut prismate vitreo generari, consideraveris? Debet quidem esse ratio aliqua inter causam physicam & effectum, seu, ut rectius loquar, causa physica nobiliori modo continere debet quidquid perfectionis effectui tribuit. Verùm non opus est ullam esse rationem similitudinis inter causam occasionalem & effectum.

TH. Fateor colores non esse in speculo pictos, & eos qui imitantur irim non generari subitò in objectis ope prismatis vitrei. Verùm varii quos tunc percipimus colores, sunt in ipsa materia quæ lumen dicitur. Radios quippe suspicari possumus alios rubros, alios flavos, virides alios aut cæruleos, aut saltem qualitate aliqua donatos, quæ similis sit coloribus à mente perceptis.

EUG. Nego colores quos sentimus, aut quidquam simile coloribus esse in lumine, id est, in ea materia tenuissima quæ ab objectis ad oculos nostros motu citissimo transfertur. Fuére enim, referente Mallebranchio, quibus objecta dextro oculo conspecta visa sunt aliis suffusa coloribus quàm sinistro. Et unde, quæso, colores quos percipimus, cùm profundâ nocte summo digito oculos premimus, aut cùm somniamus ? à motu certè organorum, non à lumine. Vin' tu inesse organis quæ imis oculis continentur colores aut quidquam simile coloribus ? Nihil tamen vetat radios luminis alios dici flavos, alios rubros &c.; dummodò hâc loquendi ratione nihil aliud intelligatur, nisi constantem adesse in quibusdam occasionem rubri coloris excitandi, in aliis flavi aut viridis. Quâ autem ratione istud fiat, Physica demonstrabit.

TH. Idem esto judicium de cæteris qualitatibus ac de figura & soliditate : atqui inest certè corporibus aliquid simile figuræ & soliditati quæ sui sensum faciunt in mente; ergo &c.

EUG. Nego majorem quoad primam partem. Idea figuræ quæ menti exhibetur objectis, corporibus, non est de genere qualitatum sensibilium : sensationes quippe nihil menti exhibent præter seipsas, nullius substantiæ proprietates illæ repræsentant. At ideæ illorum quæ possunt existere naturam & proprietates nobis repræsentant. Nihil, verbi gratia, nos docet color circuli : at idea circuli notum facit radios & diametros æquales esse, angulum diametro innixum esse rectum; ergo &c. Fateor autem esse posse in objectis aliquid simile rei illi quam idea repræsentat: objecta enim ad idearum exemplar producta sunt; verùm de ideis fusiùs in Metaphysica. Cave tamen credas esse semper in objectis aliquid simile figuræ quam objecto conspecto percipis. Namque si virgam aquæ mediam immittas, hæc quamvis recta, obliquè spectanti fracta videbitur.

Quod spectat ad soliditatis impressionem, nego minorem, contendoque qualitatem illam esse longè diversam à soliditate quæ corporibus competit. Soliditas enim in corpore nihil aliud est quam connexio partium materiæ quæ vinci non potest, nisi certa motûs quantitate, ut in Physica demonstrabitur. Hæc ergo non mutatur, mutatis corporis nostri organis: atqui soliditatis impressio mutatur in mente, mutatis organis. Qui enim ceram infans duram expertus est, eamdem vir factus mollem experitur; ergo &c.

TH. Hìc certè anceps hæreo. Nam ubi animum affecto ad ea momenta quæ tu plurima è Ratione petiisti, qualitates sensibiles jam nequeo in objectis externis intelligere; adeo multa è vulgari opinione absurda nascuntur: ubi verò sentiendi vim exero, me sensus tam potenter inducunt ad istud judicium, qualitates nempe hujus modi esse corporum, ut sensu communi hunc planè carere existimem qui rem adeò manifestam negaverit. Quid ergo nunc præstem? negemne aut affirmem, non satis scio.

EUG. Quando vim præjudicii apud te Ratio nondum elidere sola satis potuit, non abs re erit sensus ipsos in demonstrationis supplementum advocare. Quapropter volam, si lubet, porgito.

TH. Quorsùm, amabo, volam?

EUG. Sine, experiar, hocce panno leniter summam cuticulam dum tero, quid, quæso, sentis?

TH. Non injucundam quidem titillationem.

EUG. Et, te judice, est vel in hoc panno, vel in tuis organis quidquam simile illi quam mente percipis titillationi?

TH. Non equidem in hoc panno, neque in organis, si motu destituantur. Cur verò non ita, si pannus & organa sint motu aliquo donata?

EUG. Age verò, nunc, cùm centies vehementiùs panno cuticulam tero, quid tu sentis rei?

TH. Pol! me dolore uris, Eugeni; absiste, quæso.

EUG. Erras, Theodore; centies jucundior adest tibi titillatio. Nam centies major panno & organis cuticulæ motus additus est; ergo si est tuæ sensationi quidquam simile in panno aut in organis quatenùs motu aliquo donatis, eodem motu centies majore facto, centuplam fieri qualitatem illam necesse est: atqui hæc erat de genere voluptatis; ergo centies major adfuit tibi voluptas. Quæ tua porro nunc est de re illâ opinio?

TH. Næ! tu paulò molestiùs philosopharis; siccine doctrinam instillas tuam?

EUG. Ecquid opportuniùs præstare potui, cùm te sensibus adeò mancipatum video, ut, nisi illos veri testes advoco, te à contrario præjudicio liberare nuda Ratio non valeat? Vim fortasè majorem huic demonstrationis generi addidissem si præsto fuissent mihi prunæ candentes.

TH. Probè intelligo majore mihi dolore emendam fuisse veritatem; verùm istis experimentis jam non opus est ut tuæ propositioni accinam.

EUG. Ab isto igitur exemplo disce hoc Logicæ præceptum spectans ad veritatis amantes qui præjudiciis aliorum expungendis illaborant. Principiò exponenda sunt, quàm dilucidè fieri potest, momenta è Ratione petita, quæ præjudicio expugnando adversantur. Quæ quidem momenta hòc vincent certiùs, quò erunt numerosiora. Ita enim à naturâ comparati sunt homines, ut, quamvis unum momentum sit satis ad verum demonstrandum, si tamen cupiditates aut sensus repugnent, se numero potiùs quàm pondere momentorum vinci patiantur. Tum verò ubi omnia quæ Ratio nuda suppeditat te frustrà expertum esse intelliges, investiganda tibi erit causa peculiaris cur Rationi patientem aurem non accommodet ille quem præjudicio liberatum cupis. Si, verbi gratiâ, à vi sentiendi aut imaginandi nascitur illius pertinacia, fac vis illa aliò afflectatur, objectis sensuum diverso modo propositis. Quod cùm prudenter & callidè perfeceris, rem eò deduces, ut vis illa sentiendi quæ primùm erat tuo proposito contraria, fiat tandem consentanea. Mirus erat in hoc genere demonstrationis Mallebranchius, cujus ego vestigia secutus, præcepti utilitatem in te, Theodore, sum feliciter expertus.

Est & aliud præjudicium vulgatissimum, quod si expunxerimus, errores à pueritia præconcepti, erunt ferè omnes ab imis convulsi radicibus.

Non solùm qualitates sensibiles quæ sunt mentis nostræ, corporibus ascribimus; verùm & nobis & rebus externis vim procreandi formas ac movendi affingimus, quæ tamen unius Dei est. Et quamvis sacri codices nos doceant perpetuam esse Dei in opus suum efficaciam, atque ab illo oriri quidquid existit in hocce Orbe rerum conditarum, sive boni, sive mali physici, id est injucundi; multi tamen Christianorum in eam turpiter descenderunt opinionem, corpora scilicet à corporibus reipsa moveri, motumque organorum nostri corporis esse physicum mentis creatæ effectum.

Demonstremus igitur & mentem humanam & corpora præbere duntaxat occasionem cur à Deo motus materiæ inditus augeatur retardeturve aut deflectatur.

CONCERTATIO QUINTA.

Vis movendi neque menti nostræ, neque corporibus competere potest.

Motum intelligo si adsit menti idea rei finitæ in varias spatii partes contiguas succedentis. Igitur vis movendi est potestas efficiendi ut res finita quæ primo temporis instanti respondebat certo cuidam loco, altero instanti in loco proximo existat & sic deinceps &c. Hâc sic propositâ definitione, propositionem probo.

1°. Nulla substantia agere potest in loco in quo non existit; ubi enim substantia aliqua nihil est, ibi nulla potest esse illius vis ac efficacia; pariterque ubi efficacia nulla est, ibi profectò nullus est effectus : atqui si anima moveret corpora, quo sensu id vulgus intelligit, mens ageret in loco in quo non existit, ac proinde aliqua esset mentis efficacia, ubi mens esset merum nihil; aut effectus ubi nulla efficacia. Vulgus enim non existimat animam esse extra corpus sibi aptatum : atqui, si vulgo creditur, anima movere potest corpora quæ manu contrectantur aut etiam quæ procul mittuntur; ergo, auctore vulgo, mens agit ubi non existit; quod cùm sit absurdum, inde consequens est errare vulgum, cùm animæ vim movendi affingit.

2°. Ex præmissâ definitione movere nulla substantia potest, quin rei motæ præbeat existentiam in loco in quo res illa non existebat : atqui hoc anima præstare non valet; namque ut in Metaphysica demonstrabitur, mens humana creare non potest : atqui si perficere posset ut res aliqua in loco existat, ubi priùs erat merum nihil, vim haberet profectò creandi; nam nullâ aliâ ratione Deus creat quidquam, nisi quatenus efficit ut res existat in certo loco & tempore : atqui pariter mens humana perficeret ut corpus existens in loco, A, existeret in altero instanti in loco, B, ubi corpus illud erat priùs merum nihil; ergo anima crearet idem corpus in loco, B; ergo, nisi velis inesse animæ creandi facultatem, fatere illam esse vi motrice destitutam.

3°. Si quidquam movet anima, illud certè præstare non potest nisi corporis sui adminiculo, proindeque si ostendero animam non esse movendi digiti efficacem, palam fiet illam esse vi motrice penitus destitutam: atqui ne digitum quidem movere anima potest. Nam ex observationibus Anatomistarum comperimus moveri non posse digitum, quin certi nervi ab ipso cerebro, ad quod omnes pertingunt, motum aliquem concipiant, quin etiam per nervos illos definita aliqua liquoris subtilissimi quantitas in carnis fibrillas defluat, ac propterea certi quidam musculi turgeant & contrahantur: atqui horum omnium nec locum, nec numerum, nec principium, imò nec sæpius existentiam novit anima, cùm digitus movetur; ergo ipsa digitum non movet; ergo neque corpora ambientia corporis sui adminiculo movere illa potest.

4°. S. momenta quæras à Physica & à Mathesi petita, en adsunt tibi luculentissima. Quæ enim sunt maximè ordinata certiique subjecta regulis, hæc certè prodire non possunt nisi a mente quæ ordinem illum noverit, regulisque semel institutis suam agendi rationem constanter accommodet; quod quidem si dubium esset, suspicari meritò possemus mirabilem illum ordinem quo res conditæ continentur, à cæca quadam efficacia prodire potuisse: atqui motus quilibet, cùm in corpore nostro, tùm in rebus externis sunt ordinariissimi, ad certasque regulas conformati; demonstrant enim Physici nullum esse motum in quo moles velocitate non redimatur; nullam collisionem in qua motus non distribuatur in ratione molium, nullum virium concursum in quo corpus motum non feratur secundùm diagonalem parallelogrammi vi-tium: atqui longè major pars hominum hunc ordi-

nem, has motûs regulas ignorat, & quamvis nôſ-
ſet, nihilomagis motum corporibus poſſet addere;
nam requireretur inſuper ut mens noſtra & ſpatium
& tempus & veram materiæ motæ quantitatem noſ-
ceret : atqui ſpatium & tempus accuratè metiri ſe
non poſſe fatentur ipſi Geometræ, fatentur quoque
Phyſici definiri non poſſe abſolutam materiæ quantitatem; ergo penitus ignoramus quidquid neceſſa-
rium eſt ut motus fiat ſecundùm leges conſtantes,
& tamen motum quemlibet ſecundùm illas leges fieri
Phyſica oſtendit; ergo fieri non poteſt ut motus à
nobis tanquam à cauſa phyſica oriatur, niſi fortè
velis regulas conſtantes à mundi hujuſce principio,
obſervari ab innumeris mentibus creatis quæ regulas illas non nôrunt, & quæ aliæ aliud cupiunt.

Quòd ſi mentes creatas vi motrice deſtitutas eſſe
tandem conceſſeris, potiori jure fateberis quoque
corporibus vim illam non eſſe adſcribendam. Hanc
igitur partem noſtræ propoſitionis peculiari probatione confirmari minimè opus eſt.

TH. Quod multiplici argumento adſtruere conatus es, Eugeni, hoc mihi videtur unâ ruere obſer-
vatiunculâ. Ubi volo ſtatim brachium moveo & brachii adminiculo corpora circumſtantia; ergo motus
corporum ambientium pendet à voluntate humana.
Unde colligo vim movendi eſſe mentis noſtræ proprietatem.

EUG. Antecedens concedo, non ſanè quòd hujus
ſit generis ut nullam patiatur exceptionem; ſi enim
deficiat ille liquor ſubtiliſſimus quem *ſpiritus anima-
les* dixêre Philoſophi, aut nervi ſint aliqua ratione
labefactari, fruſtra brachium aut aliud membrum
moveri voles : ſed quia licet perpetuæ veritatis foret, nihil indè periret noſtræ propoſitionis veritati.
Diſtinguo igitur conſequens : ergo motus pendet à
voluntate humana tanquam ab occaſione, concedo;
tanquam à cauſa phyſica, nego. Itaque duplici modo res
aliqua ab alia pendere poteſt, ſcilicet vel quatenus cum

illa connectitur, vel quatenus illius arbitrio & efficaciæ subjacet. Priore sensu calor in anima excitatus pendet ab igne & motu organorum, quòd nempe sensationem illam cum igne, cumque certo organorum motu connecti voluerit Deus. Posteriore sensu idem calor pendet à Deo, quia ideo sensatio caloris exiftit, quòd summè efficax Dei voluntas illam in mente pariat. Pariter motus pendet à voluntate humana hoc sensu, quòd (positis tamen quibusdam in organis conditionibus) respondeat motus voluntati humanæ, & cum illa, Deo sic jubente, connectatur; non autem hoc sensu quòd oriatur motus ab ipsa humanæ voluntatis efficacia.

TH. Non isto effugio elaberis, Eugeni; nam vincit ista argumentandi ratio : *quoties vult Deus rem aliquam existere, ea res protinus existit; ergo illius existentia oritur à divinæ voluntatis efficacia;* ergo pariter vincere necesse est hanc alteram omninò similem argumentandi rationem : *ubi volo moveri brachium, illud protinus movetur : ergo motus brachii oritur ab ipsa voluntatis meæ efficacia.*

EUG. Nego consequentiam. Disparitas in quo sita sit, accipe. Voluntas Dei est rerum summè efficax : quam quidem perfectionem his verbis manifestam faciunt sacri codices : *Dixit Deus, fit lux*, (secundùm textum Hebraicum) *& fuit lux. Ipse dixit & facta sunt, ipse mandavit & creata sunt.* Unde sequitur rem illam quæ voluntati divinæ respondet, oriri ab ipsa Dei efficacia. Voluntas verò creata non est rei quam cupit efficax, proindeque non ejusdem generis est ac voluntas divina; ergo licet motus brachii voluntati nostræ respondeat, non propterea colligendum est motum illum oriri à voluntatis nostræ efficacia. Et verò istud hòc magis temerè colligeretur, quòd experientiâ constet motus quosdam faciliores non obsequi voluntatis nostræ imperio; namque facilior aut saltem æquè facilis est motus secundùm lineam rectam, quàm secundùm curvam : atqui cunctorum hominum

minum voluntates simul conjunctæ nunquam id efficient ut missile corpus secundum lineam rectam moveatur; ergo curvatum missilis cujuscumque motum temere sibi anima creata ascribit. At ne in posterum te decipiat comparatio argumentationum quæ similem habere formam videntur, hoc memoriâ teneto Logicæ præceptum. Quoties genuinæ conferuntur inter se argumentandi rationes, vel nihil subauditur quod ad conclusionem legitimè eruendam faciat, vel aliqua est propositio non expressa quidem verbis, sed quæ mente suppletur. In primo casu si formæ ratiociniorum sint pares & alterum peccare affirmes, alterum quoque simili vitio laborare tibi fatendum erit. In secundo casu videndum est an propositio subaudita utrique ratiocinio conveniat: si enim priori competat, minimè verò posteriori, conclusio quæ ex una parte legitima erit, non poterit esse quoque legitima ex alterâ parte. Sic in primo ratiocinio à te proposito subauditur ista propositio: *atqui voluntas Dei est rei cujuslibet efficax;* quæ quidem vera est, quapropter legitima est conclusio. Quæ verò subauditur in secundo: *atqui mea voluntas est rerum quas volo efficax,* falsa est, ideoque conclusio non est legitima.

TH. Si vis movendi abesset à mente creatâ & à cunctis corporibus, nullum esset discrimen inter illa quæ vivunt & illa quæ non vivunt: hoc enim vivens à non vivente differt quòd principium motûs in priore extet, minimè verò in posteriore: atqui repugnat nullum esse discrimen inter illa quæ vivunt & ea quæ non vivunt; ergo &c.

EUG. Bonâ hoc tuâ veniâ sciscitari mihi liceat; vivere quid istuc rei est? Quem apud te vox illa habet intellectum?

TH. Ecquis non intelligit quid sit vita? Certè non habeo in promptu voces magis perspicuas: vivunt animalia & plantæ; non vivunt lapides, ligna cæsa, metalla &c. Hoc nôrunt omnes.

Tome I.

EUG. Et mens humana vivit-ne, aut an eodem modo quàm corpora?

TH. Vivit & mens creata, at modo sibi peculiari.

EUG. Jam ergo ostende quid sit discriminis vitam inter corporum & mentis creatæ.

TH. Hac herclè quæstione mihi tenebras offundis, Eugeni: jam non satis scio quid respondeam.

EUG. Non offundo tenebras; sed curo ut sentias quibus in tenebris versatus sis, quàmque obscura sit vitæ notio apud plerosque, quam tu perspicuam existimabas. Velle bonum, Theodore, & verum intelligere, hæc est vita mentis. Jam verò movere corpus non idem est ac bonum prosequi & verum intelligere; ergo 1°. vita mentis intelligi potest absque ullâ vi movendi.

Si autem animantis aut plantæ corpus consideravero, video illud esse organis instructum, ita dispositis, ut quæ partes effluunt, illarum damna reparentur mechanico motu organorum; & liquores ad alimentum aut etiam incrementum idonei circumeant in variis ejusdem corporis canaliculis. Nuncubi vidisti, Theodore, in alio positam esse vitam arborum aut animantûm? Aliud-ne discrimen excogitas inter corpora quæ vivunt & illa quæ non vivunt? Atqui ad hujus modi intelligendam vitam nihil opus est vi motrice corporibus insitâ; ergo 2°. vita corporum vim motricem non arguit; ergo neganda est major tui ratiocinii; neganda quoque propositio in majoris probationem adducta.

TH. At corpus animantis habet in se motûs principium, hoc ipso quòd animatum sit?

EUG. Unde istud habes, Theodore?

TH. Quia scilicet movetur ex seipso.

EUG. Lapis ergo decidens habebit in se motûs principium, si eum judicaveris ex seipso deorsum moveri.

TH. Resiste aliquantisper, Eugeni, donec occurrat mihi disparitas. En jam quærenti adest. Lapis sibi permissus non se quòlibet transfert, sed deorsum necessariò fertur : cum lapide igitur conferri non poteſt animal quod ſponte quòlibet movetur.

EUG. Si idcirco, te judice, motûs principium in ſe habet animal, quòd modò in hanc, modò in illam ſe partem conferat, quòdque nulla exterior cauſa motûs ſe det ſenſibus obviam ; quid, quæſo, ſenties de vento qui modò in hanc, modò in illam partem fertur, modò citiùs, modò tardiùs. Ventum vivere, credo, exiſtimabis & eſſe ſui-met motûs principium ?

TH. Errorem confiteor, Eugeni : jam à mente mea effluxerat quidquid nuper de corpore animato & inanimato dixiſti. Mihi quidem videbar apprimè noſcere quid eſſet vita. Verùm innoteſcere incipit quaſdam eſſe voces in ſpeciem perſpicuas, & reipſa maximè obſcuras. Has autem à verè perſpicuis quâ regulâ poſſim dignoſcere, fac, quæſo, intelligam.

EUG. Non ita facile eſt, Theodore, regulam generalem quâ voces in ſpeciem perſpicuæ à verè perſpicuis dignoſcantur, proponere : multiplicis enim generis ſunt voces hujuſmodi. Aliæ multas ſimul ideas complectuntur ; quales ſunt iſtæ, *virtus*, *libertas*, *pondus*. Aliæ varias ideas exprimunt pro variis caſibus in quibus uſurpantur, quales ſunt iſtæ, *natura*, *ſenſus*, *actio*. Aliæ nihil directè ſignificant, ſed multa indirectè ; hæ ſcilicet, *poſſibilitas*, *ſubſtantia generatim accepta*, *neceſſitas*. Aliæ denique nihil quandoque ſignificant præter loquentis ignorantiam ; quales ſunt iſtæ, *fortuna*, *fatum*, *inſtinctus*. Illas verò ab aliis diſcernere non poteris, niſi magnam idearum copiam tibi paraveris, mentem ratiocinando & inveſtigando, præjudiciiſque expugnandis longâ conſuetudine aſſuefeceris, cognitioneſque tuas certo ordine diſpoſueris ; tunc enim fucum nulla verba tibi facient.

Interim pro certo habe nullâ opus eſſe definitione vocum quæ directè ſenſum aliquem exprimunt : quales ſunt iſtæ, *amor*, *odium*, *timor*, *ſpes*, *dolor*, *voluptas*. Pariter voces quibus exprimuntur ideæ rerum quæ partibus diverſi generis non componuntur ; tales sunt istæ, *locus*, *tempus*, *numerus*. Cætera dabit usus & meditatio sedula.

TH. Si vis movendi nulla est in corporibus, neque in mentibus creatis, superest ut eam uni Deo ascribamus: unde consequens erit Deum esse causam peculiarem cujuscumque motûs; atqui absurdum est motum quemque oriri à voluntate divina, nullâ interpositâ causâ secundi ordinis: si enim res ita se haberet, inutile prorsus foret serere & rigare terram, cùm hæc idcirco fiant, ut vis producendi plantas sese à terra exerat; ergo &c.

EUG. Nego minorem & propositionem subsequentem: licet enim Deus vi propriâ & nullâ interpositâ causâ physicâ producat singulos motus ad plantas solo educendas requisitos, utile tamen est serere & rigare terram: plantas enim, animalia & cætera quæ in hoc Orbe conspicimus non producit Deus nullâ interpositâ causâ occasionali: atqui terram exercere & jacto semine rigare, sunt de numero causarum illarum quas occasionales vel naturales diximus: voluit quippe Deus hâc arte industriæ humanæ locum præbere, ideoque nonnulla animalia & quædam plantæ non educuntur è suo germine, nisi occasione datâ per hominis laborem & industriam. Igitur qui serit aut rigat nihil vi propriâ educit, neque ipsa terra commissum semen explicare potest. Verùm insito semine & rigatâ terrâ, adest Deo occasio ut semen secundùm leges à se instituras explicet & in plantam succrescere jubeat. Idem esto judicium de animalibus & plantis: illa enim simili ferè modo produci aliquando ostendemus.

TH. Non is sum profectò qui affirmem terram ex naturâ suâ posse plantas è suo germine producere, sed hanc illi proprietatem à Deo concessam & ejus essentiæ superadditam existimo, ac non temerè quidem. Nam Geneseos capite primo sic Deus loquens inducitur: *Germinet terra herbam virentem &c. Producant aquæ reptile animæ viventis*: ergo non quidem à natura, sed à Dei beneficio profecta vis movendi terræ & animalibus inest ad educendas plantas & animalia è suo germine.

EUG. Nego Deum terræ aut cuiquam rei creatæ vim movendi concessisse; nec enim illud potest, quod certè fateberis si propiùs inspicias ea quæ in propositionis probationem adduxi. Præterea suas proprietates Deum nulli communicare posse ostendemus in Metaphysica. Nego itaque consequentiam ex verbis Geneseos illatam. Si hæc enim legitima foret, pari ratione dici posset vim inesse horologio ab artifice inditam ad horas indicandas, ad pulsandum tintinnabulum, quod profectò pinguiorem redoleret minervam.

Observa igitur, Theodore, id esse sacris Auctoribus solemne, ut de rebus secundùm speciem & humana præjudicia loquantur, ubi rerum illarum proprietates explicandæ non veniunt. Quemadmodum Philosophis ex usu est ut, quamvis non solem circa terram, sed terram circa solem gyrare nôrint, dicant tamen cum cæteris solem oriri, gyrare, occidere; & sicut Philosophi nolunt hanc loquendi rationem ad literam urgeri, ita ut inde colligatur solem reipsa gyrare circa terram, sic Scriptores sacri noluerunt ex his verbis, *germinet terra* &c. colligi veram esse in terra movendi virtutem; nam alibi perspicuè asserunt Deum esse veram omnium quæ existunt causam. Multoties Deus dicitur bona & mala producere, herbam educere de terra, ipse vestit lilia in campis, nutrit animantia, nec unus quidem capillus cadit, teste Christo, nisi divinæ voluntatis efficaciâ.

TH. Nullas jam propositiones è sacris codicibus depromam, quibus tuæ adverser sententiæ; quascumque enim adduxero, tibi pronum erit illas de specie rei non de re ipsa interpretari. Rem igitur mero ratiocinio, non autoritate peragamus. Miracula sunt contra naturam; ignis enim naturæ, verbi gratia, vim intulit Deus, cùm tres pueros in camino Babylonico à conflagrando prohibuit: atqui miracula non essent

G iij

contra naturam si Deus voluntatis peculiaris efficaciâ produceret quidquid causæ creatæ producere videntur; ergo causæ creatæ aliquid producunt; ignis scilicet motum quo corpora in cinerem abeunt; terra, motum quo plantæ à semine exurgunt; ergo &c.

EUG. Nego majorem; quam meritò, id patebit ex notione miraculi & naturæ perspicuè expositâ. Deus ad constans & uniforme mundi corporei regimen leges quasdam instituit secundum quas formarentur & moverentur corpora a principio ad finem usque præsentis seculi. Leges illæ physicæ dicuntur & naturales, & quidquid fit vi legum illarum, hoc naturale dicitur, quia legum earumdem efficacia, *natura* nuncupatur. Sic quia sanxit Deus ut corpora nullâ vi coercita ferrentur motu accelerato versus centrum majoris corporis; corpora terrestria nullâ vi coercita deorsum naturali impetu ferri dicuntur: sursum autem impetu non minus naturali ferrentur, si legem contrariam instituisset Deus. At ordo ille quem naturalem diximus non unicus est, ut potè qui ad præsentis seculi regimen duntaxat referatur. Est alter qui referatur ad felicitatem æternam mentium creatarum, qui proinde priori dignitate præstat & propter quem aliquando contingit, ut alias sequi leges Deus velit, quam ordinis naturalis; ubi, verbi gratiâ, agitur de instituenda, confirmanda & propaganda Religione. Quodcumque igitur operatur Deus, quod certò scimus à legibus physicis non proficisci, hoc miraculum dici debet. Sic cùm Christus Lazarum à mortuis suscitavit, miraculum Deus operatus est; non profectò quòd corporis cujusquam naturæ vim ullam intulerit: hæc enim loquendi ratio nullum habet intellectum; sed quòd in hoc casu noluerit exeri in corpus Lazari vim legum naturalium secundum quas motu organico perpetuum carere debuerat. Quid esset miraculum exposui; exponendum nunc mihi est quid sit natura: nam ex ipsa tui ratiocinii formâ, infero te quoque ambiguâ esse illâ voce deceptum.

Natura nuncupatur quandoque pro rei essentiâ. Sic radiorum æqualitas dicitur esse de natura circuli, immensitas de natura Dei : eodem sensu spatium aliquod occupare de natura est corporis cujuslibet. Natura sic intellecta est objectum Metaphysicæ & Matheseos.

Natura accipitur quandoque pro consuetudine, vel animi inclinatione; cùm, v. g., dicimus eam esse hominum naturam, vel ita comparatos à natura homines, ut sibi infensos oderint, ut quærant quæ sua sunt.

Natura frequenter accipitur pro formâ aut compositione partium intimâ, aut motu peculiari qui satis explicari non possit; cùm, verbi gratiâ, natura corporis humani à corporis belluini naturâ distinguitur; cùm dicitur ignis ex natura sua dissolvere, aut liquoris eam esse naturam ut vasorum quibus immittitur formam concavam suscipiat, aut metallorum naturam è sulphure, hydrargiro &c. coalescere.

Natura fingitur à multis esse veluti quædam Dea rebus creatis præsidens; id certè colligo ex multis Philosophis qui de rebus naturalibus scripsêre : si enim per naturam intelligunt ipsam Dei omnia secundùm quasdam leges regentis efficaciam, non video cur in explicandis Physicæ principiis Dei nomen tam cautè à scriptis suis exulare jubeant.

Naturale etiam pro facili, pro solito, pro placito, pro innato quandoque usurpatur.

Natura tandem accipitur pro legibus à Deo institutis ad perpetuum hujusce mundi regimen, hæc est Physices objectum. In ratiocinando satius erit primam & ultimam duntaxat è propositis naturæ acceptionibus usurpare. Age nunc, exponas velim, Theodore, quis sit apud te sensus hujus propositionis; *miracula sunt contra naturam.*

TH. Jam intelligo meæ propositioni nullum affingi posse sensum satis perspicuum. Verùm istud à multis audivi qui Doctorum famam obtinent. Quapropter hoc me principii loco habere posse existimavi.

EUG. Non contemnendum profectò quod à doctis accipis; sed non absque prævio examine admittendum. Nam unus omnium Magister est Deus quatenus idem est summa Sapientia, summa Ratio, ac proinde fons veri bonique. Cùm ille nos docet, sive in pectore intimo per ideas & conscientiæ testimonium alloquatur nos, sive per organum quoddam exterius ac sensibile, nimirum per Prophetas, per Apostolos, per eos qui in Apostolorum locum successêre; quolibet denique pacto vox Dei ad nos perveniat, modò certum sit eam esse vocem Dei, jam absque examine credendum est. Verùm quisquis sit ille inter homines, aut etiam si quandoque contingat inter Angelos, qui doctrinam proponat, quandiu se ille Dei nuncium non probaverit, nulla ei fides est adhibenda, nisi attentione & meditatione propria certiores facti fuerimus de illius doctrinæ veritate. Hoc Logicæ Christianæ præceptum, altiùs memoriæ infige, Theodore; hoc enim vel omnium maximè confert ad vitandam superstitionem & ineptam illam servilemque credulitatem, quâ hominum peritorum quidem, sed errandi non expertium dicta pusilli animi prosequuntur. Nunc revertamur ad propositionem quæ in disceptationem venit. Natura eo loci accipi debet pro efficacia legum physicarum; miracula ergo non sunt contra naturam; efficacia enim Dei non potest esse divinæ efficaciæ adversa; sed ad naturalem ordinem non pertinent miracula; fiunt enim illa vi legum ordinis quem supernaturalem dixêre Theologi. Qui quidem ordo à priore diversus est, non priori adversus.

TH. Ex ore tuo te judico, Eugeni; Dei efficacia non potest ejusdem Dei efficaciæ adversari: atqui nisi causæ inferiores motum vi sibi inditâ progenerant, Deus in agendo sibimet adversabitur; nam ille sibi adversatur qui opera sua quæ motu aliquo produxit, motu contrario destruit: atqui si quemlibet motum producit Deus, motibus contrariis sua ipse opera destruit; nam animal alterius animantis impetum impetu frangit adverso; lupi motu dentium agnos dilaniant; agni herbam; quæ quidem pugna cùm ascribi non possit menti sapientissimæ, consequens est inesse causis secundis efficaciam movendi.

EUG. Nego primam minorem; argumentum verò subsequens retorqueo. Ille sibi adversatur qui opera quæ motu aliquo finxit motu contrario destruit: atqui si pistor producit motum quò farina triticea in panem cogitur, & postea motum quo panis ille in ore comminutus & in stomacho solutus abit, pars in sanguinem & carnem, pars in fæcem emittendam, ille opus suum motibus contrariis destruit; ergo pistor ille sibi adversatur, cùm vescitur pane in quem ipse farinæ formam mutavit.

TH. At retorquere non est solvere.

EUG. Ut ut sit de illo Scholæ effato, quod quidem minimè reor esse verum; distinguo majorem secundi ratiocinii. Ille sibi adversatur qui opera sua destruit motibus contrariis, id est, aut in nihilum adigit, aut illa in novam formam fini quem sibi proponit congruentem non restituit, concedo; qui destruit opera sua, id est, qui formas illorum mutat in alias proposito fini consentaneas, nego. Distincta minore, nego consequentiam. Itaque nihil eorum quæ condidit, neque motu, neque ullâ aliâ ratione destruit Deus, hoc sensu quòd istud in nihilum abire jubeat; neque etiam ulli corporum suam adimit formam, quin aliam restituat congruentem fini proposito, & nascentem ex ipsâ legum quas instituit efficaciâ atque constantiâ.

TH. Una superest dubitandi ratio, quam si sustuleris in tuam sententiam manibus pedibusque descendam. Motus vituperio digni non prodeunt profectò à Dei efficaciâ: atqui multi sunt vituperio digni motus; ille, verbi gratiâ, quo homo hominem occidit, & generatim omnes concupiscentiæ motus; ergo &c.

EUG. Nego minorem. Motus quo homo hominem occidit non est vituperio dignus: eodem enim motu nefarii & patriæ hostes meritò necari possunt;

sed animi pravitas cui respondet motus quo aliquis autoritate legitima destitutus mortem infert alteri. Si ergo motus aliquis dicatur vituperio dignus, noli locutionem arguere, sed cave putes vituperium cadere in motum ipsum : cadit enim duntaxat in consensum mentis illicita appetentis. Quemadmodum enim quædam ideæ dicuntur improprie quidem, sed vulgari loquendi ratione turpes, eo quòd comitem habent turpem voluntatis appetitum; ita motus quidam vulgari, quamvis minus accuratâ loquendi ratione, vituperabiles dicuntur, quòd respondeant illicito cupidini. At sicut ideæ non sunt reipsa turpes, cùm illud esse turpe repugnet, quod rerum essentiam menti exhibet ; ita motus non sunt reipsa vituperabiles : absurdum est enim illud esse vituperabile quod ordinatissimè producitur vi legum physicarum quas Deus instituit.

TH. Ergo, te autore, extra pravum voluntatis affectum consistere peccatum non potest, quod quidem pro certo non habeo : namque si in solo voluntatis affectu staret malum morale, ille qui externum opus perficeret, non gravius peccaret, quàm qui latentem intimo in pectore haberet occidendi aut furandi libidinem : atqui gravius peccat ille qui opus perficit quàm qui hæret in mero appetitu; ergo &c.

EUG. Distinguo majorem. Qui opus externum perficeret, non gravius peccaret quàm qui latentem intimo in pectore haberet occidendi aut furandi libidinem, si libido latens in pectore par esset libidini quâ in opus externum nefarius erumpit, concedo ; si libido latens in pectore minor esset alterâ, nego. Distinguo pariter minorem. Gravius ille peccat qui opus externum perficit quàm qui hæret in mero affectu vitioso, propter majorem libidinem cujus argumentum est opus externum, concedo ; propter motus externos libidini superadditos, nego.

Qui non erumpit in opus externum non tenetur quidem ad reparandam injuriam externam, ad restituendam, verbi gratiâ, furti materiam. At si ideo opere externo libidinem non complevit, quòd illud perficere non potuerit; si æquè vehemens est quæ latet in pectore libido quàm quæ sit actu perfecto manifesta, pro certo habe, Theodore, nihilò minorem esse culpam. Sic quamvis illud assequi non potuerit Saül ut Davidem interficeret, verè homicidii reus fuit Saül. Fateor tamen opus externum esse plerumque argumentum majoris culpæ: vehementior est enim libido in illo qui se accingit ad opus externum, quàm in illo qui cum perficere possit, non tamen perficit.

Excussis præjudiciis quæ mentem nostram obnubilare solent, jam quæ sint veri argumenta, investigandum nobis est.

CAPUT TERTIUM.

De veri signis.

QUICUMQUE philosophandi initium duxerit ab expulsis præjudiciis & erroribus quæ à pueritia combiberat, ille quæ sunt signa seu argumenta veri debet, non dico quærere, hæc enim nemini desunt; sed expendere, & hic erit alter ejusdem ad verum assequendum gradus. Triplici modo mens cognoscere potest; vel enim res quæ cognoscitur sui sensum facit, ac proinde signo aut imagine media non indiget ut innotescat, quales sunt multæ mentis nostræ affectiones; vel res illa cognoscitur ope imaginis cujusdam, seu potiùs archetypi quo menti exhibentur rei illius proprietates, quales sunt numeri, spatii, temporis & corporum permultæ qualitates; vel denique rei existentia (si non sit necessaria) cognoscitur concursu signorum quorum singulum impar est ad demonstrandum, quæ verò simul collecta à dubitando prohibent; quo quidem modo cognoscimus existere corpora, existere mentes nostræ similes; extitisse Cæsarem, Alexandrum, Apostolos.

Prima cognoscendi ratio ac veluti instrumentum dicitur *sensus intimus*; intimus, inquam, ut distinguatur à sensationibus quæ ordinem dicunt ad rei alicujus externæ existentiam. Ideæ sunt alterum cognoscendi instrumentum. Tèrtium est revelatio, quæ duplex distinguitur pro duplici modo revelandi; vel enim illa revelatio fit ope legum quas Deus instituit ad præsentis seculi regimen, quo in casu dicitur revelatio naturalis, & hac ratione revelatum nobis est existere corpora, extitisse Romanum imperium, extitisse quosdam qui se Jesu Christi Apostolos dicerent: vel revelandi modus pendet ab aliis legibus quàm à physicis, quarum vis idcirco est ad tempus interrupta ac veluti suspensa; quod alterum revelandi genus supernaturale dicitur. Hoc pacto nobis revelatum est Jesum Nazarenum esse Deum incarnatum, Apostolos fuisse Spiritu divino afflatos, ad promulgandam Christi doctrinam. Utraque revelatio fit non mero sensu intimo, non nudis ideis, sed eo signorum concursu qui satis sit ad faciendam fidem.

Dixi non quærenda esse veritatis signa, sed expendenda; si enim ab homine quolibet vel inculto & illiterato sciscitabor habeatne aut habere possit in dubio istas propositiones, *sol videtur esse lucidus, totum est sui parte majus, existunt variæ extra mentem humanam substantiæ*; dum modò quid voces illæ significent, intelligat, respondebit profectò se ad hoc adduci non posse insaniæ, ut de illis dubitet: neque minùs certæ sunt hujus modi propositiones in mente rudis & illiterati hominis, quàm in mente Philosophi præstantissimi; ergo nemini desunt veritatis signa in triplici illo genere de quo modò verba fecimus: nam triplex exemplum quod hìc exhibemus, triplici illi respondet generi. Quoniam verò illa veri argumenta rectè adhibere plerique non nôrunt, illorum vim ac usum expendere operæ pretium est.

CONCERTATIO SEXTA.

Sensus intimus est veritatis argumentum ab omni errore alienum, modò propositiones in hoc genere nihil aliud exprimant quàm præsentes animæ nostræ affectiones.

DEMONSTRATUR. Quod habet comitem judicandi necessitatem, hoc certè ab omni errandi periculo est alienum; error enim quilibet à libertate proficiscitur: atqui sensus intimus comitem sibi habet judicandi necessitatem; quidvis enim efficiat Sophista, si loquendi imperito viam respondendi argutiis subtilioribus præcluserit; at certè eumdem non poterit adducere ad dubitandum de propositionibus quæ præsentem animæ statum exponunt, quales sunt istæ; *caleo, doleo, imago solis lucidi adest menti, sensationes refero ad partes aliquas mei corporis aut ad res externas:* & in hoc se nullatenus esse liberum sua cuique testatur conscientia; ergo sensus intimus est veritatis signum ab omni errandi periculo alienum. Non sine causa adjeci hæc verba, modò propositiones quæ sensum intimum, id est, præsentes affectiones animæ nostræ exprimunt, nihil aliud exprimant; quòd si secus fuerit, falsi aliquid subesse potest in propositione. Esto in exemplum hæc propositio, *sentio saporem esse in edulibus.* Sentimus quidem nos referre saporem ad edulia: sed quæ reipsa insunt edulibus qualitates, illæ sui sensum facere non possunt; inde colliges adesse errandi periculum, si propositio de sensu intimo plus exponat quàm præsentem animæ nostræ statum.

TH. Si tibi fides, Eugeni, sensus intimus erit sui signum: namque sensus intimus erit signum adesse has aut illas affectiones, dolorem, verbi gratiâ, aut gaudium, & illæ affectiones à sensu ipso non distinguuntur: atqui nulla res potest esse sui ipsius signum; nam signum vulgò dicitur quodcumque nos ducit in alterius rei cognitionem; ergo &c.

EUG. Concessa majore quam legitimè probasti, Theodore, distinguo minorem. Nulla res à Deo & animæ proprietatibus distincta potest esse sui signum, concedo; si res illa sit Deus ipse aut aliqua mentis nostræ affectio, nego.

Quodcumque per seipsum absque ulla re media non potest innotescere, non potest quoque esse sui ipsius signum; rem enim si non sit impossibilis, oportet esse intelligibilem vel per se, vel ope alterius rei quâcum connectatur: at si reipsa menti se perspicuam offerat, aut si sui sensum faciat, jam potest esse sui ipsius signum. Sic Deus se Beatis absque ulla re media demonstrat & sui ipsius indicium est; sic affectiones animæ absque imagine intermedia sui sensum faciunt, proindeque per se innotescunt. Signum, inquis, vulgò definitur, id quod nos adducit in rei alterius cognitionem; credo equidem, quia per signum vulgò intelligitur res creata à nobis diversa, quòd etsi verbis non exprimitur, mente suppleri debet, ne vitiosa sit definitio; & quamvis mente istud non suppleatur, nihil tamen obest quominus sensus intimus dicatur esse sui signum. Ille enim invaluit usus ut toties aliqua res suîmet index aut signum diceretur, quoties absque signo & indice intermedio innotesceret.

TH. In voculâ utique & in ejus definitione ludebam, Eugeni.

EUG. Si lusisti bene est; ludos enim quosdam seriis intermiscere recta Ratio non vetat; at istam seriò adhibere argumentandi rationem cordatum virum prorsus dedecet; Logica enim cùm tradit definitiones & regulas de legitimo vocum usu, monet ne vim faciamus in verbo quod benignè interpretari possumus. Quapropter abstinui à neganda tui ratiocinii majore quàm tamen negare potuiffem, fi pueriliter definitione vulgari voluiffem obfecundare. Quemadmodum tu, Theodore, non negares hujufmodi propofitiones; *pellis tauri totum involvit taurum; qui verè fapit fibi ipfi dux eft; Deus omnia movet.* Illæ nimirum commodam poftulant interpretationem; ridiculè enim negaretur prima, eò quòd pellis tauri fit pars ejufdem tauri, & feipfam tamen non involvat; fecunda, eò quòd qui verè fapit, nullum quidem hominem, fed Deum habeat fui ducem; tertia, eò quòd Deus qui præcipuam obtinet inter exiftentia dignitatem, fe tamen ipfum movere nequeat; pari jure malè negaverim hanc propofitionem, *fenfus intimus eft fui fignum*, eò quòd fignum ex definitione fit à re fignificata diftinctum. Non necefse eft enim locutionem aliquam emendari, ubi fenfus legitimus fe dat facilè obvium attendenti.

TH. Perquàm eximiè, Eugeni; fed ad propofitionem revertamur. Si fenfus intimus fit certum veri argumentum, propofitiones quæ fenfum intimum exprimunt, in difceptationem venire non poffunt: atqui propofitiones hujus generis quotidie in difceptationem adducuntur; ergo &c.

EUG. Nego minorem; qui hujufmodi propofitiones enuntiant, poffunt quidem in fufpicionem venire mendacii; quia poffunt homines contraria iis quæ fentiunt verbis exprimere; at non poffunt legitimè venire in fufpicionem erroris, quia fieri non poteft ut quæ fentiunt, illa non cognofcant, aut cum alia re confundant.

TH. Minorem negatam fic probo: memoria eft fpecies fensûs intimi: atqui hæc venire poteft in difceptationem, non dico mendacii, fed falfi; nam fæpenumero fit ut ea nos recordari afferamus & exiftimemus quæ duntaxat imaginamur; ergo &c.

EUG. Diftinguo minorem; memoria venire poteft in difceptationem & fufpicionem falfi propter relationem, vel potiùs propter judicium quod illam relationem fubfequitur, concedo; propter id quod reipfa fentimus ubi nos aliquid meminisse affirmamus, nego. Distinguo pariter consequens; ergo sensus intimus venire potest in disceptationem propter judicium quod sequi solet, concedo; propter id ipsum quod sentimus, nego.

Quod ut apertius intelligatur, ostendamus quænam sint in memoria distinguendæ partes. 1°. Cùm nos aliquid meminisse credimus, adest menti imago alicujus rei. 2°. Relatio hujus imaginis ad tempus præteritum, & in iis præcisè continetur sensus intimus; judicium verò subsequens si nihil aliud exprimat quàm sensûs illius affirmationem, jam nihil subesse erroris potest. Verùm 3°. subsequitur aliud judicium quo affirmamus imaginem illam olim adfuisse menti cum relatione ad rem præsentem. 4°. Denique asserimus rem cujus imago menti adest olim exititisse & fuisse reipsa occasionem sensationis, cujus similem quamvis leviorem, nunc renovari apud nos existimamus. Hæc autem posteriora judicia falsa esse possunt, ac propterea quandoque in disceptationem adducuntur; eadem sunt profectò temeraria, ubicumque non habent comitem consentiendi necessitatem. At certa sunt etiam hujus generis judicia, si ab illis mentem abstinere non possumus, quod non est infrequens. Nisi enim res ita se haberet, vix aliquid certi nosse possemus: nam 1°. nulla conclusio fieri potest certa, nisi illam è principiis legitimè illatam sciamus: atqui istud scire nemo potest, quin principiorum unde oritur meminerit, aut saltem recordetur se principiorum illorum veritatem atque connexionem esse assecutum; ergo nisi judicium de existentia rei præteritæ aut imaginis in mente renovatæ possit esse ab errandi periculo alienum, peribunt quælibet cognitiones demonstratæ, ac nulla poterit affulgere menti evidentia conclusionis, quod certè est absurdum. 2°. Etsi aliquid fingatur quod ope principiorum uno mentis intuitu perceptorum demonstrari queat, hoc subitò à mente effluat necesse est, si partes omnes memoriæ certas esse

posse

posse negaveris; proindeque nullam sibi homo parare poterit cognitionum certarum copiam; ergo necesse est memoriam quoad omnes quas modò commemoravi partes, esse quandoque, imò & sæpiùs erroris expertem: hoc verò toties obtinget, quoties experiemur nos à judiciis quæ memoriâ continentur, abstinere non posse. Si quæris exempla quæ rem tibi luculentiorem faciant, animum ad ista adverte. Meministi profectò te heri extitisse, te cum familiaribus esse collocutum. Quæ verò sensum hunc comitantur judicia, ita pro certis habes omnia, ut ab illis abstinere non possis. Hæc quoad omnes suas partes recordatio est ab omni dubio aliena, nec illam in disceptationem adducere possum. At si dixeris, memini me, cùm adhuc triennis essem, hæc tali die coram illis aut istis verba balbutiisse, sentis profectò me hujusmodi memoriam in erroris suspicionem adducere posse quantùm ad judicia quæ sensum comitantur. Sæpe fit etenim ut eorum nos meminisse credamus quæ postmodum crebro coram nobis sunt usurpata sermone. In isto recordationis genere fateberis ultrò, ni fallor, non adesse menti judicandi necessitatem. Si denique, ut olim Pythagoram ferunt, dixeris, memini me Euphorbi nomine Trojano interfuisse excidio; hanc propositionem non tam in disceptationem adducam, quàm in argumentum mendacii.

Quòd porro dixi de propositionibus memoriam exprimentibus, dictum puta de propositionibus quæ aliud sensûs genus exprimunt. In illis, si plura judicia simul commixta ac veluti confusa contineant, discerne diligenter quid ad merum sensum intimum pertineat, quid verò ad res externas, id est, quæ sunt à præsentibus animæ affectionibus diversæ.

Monitum primum.

Omnes ferè Scholæ Philosophi ad hoc sensum intimum referri dicunt, ut scilicet judicemus de rerum specie; audio certe sensus animus dicatur referri ad cognoscendas animæ affectiones atque sensationes: sed enunciat aliquis audit hujusmodi propositiones: *nix est lucidus*, *nix alba*, nix illa in animum intulerit potest quidquam hâc loquendi ratione exponi de præsentibus animæ affectionibus; si vero a mente sua quis attens potissimum de se ipsa sibi... cum ad sensum intimum attendit, en paucis discipere est in se alia novit se percipere hanc aut illam ideam, novit se percipere relationem unius ideæ ad alteram, se percipere quoque connexionem unius veritatis cum alia, se meminisse, conjicere, imaginari, ratiocinari. Haud nihil aliud fit, quam varii intelligentiæ gradus, qui quandoque cum sensatione commisceri videntur. Novit præterea se attendere, deliberare, eligere, dubitare, velle, nolere, sperare, desperare, probare, improbare, desiderare, affirmare, negare, consentire, dissentire, hærere in dubio; hæ sunt quidem variæ qualitates, quæ ad facultatem generalem voluntatis pertinere dicuntur, & quæ aliquas intellectus operationes prærequirunt, nisi forsan excepto velle vel nolere, eoquod ad dubitandum satis sit si aliquid illibatur percipiendum objiciatur.

Denique quisque sibi conscius est suas affectiones mutari calore, frigore, lumine, tenebris, colore, sapore, odore, strepitu, sono, rigiditate aut aliquoi sensu, quæ omnia variis ac prope modum infinitis modis in mente existere possunt, & generali voluptatis aut doloris nomine appellantur. His addo qualitatum relationem ad corpus nostrum, ad res externas, ad quemdam locum, ad certum tempus; sive illa relatio libera sit, sive necessaria. Omnes illi peculiares sensus sensum existentiæ includunt, omnes sensum singularitatis, quidam sensum libertatis, alii sensum coactionis, alii sensum necessitatis, multi sensum inclinationis ad verum & bonum generale. E pluribus simul commixtis exurgunt alii magis compositi, qualis est sensus iræ aut misericordiæ, sensus admirationis aut horroris, sensus lætitiæ aut tristitiæ. Quemadmodum enim è multis peculiaribus figuris una corporis alicujus forma exurgit, ita unus animæ status est è multis peculiaribus sensibus veluti conflatus. Has autem animæ affectiones nolo fusius explicare, tum quia Logicæ Scholis aptatæ brevitas istud non patitur, tum etiam quia vobis, dilectissimi Auditores, longè utilius erit illas proprio marte expendere: hinc enim fiet ut intimum in pectus descendere assuescatis; quæ si consuetudo vobis tandem parta fuerit, fructum eritis in philosophando amplissimum consecuti.

Monitum secundum.

Vulgare est istud effatum: de coloribus, de gustu &c. non est disputandum; unde consequitur propositiones de sensu intimo, imò & illas quæ relationem dicunt ad externa, singulares esse; sequitur quoque easdem certas esse non posse vi sensus intimi nisi in mente proponentis: si enim esset aliquod signum quo alter à proponente dignoscere posset utrùm veræ sint hujus generis propositiones, aut si signum veritatis esset in hoc genere commune, jam de illis institui posset disceptatio: quemadmodum de proprietatibus rerum quæ à nobis diversæ sunt instituitur disceptatio; quia in isto genere adest signum commune, ideæ scilicet quarum ope quilibet dignoscere potest an judicium sit vero consentaneum: nolim tamen prædictum effatum eodem modo intelligi de omni genere sensûs intimi: non possum quidem inferre mel alteri saporis esse jucundi, eò quòd palato sapiat meo; neque affirmare possum eam sensationem quam dico albedinem, ubi nix oculis subjicitur, similem esse sensationi quam alter experitur, nive sibi objectâ, quamvis sensationem hanc pariter appellet *albedinem*. At sunt alii sensus quorum pares in cæteris esse certò scio; sensus, verbi gratiâ, existentiæ, sensus libertatis, &c.; quanquam ad illos sensus animum quandoque non reflectant.

H ij

Præterea possum conjicere & quandoque signis concurrentibus certò nosse alios sensu gaudii aut doloris identidem affici, alios idearum lumen sentire, in quo quidem sensu stat evidentia. At ista cognitio non ad primum, sed ad tertium cognitionis genus pertinet; non ergo disputandum est de genere sensationum quas exteriùs manifestare sufficiens signorum numerus non potest, neque etiam de illis quæ reflexione nullâ indigent ut discernantur. Verùm legitimè potest disputari de cæteris.

Sed alia est ratio expendendi istius proverbii; *de sensu non est disputandum*. Nam disputare utrùm rectus sit & consentaneus naturæ sensus, est expendere utrùm sensus ille respondeat primævæ organorum institutioni ac fini, seu utrùm nihil sit in organis vitiatum quo fiat ut jam is non possit esse sensationum usus qui esse debuerat. Exempli gratiâ, additus calori nimio doloris sensus, juxta primævam institutionem, monet aliquid nocere organicæ corporis habitudini; quapropter ille peccare diceretur in sensu, qui igni propior sensationem gratam experiretur. At istud nihil aliud significaret, nisi organa illius esse vitiata, atque eundem, positâ hac organorum dispositione, judicare non posse quid cæterorum organicæ dispositioni conveniat, quidve noceat. Si improbatur eorum gustus qui, quæ majoris hominum partis palato sapiunt, hæc velut injucunda rejiciunt, hoc profectò vitium non cadit in sensum ipsum à quo abstinere, vitiatis organis, nemo potest, sed in ipsa organa quorum habitudo primigeniæ institutioni non respondet. Hæc organorum pravitas à peccato originali ducit originem, variasque superinduit formas pro vario libertatis usu. Nam peccata quæ originale subsecuta sunt, huic pravitati nonnihil adjecerunt.

CONCERTATIO SEPTIMA.

Idearum perceptio seu evidentia est necessariò cum veritate conjuncta; ac proinde cùm ideæ menti exhibentur, adest signum veri certissimum.

DEMONSTRATUR. Si veritas non esset necessariò cum evidentiâ conjuncta, essentia rerum mentis oculis videretur, nec tamen esset qualis videretur: atqui nulla res videri potest simul & non esse qualis videtur, id est, qualis à mente intelligitur; cùm prius sit rem esse talem, quàm mentis oculis talem objici; ergo cùm ideæ exhibeant menti rerum essentiam, judicium de illa essentia qualis percipitur, verum esse necesse est.

Præterea ubicumque judicia sunt necessaria, ibi adest signum ab omni errandi periculo alienum, ut jam monuimus; atqui cùm ideæ menti exhibentur, id est, cùm mens perspicuè videt id quod ideæ repræsentant, idearumque connexionem aut discordiam, tunc à judicando abstinere nequit; cujus quidem rei sibi quisque conscius est, cùm attendit ad illas propositiones, *totum est sui parte majus; bis duo dant quatuor; mens summè perfecta est summâ veneratione colenda;* aut cùm sibi demonstrata est connexio veritatis alicujus cum principiis jam à dubio alienis; ergo &c.

Cùm evidentia ex definitione Philosophiæ sit momentum hujus disciplinæ proprium, colliges existere cognitiones certas quæ ad Philosophiam pertineant; ac proinde perperam esse à quibusdam affirmatum Philosophiâ carere mentem humanam.

TH. Quanquam hæc tua sententia, Eugeni, ita mihi certa videatur, ut insaniat, meo quidem judicio, qui amplectatur adversam; cùm tamen nôrim multis illam impeti argutiis quæ non ita facilè diluuntur, sine præcipuas tibi proponam non oppugnandi causâ, sed ut eafdem faciliùs folvere poffim, ubi planam tu mihi refpondendi rationem commonftraveris.

Dicunt itaque 1°. adverfæ fententiæ patroni, præter fenfum intimum nihil effe certi; proindeque rerum proprietates nobis innotefcere non poffe, cùm fint illæ ab animæ noftræ affectionibus diverfæ; & hanc fuam opinionem fic antifophos probare memini.

Ut exiftat certa de rerum proprietatibus cognitio quæ idearum ope comparetur, neceffe eft triplicem exiftere certitudinem, fubjecti fcilicet, objecti & momenti : atqui nedum ifta fimul conveniant, omnia prorfus deficiunt; ergo nulla datur cognitio certa quæ idearum ope comparetur : unde colligendum eft non adeffe nobis in hoc genere fignum veri certiffimum.

EUG. Apprimè fentis, Theodore, minorem effe omnino falfam; cùmque illa triplici parte conftet, triplici quoque ratiocinio refellenda eft.

1°. Subjectum illud certum eft, quod ita veritati adhæret, ut jam dubitare non poffit : atqui mens noftra ita nonnunquam vero adhæret, ut nullus dubio fit locus; ergo &c.

2°. Momentum illud certum dicitur, quod ubi menti adeft, eam neceffariò impellit ad judicandum; atqui fentimus evidentiæ comitem adeffe judicandi neceffitatem; ergo &c.

3°. Objectum certum non deeft: nam objectum certum ex definitione, & objectum immutabile idem eft : atqui ideæ feu rerum effentiæ archetypæ quæ menti objiciuntur funt immutabiles; fi enim mutari illæ poffent, poffet, verbi gratiâ, idea circuli alias exhibere proprietates quàm quæ ad circuli naturam pertinere demonftrantur : atqui ne id quidem fufpicari poffumus; ergo effentiæ archetypæ funt immutabiles; ergo aliquod objectum certum fe menti humanæ offert : unde confequens eft mentem fibi parare poffe cognitiones certas ope idearum.

TH. Primam minoris partem sic illi probant : mens humana est finita & quidem in omnibus ; ergo est errori obnoxia in omnibus, ac proinde &c.

EUG. Nego consequentiam. Si enim ideo erraret mens humana quòd sui limites in omni genere cognitionum habeat, Deus ipse nullam ab errando prohibere posset ; cùm Deus nullam condiderit quæ infinitam habeat intelligendi facultatem : ac proinde errores forent necessarii, positâ mentium creatarum existentiâ. Quod nisi esset absurdum, absurdum quoque non esset errorem ab ipso Deo ducere originem. Fateor quoque illam errare non posse mentem quæ foret infinita ; non autem continuò errat quia finita est, sed quia Deus illi hoc ad tempus libertatis genus concessit. Attamen non inest homini perpetua ad errandum libertas ; nam affulgente evidentiæ lumine, libertatis hujus-ce usus hæret suspensus ; ergo mens humana non subjacet errori in omnibus.

TH. At, inquiunt, ut rei alicujus proprietas certò innotescat, necesse est omnes ejusdem rei proprietates & respectus intelligi : atqui id assequi mens humana non potest ; ergo &c.

EUG. Nego majorem. Quemadmodum enim ut certus sim me corpus aliquod videre aut contingere, non necesse est corpus illud ab omni parte videri aut tractari ; ita, ut aliquam proprietatem mente assequiar, non necesse est investigatas priùs esse omnes hujus rei proprietates.

TH. Probo majorem. Illius proprietatis cognitio non foret certa, si altera rei inesset proprietas quæ cum prima sociari non posset : atqui nisi innotescant omnes ejusdem rei proprietates, ignorabimus utrùm non sit in illa re altera proprietas cum prima insociabilis ; ergo &c.

EUG. Nego minorem ; & negandi momentum comparatione illustrabitur. Ubi solem video, certò scio corpus illud non esse cum cæteris hujus-ce mundi corporibus insociabile ; quamvis cætera non videam.

H iv

Si enim fociari cum cæteris non poffet, profecto non exifteret, nec proinde videri poffet. Pariter ubi mentis oculis video rei alicujus proprietatem in illius effentia contentam, certus fum hanc non effe cum proprietatibus ignotis infociabilem; nam fi res ita fe haberet, proprietas illa nulla effet, neque proinde mentis oculis attingi poffet.

TH. Sic urgent illi quorum perfonam induo. Deus ideo nulli erroris periculo fubjacet, quòd noverit omnes rei cujuflibet proprietates; ergo à contrario mens humana in cujuflibet erroris periculo idcirco verfatur, quòd nullius rei omnes proprietates habeat compertas.

EUG. Nego confequentiam : hinc ad fummum fequitur mentem humanam in multiplici verfari errandi periculo, cùm multa fint ab ejus intellectu remota, & magnoperè propendeat ad judicandum de ignotis. *Ad fummum*, inquam; error enim quilibet ab ignorantia non nafcitur, fed à libertate noftra proficifcitur : cùmque femel perierit nobis morientibus illud libertatis genus, jam errare non poterimus, prohibente Deo, qui non tamen propterea addet infinitam intelligendi facultatem, neque Beatis in cœlo, neque reprobis in tartaro.

TH. Ut mens effet fubjectum cognitionis philofophicæ certum, intelligi deberet modus quo mens ideas attingit, & quâ ratione evidentia poteft in illa ingenerari : atqui ad illius modi intelligentiam mens nequit affurgere; ergo &c.

EUG. Nego majorem. Ut enim fciamus nos cogitare, nos dolere, nofque per illas affectiones effe ab inerti materiâ diftinctos, non necefse eft innotefcere nobis quo pacto cogitatio & dolor poffint in mente ingenerari; ergo pariter ut certum fit nos evidenter cognofcere, & rerum proprietates eas effe quas ideæ repræfentant, non necefse eft ut modus quo mens ideas attingit fit nobis manifeftus.

Hinc iftud Logicæ præceptum. Rei exiftentia probatur quidem per existendi modum à mente intellectum; repugnat enim esse aliquem existendi modum à re existente separatum. Verùm non ideo neganda est rei existentia quòd illius existendi modus non intelligatur. Sic nemo sanus negaverit existentiam libertatis aut memoriæ, quamvis, quo se pacto libertas aut memoria exerat, nemo hucusque satis perspicuè explicare potuerit. Inde colliges eos rectæ Rationi repugnare qui Religionis Christianæ mysteria credere noluit, propterea quòd modum quo mysteria peraguntur, ignorant. Nonne fatentur omnes vi magneticâ ferrum attrahi aut repelli, quamvis omnes hucusque latuerit modus quo ferrum magnete attrahitur aut repellitur ? Sibi ergo ipsis adversantur antisophi & antichristiani, cùm effectuum naturalium existentiam, ignorato licèt existendi modo, confiteantur; nec tamen velint cognitionum philosophicarum aut mysteriorum existentiam admittere propter ignoratum existendi modum. Existentia rei quippe sæpiùs alio modo probatur, quàm intellectâ & expositâ existendi ratione.

Istud igitur memoriâ teneto principium : obscura quæ rem aliquam circumveniunt, non sunt legitima ratio cur rei illius existentia negetur; cùm præsertim res illa, quamvis obscura quoad modum, ita est quoad existentiam demonstrata, ut, si non existat, jam occurrat pugna inter ideas.

TH. Nunc ad secundam minoris partem devenio. Si quod esset in cognitionum philosophicarum genere momentum certum, maximè evidentia, ut Philosophiæ patroni asserunt : atqui non potest illa animi affectio esse momentum certum; namque id cujus essentia ignoratur & cujus existentia incerta est, certum esse momentum non potest : atqui & essentia evidentiæ ignoratur & illius existentia incerta est; ergo &c.

EUG. Nego utramque secundæ minoris partem. 1°. Quid sit evidentia certè cognoscimus, cùm evidentia sit species sensûs intimi; namque antisophi fatentur sensum intimum per se nobis absque ulla imagine intermedia innotescere. 2°. Existentia evidentiæ nobis quoque innotescit propter eamdem rationem. Nam illud sui sensum facere non potest quod non existit.

TH. Probo primam minoris partem, scilicet ignorari evidentiæ naturam; nam si cognita foret, eadem esset apud omnes evidentiæ definitio : atqui alii alio modo eam finiunt; ergo &c.

EUG. Respondeo 1°. majorem esse falsam : licèt enim omnes adulti noscant quid sit motus, quid tempus; alii tamen alio modo tempus ac motum definiunt; undè patet rei cognitionem ab unitate definitionis non pendere; ergo licèt alii alio modo evidentiam definiant, non propterea nos latet quid sit evidentia. 2°. Distinguo minorem : alii alio modo evidentiam definiunt, id est, varias voces adhibent ad illam exprimendam, concedo; id est, alium habent in mente sensum, nego. Quemadmodum enim fieri non potest, ut omnes in vocibus adhibendis conveniant, ad exprimendam, verbi gratiâ, motûs aut alterius rei naturam, tum quia variis illa vocibus accuratè exprimi potest, tum etiam quia multi, licèt rectè rem aliquam percipiant, eam tamen propriis exponere verbis aut nesciunt aut non curant; ita fieri non potest ut evidentia, quamvis eam quid sit nôrint omnes adulti, variis non exprimatur vocibus, cùm propter ignoratam vim verborum, tùm etiam propter eam quâ plerique non carent, accuratè loquendi incuriam.

TH. Evidentia cum præjudiciis confunditur; cùm adest abesse quandoque creditur, & adesse cùm abest; ergo evidentiæ naturam non satis habemus perspectam.

EUG. Nego evidentiam cum præjudiciis confundi posse; nam præjudiciorum momento, cæco ut pote ac temerario, possumus non assentiri, sentimusque nos à judicando tum abstinere posse : at evidentiam comitatur judicandi necessitas; quod ut experiamur, conferamus simul istas propositiones speculativas :

DE LOGICA.

sunt in belluis animæ intellectu & voluntate præditæ: totum est sui parte majus; aut istas practicas, gloriæ sibi apud homines parandæ studendum est: à justitiæ legibus discedere nemo debet, vel imminente capitis periculo. Collatione factâ, conscius erit sibi quisque propendere se quidem in priores, non tamen necessariò terri ad consentiendum. Si verò leviter adverterit ad posteriorum sensum, sentiet se abstinere non posse à consentiendo. Hoc signo evidentiam à momento præjudiciorum discernere quivis certò poterit, si tamen evidentia signo aliquo indiget ut dignoscatur, quod certè falsum est; nam omne sensûs intimi genus per seipsum innotescit. Nego quoque evidentiam cùm adest judicari absentem, aut præsentem cùm abest; non enim magis evidentia judicari potest absens cùm adest, aut præsens cùm abest, quàm coloris aut soni sensus; alioquin judicium de existentia sensûs intimi non esset ab omni errandi periculo alienum; est quippe evidentia de genere sensûs intimi.

TH. Si notum foret omnibus quid sit evidentia, si hæc proprio se lumine perspicuam faceret, nulla esset inter homines disputatio de evidentia propositionum philosophicarum: atqui quotidie incalescit inter homines disputatio de evidentia propositionum philosophicarum; ergo &c.

EUG. Nego majorem: non ideò etenim de evidentia propositionum philosophicarum quidam disputant quòd ignorent evidentiam, sed quòd ea sit humani ingenii vanitas ac superbia, ut quam mente sentiunt, verbis confiteri evidentiam nolint; tum ut suum in disputando acumen ostentent, tum etiam ne ab aliis veritatem aliquam didicisse videantur, aut alterius argumentis esse superati.

TH. Non negabis utique nonnullos esse qui bonâ fide disputent de propositionum quarumdam evidentiâ; ergo hi saltem evidentia quid sit nesciunt.

EUG. Nego consequentiam: inde sequitur eum qui bonâ fide disputat, evidentiâ tum carere cùm disputat. Negavi quidem ullum esse inter adultos qui nesciat evidentiam, hoc est, qui aliquo in casu evidentiæ sensum non habuerit, & apud quem sensus ille rursus excitari, objecto aliquo axiomate non possit; nunquam verò asserui nemini aliquo in casu deesse evidentiam quæ alteri adest. Sunt multæ propositiones geometricæ quæ Mathesi addicto sunt evidentes, aliis verò obscuræ. Si quis, verbi gratiâ, disputat tecum utrùm in progressione geometricâ medium quadratum adæquet geminum extremum per se multiplicatum, colliges rectè istam propositionem non illi sicut & tibi esse evidentem; at non inde consequitur nescire illum quid sit evidentia.

TH. Secundam minoris partem probo, scilicet incertam esse evidentiæ existentiam. Nam illud incertum est quod probari non potest: atqui evidentiæ existentia probari non potest; ergo &c.

EUG. Distinguo majorem; quod probari non potest, & non est de genere sensûs intimi, neque inter prima cognitionum nostrarum principia recenseri potest, illud pro incerto haberi potest, concedo: quod probari ideo non potest quòd sit de numero principiorum aut de genere sensûs intimi, nego. Distinctâ minore, nego consequentiam. Duplex est itaque genus propositionum quæ probari non possunt: aliæ sensum intimum exprimunt, aliæ verò scientiarum axiomata; ut enim probari possent, necessaria forent principia magis perspicua, unde ratiocinii ope inferri possent: in probando namque proceditur à notiori ad minùs notum: atqui nihil magis perspicuum menti esse potest, quàm axiomata; nihil magis indubitatum quàm sensûs intimus; ergo non illud omne incertum est quod probari non potest; sed ea duntaxat quæ ad sensum intimum non pertinent, aut inter axiomata recenseri non possunt: atqui evidentia est sensûs intimi species; ergo per se ipsam absque ullius demonstrationis ope certò innotescit.

TH. Ex concessis modò, evidentia est species sensûs intimi : atqui ex dictis antea, sensus intimus nihil aliud nobis demonstrat præter præsentem animæ statum ; ergo evidentia non ostendit nobis rerum proprietates, proindeque non est illa signum veri in genere cognitionum philosophicarum.

EUG. Subtiliter quidem & acutè, Theodore ; non istâ tamen pedicâ me capies ; majorem concedam, minorem quoque & priorem consequentiam ; alteram verò negabo. Evidentia non ostendit nobis rerum proprietates, quemadmodum oculus non ostendit corpora objecta. Verùm sicut oculo, juxta vulgarem loquendi modum, attingimus speculum, & in speculo corpora repræsentata ; ita evidentiâ attingimus ideas, & in ideis proprietates rerum repræsentatas. Itaque quoties oculi mentis idearum lumine illustrantur, toties mens habet evidentiam quæ, cùm sui sensum faciat & à veritate secreta esse non possit, meritò veri signum dicitur.

TH. Sic denique tertiam minoris à principio propositæ partem probant antisophi. Res omnes præter Deum sunt mutabiles ; ergo nullum esse potest præter Deum objectum certum.

EUG. Distinguo antecedens. Res omnes sunt mutabiles penès essentiam physicam, concedo ; penès essentiam archetypam quæ & metaphysica dicitur, nego. Itaque duplex meritò distinguitur essentia, alia nempe physica, alia autem metaphysica. Essentia physica alicujus rei est ipsa res quatenus à Deo producta, & certo cuidam loco & tempori respondens, & apud quosdam ab existentia non distinguitur. Essentia verò metaphysica est illud ipsum quod mente attingimus, ubi alicujus rei possibilis proprietates intelligimus, & non distinguitur ab ideis archetypis quæ rem mutabilem immutabili modo repræsentant. Sic cùm sphæram manu tango, essentiam physicam illius sphæræ contrecto, & certo novi nihil esse in hac sphæra quòd mutari non possit. At ubi mens attendit ad istam sphæræ proprietatem : *quælibet diametri sunt necessariò in eadem sphæra æquales* ; aliam prorsus essentiam video quæ omnes cujuslibet sphæræ possibilis proprietates immutabili modo repræsentet. Jam verò imago quæ alias proprietates repræsentare non potest, profectò immutabilis est; ergo idea archetypa seu essentia rei metaphysica est immutabilis: atqui essentiæ metaphysicæ rerum menti aliquoties objiciuntur, scilicet cùm adest evidentia; ergo non deest menti objectum certum.

TH. Quidquid est immutabile, Deus est aut Dei perfectio: atqui essentiæ rerum metaphysicæ non sunt Dei perfectiones; si enim res ita se haberet, Deum hac in vita mentis oculis attingere possemus: atqui Deus, si sacris codicibus fidem adhibere velimus, in præsenti seculo se menti conspiciendum non offert; ergo &c.

EUG. Nego primam minorem. Si enim essentiæ rerum metaphysicæ seu res archetypæ, non existerent in Deo, Deus antequam quidquam crearet, illud intelligere non posset, proindeque illius decretis non præiret cognitio rerum quas condere vellet: atqui istud certè repugnat; ergo cùm, antequam quidquam creaverit, non possit essentiam rerum physicam intueri, si quidem illa non existit, necesse est existere in Deo archetypa rerum quas condere possit, ut illarum naturam cognoscat; ergo essentiæ metaphysicæ sunt Dei perfectiones.

Distinguo autem majorem subsequentem. Si essentiæ metaphysicæ forent Dei perfectiones, Deum hac in vita mentis oculis attingere possemus, quatenus rerum quæ creari possunt proprietates illæ repræsentat, concedo; aliâ ratione, nego. Distinguo quoque minorem. Deus se menti conspiciendum non offert, id est, mens non cognoscit quid sit essentia Divina, concedo; non cognoscit quid illa repræsentet, nego. Deum itaque qualis in se est non videmus; quanquam ejus existentiam cognoscamus, tum ex rebus conditis earumque ordine, tum ex illius in mentem humanam efficacia, tum denique ex absurdis quæ consequererentur, si non existeret mens summè perfecta. At Deum videmus quatenus repræsentantem rerum proprietates; id est, quamvis mens nostra ideis illustretur, non tam ideas cognoscit, quàm quod ideæ repræsentant. Mens igitur nostra se habet ad ideas, veluti qui primùm oculos dirigit ad speculum; ille enim, quamvis sibi intuenti speculum objiciatur, non videt speculum, si accuratè loqui velimus; imò ignorare potest quid sit speculum: nihilominus tamen corpora in speculo repræsentata videt, quæ sunt certè à speculo diversa: ita mens ad ideas intuens, non cognoscit quid sint ideæ in se, sed in ideis videt rerum essentiam sibi repræsentatam, quæ longè est ab ideis diversa. Nam idea, verbi gratiâ, circuli non habet diametros æquales, sed illud repræsentat quod habet diametros æquales. Idem esto judicium de cæteris rerum proprietatibus, quæ ideas intuenti fiunt perspicuæ, quamvis quæ sit absoluta idearum natura penitus ignoret.

«Il faut bien remarquer (inquit Mallebranchius) » qu'on ne peut pas conclure que les esprits voient » l'essence de Dieu, de ce qu'ils voient toutes cho- » ses en Dieu de cette maniere: l'essence de Dieu, » c'est son être absolu; & les esprits ne voient pas » la substance divine prise absolument, mais seule- » ment en tant que relative aux créatures & parti- » cipable par elles. Ce qu'ils voient dans Dieu est » très-imparfait, & Dieu est très-parfait; ils voient de » la matiere divisible, figurée; & en Dieu il n'y a rien » qui soit divisible ou figuré. Car Dieu est tout Être, » parce qu'il est infini & qu'il comprend tout; mais » il n'est aucun être en particulier. Cependant ce que » nous voyons n'est qu'un ou plusieurs êtres en par- » ticulier, & nous ne comprenons point cette sim- » plicité parfaite de Dieu qui renferme tous les êtres: » outre qu'on peut dire qu'on ne voit pas tant les » idées des choses, que les choses mêmes que les idées » représentent. Car lorsqu'on voit un quarré, par

» exemple, on ne dit pas qu'on voit l'idée de ce quar-
» ré, qui est unie à l'esprit, mais seulement ce quarré
» qui est au-dehors ».

Hanc autem Mallebranchii sententiam, quamvis multi pro sublimi paradoxo habeant, ostendemus in Metaphysicâ esse, cùm Rationi, tùm fidei Catholicæ consentaneam. Interim certum est nos ad ideas intuentes videre veritatem immutabilem. Istud enim sentimus; istud necessariò judicamus. Ergo adest nobis objectum certum.

TH. At cognitiones philosophicæ sunt cognitiones generales: atqui nulla cognitio generalis certa esse potest. Quam quidem minorem sic probo. Ut aliqua propositio generalis certa sit, necesse est factam esse priùs enumerationem singularium, ut aiunt; id est, singulorum de quibus propositio generalis instituitur. Si, verbi gratiâ, certò cognoscere velim verane sit ista propositio generalis; *omnes homines sunt bipedes;* singulos inspiciam homines oportet: atqui ista enumeratio fieri non potest; ergo &c.

EUG. Distinguo majorem: necesse est fieri enumerationem singulorum de quibus propositio instituitur, si non agitur de proprietate, sed de qualitate separabili, concedo; si agitur de rei proprietate, nego. Itaque duplex est qualitatum genus quas in judicando rebus affingere possumus, aliæ possunt separari à re illa de qua fertur judicium; ac proinde necesse est rem illam propiùs inspici ut certò affirmare possimus inesse illi qualitatem hujusmodi; cùmque altera possit eâdem carere qualitate, ut propositio generalis certa sit in hoc genere, omnia quibus illa qualitas ascribitur necesse est priùs observari diligenter atque sigillatim. Aliæ autem à re cujus sunt separari non possunt & ideo ad essentiam rei pertinere dicuntur. Has verò ut de singulis ejusdem generis rebus affirmemus, non necesse est fieri singularium enumerationem. Non enim judicamus de necessariâ proprietatis alicujus conjunctione cum re aliqua, per rei productæ ac singularis examen, sed

per

per ideam quæ non unam rem, sed infinitas ejusdem generis eodem modo repræsentat. Cùm, verbi gratiâ, ideam circuli intueor, sentio me necessariò ferri ad hoc judicium, omnes videlicet circulos hac unâ ideâ repræsentari, proindeque non uni tantùm sed omnibus circulis competere proprietates quas circulo inesse me docet idea circuli; ergo non necesse est, cùm de proprietate agitur, recenseri singula de quibus instituitur propositio generalis, ut hæc extra omne dubium versetur.

Monitum.

Viginti & amplius effluxère secula, ex quo Pyrrhon laudis insolitæ æmulator, negando Philosophiam novum sibi nomen fecit inter Philosophos; cujus quidem paradoxum Arcesilas multo ingenii acumine, mirisque in dicendo veneribus aliquandiu sustentavit. At diu superbiam humanam alere non potuit ex ipso superbiæ situ enata ignorantiæ omnimodæ confessio. 1°. Aliud alio esse probabilius assertum est; deinde evidentiâ premente, factus est ad veram sententiam reditus.

Quid ergo causæ est cur post secula quindecim redivivus nunc crescat in dies Pyrrhonismus? Tantane animis humanis in politiori seculo dementia! Adeone pulchrum est omnia nescire & homini naturâ satis inculto scientiæ quâ perfici possit laudem invidere? An conscientia intus premens; an vis atque sagacitas humanæ rationis; an vox è cœlo demissa, fructusve aliquis inde colligendus sectam illam redintegravêre? Nolite errare, dilectissimi Auditores; quod olim genuit portentum vanæ laudis æmulatio, hoc hodie exsuscitat fovetque libido Religionis impatiens. Vos ergo hic volo præmonitos, ne unquam id insaniæ genus vos inficiat & ab avito sentiendi more fallax infaustæ libertatis illecebra deterreat.

Videbitis identidem nonnullos, ingeniosos quidem

ac bene natos rectæque prius semitæ tenaces qui, fervescente igne cupiditatum, paulatim deficiant. Primò temerè loqui & confidenter, irridere alios, contemnere quidquid ignorant, utriusque regiminis & sacri & politici instituta crebris impetere dicteriis, vitia loco virtutum habere; deinde cùm nihil certi inveniant, ubi semel ab iis discessêre fundamentis quibus tota innititur hominum societas, nihil suâ cupiditate habere antiquius, omnia vel apud omnes certissima in dubium vocare, subvertere ipsa Moralis principia, ut liberè & citra vituperium, si possint, voluptati indulgeant; denique omne jugum excutere sui tantùm amatores, reipublicæ parum solliciti, in Religionem protervi, in Deum ipsum audaces. Quandiu verò eos non terret morbus gravis ancepsve periculum, se ostentat in eorum fronte composita fiducia, in ore mordax cæterorum miseratio. Verùm intus quot remordentis conscientiæ stimuli, si non eos omnino in sensum reprobum tradidit Deus! Quid enim secum agitare potest Pyrrhonius? nimirum qui ita se gerit, ac si hoc modo dissereret: Ego neque unde oriar, neque quò vadam scio; futurus, si nullus est Deus, nihil; si aliquis, miser & fortassè in æternum miser. Hanc tamen aleam volo quietus mediâ in voluptate experiri. Valeat veritas cujus investigatio est operosior; valeat virtus meæ inimica libidini; valeat si qua est speranda probis felicitas. Quæ verò hæc in animo versanti potest esse pax & hilaritas! Sed quis mente sanus homines hujusmodi non refugiat? Quis iis confidat, quibus nihil veri, nihil sancti est, nulla Religio, nullus nisi pœnæ à principibus intentatæ metus? Nihil certum est, inquiunt, nihil verisimile; eccur ergo alimentis utuntur quæ nesciunt utrùm ad mortem vitamve conferant? Cur impendens capiti periculum declinant, quod ignorant an sibi immineat, aut quâ arte vitari possit? Cur tantâ pollent sagacitate in hujus vitæ negotiis, nisi quia in cæteris dogmatici sunt, in solâ Religione Pyrrhonii? Religio Christiana à factis his-

DE LOGICA.

toricis pendet, quæ si extra dubium omne versentur, stare Religionem inconcussam necesse est. At cùm eadem Religio placitis adversetur cupiditatibus, proindeque Pyrrhonio neganda videatur esse illius veritas, facta quoque illa quæ sunt Religionis fundamentum in dubium vocari necesse est. Verum in nullo genere signorum concursus vim habet majorem quàm in factis quæ ad Religionem spectant. Nulla historia tot ac tanta habet monumenta quæ fidem conciliare possunt, quàm sacræ paginæ ; ergo ne secum ipse parum consentire videatur Pyrrhonius ; cuilibet historiæ fidem detrahit. Homines, inquit, mendacio serviunt ; nulli igitur fides est adhibenda. Præterea, si quidam sunt mendaci, at nulli sunt erroris expertes : adde aliis alios repugnare in rerum gestarum narratione ; cùmque non possimus evidenter cognoscere, quis inter Scriptores majorem fidem mereatur, nulla historia est alterâ verisimilior. Sic sibi & aliis fucum facit Pyrrhonius ; ergo non frustra vobis insudandum est, ut ostendatis Pyrrhonio existere partas evidentiâ cognitiones : sed ad discendum vobis quâ ratione mens sibi parare possit certitudinem in genere factorum, tum ne vos unquam ludant Pyrrhoniorum argutiæ ; tum etiam ut infirma aliorum ingenia possitis aliquando à vanis antichristianorum fallaciis tueri.

Atque ut ordine aliquo procedat istud examen, propositiones quasdam præmittamus quæ principiorum loco in isto genere haberi possunt, quasque negare nemo potest, nisi qui insaniæ notam sponte sibi inuri voluerit.

PROPOSITIO PRIMA.

Quisque certò se discernit vigilantem à somniante. Nisi quis etenim malè sano sit capite necessariò adigitur vi sensationum quas experitur ad judicandum se vigilare, cùm reipsa vigilat, & istius judicii necessitatem sentit. Quòd si quis dixerit somniantem in hoc quoque induci ut se vigilare existimet, proindeque ejus qui vigilare se contendit statum, nihil forsan aliud esse quàm somnium vividius atque constantius: respondeo somniantem quidem inclinari, non autem necessario ferri ut judicet se reipsa vigilare; idque adeo certum est, ut multi cùm somniant, se somniare agnoscant; at vigilantem abstinere non posse ab hujusmodi judicio. Si autem pertinaciùs contenderit judicium illud esse minùs certum & ad disceptandum se qualibet ratione accinxerit; ego censeo abstinendum à disceptatione; ille enim operam perdit qui cum somniante aut somnium simulante disputat.

PROPOSITIO SECUNDA.

Nemo mente sanus dubitare potest utrùm existant extra se corpora: licèt enim corpora in se absque imagine intermediâ à mente attingi non possint, nihilominus sensationes quas experimur cùm vigilamus, comitem habent judicandi necessitatem esse extra nos multas materiæ partes variis figuris varioque motu distinctas. Hæc duo priora principia certissima sunt vel apud puerulos. Quæ subsequuntur, jam prærequirunt attendendi, experiendi & experimenta comparandi usum.

PROPOSITIO TERTIA.

Pro certo habendum est quoque existere aliquid extra nos, quod cogitet, sentiat, velit, ratiocinetur; id est, non solùm existere corpora nostris magnâ ex parte similia; sed etiam in illis esse mentem, seu intellectum, voluntatem ac sensus, quibus nobis si non adæquentur, at certè assimilentur. Nemo enim cùm hominem alloquitur in animum inducere potest sibi rem esse cum machinis mobilibus vanisque simulachris.

PROPOSITIO QUARTA.

Vir jam maturus & longâ edoctus experientiâ non potest quin existimet in cæteris sui similibus adesse varias inclinationes cùm generales, qualis est amor sui, tum etiam peculiares quæ variæ sunt pro rerum objectarum varietate & peculiari organorum compositione; excitari quoque in aliorum mente varias sensationes modò gratas, modò injucundas, eosque variis pertentari cupiditatum illecebris, unde nascitur cujusque cum quibusdam concordia, cum aliis verò discordia. Fatebitur quoque ille multas esse cupiditates omnibus ferè hominibus communes, quales sunt, amor vitæ, libertatis, gloriæ, fortunæ, voluptatum &c.; odium inimicorum, alienæ laudis, solitudinis, laboris &c.

PROPOSITIO QUINTA.

Fieri quidem potest ut homines aliqua in re consentiant omnes errori : sic communis fuit omnium consensus in ascribendâ corporibus vi motrice. At fieri non potest ut omnes homines aut etiam multi longo tempore in id conveniant quod cupiditatibus toti ferè hominum generi communibus adversatur, nisi istud verum sit. Experientiâ enim constat longè majorem hominum partem suis favere cupidinibus, eosque vero cupiditatibus adverso repugnare, nedum errorem cupiditatibus adversum admittant; ergo non consentiunt omnes propositioni cupiditatibus adversæ, nisi ipsâ vi veri vincantur.

PROPOSITIO SEXTA.

Quamvis improbi sæpe parvo in fraudem emolumento impellantur, sic tamen vita hominum est, ut pauci admodum ad mendacium sine spe voluptatis aut emolumenti se accingant. Hinc innumeri testes non possunt fingi falsum testimonium proferentes absque emolumenti inde comparandi suspicione, ac proinde certum est multorum hominum testimonium de facto aliquo, si certum sit illud adversari vel fortunæ, vel libertati, vel famæ, vel præjudiciis, vel alicui ex iis rebus quas homines vulgò concupiscere solent,

Propositio Septima.

Si vel unus homo rem aliquam quae permultos sui testes habuit, narret publicè, aut scriptis mandet, scientibus nec repugnantibus iis quorum interest, ut factum narratum negetur aut oblivioni tradatur; & ille qui narrat aut scribit, non is sit qui alios spe, minis, praemiove aut supplicio deterrere possit à contradicendo, factum narratum pro certo haberi debet.

Propositio Octava.

Et quamvis nihil occurrat incommodi in silendo, fieri tamen non potest à quoquam factum aliquod absque contradictione asseri tanquam verum, coram innumeris qui nôrunt illud esse falsum, dummodo non magnum immineat in contradicendo periculum. Cujus quidem propositionis asserendae haec est ratio. Fingi non potest innumeros homines eâ laborare malitiâ ut absque spe aut metu eidem mendacio consentiant. Licèt enim quidam se ad scelus aut mendacium publicum ob solam voluptatem peccandi fallendive accingant, istud tamen esse perrarum morum humanorum experti nôrunt; ergo si aliquis factum publicum narret mediâ in gente quae ignorare non potest verumne sit an falsum, nec sit ullus qui contradicat, factum istud quamvis ab uno scriptum aut narratum, certum est, quamvis silentium caeterorum non videatur cupiditatibus adversum.

Propositio Nona.

Quod de narratione & scriptis diximus, hoc intelligendum quoque est de monumentis quae sunt varii generis, numismata, statuae, arcus triumphales, mutatio regiminis, novae cujusdam artis institutio &c.; quae si permulta sint de viro celeberrimo, jam fidem certam faciunt. Sic quae de Caesare supersunt monumenta invictè probant eum extitisse, eumdem Gallias Romano adjecisse Imperio. Iis præmissis, jam à nobis instituitur.

CONCERTATIO OCTAVA.

Sunt multa signa quæ si seorsim spectata factum non probant; at certè collecta, sunt argumentum veri certissimum in genere factorum.

DEMONSTRATUR. Illud admittendum est, quo seposito ruerent præmissa principia: atqui nisi quidam signorum concursus esset argumentum veri certissimum, ruerent principia quæ modò exposui; omnia enim fundamentum habent in signorum concursu, ut patet; ergo &c.

Præterea adest, ut jam diximus, argumentum veri certissimum, cùm adest judicandi necessitas: atqui illis qui signa permulta ejusdem rei observavêre, adest quandoque judicandi necessitas; si quis, verbi gratiâ, attenderit ad concursum signorum quibus fit nobis fides extitisse olim Cæsarem, scilicet ad ejus commentaria, ad illa quæ de Cæsare celeberrimi viri ejusdem ætatis scripsêre, ad ejusdem monumenta, ad connexionem historiæ Cæsaris cum mutatione Reipublicæ Romanæ, ad ea quæ deinceps multi Scriptores narravêre, nullo contradicente, & quæ existentiam Cæsaris arguunt; si quis, inquam, ad illa omnia attenderit observaveritque ea quæ de Cæsare narrantur fieri non potuisse in obscuro, hic certè non magis in dubium revocare potest existentiam & splendida facta Cæsaris, quàm istam propositionem, *totum est sui parte majus*: testem hic appello conscientiam; ergo &c.

TH. Omnis homo mendax; multi fictis delectantur fabulis; ergo testimonio humano nulla fides est adhibenda: atqui facta quæ maximè certa creduntur, humano constant testimonio; ergo pro dubiis illa haberi debent.

EUG. Distinguo primum consequens: ergo testimonio humano nulla fides est adhibenda, nisi accedant ea signa quibus verum testimonium à falso secernitur, concedo; si accesserint, nego.

Humano quidem testimonio propter humanam autoritatem nunquam fides est adhibenda; nullus enim homo est ab errandi aut fallendi periculo immunis; at ubi accedunt ea signa quibus constat homines non potuisse nos in errorem inducere, etiamsi istud cupierint, tum fides est adhibenda. Quin & à credendo abstinere quandoque non possumus, ubi signa illa satis inter se comparavimus. Sic qui attendit ad eorum naturam quæ in commentariis suis narravit Cæsar, facilè intelliget non potuisse Cæsarem quoad præcipua facta Romanos in errorem inducere, etiamsi istud voluerit; quemadmodum quamvis omnes homines sint fallaces, nemo tamen nostrûm dubitare potest utrùm existat gens Turcarum, aut Sinarum, & alia permulta quæ tamen alio modo non cognoscimus quàm ope humani testimonii ore scriptisve aut monumentis declarati.

TH. Quod aliquo in casu factum est, hoc in cæteris fieri potest: atqui Scriptores quidam celeberrimi nullo contradicente narravêre falsa aut saltem maximè dubia; quis enim credat narranti Tito Livio novaculâ bipartitum fuisse silicem, aut sanguineum cecidisse imbrem? Quis asserere ausit certa esse quæ de regibus Romanis scripsit idem? Ergo suspicari meritò possumus falsum quoque subesse in cæteris.

EUG. Distinguo majorem. Quod aliquo in casu factum est, hoc in cæteris similibus fieri potest, concedo; in cæteris dissimilibus, nego. Concessâ minore, distinguo consequens & nego consequentiam.

Attendere vir prudens debet ad ea quæ factum aliquod signa circumstant: sunt enim facta quæ multorum testium præsentiam arguunt. Hæc ergo si ab oculatis testibus, aut saltem à coætaneis, nullo contradicente, narrentur, fieri non potest ut in errorem Scriptores, etiamsi cupierint, nos inducant. Sunt autem alia facta quæ privatim fieri solent, quæ multorum testium præsentiam non exigunt, quæ non connectuntur necessariò cum factis illustribus, aut quæ non à coætaneis, sed à longè posterioribus narrantur; hæc sunt certè dubia. Primi generis sunt res gestæ Imperatorum virorumque illustrium qui aliquo pacto mutavère regimen politicum, artes, mores &c. Ejusdem generis sunt quæ de Christo narravère Apostoli Christi comites apud eam gentem cujus intererat maximè ut illa negarentur. Unde pro certis facta hujusmodi habent omnes sanæ mentis homines. Posterioris autem generis sunt quæ de Apollonii miraculis scripsit Philostratus, Autor ab ætate Apollonii dissitus & judicii non gravis; quæ de factis domesticis Augusti aut Ludovici decimi quarti narravère alii. Jam verò quæ in exemplum adduxisti, Theodore, hæc certè non sunt prioris generis. Nam novaculâ bipartitum fuisse silicem, etiamsi id fieri potuerit, hoc ipso incertum est, quòd factum illud multorum testium præsentiam non requirat; quòd à scriptoribus coætaneis id non fuerit publicè narratum; denique quòd aliquâ arte hoc prodigii simulari potuerit, ac proinde decipi testes: videri quoque potuerunt post pluviam maculæ rubentes quæ oriuntur à quibusdam insectis & quas diu vulgus imperitum pro guttulis sanguineis habuit. Quæ de regibus Romanis scripsit Livius, non sunt certa, saltem omnia. At illa scripta non fuère ab Autoribus coætaneis; pluribus abhinc seculis traditionis confusæ membra dispersa quâ potuit arte collegit Livius & alii; hæc ergo non eandem fidem faciunt quàm splendida facta.

« On peut s'assurer (inquit Crusatius) par la lec-
» ture, des faits éclatans qui ont été d'une notoriété
» publique : on peut s'assurer de ce dont les deux
» parties conviennent, des pieces originales, des

» circonstances que l'un avance & que l'autre ne
» conteste pas. Quand ces faits sont très-publics &
» qu'ils sont attestés par plusieurs Historiens contem-
» porains, qu'ils sont liés les uns aux autres, ils ont
» un caractere de vérité dont la raison veut qu'on
» se paye. Mais pour ce qui est des autres détails,
» on ne peut guere s'élever au-dessus de la probabi-
» lité ; & pour se garantir de l'erreur, il faut les lire
» comme les personnes raisonnables lisent la gazette,
» pour y apprendre, non pas le détail de ce qui se
» fait, mais le détail de ce qui se dit dans un lieu
» ou dans un autre ».

TH. Esto illud pro certo habeatur, quod nostrâ in patriâ & nostrâ ætate peragitur, aut adhuc ita recens est, ut rumore publico circumferatur : at quæ à nobis temporibus locisque sunt valdè dissita, mihi certè dubia videntur. Factorum etenim signa ac monumenta decrescunt vetustate ac pereunt tandem, & eorum quæ in remotissimis regionibus fiunt, signa pauciora ad nos usque perveniunt ; ergo saltem veterum & exterorum historiæ pro incertis haberi debent.

EUG. Distinguo antecedens. Factorum signa ac monumenta vetustate decrescunt pereuntque, aliquando, concedo : semper, nego. Sunt quidem multa quorum memoriam delevit ætas, tum quia monumenta temporum injuriâ dilapsa sunt, tum etiam quia hujus generis erant monumenta ut diu servari, renovari, transferri, aut in alia mutari non potuerint : talia fuerunt quædam Ægyptiorum monumenta. At est aliud signorum & monumentorum genus quod diu perseverat ; quales sunt Ægyptiæ Pyramides, aquæductus Tarquinii ; aut quod renovatur, quales sunt codices quibus historia concreditur ; sunt & alia quæ transferuntur, qualia sunt marmora Oxoniensia ; sunt denique quæ in alia mutantur : sic quamvis pereant inscripti lapides quos legit Mabillonius, quorumdam factorum hujus scriptis constabit in posterum veritas quæ alio priùs signorum genere constabat.

Non diffiteor pauciora esse signa factorum quæ à nobis loco & tempore sunt valdè dissita, sed nego nulla esse hujusmodi facta quorum signa supersint adeò numerosa ut fidem certam faciant. Sic certum est existere Americanos, quamvis signa quæ illorum existentiæ fidem faciunt, pauciora sint in Franciâ quàm in Americâ : certus sum quoque existisse in Galliâ Carolum Magnum, Constantium Chlorum &c., licèt non tam numerosa signa mihi nunc hujusce rei sufficiantur, quàm virorum illorum coætaneis. Quod enim superest signorum, id esse generis sentio ut attendenti & comparanti fidem necessariò eliciant.

TH. Si fidem necessariò elicerent quæ supersunt quorumdam factorum signa ac monumenta, nulla posset esse disceptatio de illorum veritate : atqui alii falsum aut dubium putant quod alii certum esse contendunt ; ergo quæ supersunt monumenta non hujus sunt generis ut fidem certam faciant.

EUG. Distinguo majorem. Nulla foret disceptatio inter eos qui attendunt ad ea signa & qui non dissimulant ea quæ sentiunt, concedo ; apud eos qui nolunt aut non possunt ad ea signa attendere, vel qui dissimulant quod mente sentiunt, nego. Sint qui dubitent utrùm Alexander Persas suæ fecerit ditionis, utrùm Athenis singulari eloquentiæ laude floruerint Pericles & Demosthenes, nihil erit quod miremur ; multi enim in historiâ veterum non sunt satis versati : multi quoque è legentibus non sunt ii qui signa veri rectè observent atque conferant. Præterea sicut quidam de veritate propositionum evidentium dubitare se simulant, disputantque disputandi causâ, non veri assequendi, ita quidam dubium simulant de factis quæ intus affirmant esse vera.

TH. Quæ olim habita sunt vulgò ut ab omni aliena dubio, nunc habentur meritò ut dubia imò & falsa ; ergo quæ nunc ab omnibus narrantur, poterunt aliquando haberi ut dubia & falsa : atqui non possent in posterum haberi ut dubia & falsa, si nunc essent certa ; ergo &c.

EUG. Istud argumentum in quo dubium & falsum confunduntur, in duo resolvi argumenta potest. Primum; quæ olim habita sunt vulgò ut ab omni aliena dubio, nunc dubia sunt; ergo quæ nunc ab omnibus narrantur poterunt esse dubia; istæ propositiones veræ sunt: atqui non possent, inquis, haberi in posterum pro dubiis si nunc certa forent. Nego istam minorem: possunt etenim deesse posteris ea quæ nunc habemus facti alicujus signa; quo in casu dubitandum erit posteris de illâ re quæ apud nos versatur extra dubium.

Secundum autem sic se habet: quæ olim habita sunt vulgò ut ab omni aliena dubio, nunc habentur ut falsa; ergo quæ nunc ab omnibus narrantur, poterunt aliquando haberi ut falsa. Hujusce ratiocinii distinguo antecedens: nunc habentur ut falsa, temerè, vel si prudenter habentur ut falsa, temerè olim habita sunt ut vera, concedo; secus, nego. Sunt quædam quæ apud imperitos & observare signa atque inter se conferre nescios habentur ut certa: qualis est historia fœminæ Pontificis (Joannam dixêre) quæ hominum sermone diu percrebuit, quamvis nulla hujus vestigia occurrant in Scriptoribus coætaneis; unde nunc meritò habetur ut falsa vel ab ipsis Romanæ sedis hostibus. At nisi adsint signa quibus manifestè constet deceptos esse in aliquo facto asserendo veteres, quæ ab illis narrantur, non possunt nisi temerè nunc haberi ut falsa.

TH. At, te judice, Eugeni, ea historia fidem obtinere debet quæ à multis Scriptoribus publicè, nullo contradicente, narratur: atqui sunt quædam à multis conscripta, nullo contradicente, quæ posteà habita sunt ut falsa. Sit in exemplum vel ipsa fœminæ Pontificis historia, quæ quidem à viris celeberrimis, imò à sanctis narrata est. Sit in alterum exemplum mors cruenta Cyri, auctoribus Herodoto & Justino. Nam quamvis diversa narret Xenophon, nos monet Tullius Cyrum à Xenophonte non ad historiæ fidem scriptum esse, sed ad effigiem justi imperii; ergò &c.

EUG. Distinguo majorem. Illa historia fidem obtinere debet quæ à multis Scriptoribus tempore & loco non dissitis publicè narrantur, concedo; si tempore & loco multùm distent ab iis qui contradicere poterant, nego. Nihil mirum certè si Herodotus vir majore ingenio quàm judicio fidem non faciat de iis quæ apud gentem nullo aut ferè nullo cum Græcis commercio connexam peracta sunt, & si remotior cùm loco, tum tempore Justinus Herodotum secutus fidem narrationi non addat. Namque numerus Scriptorum quorum alter alterum imitando sequitur, rem non facit certiorem, ubi primus Scriptor non in illo est casu versatus, in quo certior ipse esse posset. Ob eandem rationem non est quòd miremur historiam fœminæ Pontificis crebris aliquandiu fuisse scriptis & sermonibus usurpatam, in iis præsertim ignorantiæ tenebris quibus tota ferè Europa tum suffusa erat.

TH. Ut signorum concursus sit certum veri argumentum, necesse est ut innotescat nobis adesse satis numerosa signa, ut jam dubitare non possimus: atqui illud innotescere nobis non potest; namque ut possemus in ejus rei notitiam venire, definiri oporteret numerum signorum quæ ad faciendam fidem requiruntur: atqui iste numerus definiri non potest; aut si potest, hunc tu definias, Eugeni, te etiam atque etiam rogo.

EUG. Nego minorem, & majorem subsequentem. Licèt enim definiri non possit numerus signorum, qui viro jam maturo & longâ edocto experientiâ fidem facit existere Italos, Turcas; extitisse Cæsarem, Ludovicum decimum quartum, certus ille nihilominus est adesse sibi signorum satis, ut de hisce rebus dubitare non possit; ergo non necesse est signa computari ut excludatur omne de aliquo facto dubium; ista nimirum computatio fieri non potest, tum quia signa alia aliis sunt splendidiora, alia verò ita minuta ut vix observentur, adeo ut unum multis adversis æquiparetur, quin & illa quandoque vincat. Sic narratio unius viri judicio & morum gravitate præcellentis, qui pericula multa adit narrando, nulla silendo, vincit mille adversa testimonia; tum quia multa in uno signa colliguntur, qualis est mutatio regiminis politici, aut morum; tum denique quia multa ex illis signis quæ nos nunc ad credendum movent, longo usu ab ipsâ pueritiâ comparata, non satis discerni possunt à signis mox advenientibus, quæ recentia signa satis non essent ad expungendum omne dubium, nisi mens illis anteriora adjungeret. Sic adulti qui ab infantia oculis utuntur, primo sæpe intuitu solida eminentia à planis certò discernunt; quod tamen assequi non poterat Anglus ille à nativitate cæcus, qui triginta annos natus Chirurgi ope oculorum usum adeptus erat: deerant quippe illi minuta illa signa quæ longo usu comparantur; deerant anteriora signa quæ memoriâ inopinatò retinentur & cum recentibus comparantur absque ulla reflexionis aut ratiocinii ope. Ita cùm agitur de factis præteritis, signa præcipua constant multis aliis quæ aliud agendo colligimus & memoriâ retinemus: quæ quidem signa cum recentibus mens longo usu corroborata confert ita celeriter, ut signorum consentientium vis reflexionem omnem aut ratiocinium prævertat. Verùm quamvis numerus signorum omnium, quæ fidem viribus junctis faciunt definiri non possit, adest nihilominus in hoc genere certissimum argumentum veri, scilicet judicandi necessitas, quæ si aliquo in casu defuerit, frustra signa computabuntur.

TH. At certè dubitandum est, ubi adsunt signa contraria iis quæ ad credendum movent: atqui in illis scriptis quæ majorem inter cætera fidem obtinere dicuntur, non desunt signa quæ fidem detrahant; nam ibi adest signum falsi, ubi narrantur facta à solitis remotiora: atqui istud occurrit vel in historia quam ut sacram fidei nostræ proponit Religio Christiana; ergo &c.

EUG. Distinguo primam majorem: ubi adsunt signa contraria quæ possint æquiparari cæteris, concedo; si non possint, nego. Dubitandum equidem foret, si signa narrationi contraria vim cæterorum eliderent: si verò ex illis nascatur tantùm obscuritas in aliqua historiæ parte, aut facta certum in ordinem redigendi difficultas, jam signa illa fidem detrahere nequeunt.

Distinguo quoque alteram majorem. Ibi adest signum falsi, ubi narrantur facta à solitis remotiora, quorum certior esse Scriptor non potuit, concedo; si Scriptor eorum fieri certior potuit, illaque ad fidem faciendam signa adhibet, quibus pateat cæteros ab illo in errorem induci non potuisse, nego. Qui negat ea esse admittenda quæ à solito abhorrent, asserat quoque necesse est, vel nihil fieri posse extra solitum, vel, si quandoque fiat, illud ita publicè fieri non posse ut facti sint signa certissima; quod utrumque certè absurdum est. Nihil, verbi gratiâ, magis extra usum est quàm miracula: atqui ille profectò desipit qui miracula à Deo fieri posse negat; desiperet quoque qui assereret prodigii nulla esse signa quæ fidem faciant. His observatis, quæro ab illis qui de miraculis cæterisque Christi gestis dubium instituere volunt, fingine possint luculentiora signa, quàm quibus Christi miracula fiunt manifesta. Tu ipse judex esto, Theodore. Discipuli Christi divitiis, autoritate, literisque & patronis destituti, publicè Judæos & ipsos Primores redarguunt, cùm voce, tùm scriptis quòd innocentem interemerint; minasque & supplicia aspernati narrant constanter quæ præcipua Christus operatus est miracula, quam tradidit doctrinam Pharisæorum moribus & consiliis maximè adversam; nec est in tota gente, ob idipsum maximè infensâ, qui contradicat. Innumera alia signa omitto de quibus alibi. Estne aliquod in totâ recentiorum historiâ factum quod signis adeò splendidis demonstretur; ergo aut nihil credendum, quod certè absurdum est, aut miracula Christi versantur extra omne dubium.

TH. Verùm ubi narrata sibi mutuò opponuntur, aut varii de re eadem Scriptores non consentiunt, ibi occurrit, si non falsum, at certè falsi suspicio : atqui non infrequens est sacris in codicibus quædam inter se pugnare; præterea in narrandis Christi gestis Evangelistæ non consentiunt. Sic Deus sæpe dicitur clemens ac misericordiæ pater, & tamen dicitur jussisse ut fierent cruentæ cædes; sic etiam aliter Matthæus, aliter Lucas Christi generationem describit; ergo &c.

EUG. Ubi narrata secum reipsa pugnant, aut Scriptores æqualis momenti reipsa dissentiunt, ibi occurrit falsi suspicio, concedo; si pugna illa, si dissensus ille sit tantùm apparens, nego. Aliud utique est reipsa pugnare inter se Scriptores aut facta narrata, aliud adesse primo intuitu pugnæ speciem. Si evidenter pateat factum posterius cum priore sociari non posse, tum subest falsum ex alterutra parte. At si occurrat duntaxat obscuritas aut facta narrata Scriptoresve conciliandi difficultas; non propterea subesse falsum suspicabimur, dummodo satis pateat Scriptores, etiamsi cupierint, cæteros in errorem inducere non potuisse cùm scripta sua publici juris fecerunt. Jam verò quæ sibi opposita esse videntur in sacris codicibus; multis conciliari posse modis ostendunt eruditi; & quamvis omnia explicari non possent, quid, quæso, inde consequitur? Historiam scilicet omnium antiquissimam, quæ arguit mores hodie nusquàm vigentes, quæ scripta est linguâ jamdudùm emortuâ, quæ in alias ejusdem ingenii minimè capaces sæpe translata est, aliquid continere obscuri. Nonne potiùs mirum est in tali historia non esse orationem multò frequentiùs obscuram?

Hanc responsionem generalem quisque vestrûm apprimè memoriâ retineat, ut cuivis objectioni adversùs historiam sacram respondere possit, nec tamen in peculiarem cujuslibet propositionis oppugnatæ defensionem descendere. Nullus enim esset disputandi finis, si quamlibet historiæ sacræ partem vellemus seorsim

ab

ab objectis vindicare. Hoc Theologos manet & quidem eruditos. Ne tamen responsione careant exempla quæ attulisti, Theodore, observa 1°. Deum qui justus idem est ac misericors, quique omnium vitæ necisque supremus est Arbiter, jussisse quidem ut cruentæ fierent cædes, at non cruento animo : tum ut scelera ex una parte puniret, tum ut ex altera fidem & obedientiam ministrorum suorum experiretur; in quibus certè nulla est pugna. Observa 2°. duplicem esse cuique seriem parentum, & in illa serie stirpem quamdam communem occurrere posse. Et si observatio illa non est satis ut nulla remaneat obscuritas aut difficultas, satis est profectò ut probetur dissensum Matthæi & Lucæ non esse evidentem.

COROLLARIUM PRIMUM.

Commune signum veritatis in quolibet genere est judicandi necessitas.

Nam nulla est cognitio quæ non sit vel de genere sensus intimi, vel per ideas manifesta, vel signorum concursu probata : atqui in triplici illo genere nulla adest certitudo, nisi cùm adest simul judicandi necessitas; ergo &c.

Inde consequens est, inquies, vel adesse in cognitionibus quæ ad Religionem pertinent judicandi, id est credendi necessitatem, vel abesse certitudinem. Primum absurdum est; nam sua fidei laus est, suumque præmium : atqui nulla potest esse rei necessariæ laus; ergo non adest in fidei Catholicæ cognitionibus credendi necessitas. Secundum non minùs repugnat ; nam illa repugnat esse incerta quæ Dei revelantis autoritate nituntur; ergo adest certitudo absque judicandi necessitate; ergo &c.

Ego verò respondeo in cognitionibus fidei adesse credendi necessitatem in eo duntaxat qui bono ac sincero animo signa in hoc genere collegit atque inter se contulit; in hoc autem esse laudem ac meritum quòd

Tome I. K

signa illa conquisierit, inter se comparaverit, atque animo suo excidere illa non patiatur in posterum. In re illa sic exposita, nulla est idearum pugna.

Ea repugnat esse incerta quæ Dei revelantis autoritate nituntur; rectiùs dixeris, *ea repugnat esse falsa quæ Dei &c.* Semper enim vera sunt quæ revelavit Deus, at non omnibus certa; nisi fortasse velis veritatem rei cum subjecti certitudine confundi. Quòd si dixeris eos consequenter non peccare qui non credunt, eò quòd momenta credendi non acceperint : fatebor eos quidem non peccare ob idipsum quòd non credant, antequam momenta credendi se quærentibus obtulerint. Si verò momenta illa non conquisierint, assero illos ideò gravissimè peccare, quòd illud scire non curent, à quo potissimùm pendet salus æterna, vitæque sapienter instituendæ ratio : idque adeo apertum est, ut nullâ opus habeat demonstratione.

COROLLARIUM SECUNDUM.

Ut rerum proprietates per signorum concursum, ita facta per ideas non probantur; ac propterea servandum est cuique cognitionis generi proprium demonstrandi genus.

Ideæ namque nihil exhibere possunt menti, nisi immutabilem rerum essentiam; veritates itaque evidentiâ partæ necessariæ sunt : atqui corporum aut mentium creatarum existentia modusque quo Deus utrumque substantiæ genus regit, non sunt aliquid necessarii; ergo desipit quisquis vult existentiam corporum aut mentium, eorumque ordinem per ideas demonstrari.

Istud profectò non observassem, si non notum esset existere quosdam qui principia metaphysica vellent corporeis oculis cerni posse, ut fidem apud se obtinerent, & Religionem geometricè demonstrari; quæ

DE LOGICA. 147

certe insaniae genere huic similes sunt qui sonos oculis excipere vellet, & auribus colores.

APPENDIX DE VERISIMILITUDINE.

Verisimilitudo si vocem interpretari accurate volueris, non cadit in propositiones ipsas, neque in propositionum materiam; quanquam etenim propositio, actumve aliquod aut connexio veritatis cum altera, verisimilia dicantur, vocis tamen hujus vis cadit in statum mentis plus minus inclinatae ad judicandum, ut attendenti patebit. Toties adest verisimilitudo, quoties mens pluribus aut majoribus momentis ad affirmandum impellitur, quàm ad negandum. Haec circa verisimilitudinem praecepta tradit Logica.

Praeceptum primum spectans ad Moralem.

In multis satis est ad dirigendos actus nostros ut adsit verisimilitudo. Nam quandoque agendum est ex tempore, nec liquet evidenter utram partem amplecti oporteat: atqui hoc in casu pars verisimilior est amplectenda, modò de verisimilitudine non judicemus per cupiditatum nostrarum affectiones: cupiditates quippe ostendunt quidem quid sit boni physici in hac aut illa re facienda, non autem quid sit boni moralis. Nam in dubiis, urgente agendi necessitate, pars tutior est amplectenda: atqui pars verisimilior, cùm de verisimilitudine judicium non fertur per cupiditatum affectiones, est certè pars tutior. Nam ea animi dispositio tutior est quâ ad bonum morale quàm rectissimè possumus, deficiente certitudine, tendimus: atqui quicumque, cùm urget agendi necessitas, partem amplectitur verisimiliorem, silente cupiditate, is certè ad bonum morale quâ tunc rectissimè potest, tendit; ergo tunc verisimilitudo actus nostros dirigere debet: atqui multoties occurrunt in hac vita casus in quibus agendum est, nec tamen adest certitudo; ergo &c.

K ij

Hanc veritatem sic Seneca manifestam facit. « Res-
» pondebimus (inquit) nunquam expectare nos certis-
» simam rerum comprehensionem ; quoniam in arduo
» est veri exploratio, sed eâ ire quâ ducit verisimilitudo.
» Omne hâc viâ procedit officium : sic navigamus, sic
» militamus, sic uxores ducimus, sic liberos tollimus,
» cùm omnium horum incertus sit eventus. Expecta
» ut nisi benè cessura non facias, & nisi compertâ ve-
» ritate nihil moveris ; relicto omni actu vita consistit.
» Dum verisimilia in hoc aut illud me impellant, non
» verebor beneficium dare ei quem verisimile erit gra-
» tum esse ». Adjicere debuerat Seneca, & *quem beneficio
recte usurum verisimile erit.* Cave tamen putes nullum
esse hoc in casu momentum certum actuum humanorum. Sapiens enim qui partem sequitur verisimiliorem nititur hoc evidenti principio : *In dubiis, urgente
agendi necessitate, pars tutior est eligenda* ; ergo tunc
sapiens certus est se à recto ordine non aberrare,
proindeque illius actus in hujusmodi casu bonus est
moraliter ac verè laudabilis.

Præceptum secundum spectans ad Physicam.

Cùm ex idea Dei summè sapientis consequens sit
leges ad mundi regimen institutas esse quâ fieri potest
maximè generales, ut aliquando ostendetur, verisimilitudine non carent hypotheses generales quæ aliquibus jam experimentis confirmantur : attamen nondum certæ sunt ; fieri enim potest ut pendeat à causis
ignotis effectus quem causis apparentibus ascribimus.
Crescit verisimilitudo, crescente numero experimen-
torum quæ sint hypothesi consentanea ; imò tandem
exoritur certitudo, si tam varia tamque multiplici
arte experimenta sint tentata, ut jam causas confundere vir sanus non possit. Sic hypothesis Copernicana
1°. verisimilis fuit, quòd huic mirè congruerent experimenta quædam in siderum motus tentata : acce-
dentibus verò innumeris aliis experimentis, tandem

extra dubium hodie versatur. Verùm ne tunc hypothesi putes inesse verisimilitudinem cui semper adjici necesse est, distrahive aut mutari partes aliquas, ubicumque se novum offert Phænomenon. Sic hypothesis Carthesiana circa Vortices penè obsolevit, propterea quòd adveniente nova observatione, aliquid adjicere huic aut detrahere aut mutare coacti fuerint ejus patroni. Non equidem dico hanc hypothesim esse rejiciendam quæ primo intuitu videtur conciliari non posse cum aliquo Phænomeno, si jam cùm aliquibus aliis congruat, sed contendo stultam esse eorum pertinaciam qui ut Phænomenon suæ aptent hypothesi, novas fingunt & in cumulum congerunt hypotheses.

Præceptum tertium spectans ad Metaphysicam.

Consensus hominum, si cupiditatibus non adversetur, multominus est in hoc genere verisimilitudinis argumentum, quàm in quovis alio. Nam quæ ad Metaphysicam pertinent vulgaria excedunt ingenia, tum propter reconditam ex natura sua materiam, tum etiam propter vim sensuum ac præjudiciorum quibus Metaphysica potissimùm opponitur. Ut ergo de verisimilitudine opinionis isto in genere judicare possis, videndum est an illa ejusque appendices cum cæteris congruant in quovis genere cognitionibus. Vix enim fieri potest illud esse falsum quod cum omnibus quæ aliunde certa sunt legitimè convenit; si res aliter se habeat, id est, si opinio demonstratur conciliari facilè non posse cum principiis ab omnibus notis, hanc vero absimilem judicabimus. Talis est illa opinio quæ belluis mentem ascribit cum belluarum corpore interituram. Licèt enim primo intuitu hæc vera esse videatur, si tamen ejus appendices cum cæteris quas Religio, Metaphysica, Historia naturalis sufficiunt cognitionibus contuleris, quibusdam repugnantem intelliges, solisque præjudiciis concordem. Generatim ille verisimilia loquitur qui audientibus offert facilè cohærentia cùm inter se, tùm etiam cum principiis quæ aliunde certò innotescunt.

Præcepta alia quæ ad societatem politicam & facta historica spectant.

1°. Id verisimiliter decens aut utile creditur quod vulgò tale existimatur apud nostrates, præsertimque apud eos quibuscum societatem peculiarem inivimus, unde fit ut ante quodlibet examen inclinemur ad illa vituperanda quæ apud cæteros fieri solent; quod certè iniquum est. Unde namque accepimus concives nostros in minore esse errandi periculo quàm cæteros? Unde habent illi qui societatis alicujus religiosæ aut politicæ membra sunt, tutiorem se tenere doctrinam, aut rectiore viâ ad finem tendere, quàm qui aliam inire societatem? Hoc certè à superbia ducit originem. Hinc se Germano Francus & Franco Germanus præfert. Hinc Monachus suæ societatis doctrinam aut regulam peculiarem, quin & pallium anteponit alterius societatis doctrinæ ac institutis; caveamus ergo ne societatis & Patriæ præjudicia pro verisimilitudinis momento habeamus.

2°. Consuetudo quoque apud plurimos est verisimilitudinis argumentum. « La mode (inquit Cruzatius) donne un passe-port à ce qu'il y a de plus ridicule & de plus contradictoire au sens commun. Personne n'a honte de faire ce qu'on voit faire à tout le monde. Les plus sensés, très-persuadés de la sottise de la coutume, ne laissent pas souvent de s'en rendre les esclaves volontaires. Quand la route du faux est une fois tracée, il faut un courage peu commun pour oser s'en éloigner. C'est beaucoup si on ne la suit pas pié à pié, si l'on ne la recommande point aux autres, & si l'on se contente de marcher à côté & de s'en frayer une toute voisine ».

3°. Et id longè apertiùs humanam declarat stultitiam:

divitiæ, dignitates, natalia, corporis habitus, copia & veneres dicendi sunt apud plerosque verisimilitudinis argumentum. Illi enim exquisitam ultro ascribimus judicandi rationem doctrinamque non vulgarem & fidei faciendæ autoritatem qui hujusmodi titulis cæteros supereminere videtur. Talium igitur virorum verisimiliora esse dicta putamus ob eam fere rationem quâ pluris facimus nos equites quàm pedites. Ignotus est homo iste, nec re, nec genere, nec munere conspicuus : qui ergo fidem sibi dictis conciliet ? At bonus est atque sapiens, at callidus morum humanorum, at non mediocri literaturâ instructus. Et quo id pacto suspicari possumus, inquient; incomptus est scilicet, non se divitum cætibus immiscet : magnates palpare nescit : neque victu neque cultu urbano more luxuriat : hæc si non aperto ore proferunt, certè plerique in mente habent. Eadem igitur sunt plerisque non signum quidem veri, at certè verisimilitudinis.

De vi externæ speciei ad faciendam verisimilitudinem, sic Mallebranchius : « si celui qui parle
» s'énonce avec facilité, s'il garde une mesure agréa-
» ble dans ses périodes ; s'il a l'air d'un honnête homme
» & d'un homme d'esprit ; si c'est une personne de
» qualité, s'il est suivi d'un grand train, s'il parle
» avec autorité & gravité, si les autres l'écoutent
» avec respect & en silence ; s'il a quelque réputation
» & quelque commerce avec les esprits du premier
» ordre ; enfin s'il est assez heureux pour plaire ou
» pour être estimé, il aura raison dans tout ce qu'il
» avancera ; il n'y aura pas jusqu'à son collet & ses
» manchettes qui ne prouvent quelque chose. Mais
» s'il est assez malheureux pour avoir des qualités
» contraires à celles-ci, il aura beau démontrer, il
» ne prouvera jamais rien : qu'il dise les plus belles
» choses du monde, on ne les appercevra jamais.

» Qu'y a-t-il cependant de plus injuste que de juger
» des choses par la maniere, & de mépriser la vé-
» rité parce qu'elle n'est pas revêtue d'ornemens qui

K iv

» nous plaisent & qui flattent nos sens. Il devroit être
» honteux à des Philosophes & à des personnes qui
» se piquent d'esprit, de rechercher avec plus de
» soins ces manieres agréables que la vérité même,
» & de se repaître plutôt de la vanité des paroles que
» de la solidité des choses. C'est au commun des hom-
» mes, c'est aux ames de chair & de sang à se laisser
» gagner par des périodes mesurées, & par des figu-
» res & des mouvemens qui réveillent les passions.
» Mais les personnes sages tâchent de se défendre
» contre la force maligne & les charmes puissans de
» ces manieres sensibles. Les sens leur imposent aussi-
» bien qu'aux autres hommes, puisqu'en effet ils sont
» hommes ; mais ils méprisent les rapports qu'ils leur
» font. Ils imitent ce fameux exemple des Juges de
» l'Aréopage qui défendoient rigoureusement à leurs
» Avocats de se servir de ces paroles & de ces figu-
» res pompeuses, & qui ne les écoutoient que dans
» les ténèbres, de peur que les agrémens de leur per-
» sonne & de leurs gestes ne leur persuadassent quel-
» que chose contre la vérité & la justice ».

4°. Quod spectat ad factorum historicorum verisimilitudinem, hæc sunt imprimis observanda. Homines scilicet ea facilè credunt esse facta, quæ fieri cupiunt ; quemadmodum hoc se videre arbitrantur, quod
videre desiderant. Ut ergo testimonium humanum
verisimile credat sapiens, investigat priùs utrùm quæ
narrantur sint consentanea necne testium cupidini.
In genere namque factorum ita se gerunt homines,
quemadmodum in moralibus : sint duo litigatores quos
suæ causæ æquitatem interroges, uterque asseret se
strictis justitiæ limitibus contineri ; illud quippe se
videre uterque existimat, quia istud cupit : alter-
uter tamen, & nonnunquam uterque à recto tramite aberrat. Ita quidam in factis historicis Scriptores, Volterius, verbi gratiâ, vix agnoscit aliquas
esse notiones à Carthesio & Mallebranchio nobis
transmissas. Pariter Critici plus æquo morosi næ-

vos se cernere autumant in aliis atque redarguunt, quibus hi planè carent. Præterea non temerè credendum est prodigiis. Nam Dei majestatis non est, invertere rerum naturalem ordinem, nisi adsit causa quæ pondere suo vincat bonum exortum à legum physicarum constantiâ: atqui præter Religionis instituendæ, promulgandæ & confirmandæ casum, nulla fingi potest causa, quæ utilitate suâ ordinis physici pulchritudinem exuperet; ergo extra casum illum verisimilia non sunt prodigia. Vulgo placent quàm maximè quæcumque prodigii speciem habent; unde ut vulgi benevolentiam captarent quidam Scriptores, miraculis narrandis operam dare maluerunt quàm rebus à solito non abhorrentibus. Hinc putidæ illæ narrationes de mortuorum apparitione, de monstris, de Phænomenis insolitis, de spectris quæ hodiedum apud Hungaros verè à tumulo exurgentia creduntur, linguâ vernaculâ dicta *Vampires*; de magis, de potestate cacodæmonis in belluas & in corpus humanum, de quibusdam miraculis & prodigiis quibus res gestæ Sanctorum adornantur. Quamvis enim Deus orantibus Sanctis miraculum operari possit, atque multoties sit operatus, innumera sunt tamen quæ Scriptores populari traditione innixi temerè ac falsò Sanctis affingunt. Aliunde si qua inter Scriptores opinionum pugna intercedat circa facta, tibi verisimilitudinis argumentum esto, non ingenium Scriptoris, sed judicium & mores. Quisque in scribendo suum pingit animum: ille igitur majorem fidem obtineat qui se probaverit sano & acri judicio instructum, qui probitate animique candore vincat, qui se & divitiarum, & vanæ laudis minimè cupidum ostenderit, qui subtilibus plana, seria jocosis anteponat. In illis quæ festivè & eleganter narrantur metuere debemus ne falsum nobis ingeniosâ fraude propinetur. Quò plus artis est ac industriæ in narratione, eò majus est fallaciæ periculum. Verum nobili simplicitate gaudet.

At cave imprimis ea verisimilia credas, quæ animo commoto & calente narrantur. In hoc potissimùm fallaces sunt homines vel ii qui cæteris judicio & probitate præstant, si semel mentem suam amoris, odii, iræ, aut zeli impetu à suâ arce dejici patiantur. Omnia quippe isti recta vident in illis quos fervidiori prosequuntur amicitiâ, vitiosa verò in illis quos odio habent; & licèt absit ira odiumque privatum, non propterea verisimile, me autore, judicabis quidquid in alterius dedecus infamiamque narrabitur. Malim ego credere quæ quis de se laudabilia narrat, quàm quæ injuriosa de altero. Quamvis enim prius sit extra verisimilitudinem, ob innatum cuique sui amorem vanitatemque pectoris humani; excusari tamen potest, eò quòd oriatur à quadam animi simplicitate: nequaquam verò posterius, quod à malitia oritur, atque ab ignobili dedecoris alieni amore, quasi nostra inde gloria exurgeret.

CAPUT QUARTUM.
De ratiocinandi Legibus.

Excussis præjudiciis & cognito veri in quovis genere argumento, superest ut expendamus quâ arte jam partis sensu intimo, ideisve aut signorum concursu cognitionibus uti possimus ad novas cognitiones comparandas; & hic erit ultimus ad verum assequendum gradus.

Cùm novæ nobis adveniunt ante quodlibet ratiocinium cognitiones, necesse est novam fieri in organa impressionem, novam ingenerari in mente rei aut qualitatis sensibilis speciem: at in ratiocinando nihil opus est advenire menti quidquam novi; satis est, si mens ideas jam perceptas, cognitionesque partas inter se conferat, ut aliæ nascantur. Sic à notis majori attentione investigatis, procedimus ad ignota, & processus ille *ratiocinium* nuncupatur: quo quidem nihil foecundius est ad cognitiones comparandas, amplificandasque cujuslibet generis disciplinas. In primo ratiocinandi limine instituitur propositio de re aliqua, quæ cùm adhuc incerta sit, in verè certam mutatur ope ratiocinii, si se distinctè offerant partes idearum quæ ad propositionem probandam requiruntur: ea propositio dicitur ante probationem *quæstio*; factâ autem demonstratione, *conclusio*. Antequam autem ad ratiocinium se quisquam accingat, hoc priùs investigare debet utrùm sit definitus propositionis sensus, id est, utrùm voces quibus constat, ideis distinctis respondeant. Si enim istud non præcaverit ratiocinator, vel nihil reperiet quo legitimè probari possit propositio, vel aliud probabit quàm quod probandum susceperat; quo in casu dicitur laborare ignoratione Elenchi, id est, non intelligere in quo posita sit quæstio.

Hac de re observo, 1°. malè positum esse, ut aiunt, quæstionis statum, si voces æquivocatione laborent. Quæritur à Stoïco utrùm sola virtus sit bonum, affirmat Stoïcus: ab Epicureo, an in sola voluptate occurrat bonum, affirmat pariter Epicureus; suam uterque propositionem longo argumentorum apparatu probat; res legentibus dubia videtur. Alterutram tamen ferè omnes falsam existimant, quia, dissidentibus Philosophis, dissidere Philosophorum doctrina existimatur. Stultè tamen & Stoïcus & Epicureus & plerique eorum qui utriusque propositionis momenta expendunt. Qui sic? Quia nempe vox ista *bonum* non idem apud Stoïcum & Epicureum significat: si enim bonum pro utili usurpatur, solam virtutem liquet esse verum in hac vita bonum, cùm sola sit ad felicitatem æternam comparandam utilis. Si verò vox ista *bonum* significat gratum animi statum quem mens non spectet ut utilem ad finem assequendum, sed pro ipso fine habeat, non minùs certum est bonum in solâ voluptate consistere. Quod quidem si in instituendâ quæstione fuisset legitimè expositum, tam acris profectò non exarsisset Epicureos inter & Stoïcos dissensio.

2°. Malè definitam esse quæstionem, si sensus vocum vagus sit & incertus; si nimiam idearum multitudinem voces complectantur. Sunt enim plurimæ quæ, ut jam dictum est, non unam rem directè exprimunt, sed permultas indirectè : quales sunt istæ, *possibilitas*, *necessitas* &c. Hujusmodi quæstionis exemplum sic proponit Cruzatius.

« Devient-on vertueux par l'empire qu'on prend
» sur ses passions, ou si au contraire cet empire est
» l'effet ou la suite de la vertu &c ».

Fieri enim certè non potest ut qui quæstionem ad voces perspicuas & simplices redigere nescit, huic quæstioni faciat satis. Agiturne de actu bono, aut de consuetudine benè agendi, aut de magno ad superandos obices conatu ? hæc enim omnia virtutis nomine promiscuè donantur. Et illud in cupiditates imperium quem habet finem ? An ut verum & bonum prosequamur ? An ut vincat alia cupiditas quæ cum cæteris pugnat ? Discussis fortasse vocibus, virtus & imperium in cupiditates idem esse videbuntur; proptereaque demùm ridicula erit quæstio quæ primo intuitu alicujus esse momenti videbatur.

3°. Peccat quæstionis expositio, si quædam complectatur quæ ad rem non pertineant, id est, in qua intermisceantur ideæ quæ ad quæstionis solutionem nihil conferre possint; ut si quis à me quærat cur Deus qui immensus est & æternus bonos in hac vita malis afficiat, improbosque bonis frui patiatur ? Quid enim attinet ad solvendam quæstionem oblata immensitatis aut æternitatis idea ? Hoc vitio careret quæstio, si iis constaret verbis, *cur Deus qui justus & bonus est hac in vita &c.*

4°. Vitium occurrit in quæstione, si casum multiplicem, naturâ diversum, confusè complectatur propositio, multiplicemque propterea requirat solvendi modum : tales forent quæstiones illæ : estne bellum utile ? An literatura plus noceat moribus quàm prosit ? Sunt enim bella justa, sunt & iniqua. Est literaturæ genus quod certis contentum limitibus moribus ferocitatem adimit, sine ullo virtutis detrimento : est & aliud quod mores frangit & à ferocitate ad muliebrem mollitiem deducit. Multæ igitur partes distinguendæ sunt ac veluti multæ quæstiones in singula hujusmodi quæstione, antequam illi fiat satis. Ejusdem generis sunt nonnullæ quæstiones, quæ tractandæ indicantur in commentariis periodicis. Quæstione legitimè definitâ, tum ad ejus solutionem ratiocinii ope procedit quisquis eidem solvendæ pares sibi vires inesse sentit. Quæ vires ut comparentur, autor sum ut in principio argumenta tractentur minùs composita, id est, quæ minorem idearum numerum complectantur, & ita mens paulatim assuescat ad difficiliora appositè, nitidè, breviterque exponenda. In quo quidem Geometræ nobis exemplo præeunt; utpote qui ratiocinandi filum ordiantur à facilioribus & simplicioribus, paulatimque assurgant ad maximè composita. Primò enim lineam variosque lineæ respectus explorant; inde gradum faciunt ad figuras quæ lineis compositæ minùs simplex menti objectum offerunt; denique perveniunt ad solida, quæ species est in spatii genere maximè composita. Huic regulæ quia non satis serviêre cæterarum scientiarum cultores, ideò Geometris inventione, ordine & ratiocinandi facilitate sunt longè inferiores.

Jam verò qui suas ad ratiocinandum tentare vires voluerit, ille duplicem adhibere poterit methodum, *Analyticam* scilicet, seu resolutionis & inventionis; & *Syntheticam*, seu doctrinæ & compositionis. Ut autem intelligatur quid sit utraque methodus, quidve inter se differant, observandum est naturalem esse quamdam idearum seriem quæ initium ducit à primis principiis & progreditur indefinitè ad consecutiones magis ac magis remotas; ita ut quædam sit veritatum inter se connexarum catena descendens. Hoc videre est in demonstrationibus geometricis, in quibus ab axiomatibus gradatim descenditur ad conclusiones; quæ conclusiones in principia convertuntur, ut ex illis alter fiat gradus ad conclusionem remotiorem, & sic deinceps indefinitè. Ratiocinandi filum si hoc pacto ordiaris, methodum syntheticam tenes natam demonstrandæ cæteris veritati cujus certiores jam facti fuimus: quapropter Synthesis dicitur methodus doctrinæ. Quò magis autem descenditur, id est, quò remotiores sunt à primis principiis conclusiones, eò magis composita sunt objecta, unde dicitur quoque methodus compositionis. Si verò filum aliâ ex parte ordiaris; si, verbi gratiâ, rem minùs generalem tribuas in partes, ut pateat quâ ratione, quo vinculo primis principiis connectatur objecta quæstio, & ab illa re composita, ad principia generaliora gradatim ascendas, quemadmodum fit in solvendis Algebræ problematibus, tunc methodo analyticâ uteris. Analysis autem cùm à compositis ad simpliciora ascendat, ut manifestum fiat rem connecti necessariò cum principiis generalioribus & indubitatis, ideo dicitur methodus resolutionis: & quia hoc pacto faciliùs & sæpiùs occurrit quærenti veritas, idcirco dicitur quoque methodus inventionis.

Utrique methodo quædam sunt communia. 1°. Utraque notum aliquid præresquirit. Synthesis, verbi gratiâ, prævia habet principia quorum ope, attentione præstitâ & commissis inter se ideis, procedatur ad conclusiones. Analysis verò præmittit conditiones definitas quarum ope cognosci possit ad quam principiorum catenam pertineat objecta quæstio. Illa præresquirit veritates perspicuè notas, antequam descendat ad alias minùs notas, minùsque compositas. Hæc vult duntaxat aliquid esse in ipsâ re notum, antequam relegendo principia perveniatur ad illud quod in eâdem re notum non erat. 2°. Utraque debet esse brevis, clara & certa. Si brevis, tempori parcitur & tædium amovetur: si certa, finem attingit suum: si clara, mentem illustrat facultatemque rectè judicandi amplificat. 3°. Cum productior est judiciorum series, ut illam mens faciliùs complecti possit, saltem quantùm satis est ad eruendam è tenebris veritatem quæ investigatur, signis sensibilibus atque semel definitis alligare, ut ita dicam, oportet quas prius comperimus veritates, ut catena propositionum sit veluti præsens oculis, aut eam mens facilè resarciat, si fortè interrupta fuerit. Hinc lineæ & figuræ certâ ratione descriptæ in Geometriâ; signa vocalia & alia definita in Algebrâ. Curandum præterea est ut illa signa sint, quantùm fieri potest, nuda ac simplicia, ne quod in illis abs re alienum erit mentem aliò detorqueat.

Methodus synthetica has peculiares habet regulas. 1°. Colligi debent quædam axiomata è quibus tanquam è fontibus fluant veritates quæ ratiocinando demonstrandæ suscipiuntur. 2°. Definiri debent accuratè voces quæ sunt extra usum aut quæ jam usu tritæ alio in sensu accipiuntur. 3°. Principiorum loco habendæ sunt definitiones istæ & axiomata, atque ea omnia quæ ab omnibus concessa sunt aut concedenda; sicque procedendum est donec deveniatur ad conclusionem quæ sit illud ipsum quod probandum est. 4°. In methodo modus est quidam probandi ita lucidus, ut mentem circa objecti naturam illustret, id est, proprietates aut proprietatum concordiam perspicuè ostendat. Est & alter modus probandi cæcus, ut ita dicam, quo mens convincitur quidem, propter absurda quæ sequerentur, nisi veritas quæ hoc pacto probatur, reipsa existeret; at non illustratur. Tunc homo quærens veritatem se habet instar cæcutientis qui filo certo sua regeret vestigia. Prior modus posteriori anteponendus est quoad fieri poterit: fit enim in casu peculiari facilior doctrinæ applicatio, cùm rem ipsam evidentiâ immediatâ attingimus, quàm cùm ex absurdis demonstratam tenemus. Sunt tamen nonnullæ propositiones quæ alio pacto hucusque demonstrari non potuerunt, qualis est ista: cùm radix numeri integri numero integro exprimi non potest, numero quolibet fracto pariter exprimi nequit.

Analysi hæ regulæ propriæ sunt. 1°. Diligenter

investigandus est quæstionis status, nota ab ignotis secernenda, inutiles conditiones resecandæ si quædam sint appositæ, & quæstio ad voces simpliciores redigenda, id est, præcisè quantùm fieri potest exponenda. 2°. Necesse est ut sive possibilis, sive sit impossibilis solutio quæstionis his aut illis circumvestitæ conditionibus, videatur quid ex illis simul collatis oriri possit, donec perveniatur ad aliquid quod evidens sit vel evidentiâ immediatâ, vel merâ connexionis evidentiâ. Si perveniatur ad aliquid evidens immediatâ evidentiâ, possibilis est quæstionis solutio & solvi debet per manifestationem partis illius quæ ignota erat. Si verò perveniatur ad conclusionem quæ sit duntaxat evidens evidentiâ connexionis, in quâ scilicet consequens sit evidenter falsum, tunc quæstio solvetur per demonstrationem impossibilitatis. Ostenditur quippe quæstionem contradictoriis esse propositionibus impeditam. Hæc de Analysi nunc sunt satis; cætera dabit usus Algebræ & lectio causarum quas in genere judiciali egerunt insignes Patroni. In illis etenim methodo analyticâ à factis ad jus procedunt ut plurimùm Oratores. Pariter usus regularum methodi syntheticæ, tum illius quæ mentem illustrat evolutis rei principiis, tum etiam illius quæ ex absurdo demonstrat, centies obvius erit Geometriæ cultoribus. Quæ verò vitia sint potissimùm declinanda patebit in Concertatione sequenti.

CONCERTATIO NONA.

Methodus jamdudum in Scholis adhiberi solita, aliquâ ex parte laudanda est, ac proinde retinenda; aliâ verò ex parte vitiosa, ac propterea emendanda.

P<small>RIMAM</small> propositionis partem sic probo. Geometrica demonstrandi methodus est omnium optima, fatentibus illis quicumque ratiocinandi artem in multiplici

tiplici genere callent : unde consequens est eam quæ accedit ad geometricam esse saltem ex hac parte laudabilem atque retinendam : atqui methodus in Scholis instituta accedit ad geometricam. Nam in hoc potissimùm eminet geometricæ utilitas, quòd remoto omni verborum fuco, reciso quolibet ornatu ambitioso, omissis sententiis quæ ad voluptatem audientis aut legentis potiùs quàm ad rem probandam conferunt, à principio nudè exposito transitus fiat ad conclusionem, unâ ad summum propositione intermediâ quæ ostendat conclusionem in principio contineri ; & exinde citra moram conclusio in principii alterius locum succedat, ex quo, interpositâ ad summum unâ propositione, gradus fiat ad alteram conclusionem, & sic deinceps : atqui hæc est methodus in Scholis jamdudùm instituta : nam secundùm methodum scholasticam notiones quædam & axiomata præmittuntur ; tum theorema exponitur, ut antequam se quis ad probandum accingat, notum sit apprimè quid probandum suscipiatur : denique ex adhibito principio, interpositâ ad summum propositione, eruitur conclusio quæ ipsa fit principium, & sic deinceps, usque dum ad eam conclusionem ventum sit quæ theorema contineat ; ergo methodus scholastica ex unâ parte accedit ad geometricam, proindeque laudanda est ac retinenda.

Et certè experientia nos docet ornatum dicendi genus multùm quidem conferre ad suadendum propter voluptatem quâ legentium aut audientium animi demulcentur ; at rarò conferre ad mentem illustrandam ; tum quia veritas hocce ornatu impedita non se qualis quantaque est apertè ostendit ; tum etiam quia imagines multæ vocibus metaphoricis objectæ animum à veritate ad vanam speciem divertunt ; tum denique quia connexio veritatum in tam prolixo tamque splendido verborum ac sententiarum apparatu non ita facilè percipitur vel ab iis qui in arte ratiocinandi sunt exercitatissimi : unde fit ut longè plurimi tunc impressione quâdam cæcâ po-

Tome I. L

tiùs vincantur quàm veri lumine illustrentur ; ergo illis qui in primo scientiarum limine versantur magnopere utilis est methodus quæ mentem primò uni applicet veritati, tum veritatum connexionem distinctè menti offerat citra illud errandi periculum quod ab Oratoris industria oriri solet : atqui sic se habet aliqua ex parte methodus scholastica ; ergo &c.

Eadem veritas confirmabitur lectione operum philosophicorum Mallebranchii & Cruzatii : quamvis enim illi sint in arte ratiocinandi principes, eum tamen oportet esse in philosophando exercitatum qui apud eos notionum connexionem percipit.

SECUNDA PARS sic probatur. Illa methodus vitiosa est quæ extra objectum disciplinæ proprium longiùs excurrit ; quæ in idem disciplinæ corpus membra cogit minùs inter se cohærentia, & quæ inutilibus immoratur : atqui hæc omnia occurrunt in methodo quæ jamdudum Scholas obtinet ; & ne majore exemplorum numero fiat productior hujusce assertionis probatio, nonnisi à variis Philosophiæ scholasticæ partibus exempla ducemus.

1°. Logica & Moralis quales vulgò traduntur, vix quidquam de genuino objecto suo offerunt : nam scientiæ practicæ quæ vix quidquam dicunt de præceptis ad assequendum finem sibi proprium adhibendis, certè ab objecto suo plus æquo declinant : atqui sic se habent Logica & Moralis scholasticæ, ut patebit legentibus illa hujusmodi opera quæ celebrantur adhuc in omnibus ferè Gymnasiis ; adeo ut assimilata fuerint quibusdam Montanii paragraphis, in quibus quod titulo Autor pollicetur, id ferè unum desideratur.

2°. Illæ disciplinæ in unum corpus membra cogunt minùs inter se cohærentia : nam illarum Autores nondum hucusque perfecère ut prima quæstio esset ad secundam gradus, & secunda ad tertiam, sicque deinceps, ut apud Geometras. Unde fit ut tam potuerint quandoque ab ultimo capite exordium sumere quàm à primo ; quod certè ideo contingit quòd ea non adhibeant principia quæ sunt maximè generalia simul & maximè fœcunda.

3°. (Et hoc vitium cæteris est meo quidem judicio gravius), inutilibus applicant disceptandi artem. Quid enim utile habuit illa de definitionibus disceptatio, cùm ferè omnes definitiones sint nominis, nec de nominis definitionibus sit disceptandum? Quid utilitatis attulit acris illa disceptatio de gradibus metaphysicis, de relationibus; de modo quo Deus in nobis operatur, cùm nondum constet neque constare possit de modo quo nos ipsi cogitamus; de beatitudine formali; de animæ domicilio, an in cerebro & quâ in parte cerebri sedem illa habeat; sexcentæque aliæ quæstiones quas si recensere velim, vix ullus esset dicendi finis? Adde varia systemata seu hypotheses æternùm incertas quæ etiamnum proponuntur & propugnantur in Physicâ; quanquam illa pars Philosophiæ jam feliciter est magnâ ex parte emendata; ergo vitio non caret & quidem multiplici methodus scholastica; ergo emendari debet.

TH. Miror certè, Eugeni, eam tibi videri laudabilem ac retinendam methodum quæ omnibus tetrica & barbara videtur. Vin' tu ergo in arida illa ac jejuna argumentationum collectione quæ disciplinis scholasticis materiam præbet, frustra desudare adolescentium ingenia? Quin potiùs methodum Mallebranchii commendas? Ego quidem hoc uno argumento tuam propositionem elidere posse mihi videor. Methodus obscura non accedit ad geometricam quæ omnium est maximè perspicua : atqui methodus scholastica est valdè obscura; ergo &c.

EUG. Distinguo majorem : methodus obscura ratione sui non accedit ad geometricam, concedo; ratione materiæ cui applicatur, nego. Distinctâ minore, nego consequentiam. Methodus scholastica est quidem in multis obscura ratione materiæ cui applicatur : tum quia materiam philosophicis disceptationibus ineptam deligunt multi Scholastici; quales sunt

L ij

quæstiones de modo quo Deus operatur; quo animæ percipit, reminiscitur, libertatem exerit suam &c. tum etiam quia permulti quamvis eam tractent materiam quæ ratiocinio illustrari possit, instituta tamen methodo legitimè non utuntur. At obscura non est ratione sui; nam ubicumque in materia congruenti rectè observatur, necesse est brevi certam erui conclusionem, cùm juxta illam methodum principium præmittatur indubitatum, & propositio intermedia, quæ ad summum una est, perspicuè ostendat conclusionem eruendam in præmisso contineri principio. Quapropter methodi illius sequaces uno ferè intuitu vident principium, conclusionem & utriusque connexionem; quod certè in alia methodo ornatiori & prolixiori fieri facilè non potest, ut experientiâ constat.

Quin potiùs, inquis, methodum Mallebranchii commendo? Quasi verò illam improbare voluerim! Absit, Theodore; nemo enim, meo quidem judicio, inter recentiores de rebus philosophicis dixit graviùs, ornatiùs ac vehementiùs. Miræ sunt in illo, vel ad ea quæ maximam habent paradoxi speciem suadenda, artes, ne dicam blanditiæ. Adde æquabilem styli dignitatem, rerum quas suscipit explorandas nobilitatem atque ordinem; habebis certè multa quæ Mallebranchianam methodum commendent ut illis utilem qui jam in philosophando sunt exercitatissimi; non verò illis qui nondum callent ratiocinandi artem: hi etenim in prolixâ, ornatâ ac sententiis interruptâ argumentatione connexionem conclusionis cùm principio non assequuntur; adeo ut veritates à Mallebranchio expositas memoriâ quidem retinere possint, ratiocinando verò nondum demonstrare valeant. Suum sit ergo pretium methodo quâ hoc facilè præstare possunt qui prima Philosophiæ elementa addiscunt.

TH. Atqui hoc non præstat methodus scholastica, ut qui primas in ratiocinando vires experiuntur, notionum connexionem assequantur: nam ut ait Mon-

tanius & multi cum eo non imperiti rerum philosophicarum judices ; *qui a pris de l'entendement à la
Logique ? Où sont ses belles promesses ?* Nec ad melius
disserendum, nec ad commodiùs vivendum. Unde sic argu-
mentari est : methodus quæ in Logicâ nil confert ad
melius disserendum, & in Morali nihil ad vitam sa-
pientiùs instituendam, certè vituperabilis est, proindeque abjicienda : atqui istud dicitur nec immeritò de
methodo scholasticâ ; ergo &c.

EUG. Distinguo majorem : methodus quæ nihil
confert, etiamsi legitimæ materiæ aptetur, concedo ;
quæ ideo nihil confert quod sit ineptæ materiæ accommodata, nego. Quæ ut responsio fiat tibi, Theodore, magis perspicua, duplicem distinguo partem in
methodo scholasticâ, delectum nempe materiæ, &
procedendi artem ac regulas. Prima pars vitiosa est ut
constat ex secundo probationis articulo; materia quippe
ex qua coalescunt Logica & Moralis scholasticæ, nihil
aut parùm confert ad comparandam sanè judicandi
& rectè vitam instituendi facilitatem. At si legitimus
fuisset materiæ delectus, altera pars ejusdem methodi
aptata tali materiæ hanc illustrasset effecissetque profectò ut minùs inaccessa foret adolescentûm ingeniis,
cùm sit brevis, clara & ab omni ornatu alieno expedita.

TH. Atqui non modò quantùm ad illegitimum materiæ delectum, verùm etiam quoad ratiocinandi artem
vitiosa est methodus scholastica. Illa enim ars non
est brevis & expedita quæ voces adhibet partìm barbaras, partìm obscuras, partìm omni sensu vacuas :
atqui voces hujusmodi ad nauseam usque adhibet
methodus scholastica ; unde fit ut plerique hominum
malint ignorare disciplinas in Scholis tradi solitas,
quàm longa ferre sermonis obscuri, inanis ac barbari
fastidia ; ergo &c.

EUG. Antequam huic argumento faciam satis, sine
nonnulla præmittam de vocibus insolitis, obscuris &
barbaris, atque de illarum usu. 1°. Sunt in quâvis dis-

ciplinâ multa quæ extra usum communem versantur; res illæ suis non sunt donatæ nominibus, nisi ab inventoribus; quæ nomina cùm veniant duntaxat in usum eruditis, nihil mirum si qui scientiarum elementa ediscunt, insolitis quibusdam nominibus offenduntur. At illud incommodi nullibi vitari potuit. 2°. Cùm sint quædam veteribus nota quidem, sed indicta, aut longo verborum circuitu exposita, propriis illa nominibus si nuncupare volueris, necesse est admitti voces barbaras; quales sunt istæ, *sensatio*, *certitudo*, *configuratio*, *accidens* &c., quo pacto brevitati consulitur; ideoque modò non sit nimius hujusmodi vocum usus, ignosci debet Scriptori qui nudâ veritate mentem duntaxat cupit illustrare, non autem palpare animos purâ & concinnâ oratione. Quod attinet ad voces obscuras & æquivocas, methodus scholastica jubet illas definitione aut distinctione elucidari. Quibus præmissis, distinguo majorem. Methodus illa non est brevis & clara quæ voces adhibet peregrinas citra necessitatem majoremve utilitatem, & obscuras absque definitione, concedo; quæ priores adhibet propter necessitatem majoremve utilitatem, & posteriores definitione illustrat, nego. Jam verò hæ sunt methodi in Scholis institutæ regulæ. 1°. Ut nova idea novo donetur nomine, aut si nomen istud inter trita usu communi verba eligatur, comes adsit definitio nominis. 2°. Ut nominibus multas complexis ideas vitetur longus verborum circuitus, finganturque ad brevitatem, si nondum sint instituta illa nomina. Hoc ipsum observasse Tullium ostendunt ejusdem de rebus philosophicis lucubrationes. 3°. Ut obscura quæque definitione & scholiis illustrentur.

TH. Verùm nimius est in istâ methodo vocum insolentium usus, & ipsæ definitiones sunt sæpè vocibus definitis obscuriores; talis est ista definitio materiæ: *Materia est id quod est, neque quid, neque quantum, neque quidquam eorum quibus ens determinari solet*; & ista motûs: *Motus est actus entis in potentiâ quatenùs in potentiâ.* Quædam sunt nugatoriæ; si enim quæras à Scholastico quid sit quantitas, ille respondebit confidenter; *quantitas est id quod respondetur quærenti quanta sit res.* Quo jam pacto evinces, Eugeni, methodum scholasticam esse utilem atque luculentam?

EUG. Adverte paulisper, Theodore: id enim vitii methodo affingis, quod aliquibus methodo abutentibus est ascribendum. Quemadmodum autem non culpanda est methodus geometrica quòd Spinosa & Eques de Causans methodo illâ malè utentes ridicula & absurda scripserint, tenebrasque è luce eduxerint, nedum lucem è tenebris: ità non incusanda est methodus in Scholis instituta, si multi ab illa recedentes, inepta, absurda & indigesta scripsêre.

TH. Unum superest quod objiciam, quodque, meo quidem judicio, gravissimum. Illa certè methodus vitiosa est quam ingenuus quisque excusso Scholarum pulvere dediscere debet: atqui quisquis politiorum literatorumque hominum cœtibus se cupit immiscere, scholasticam ratiocinandi methodum oportet prorsùs abjiciat: quis enim non tollat cachinnos, si quis vel cum familiaribus, vel publicè verba faciens, primùm axiomata recenseat, tum siccâ ac macilentâ oratione meros crepet syllogismos; ergo &c.

Neque dixeris id esse necessarium aut utile adolescentibus, quamvis idem jam maturis inutile sit & indecorum. Nam Gymnasiorum alumni non minùs sunt vero intelligendo idonei citra methodum scholasticam, quàm plebecula intelligendis præceptis moralibus à Concionatore tradi solitis: atqui negabunt profectò omnes, plebem methodo scholasticâ utiliter edoceri posse quæ ad Moralem & Religionem pertinent; ergo pari jure inepta est eadem methodus ad studiosam juventutem disciplinis informandam.

EUG. Respondeo 1°. generalem non esse majoris veritatem. Methodus enim appellandi literas & syllabas quâ pueri prima literarum elementa addiscunt,

L iv

sicque sibi consuetudinem faciunt legendi facilè & loquendi, laudabilis est ac retinenda. Hanc tamen abjiciant oportet vel antequam ludi pulverem excutiant; ergo non ideo methodus aliqua vituperari debet quòd hæc non sit in posterum usurpanda.

Respondeo 2°. distinguo minorem. Ingenuus quisque methodum scholasticam excusso Scholarum pulvere abjicere debet, id est, non debet usurpare publicè, concedo. Non secum tacitè aut in suis colloquiis cum egregiæ spei adolescentibus quorum animos ad verum fingere cupiat, nego.

Qui publicè verba facit non hoc solum sibi proponere debet ut verum quale est ostendat, sed ut oppositam cupiditatum humanarum vim vel eludat ingenii dexteritate, vel orationis vehementiâ elidat. Quapropter illi opus est ornatâ elocutione, ut animos sibi conciliet audiendi voluptate; opus est figuris & sententiis distincta niteat oratio; ut piger ad præstandam attentionem verumque capessendum auditor interdùm exsuscitetur: cùmque major pars hominum sensibus suis potiùs quàm rectæ Rationi mancipetur, ad affectus commovendos se potissimùm convertere debet Orator, ut hoc pacto veluti extorqueat quod nudâ Ratione non potest obtinere; & hoc certè naturæ humanæ vitium est quòd homines ad utilia prosequenda nudâ veritate & brevi simplicis argumentationis viâ adduci non possint. Ideo tantùm utilis est eloquentia quòd homines impetu cupiditatum abrepti patientem aurem Rationi facilè non accommodent. At illis qui cæteros aliquandò regere ac docere debent, quosque propterea rectæ Rationi, depositis affectibus, mancipari oportet, utile est ut vero nudè intelligendo assuescant. Orator ipse antequam concionem habeat, quid verum sit, quid utile, debuit methodo geometricæ quantùm fieri potest simillimâ investigare; quod quidem nisi præstiterit, periculum est ne eâdem facilitate auditoribus nociva falsaque suadeat quàm vera & utilia.

Jam vero cùm generosa juventus quæ liberalibus artibus dat operam, ad hoc destinetur ut munia quædam publica obeat in posterum, necesse est illa quoque, depositis affectibus, vero nudè intelligendo assuescat: atqui evidens est illam consuetudinem non posse breviùs ac faciliùs comparari quàm ope methodi geometricæ, aut quæ ad methodum geometricam accedat quàm maximè; ergo 1°. utilis est studiosæ juventuti methodus quam propugnamus. 2°. Utilis est quoque viris jam maturis usus tacitus ejusdem methodi. Namque nisi quis orationis vel eximiæ & suffragiis publicis maximè comprobatæ Analysim perficere, nisi Oratoris ratiocinia ex illâ veluti ornamentorum turbâ eruere & sigillatim sibi proponere poterit, nunquam is certè assequetur an verè bona & utilia docuerit Orator; an ille ipse specie veri bonique deceptus, cæteros eâdem larvâ fefellerit. Quod quidem comparatione illustrare juvat. Vulgus de corporis humani structurâ & artificio per externam speciem motusque sensibiles judicat. Oris venustas, exterior membrorum compositio & alacritas plus admirationis movere solent, quàm internus ossium ac musculorum ordo, sinè quo tamen quod videtur exteriùs nihil est. Si agitur de introspiciendâ illâ corporis humani compositione mechanicâ, hoc tædio simul & horrori vulgo erit. Vix possunt plebeia ingenia nudam, solutis omnibus tegumentis, ossium compaginem intueri, unde tamen robur corporis humani æstimat vir Philosophus. Pari errore ac stultitiâ vulgus solam externam speciem, & summam, ut ita dicam, orationis cutem, si venusta sit, demiratur. Soli prudentes & in ratiocinando exercitati, solutis omnibus veluti tegumentis eloquentiæ, introspiciunt orationis corpus & quâ stet ratiocinii compage explorant. Jam vero hoc maximè ad viros maturos pertinet; ergo illis quoque utilissima est, nec unquam abjicienda methodus nudè ratiocinandi quæ in Scholis instituta est.

TH. Nunc aliam induo perſonam, Eugeni; finge me ex eorum eſſe numero qui in Scholis diù verſati vix quidquam aliud nôrunt, quàm quod in Scholis vulgò agitatur. Sic igitur alteram tuæ propoſitionis partem aggredior. Ideo tibi emendanda videtur methodus ſcholaſtica quòd extra objectum excurrant diſciplinæ ſcholaſticæ ; quòd minùs cohæreant inter ſe ejuſdem diſciplinæ partes; quòd denique multa in qualibet tractentur inutilia ac nugatoria : atqui triplex illa ratio nulla eſt. 1°. Falſum eſt excurrere diſciplinas ſcholaſticas extra objecti ſui limites; nam quod pertinet ad præceptorum materiam in Logicâ & Morali, quod pertinet ad ens in Metaphyſicâ, ad corpus in Phyſicâ, eſt certè de objecto illarum Philoſophiæ partium : atqui quæcumque in Logicâ & Morali tractantur referuntur ad præceptorum materiam; quæcumque in Metaphyſicâ ad ens ; quæcumque in Phyſicâ ad materiam; ergo diſciplinæ ſcholaſticæ non excurrunt extra ſuum objectum ; & quamvis excurrerent, non ideo incuſanda foret ſcholaſtica methodus, niſi velis vituperandas eſſe quaſcumque digreſſiones.

EUG. Diſtinguo minorem. Quæcumque tractantur in illis diſciplinis, referuntur ad illarum objectum relatione generali, concedo : relatione peculiari & ad finem propoſitum legitimè directâ, nego. Equidem diſſertatio de gradibus metaphyſicis, de veritate idearum, de beatitudine formali, &c. refertur ad ens, ad præcepta &c., ſed relatione ita generali, ut illæ quæſtiones tam poſſint eſſe de objecto alterius diſciplinæ, quàm illius cui inferuntur : quod certè non ſatis eſt ut poſſint cenſeri illæ diſciplinæ intra objecti ſui limites contentæ: cùm enim omnia relatione aliquâ inter ſe connectantur, ſi relatio generalis eſſet ſatis, una foret tantùm diſciplina, unum objectum quod omnia complecteretur ; ergo neceſſaria eſt relatio peculiaris rei alicujus ad objectum diſciplinæ, ut hæc fieri poſſit pars legitima ejuſdem diſciplinæ : ſic Logica &

Moralis non excurrent extra suum objectum, si præceptis nihil adjecerint, nisi quod conferat ad intelligenda & applicanda faciliùs præcepta, unde unde illam materiam petant; Metaphysica, si de Deo rerumque essentiis metaphysicis sermonem habeat, quamvis à Religione Christianâ id mutuetur quod ad hujusmodi objectum elucidandum conferat; Physica, si nihil ab historia naturali petat, nisi quò planior fiat legum physicarum intelligentia. Piget autem referre quoties ab istâ regulâ recesserit methodus in Scholis instituta.

Quod addis de digressione, verum quidem est, si agitur de digressione brevi quæ levamen menti suppeditet. At multas prolixasque digressiones quæ ad mentis levamen nihil conferunt, contendo prorsùs esse ablegandas.

TH. Probo nunc secundam minoris partem, scilicet non ideò vitiosam esse methodum scholasticam, quòd à se invicem non pendeant quæstiones in disciplinis scholasticis collectæ: non enim peccatur in eo omittendo quod fieri non potest: atqui impossibile est cohærere inter se disciplinæ scholasticæ partes eodem modo quo res geometricæ simul invicem cohærent; ergo &c.

EUG. Distinguo minorem. Impossibile est eodem modo cohærere partes disciplinæ scholasticæ, id est, impossibile est omnia esse primi theorematis corollaria, concedo: impossibile est nos naturalem quemdam idearum ordinem sequi, quem ipsa præstat materia tractanda, nego.

Experientiâ constat 1°. quemdam esse idearum ordinem qui ideo dicitur naturalis quòd illum menti indicet materia tractanda, & finis quem nobis assequendum proponimus. 2°. Isto ordine levari attentionem & memoriam eorum qui disciplinis dant operam; ergo qui discentium utilitati consulit, istum servet ordinem necesse est. Periculum enim erit ne, si omittatur ille ordo, oriatur in mente discentium primò rerum confusio, paulò post, maximæ partis oblivio.

TH. Quod ad tertiam partem attinet, nego inutiles esse quæstiones quas in exemplum adduxisti: nam illud non est inutile quod acuit ingenium, fingitque ad subtiliter argumentandum & respondendum: atqui tales sunt illæ quæstiones ut qui eas alacri animo per totum Philosophiæ curriculum suscepêre disceptandas, sint in cæteris quoque rebus disceptatores acerrimi iidem & acutissimi, teste experientiâ; ergo &c.

EUG. Distinguo majorem. Illud non est inutile quod acuit ingenium &c., deficientibus argumentis certis, & alicujus momenti, concedo: si non desint hujusmodi argumenta, nego. Concessâ minore, nego consequentiam. Itaque si nullum esset argumentum alicujus momenti ad studiosæ juventutis captum accommodatum; si nulla foret materia certa in quâ versandâ ratiocinandi facultatem posset comparare, non absurdum foret argumenta tractare nugatoria, quibus adolescentes ad argumentandum & respondendum acuerentur. Quemadmodum iisdem utile foret mittere lapillos in flumen, si arte aliâ utiliori vires explicari & confirmari non possent. Verùm crevit in immensum numerus argumentorum utilium in quibus versandis cognitiones magni momenti simul cum facilitate ratiocinandi paulatim menti adveniunt. In senili illâ methodo crescunt quidem vires animi, at sinè opibus: in eâdem emendatâ crescerent opes cum viribus. Quin & hoc insuper in methodo scholasticâ vitii est, quòd assuescant adolescentes disputare & quidem acriter de rebus vanis quibus aliquid interesse momenti existimant, quibusque ita interdum delectantur, ut alias disciplinas fastidio habeant; assuescant quoque tricis & fallaciis, ita ut plerique nedum argumentum ratiocinando illustrent, illud è contrà Logicæ artificiosæ (sic enim dicta est Logica scholastica) dolis impediant & obscurent.

« Le mot d'artificiel (inquit Cruzatius) présente
» une idée accessoire qui tend à rendre la Logique
» suspecte, comme si c'étoit un ouvrage tout plein

» d'artifices, de subtilités & de ruses : soupçon qui ne
» tombe que trop légitimement sur la Logique qu'on
» appelle de l'École, destinée à former les jeunes gens
» au méprisable & odieux art d'embrouiller, d'embar-
» rasser par des tas de difficultés, d'équivoques, d'ob-
» jections opiniâtres, au secret enfin de faire durer les
» disputes par des réponses vagues & des distinctions
» qui, au-lieu de terminer & de lever les difficultés,
» leur donne lieu de se multiplier ; & au-lieu d'éclair-
» cir, ne font qu'étendre les ténèbres & les épaissir :
» car en ce sens, grand disputeur & grand Logicien
» sont des termes synonimes ».

Jam monuimus in ratiocinando conclusionem à principio inferri ope unius ad summum intermediæ propositionis ; quod negotium nobis superest fusiùs explicandum.

LEGES RATIOCINII.

Illud sæpè contingit ut, inspectis duabus ideis, non percipere possimus habitudinem concordiæ vel discordiæ quæ inter utramque occurrit. Quapropter, si non adsit idea tertia, cujus ope manifesta nobis fiat hæc habitudo, hærendum est in perpetuo dubio circa illam concordiam vel discordiam ; si ergo ignoratur habitudo ideæ alterius ad alteram, animus convertendus est ad aliquam ideam tertiam quæ alterutri priorum sit manifestè conjuncta. Tunc si idea illa tertia, quæ alio nomine dicitur *media* sit quoque alteri conjuncta, colligendum est priores esse simul conjunctas. Sin autem media cum alterâ priorum conjuncta sit, ab alterâ verò separata, colligendum est priores esse separatas. Primum consecutionis genus affirmativum dicitur, posterius verò negativum. Quod ut fiat magis perspicuum, adhibebimus literas, A, B, C, quæ cùm nullam ideam sigillatim exprimant, ad quaslibet significandas usurpari possunt.

Itaque si A idem sit ac B, & B idem sit ac C,

consequens est A idem esse ac C ; si A idem sit ac B, & B non idem ac C; ergo A non est C. Pariter si A æquat B, & B æquat C; ergo A æquat C. Pariter quoque si A sit media pars quantitatis C, & B media pars ejusdem quantitatis C; ergo A æquat B. Si autem A æquet C, aut sit media pars ejusdem quantitatis C; si vero B non æquet C, nec sit media pars ejusdem quantitatis C; ergo A non æquat B; & sic de cæteris habitudinis speciebus. Rem aliquo exemplo illustremus. Si quæratur utrùm Deus summo sit amore colendus, adsunt mihi duæ ideæ, scilicet Dei & summi amoris, quæriturque an sit summi amoris habitudo ad Deum. Si ergo à primo intuitu, inspectis illis ideis, habitudinem non intelligam sive concordiæ, sive discordiæ, converto me ad tertiam ideam, scilicet ad ideam Entis summè perfecti, quam Deo convenire novi; deinde attendo utrùm idea summi amoris respondeat ideæ Entis summè perfecti, quod ut semel comperi, colligo; ergo Deus summo est amore colendus. Tota verò hæc mentis operatio sic exprimitur : Deus est Ens summè perfectum : atqui Ens summè perfectum summo est amore colendum ; ergo Deus est summo amore colendus.

Si quæratur utrùm anima sit corporea, hæreasque in assignandâ habitudine animæ cum corpore, animum converte ad tertiam ideam quæ alterutri competat, scilicet ad ideam entis singularis, quam animæ sensus intimus congruere docet. Posteà adverte utrùm idea illa media corpori conveniat. Quod ut semel falsum esse compereris, colliges animam non esse corpoream; quæ mentis operatio sic exprimitur : anima est ens singulare : atqui corpus non est ens singulare ; ergo anima non idem est ac corpus.

Ad ratiocinandum igitur tres ad minimùm ideæ requiruntur, prima subjecti ; id est, rei de quâ aliquid affirmatur aut negatur ; secunda attributi, scilicet rei quæ affirmatur aut negatur ; tertia media

DE LOGICA.

propter quam affirmatur aut negatur. Si idea media non fuerit satis ad manifestandam habitudinem subjectum inter & attributum, aliae quaerendae sunt, quarum ope gradatim perveniatur ad illam habitudinem cognoscendam. Si, verbi gratiâ, quaeratur utrùm A sit D, & notum quidem sit A & B idem esse, nondum verò deprehendatur utrum B & D idem sint; colligi non poterit A esse vel non esse idem ac D; quapropter medium aliquid, C, verbi gratiâ, quaeritur; quod si idem fuerit quàm B & D, colligi demum poterit A esse D. Haec mentis operatio duplici ratiocinio exponitur. A est B : atqui B est C; ergo A est C.

Quae conclusio in principium convertitur fitque prima propositio ratiocinii subsequentis : A est C : atqui C est D ; ergo A est D.

Exemplo regulam istam illustremus. Quaeritur an avarus sit miser : investigo aliquam ideam mediam quae probet concordiam ideae avari cum ideâ miseri : offert se mihi idea egentis multorum, quae quidem convenit misero; at nondum scio utrùm avaro quoque conveniat. Aliam igitur quaero ideam quae probet concordiam ideae avari cum ideâ multorum egentis ; obvia se dat idea multa cupientis, quae convenit avaro simul & multorum egenti. Quibus ideis exploratis, sic ratiocinium expono : avarus multa desiderat : atqui qui multa desiderat, multis indiget ; ergo avarus multis indiget.

Quae conclusio sit major ratiocinii subsequentis. Avarus multis indiget : atqui quisquis indiget multis est miser; ergo avarus est miser.

Cùm autem conclusio in principium, nullâ propositione interpositâ, vertitur, haec repeti non solet.

Ut idearum voces & judiciorum propositiones, ita ratiocinii signum est argumentatio. Septem vulgò proponuntur argumentationis species, inductio scilicet, exemplum, sorites, dilemma, enthymema, epicherema, syllogismus.

Inductio argumentationis est genus in quo è multis singularibus aliquid generale colligitur, ut si quis dixerit : fortitudo colenda est, temperantia item, prudentia & justitia sunt colendæ; ergo omnes virtutes morales sunt colendæ. Rarò legitimè usurpari potest hujusmodi argumentatio, cùm rarò fieri possit omnium singularium enumeratio : observabimus tamen è majori parte erui posse propositionem moraliter generalem : ex eo quòd, verbi gratiâ, longè major mulierum numerus sit loquacium, dici potest generatìm; mulieres sunt loquaces. Verùm tunc à generali ad singulare nulla est consecutio : quòd enim mulieres sint generatìm loquaces, concludi non potest Tulliam esse loquacem; error tamen iste vulgaris est. Si enim amore aut odio aliquam prosequimur societatem, de quibusdam causis moraliter generalibus, amamus aut odimus singulos eorum qui in illa societate versantur, quodque de pluribus dicitur, in singulo affingimus. Normannus est iste? ergo versipellis; Vasco? ergo ostentator sui.

Exemplum est argumentatio quâ ex simili simile colligitur; verbi gratiâ, Deus ignovit Davidi verè pœnitenti; ergo ignoscet & mihi verè pœnitenti. Nihil peccat hujus modi argumentatio si eadem sit utrinque ratio similitudinis, ut in exemplo mox allato. Cùm autem similitudinis ratio pendeat quandoque à rebus innumeris non satis observatis, fallax est ut plurimùm ista argumentandi ratio, ut hoc patebit exemplo. Vir ille probus suorum concivium amore fruitus est; ergo pari jure hic alter qui probus quoque est suorum concivium amore fruetur.

Notabis tria in propositione quâvis distingui, subjectum scilicet, attributum & vocem quâ exprimitur affirmatio. Subjectum est vox seu vocum collectio quæ præit verbo affirmanti, seu affirmationem exprimenti. Attributum verò est vox seu vocum collectio quæ huic verbo postponitur. Vox quæ affirmationem exprimit, est illud verbum, *est*, cui simul & attributo cætera verba æquiparantur.

æquiparantur. Si agitur de ideis quas voces exprimunt, subjectum est id de quo aliquid affirmatur aut negatur, attributum vero illud quod affirmatur aut negatur.

Sorites est argumentationis genus in quo sic inter se multæ propositiones connectuntur, ut attributum præcedentis fiat subjectum subsequentis, usque dum perveniatur ad illud attributum cujus habitudo cum primo subjecto investigatur. Facilius patebit exemplis propositis quo sorites pacto usurpari legitime possit. A est B, B est C, C est D; ergo A est D.

Si probandum sit quantitatem aliquam esse aliâ majorem, sic per soritem probari poterit. Quantitas A est major quantitate B; B major quantitate C, C major quantitate D; ergo potiori jure quantitas A major est quantitate D. Sit hoc aliud exemplum: Dux exercitus imperat omnibus Præfectis ejusdem exercitûs: Præfecti suis quisque Tribunis: Tribuni Centurionibus: Centuriones gregariis militibus; ergo Dux exercitus imperat gregariis militibus. Hujusmodi argumentationis multa sunt exempla in Mathesi, ut illius disciplinæ studiosis patebit. Ejus certitudo fundamentum habet vel in æqualitate rerum quæ simul conferuntur, vel in æqualitate habitudinis seu respectus quo res diversæ comparantur. Quæ si adsint & si cunctæ propositiones quæ conclusioni præeunt, sint veræ, conclusio erit certa. Sed quandoque fallit argumentantem mutatio apparens attributi in subjectum propositionis subsequentis. Quod quidem fiet exemplo manifestum. Cato amicus est Ciceronis; Cicero Pompeii; Pompeius Appii; ergo Cato amicus est Appii.

Dilemma est argumentationis species cujus prima propositio disjunctiva dicitur, id est, duas partes oppositas complectitur; quarum si utramlibet negaveris vel admiseris, in angustias redigeris. Cornutum dicitur, eò quod utrinque veluti gemino cornu feriat. Probandum sit, verbi gratiâ, omnes in hac vita esse miseros, sic rem dilemmate conficio: quisquis in hac vita verfatur, vel cupiditatibus fervit, vel illi repugnat; fi fervit, mifer eft; fi repugnat, eft quoqu[e] mifer; ergo quifquis in hac vita verfatur, mifer ef[t]

Cavendum eft, 1°. ne fit aliquod medium inte[r] ambas primæ propofitionis partes in dilemmate, u[t] fi quis dicat: omnis homo vel avarus eft, vel pro[-]digus; fi avarus, peccati reus eft, quia fervit mam[-]monæ; fi prodigus, peccati quoque reus eft, quò[d] ea ftultè dilapidet quæ in legitimum ufum impender[e] tenebatur; ergo omnis homo peccati reus eft.

Ideo peccat iftud dilemma, quia medium eft inte[r] avaritiam & prodigalitatem; liberalitas nempe certi[s] limitibus circumfcripta, ut neque nimio fumptu infa[-]niat, neque parciore fordefcat.

Cavendum eft 2°. ne partes dilemmatis propofitio[-]nibus interrogantibus tueamur, ut fi quis ita ratiocinare[-]tur: vel Petrus quam ambibat dignitatem, hanc meritu[s] eft, vel non; fi non meritus eft, quare ambiendi facta eft illi licentia? Si meritus, quare non eft affecutus? ergo iniquè cum Petro actum eft. Licèt enim quæftio[-]nibus non poffit fatisfieri propter factorum ignoran[-]tiam, non propterea vincit conclufio, ut patet exem[-]plo allato. Poteft enim ille jure obtinere ambiendi licentiam, qui non meretur ut cæteris candidatis an[-]teponatur. Illud demum inane eft argumentum ac ri[-]diculum quod folâ ignorantiæ confeffione folvitur. Nullâ potiori ratione confutari poteft dilemma ob[-]jectum quàm fi illud in torquentem retorqueas. Sit, verbi gratiâ, aliquis ita ratiocinans.

Vel electus fum ad æternam felicitatem, vel repro[-]bus; fi electus, ergo fruftra illaborem æternæ felicitati affequendæ; qui enim femel electus eft ab immutabili Deo, hic fieri reprobus non poteft: fi è contra fum reprobus, fruftra quoque faluti æternæ illaborem; fiquidem electus fieri non poteft, qui femel eft repro[-]bus; ergo quiefcendum mihi eft, nec ulla virtutis aut vitii habenda ratio. Quod quidem dilemma fic poteft retorqueri.

Vel hoc mense extremum obibis diem; vel non: si primum, frustra edulibus uteris, siquidem corpus morti proximæ ex decreto Dei debitum eripere edulia non poterunt: si secundum, frustra quoque alimentis uteris; comedas enim necne, non morieris; ergo ab eduliis abstinendum tibi est.

Enthymema est argumentatio duabus constans propositionibus, quarum prior dicitur antecedens, posterior verò consequens: hoc argumenti genus concludit vi tertiæ propositionis subauditæ quæ facilè mente suppleri potest, quod hoc patet exemplo. Summum bonum est amandum præ omnibus; ergo Deus præ omnibus amandus est. Subauditur enim ista propositio: atqui Deus est summum bonum. Si propositio vel expressa vel subaudita non esset vera, consequens quidem posset esse verum, sed illegitima foret conclusio. Multùm enim est discriminis consequens inter & consequentiam. Consequens est propositio quæ licèt ab aliis inferatur, spectatur tamen nullâ habitâ ratione illationis. Consequentia autem est ipsa illatio, seu nexus consequentis cum propositionibus è quibus infertur. Sit, verbi gratiâ, istud Enthymema: Christus venit ut omnes salvos faceret; ergo pauci erunt electi. Verum profectò est antecedens; verum quoque est consequens ex fide Catholicâ, sed consequentia nulla est; ergo multùm differt à consequente consequentia. Potest etiam consequentia esse legitima, cùm falsum est consequens; sit in exemplum illud Enthymema: non existit prima causa; ergo nihil existit.

Consequentiæ autem tota vis exprimitur hâc voce *ergo*, quæ cùm non sit æquivoca, si distinguatur conclusio, id est, si in multiplicem sensum tribuatur, distinctio non cadit in consequentiam, sed in consequens. Cujus voces ubi sunt in duos sensus distributæ, tum in altero conceditur consequentia & in altero negatur.

Epicherema est argumentatio in qua singulam propositionem quæ conclusioni præit sua sequitur probatio. Sit istud in exemplum. Pœnitentia ad salutem necessaria est, siquidem pronunciavit Christus, nisi pœnitentiam egeritis, omnes similiter peribitis : atqui plerique divites pœnitentiam non agunt, cùm in hoc toti sint, ut quâvis arte à se removeant vel levissimum incommodum; ergo peribunt plerique divites. Vulgaris est apud Oratores hujusce argumentationis usus.

Syllogismus est argumentatio tribus constans propositionibus, quarum prima dicitur major, secunda minor, tertia conclusio. Prima & secunda *præmissæ* dicuntur, quarum altera conclusionem continet, altera verò contentam declarat : sit in exemplum iste syllogismus. Summum bonum est amandum : atqui Deus est summum bonum; ergo Deus est amandus.

Syllogismus est argumentationis genus perfectissimum ad quod cætera revocari possunt, ut inter explicandum ostendetur.

Notabis voces aut vocum connexiones, quæ verbo affirmationem exprimenti præeunt, aut postponuntur in propositionibus, dici *terminos*; eò quòd illis veluti terminis propositiones concludantur. Nomine igitur termini intelligi debet quidquid exprimit ideam subjecti aut ideam attributi.

Prima de Syllogismis Regula.

Tres duntaxat sint in Syllogismo termini.

Quod quidem sic demonstratur. Tot debent esse termini quot ideæ exprimendæ; siquidem termini ad hoc tantùm nati sint ut ideas exprimant, quemadmodum propositiones ut judicia : atqui tres sunt tantùm ideæ exprimendæ in ratiocinio perfecto; nam in ratiocinio perfecto, probatur unum de alio per aliud: atqui in hac probatione tres tantùm occurrunt ideæ; scilicet idea subjecti de quo aliud probatur; idea attributi quod probatur subjecto convenire vel non; & idea media per quam probatur habitudo attributi ad subjectum; ergo tres tantùm esse debent in ratiocinio perfecto termini, quod erat probandum.

Ut autem faciliùs dignoscantur termini, observandum est unicum esse verbum, *est*, quod verè exprimat affirmationem : quapropter cætera verba quæ hujus loco in propositionibus occurrunt, cùm & affirmationem & attributi partem significent, resolvenda esse in illas partes. Sit in exemplum iste syllogismus.

Qui Dei vices gerit, illum venerari debemus : atqui Princeps Dei vices gerit; ergo Principem venerari debemus.

Qui quidem syllogismus in suos terminos solvitur. Ille qui Dei vices gerit, est venerandus : atqui Princeps est ille qui Dei vices gerit; ergo Princeps est venerandus.

Hac arte dignoscitur utrùm termini sint tribus plures.

Cavendum est ne inter syllogismi terminos occurrat aliquis æquivocus; cùm enim singulus bis in unoquoque syllogismo repetatur, terminus æquivocus duobus æquivalet terminis. Quo quidem vitio laborant plerique syllogismi inter concertandum propositi. Ut autem solvantur, distinguendi sunt varii sensus termini æquivoci.

Pro datâ occasione hîc Distinctionis regulas trademus.

Prima sic se habet. Ubi occurrit in syllogismo terminus æquivocus, toties distinguendus est, quoties repetitur in syllogismo, nisi forte aliud expostulet lex brevitatis & perspicuitatis : atqui terminus quilibet bis repetitur in syllogismo; ergo bis distinguendus est terminus æquivocus.

Secunda : si terminus æquivocus sit medius, cùm sedem habeat suam in majore & in minore, tunc major & minor distinguendæ sunt, sed ratione inversâ, ita ut minor concedatur in eo termini æquivoci sensu in quo negata est major, & major vicissim concedatur in eo sensu in quo negatur minor. Nam ostendendum est medium terminum qui est æquivocus, non indicare habitudinem attributi ad subjectum: atqui si major & minor concederentur aut negarentur in sensu eodem termini medii, medius terminus eodem sensu attributo conveniret, quo convenit subjecto; ergo per illum distinguendi modum non ostenderetur habitudinem attributi ad subjectum male indicari ope termini medii; ac proinde inutilis esset distinctio; ergo major & minor distingui debent ratione inversâ cùm medius terminus est æquivocus.

Tertia: si terminus æquivocus sit attributi aut subjecti signum, tum distinctio cadit in alteram ex præmissis & in conclusionem; & concedenda ac neganda est conclusio in eodem sensu termini æquivoci in quo concessa aut negata est alterutra è præmissis: nam si conclusio concederetur aut negaretur in alio sensu quàm alterutra præmissarum, conclusio esset vera aut falsa in alio sensu, quàm in quo vera est aut falsa illa præmissa: atqui id fieri non potest; si enim vera esset in alio sensu quàm in quo continetur in præmissis, sub illo sensu non contineretur in præmissis; ergo sub hoc respectu esset illegitima, proindeque non esset concedenda.

Postquam autem distinctio facta est termini æquivoci, propositionesque in uno sensu concessæ & in altero negatæ, terminus æquivocus tribui debet in suos sensus diversos; hæc operatio dicitur *divisio*.

Postea si membra divisionis non sint per ipsam vocum expositionem satis perspicua, explicanda erunt; quæ operatio dicitur *definitio*.

Deinde resumi potest argumentum in eodem ordine quo solutum est; ac denique probandum erit præmissam alterutram vel consequentiam rectè in eo negatam sensu in quo reipsâ negata est.

Secunda Regula.

Terminus non sit generalior in conclusione quàm in præmissis.

Nam conclusionem oportet in præmissis contineri; alioquin ex illis inferri non posset: atqui si terminus aliquis esset in conclusione generalior quàm in præmissis, conclusio in illis non contineretur: generale enim in minùs generali contineri non potest; ergo &c.

Terminus quilibet generalis censeri debet, cùm huic apponuntur voces istæ, *omnis, nullus*, aut apponi possunt absque ullo sensûs detrimento. Cùm autem ista vox *aliquis*, aut æquivalens termino apponitur aut apponi potest, sensu non mutato, terminus dicitur particularis; qui si bis occurrat eâdem expressus voce in syllogismo, æquivocus censeri debet.

Tertia Regula.

E præmissis quæ sunt ambæ affirmantes, erui debet conclusio affirmans: ex alterutrâ negante, negans: ex utrâque negante, nulla.

Prima pars sic probatur. Si ambæ affirment, idea media cum ideâ subjecti in alterâ præmissarum conjungitur, & cum idea attributi in altera; ergo idea subjecti cum idea attributi conjungitur, si præmissæ sunt veræ; ergo idearum conjunctio in conclusione exprimi debet: atqui tunc propositio est verè affirmans, cùm idearum conjunctionem exprimit; ergo si ambæ præmissæ affirment, conclusio affirmans sit necesse est.

Probatur secunda pars. Si alterutra præmissarum sit negans, idea media separatur in alterâ præmissarum ab ideâ subjecti & conjungitur cum ideâ attributi in alterâ præmissarum; aut separatur ab idea attributi & conjungitur cum ideâ subjecti; ergo si præmissæ sunt veræ, idea subjecti non convenit cum ideâ attributi; ergo illarum discordia erui debet in conclusione; atqui tunc propositio est verè negans, cùm exprimit idearum discordiam; ergo ex alterutrâ præmissarum negante erui debet conclusio negans.

Probatur tertia pars. Si enim utraque præmissarum neget, idea media separatur ab ideâ subjecti in alterâ præmissarum, & ab idea attributi in altera; ergo idea media non potest ostendere concordiam neque discordiam attributi cum subjecto; ergo in conclusione neque concordia erui potest, neque discordia attributi cum subjecto; ergo neque affirmans neque negans conclusio esse potest; ergo nulla.

De Sophismatibus.

Sophisma est ratiocinium vitiosum quod primâ fronte incautis & inexpertis videtur legitimum. Sophismata seu fallaciæ ad aliqua capita redigi possunt.

Prima fallacia dicitur *ignoratio Elenchi*, cùm, verbi gratiâ, ignoratur aut ignorari fingitur quid sit in quæstionem adductum, aliudque intelligitur aut respondetur quàm quod ad quæstionem attinet.

Secunda est *petitio principii*, cùm, verbi gratiâ, inter probandum, objiciendum aut respondendum recurritur ad propositionem quæ probanda erat, aut ad aliam quæ propositionem probandam perspicuè statuit esse veram: ut si quis, verbi gratiâ, probare velit inesse corporibus principium gravitationis, seu propriam vim quâ seipsa deorsum ferant, ob eam rationem quòd ex se cadant; aut si quis contendat esse in canibus animam, quòd fuste percussi doleant: namque ex se cadere & habere principium gravitationis internum, sunt unum & idem; proindeque unum non probat alterum. Pariter qui dicit canem fuste percussum dolere, statuit cani inesse animam, proindeque id ponit ut indubium quod probandum erat.

Tertia dicitur linguâ scholasticâ, *causa pro non causa*; cùm, verbi gratiâ, effectus alicui rei affingitur tanquam causæ, quòd illam semper comitetur hic effectus, ut videre est in sequentibus ratiociniis. 1°. Cùm accedo ad ignem, calefio; ergo inest igni vis pariendi caloris. 2°. Nulla videtur externa causa motûs; ergo interna est, adhæretque naturæ gravium. 3°. Motus membrorum sequitur voluntatis humanæ actum; ergo vis motrix inest voluntati humanæ.

Quarta dicitur *imperfecta enumeratio*, ut si quis dixerit : hic, iste, ille, omnes denique quibuscum mihi res fuit, larvati erant amici; ergo nulli sunt verè amici.

Quinta inde oritur quòd rei generatim affingatur id quod ei nonnisi partim aut propter abusum convenit. Quod videre est in sequentibus ratiociniis. 1°. Permulti in Ecclesia Romana, vel inter ejusdem Ecclesiæ Principes, sunt irreligiosi & improbi; ergo Ecclesia Romana non est vera & sancta. 2°. Ubi vigent artes liberales, ibi luxus & deliciæ ferè omnium mentes emolliunt; ergo expungendæ sunt artes liberales.

Sexta dicitur *fallacia compositionis aut divisionis*, ut si ea conjuncta intelligantur quorum alterutrum duntaxat intelligi debet, aut divisa quæ simul conjuncta debent intelligi. Quod genus fallaciæ eminet in ratiocinio sequenti. Libertas in eo stat ut possimus agere & non agere. Atqui nemo potest agere simul & non agere; cùm idem non possit simul esse & non esse; ergo nemo liber esse potest. Sit hoc aliud exemplum. Avari regnum Dei non possidebunt : atqui Zacchæus erat avarus; ergo regnum Dei non erat possessurus.

Septima est æquivocatio seu locutionis ambiguitas, cujus tot sunt exempla, quot ratiocinia quæ distinctionis ope dilui debeant.

Hæ sunt præcipuæ fallaciæ, seu præcipui sophismatum fontes.

CONCERTATIO DECIMA ET ULTIMA.

Ad diluenda sophismata non aliis opus est regulis quàm quæ sunt modo demonstratæ.

ILLÆ enim regulæ sunt satis ad solvenda sophismata quarum ope directè ostendi potest quâ in re peccet syllogismus, positâ præmissarum veritate : atqui ope regularum quæ modò sunt demonstratæ, directè ostendi potest &c. ; nam positâ præmissarum veritate, nihil est in syllogismo quod redigi non possit ad tria hæc, ad numerum videlicet terminorum, ad modum quo conclusionis termini in præmissarum termin's continentur, & ad concordiam vel discordiam terminorum, aut si mavis, idearum quas exprimunt termini ; quod patebit in diluendis quæcumque objici poterunt sophismatibus : atqui hæc tria suam habent regulam modò demonstratam ; ergo non aliis opus est regulis ad diluenda sophismata.

TH. Experiamur ergo utrùm reipsa nulla sint sophismata quæ harum ope regularum dilui non possint, aut nulla sint legitima ratiocinia quæ his adversentur regulis. Si enim primum occurrat, malè definitus erit regularum numerus. Si secundum, malè demonstratæ erunt regulæ. Sit 1°. in exemplum istud sophisma.

Quælibet persona (in mysterio sanctæ Trinitatis) est Deus : atqui tres sunt personæ ; ergo tres sunt Dii.

Atqui nulli è tribus regulis demonstratis adversatur ille syllogismus qui certè vitiosus est ; ergo tres illæ regulæ non sunt satis ad diluenda quævis sophismata.

EUG. Admitto exemplum & nego minorem. Sunt enim in præmisso syllogismo quatuor termini, *persona*, *tres*, *Deus*, & *Dii*. Itaque ut conclusio legitima sit, ita exponi debuit ; *ergo tres sunt Deus* : nam hic est majoris sensus : *quælibet persona est naturæ divinæ in solidum consors*, perfice syllogismum ; hæc tibi sponte aderit conclusio ; *ergo tres sunt naturæ divinæ in solidum consortes* ; quæ profectò non adversatur dogmati Catholico, unde colliges istud sophisma quo nullum speciosius fingi potuit ab Antichristianis adversùs sanctissimum Trinitatis mysterium, peccare in primam regulam quâ legitimus terminorum numerus definitur.

TH. Sit & istud exemplum. *Deus nunquam pati potuit : atqui Christus pati potuit ; ergo Christus non est Deus.*

Atqui peccat iste syllogismus, nullâ violatâ regulâ ex iis quas tradidisti ; ergo &c.

EUG. Nego minorem. Est enim in isto syllogismo terminus æquivocus qui proinde vim duorum habet ; ergo violatur prima regula. Quod autem æquivocationis vitio laborantem terminum contineat, hac patebit distinguendi ratione. *Deus pati non potest quâ Deus*, concedo ; *quâ homo*, nego : *atqui Christus pati potuit*, *quâ homo*, concedo ; *quâ Deus* nego ; ergo non requiruntur aliæ præter demonstratas regulæ quarum ope diluatur prædictum sophisma.

TH. Sit istud tertium exemplum.

Ille Dei consilia explorare nequit, cui non est summa vis intelligendi : atqui homo exiguam vim habet intelligendi ; ergo homo Dei consilia explorare nequit. Atqui legitimus est iste syllogismus quamvis termini sint tribus plures ; ergo legitimè violari possunt tuæ regulæ, quæ proinde non sunt demonstratæ.

EUG. Concedo primam minoris partem, legitimum scilicet esse syllogismum : at nego secundam, quatuor scilicet illum constare terminis : nam hic est sensus minoris : *atqui homini non est summa vis intelligendi ;* ergo non sunt in hoc syllogismo quatuor ideæ, nec proinde termini tribus plures.

TH. Qui à scopulo declinare cupis, en, ni fallor, impingis in alterum. Nam si ita convertatur minor, ambæ præmissæ erunt negantes, & tamen legitima conclusio; ergo malè asseruisti ex utraque negante nullam oriri posse conclusionem.

EUG. Nego antecedens quantùm ad illam partem, *ambæ præmissæ erunt negantes*, quamvis speciem habeant negantium. Quod ut assequi possis, perfice ut terminus eandem ideam exprimens iisdem constet vocibus. Jam verò istud duplici pacto absque ullo sensûs detrimento fieri potest.

1°. *Ille cui non est summa vis intelligendi, non est potis explorare Dei consilia : atqui homo est ille cui non est summa vis intelligendi; ergo non est potis explorare Dei consilia.*

2°. *Ille qui consilia Dei investigare potest, est summâ præditus intelligentiâ : atqui homo non est summâ præditus intelligentiâ ; ergo homo non est ille qui Dei consilia investigare possit.*

Atqui in utroque modo redigendi eosdem terminos ad easdem voces, alterutra præmissarum est affirmans & idem propositionis sensus; ergo non negat utraque præmissa, quamvis ambæ negare videantur; ergo non violatur regula à nobis demonstrata.

TH. Quid tu verò, Eugeni, ad istum syllogismum certè vitiosum, & tamen nulli è tuis regulis, saltem quod pateat, adversum ?

Qui ab Ecclesiæ Catholicæ gremio sponte recedunt, ii sunt extra viam salutis positi : atqui fures, mendaces &c., sunt extra viam salutis positi ; ergo ab Ecclesiæ Catholicæ sponte recedunt.

EUG. Hoc illius syllogismi vitium est, quòd quatuor terminos contineat, licèt tribus duntaxat constare videatur. Quatuor enim sunt ideæ maximè distinctæ: nimirum alia est idea hominis extra viam salutis positi, ob eam rationem quòd Ecclesiæ Catholicæ nuncium mittat; alia verò hominis extra viam salutis positi, eò quòd furetur, aut alia in ipso Ecclesiæ Catholicæ gremio facinora perpetret; ergo secundus minoris terminus non eandem ideam exhibet quam secundus maoris, nec altera alteram ideam includit; ergo primæ regulæ adversatur iste syllogismus.

TH. Et ad istud exemplum?

Quod à nobis intelligitur, hoc est possibile: atqui mysteria Religionis Christianæ à nobis non intelliguntur; ergo mysteria Religionis Christianæ non sunt possibilia.

Tres sunt in illo duntaxat termini: conclusio terminis generalioribus non constat, ni fallor, quàm præmissæ, & conclusio negat, negante alterâ præmissarum, alterâ verò affirmante; ergo secundùm tuas regulas legitimus esset syllogismus, qui Religionis Christianæ mysteria perimeret.

EUG. Peccat iste syllogismus adversùs secundam regulam quâ cavetur ne terminus sit generalior in conclusione quàm in præmissis; secundus enim conclusionis terminus generalior est quàm in majore. Nam sine ullo sensûs detrimento sic exprimi potest conclusio: *ergo mysteria Religionis Christianæ non sunt quidquam possibile.*

Nimirum hic est sensus conclusionis: *mysteria excluduntur ab omnium rerum possibilium numero;* ergo generalis est in conclusione terminus *possibile.* At absque ullo sensûs detrimento sic exprimi potest major.

Quod à nobis intelligitur est aliquid possibile.

Hic enim est sensus majoris, *illud quod intelligimus esse aliquid de numero possibilium*, non autem, *illud esse quidquid est possibile.*

TH. At inter ipsa syllogismorum exemplaria maximè generalia quæ tradidisti, se plures tribus offerunt termini. Sit, verbi gratiâ, istud argumentum.

A æquat B: atqui B æquat C; ergo A æquat C.

Atqui juxta tuam regulam de modo expediendi terminos, sunt in illo quatuor termini, & tamen legitimus est; ergo &c.

EUG. Respondeo in isto & in aliis multis syllogismis facilè suppleri mente quod minùs accuratum est in locutione. Nam ut emendetur locutio ad perfpicuam syllogismi perfectionem, sic exprimi debet.

A est æquale quantitati B : atqui quod est æquale quantitati B, est æquale quantitati C ; ergo A est æquale quantitati C.

Atqui secunda hujusce syllogismi propositio eumdem habet sensum ac secunda prioris.

Præceptum de modo respondendi.

Quicumque accuratè objecta diluere cupit, attendere debet ad veritatem præmissarum, quas ideò seorsim expendet. Tunc investigabit utrùm conclusio sit juxta prædictas regulas cum præmissis connexa, si præmissæ sint veræ. Si alterutra præmissarum sit falsa, jam nulla fiet mora in conclusione. Consequens enim verum oriri non potest à principio falso. Sin ambæ præmissæ sint veræ, negeturque conclusio, ostendi debet cui regulæ repugnat syllogismus.

Quandoque altera præmissarum non est accuratè vera & nullatenus refert ad quæstionem utrùm sit vera necne : quo in casu nulla mora fiet in illâ propositione quæ fingetur vera. Cujusquidem methodi hæc est ratio : si negentur hujusmodi propositiones quarum veritas aut falsitas nihil ad quæstionem attinet, gradus fiet à quæstione propositâ ad aliam quæstionem, & à secunda ad tertiam, sicque evanescet à disceptantium mente, id quod sibi expendendum proposuerant.

Multa alia vobis, dilectissimi Auditores, de Logicâ scriptis tradere potuissem : at timui ne majore rerum & vocum insolitarum numero mens vestra in ipso philosophandi limine oppressa fatisceret. Nondum enim tempestivo estis ingenio ad omnia excipienda quæ celeberrimi Philosophi de arte ratiocinandi præcepta collegerunt.

Ultimum hoc vos moneo ; 1°. ne juretis in verba magistri, ut aïunt; non enim is sum qui meam aliorum fieri opinionem velim : est quippe magistri &

discipuli Ratio judex atque magistra; Ratio, inquam, illa suprema quæ hominem intùs illustrat in attentionis præmium. Hæc potissimùm consulenda est, & ad hujus normam judicia cùm magistri, tùm discipuli sunt exigenda.

2°. Ne ratiocinandi arte utamini ad ineptias, argutiolas & cavillationes. Præstantissimum est enim illa Dei donum, quâ fit scilicet ut mentis suæ operationes homo ad verum faciliùs tutiùsque dirigat; quâ solutis præjudiciis & expunctis erroribus cognitiones suas gradatim amplificet. Verùm eâdem arte cautè utendum est; multos enim fefellit & à rectâ viâ abduxit inconsultus tam præclaræ facultatis usus. Damnosiùs errat, qui arte ratiocinandi abutitur, quàm qui illâ destituitur.

Finis Logicæ.

MORALIS

MORALIS
PRINCIPIA.

COLLOQUIUM PRIMUM.

EUGENIUS, THEODORUS.

EUG. Totus mihi videris, Theodore, in exornando literis artibusque liberalibus animo. Ut apes ex variis floribus mella; ita tu cognitionum copiam non mediocrem ex accersitis undequaque libris excerpere amas. Doctis, ni fallor, cupis olim annumerari.

TH. Non is sum profectò, Eugeni, qui tantæ laudi viam affectare ausim; quanquam ô ! .... sed utut sit, mihi volupe est elementa saltem delibare scientiarum quibus claruere cùm veteres, tum etiam recentiores. Hac arte si docti nomen non obtineo, at certè perficiam ut me docti segregent ab inscita plebecula. Quod quidem propositum mihi videtur indolis esse generosæ, nisi quid tu dissentis.

EUG. Insanit, me judice, quisquis humanas fastidit disciplinas : illæ etenim ad mentis ornamentum atque multiplicem hominum utilitatem concessæ sunt ab ipso scientiarum parente Deo. Verùm hoc tibi cavendum est ne illud cognitionum genus quod primo in loco habuere plerique hominum, tu quoque admirator incautus nimium extollas studiosiusque perse-

Tome I.   N

quaris; alia nimirum se tibi ars offert quæ, ut doc[t]
sapiens præstat, ita cæteras vincit utilitate atqu[e]
dignitate.

TH. Quid isthuc est, quæso, disciplinæ? Jam nun[c]
meum animum incessit immensa illius addiscend[i]
cupido.

EUG. De Morali mihi ad te sermo est, quæ ind[e]
nomen duxit quod mores hominum ad honestate[m]
informet. Tradidit tibi Logica non ita pridem ea qu[æ]
mentem dirigunt præcepta, ut se mens ab errore ex[-]
pediat, prohibeatque in posterum; tradet tibi Mora[-]
lis rectè vivendi regulas, quibus scilicet pronam i[n]
vitia voluntatem coerceas, flectasque feliciter ad vi[r]
tutem. Ostendit illa veri à falso discrimen; hæc bo[-]
num à malo, ab æquo iniquum dividet. In quo qui[-]
dem jam perspicere potes hujus disciplinæ dignitate[m]
& excellentiam. Frustra enim cæteris anteibis inge[-]
nio atque facundiâ; frustra rectè & acutè senties i[n]
hujus vitæ negotiis; frustra plurimis in omni gener[e]
cognitionibus mentem opplebis tuam, si non calle[s]
egregiam tibimet imperandi artem, sique desit cert[a]
vitæ sapienter instituendæ ratio. Enim verò quid pro[-]
piùs ad nos spectat quàm nosmetipsi? Quid noscen[-]
dum ac regendum potiùs nobis est? In quo majo[r]
quæstus, si proficimus; majusve damnum, si defici[-]
mus?

Moralem ergo tibi autor sum, Theodore, ut præ[-]
cipuâ prosequaris animi attentione; non illam quidem quæ ab Ethnicis olim tradita & principio careba[t]
& fine legitimo; infausta fallaxque sapientia, cui sola
speratæ quidem apud posteros, at nunquam fruendæ
gloriolæ umbra merces erat, vanæ vanissima.

Aliam ego tibi propono, quam, præconibus Mose
& Apostolis, hominibus tradidit ipse hominum Doctor Deus; cujus quidem principia nostris insculpta
animis, necdum penitus deleta, si mecum meditari
voles, perficiam profectò ut intelligas Moralem quæ
sacris paginis continetur esse & Rationi consentaneam,

& hominum captui & veræ utilitati accommodatam. Atque ut hoc assequar, non omnes in unum colligam regulas quas sigillatim ratiocinio elucidem ; istud enim fieri non potest : sed fundamenta ponam quibus tota innititur recte vivendi norma, præcipuaque ac maxime generalia morum principia demonstrabo. Tu vero ne quid in meâ doctrinâ temere admittas, sanas Logicæ regulas mecum ad amicè concertandum adhibebis.

TH. Magnum sanè istud est tuæ in me benevolentiæ argumentum ; sed, meâ quidem sententiâ, intempestivum. Junior enim sum, Eugeni, qui mentem Morali applicare possim ac debeam ; Christianæ præsertim, quæ sublimior est nimisque à sensibus recondita. Ita quidam Philosophi nostræ ætatis, quibus ego assentior.

EUG. Quem ut errorem citiùs ex animo expuas instituatur

CONCERTATIO PRIMA.

Juvenum menti à primo rationis usu morum
regulæ sunt offerendæ.

Quod ut probem, tria commemorabo quæ nos docet experientia : 1°. Hominem esse ab adolescentiâ ad malum proclivem. 2°. Mollius esse juvenum pectus quàm ætate provectiorum ad novam aliquam impressionem. 3°. Consuetudinem repetitis in ætate juvenili actibus partam difficulter admodùm labefactari. Quapropter ratiocinium sic ordior. Si à primo rationis usu quasdam rectè vivendi regulas non obtuleris adolescenti, libido vel sua, vel aliena, sola erit illi vivendi norma : atqui libido illa rapit in malum ; ergo cùm non nôrit quid sit utilitatis in coercendâ libidine, quove pacto illa coerceatur, certò certiùs se

vitio permittet. Quod periculum ultrò fateberis e
declinandum ; ergo &c.

Praeterea Deus inftituit ut facilitas in qualibet ar
etiam liberali exercendâ penderet à mechanicâ co
poris compofitione & flexibilitate organorum ; qu
propter id moris obvenit hominibus, ut quem cupiu
in aliquo genere proficere, eum à teneris informa
curent : atqui non minor profectò adhibenda eft c
ligentia ad mores informandos, quàm ad profan
artes exercendas ; ergo quo tempore cereum pect
monitori praebent juvenes, hoc funt moralibus i
buendi.

Denique fi libidini fuae permittantur per totum ad
lofcentiae tempus juvenes, altas aget radices in eoru
mente prava confuetudo ; ergo eam aegrè admodù
fuperare poterunt oblata in aetate virili praecepta m
ralia. È contra fi nata benè vivendi confuetudo cu
adolefcente adoleverit, vix eam frangere poteru
prava exempla, caeteraeque peccandi illecebrae ; er
hac quoque de causâ, ubi primùm Ratio juvenu
menti illucefcit, fana vivendi praecepta funt illis e
hibenda.

TH. Multa quoque docet in adverfum experie
tia. Illa enim oftendit nihil aliud juvenes quàm fe
tire ; & operam perdere quifquis vult mentem ill
rum traducere ad ea quae fenfibus funt impervi
atqui Moralis de quâ hîc fermo eft, fenfibilia exf
perat : quin & jubet oppugnari vim fenfuum atqu
elidi ; ergo haec difciplina non eft juvenum mer
accommodata.

EUG. Diftinguo majorem. Experientia oftendit j
venes nihil aliud quàm fentire ; juvenes, inquam, fi
permiffos & belluarum more educatos, concedo
juvenes moralibus imbutos praeceptis & fapiente m
nitore non deftitutos, nego. Innumeri quidem fu
parentes qui in gratiam liberorum hoc unum curan
ne agrefti cultu fordeant, ne indecoro membroru
motu & flexu fe deridendos offerant ; qui nihil aliud

arte educandi nôrunt quàm liberorum curiositati spectaculis satisfacere, nugacitati ludicris, palato epulis ac saepè cupediis : satis sibi esse rati, si corpore illi vigeant ; quanquàm & huic quoque rei praepostero studio obsint aliquando. Et si quid offenderint in liberis quod sibi displiceat, subitâ excandescunt irâ, territationemque adhibent & verbera, nullâ praeviâ monitione moderatâ, ita ut propriam ulcisci potiùs injuriam videantur, quàm liberos ad rectae Rationis normam revocare. Hos dico juvenes esse belluarum more educatos; sic enim finguntur atque cicurantur belluae, si pauca demas. Fateor igitur liberos ita institutos nihil fermè quàm sentire, nisi fortè feliciorem nacti sint indolem. Si verò lectitare voles Proverbia Salomonis, & advertere quâ ratione adolescentulos Sapientia ipsa alliciat ad sui amorem, non negabis juvenes rectè institutos esse moralium auditores idoneos, nec operam perdere quisquis &c.

Moralis, inquis, *praesertim Christiana sublimior est.* Quin tu potiùs inde colligis eam esse caeteris à generosa indole anteponendam. *A sensibus nimiùm est recondita* : at 1°. multò major praeceptorum moralium numerus est intellectu facilior quàm ipsa humaniorum literarum elementa. Illa igitur si difficilioribus praeire jubeas, non video cur ea mens capessere nequeat adolescentium. 2°. Moralia praecepta cum sensibus sunt pleraque magis conjuncta quàm caeterarum scientiarum elementa, quae tamen si curam aliquam adhibueris, facilè infundas adolescentûm animis.

Oppugnat Christiana Moralis vim sensuum. Ex ore tuo te judico, Theodore ; si enim debilitanda vis est sensuum, cur id beneficii non praestabimus adolescentulis, cùm vis infausta sensuum nondum est consuetudine roborata ? Cur sinemus occupari tenellos animos pravâ consuetudine, quae nonnisi multo sudore erit olim expungenda ? Et cùm tractandam habemus materiam molliorem, eamque nondum adulteratam ; cur expectamus ferream & infectam rubigine ?

TH. Molliorem recte dicis, Eugeni; imò & liquidiorem, si ita loqui fas est. Ut enim si aliquid imprimere in aqua volueris, illa subitò in priorem redibit statum, nullo remanente vel levissimo lineamento; ita remoto monitore mens puerorum ad nugas redibit, oblita moralium præceptorum, quorum sensus cum sono statim effluxerit; ergo frustra juvenum menti obtrudere cupis præcepta moralia.

EUG. Distinguo antecedens. Sensus præceptorum cum sono statim effluet, si assiduum te prudentemque monitorem non præstiteris, sique virtuti frontem tetricam morosus affingas, concedo: si amabilem blandus obtuleris, si opportunus adsis monitor, neque in suscepto negotio deficias, nego. Vide tu ipse an fieri possit ut, adhibitâ ratione quâ Tobias filium alloquitur, præcepta moralia intimam mentem non pervadant & sacro quodam lenocinio ad virtutis amorem excitent? Blandimentis adjice opportunitatem & constantiam, vix unum è centum adolescentibus reperias cui non sapiant præcepta moralia, cujusque menti altiùs non infigantur.

TH. At multò plures non amore monitoris, aut virtutis, sed terrore pœnisque coercentur: atqui iis non venit in usum Moralis quæ nonnisi mentis propensione vult observari.

EUG. Nego minorem. Moralis enim juvenes primo aditu tentat allicere & ipsâ virtutis pulchritudine, & spe mercedis à Deo percipiendæ. Tunc si hac ratione parùm proficiatur, eadem à placito vitio deterret, objectâ criminis turpitudine & intentato pœnarum metu. Quapropter ubi venerabiles virtutis illecebræ adolescentis animum non commovent, tunc meritò adhiberi poterit pœnarum terror.

TH. Multùm quidem istud prodest ut manum cohibeas: at ut animum, nihil aut certè parùm.

EUG. Distinguo: nihil aut parùm, si ab ira & ferocitate proficiscatur animadversio, concedo; si à paterno animo, ita ut piè sævientem in se justitiam sentiat adolescens, nego. Id moris est quidem adolescentibus, ut Paedagogi, aut etiam parentum detestentur imperium, si cerebrosos, iracundos & plagosos esse illos sentiant, potius quàm moderatos virtutis violatae vindices: in hoc enim, vel à teneris, oculatiores sunt quàm vulgò putantur. Verùm si, cùm te ipsum primò praebueris exemplar virtutis, tuâ deinde perfeceris industriâ, ut intelligant in se animadverti ex amore justitiae, tunc ad meliorem frugem se tandem recipient, aut nulli praeterquàm sibi culpam imputabunt, quòd in nequitiae coeno haereant. Unum hic monebo interim; cavendum scilicet ne juvenum Institutores se pro bonis molliter indulgentes praebeant; aut pro severis, impotenter iracundos.

TH. Juvenes in transversum agit cupiditas quae totum illorum animum occupat; ergo praeceptorum moralium capax non est adolescentum ingenium.

EUG. Distinguo antecedens. Juvenes in transversum agit cupiditas, cui frenum injici possit ac debeat, concedo; cui omnes habenae sint effundendae, nego.

Cupiditas est peccati appetitus. Juvenibus autem, sicut & caeteris dici potest quod olim Caïno Deus: *sub te erit appetitus ejus, & tu illius dominaberis*: id est, impetum illius cupiditatis sistere poteris. Neminem enim ad peccandum adigit Deus; ergo possunt juvenes cupiditatem refrenare, si dato sibi auxilio uti voluerint; ergo possunt quoque ediscere, cur & quo pacto sistendus sit cupiditatis impetus.

TH. Verùm nata est voluptati juventus. Nam *omnia tempus habent*, quod aiunt: ut virum severa, ita adolescentem decent ludicra; ergo donec maturescat aetas poterunt juvenes placita persequi, & adversam voluptati Moralem ad virilem aetatem differre.

EUG. Alienam certè causam tueris, Theodore, non tuam. Spero enim fore ut te nunquam inficiat tam ignobilis cogitandi ratio. Talia ergo objicientibus ostende duplex esse voluptatis genus, licitae videlicet & inhonestae. In genere voluptatis licitae, potior posita est in colenda, virtute suisque officiis exsolvendis, & in assequenda veritate. Hoc enim sanxit Deus optimus, ut quicumque sincero animo verum exquireret & bonum operaretur, ille internâ perfunderetur suavitate. Quemadmodum voluit ut qui contrariam inirent viam anxii forent & stimulis agitati. Voluptas illa quæ *ex corde puro & fide non fictâ* nascitur, omnibus sectanda est cujuscumque sint ætatis; eandem sibi perpetuam servare debent pro viribus. Alterum locum tenet in eodem genere voluptas illa quæ posita est in tempestivâ animi recreatione, & moderato usu bonorum quæ Deus ad victum cultumque concessit. Hæc vario modo captari potest pro variâ ætate atque conditione, modò cum gratiarum actione conjuncta sit. Aliud quodcumque voluptatis genus est illicitum.

Moralis ergo non adversatur cuilibet voluptati; quin & præscribit quo pacto sincera voluptas comparanda sit. Vult illa ut juventus hilari sit candidoque animo; ut cum gaudio, præsertim si sit innocens, fruatur iis quæ in ejus commoda concedunt parentes, aut quisquis juvenum curam gerit : denique ut sibi consulentibus ingenuè & absque terrore confidat. At respuit vel in adolescentibus voluptates rectæ Rationi adversas. Quis enim, nisi juventutis hostis infensissimus, asserere ausit ad hujusmodi voluptates natam esse juventutem?

TH. Per me igitur licebit moralia offerantur præcepta juvenibus, quibus sapit honesta voluptas. Si verò alterius sint voluptatis amantes, neque docile in eis, neque paratum habebis ingenium ad moralia. Quare sic ratiocinium instituo. Ad cæteras artes hi soli sunt invitandi qui ad eas proclive habent ingenium : atqui voluptatis illicitæ amantes non sunt proclivi ad Moralem ingenio; frustra ergo ad eam capessendam invitantur.

Quid si rem luculentiorem, additâ comparatione, faciam? Illi quibus podagra contudit articulos, non sunt profectò stimulandi ad saltandi artem, eò quòd adverso choreis morbo laborent; ergo pari jure illi apud quos semel irrepsit illicitæ voluptatis amor, non sunt excitandi ad Moralem prosequendam, eò quòd morbo Morali infesto sint correpti.

EUG. Nego consequentiam prioris ratiocinii, utpote quod sit vitiosum propter artium quæ inter se conferuntur disparitatem. In hoc autem conspicua est disparitas, quòd nemo teneatur cæteras profiteri artes: quin & plurimæ ignorari possunt citra ullum salutis damnum. At quisque tenetur rectè vivere, cujuscumque sit ætatis aut conditionis, modò sit rationis compos; ergo omnes scire tenentur quo pacto vitam sapienter instituant; ergo moralibus applicanda mens eorum est.

Negabo quoque alteram consecutionem, quæ ut esset legitima, oporteret aut arte saltandi aliquod offerri podagræ remedium, aut moralibus præceptis nullam præstari medelam vitiosis. Sic autem comparationem instituo: (tu vide an ego nunc rectius quàm tu modò) æger cujus nondum est desperata salus remediis suscipiendis est idoneus; quin & remedia sunt illi etiam fastidienti offerenda: atqui vitiosus est æger de quo, quandiu vivit, non est desperandum, quocumque impetu in vitia corruerit; & Moralis, ut ad virtutem incitamentum, ita vitio remedium est; ergo &c.

Itaque priùs sanandus est qui podagrâ laborat, quàm ad saltandi artem invitetur. Dum enim illa nervos habeat, liber non est ad saltandum. At non priùs sanandus est vitiosus quàm moralia præcepta audiat: mentem enim præceptis moralibus afflectere penès arbitrium est vitiosi.

Non diffitebor tamen esse nonnullos qui nedum ægritudinem sentiant suam, sibi persuadere conentur se ab omni subjectionis onere esse liberos: qui blandas sapientûm adhortationes velut insidias refugiant, impotentique abrepti superbiâ, si vel tantillùm subditur severi monitoris stimulus, recalcitrent ac pro beneficio odium rependant. Verùm quia non certò notum est quisnam in perpetuum obdurato futurus sit animo, quisnam autem frangendus demùm & emolliendus; idcirco omnium mentibus inserenda sunt virtutis semina, ne propter aliquam soli partem saxosam, alia tractabilior jaceat infoecunda.

At longè majore studio ad id. me accingam tui causâ, Theodore, quem benè natum, excultum ingenio, atque ab illicitâ voluptate nôrim abhorrentem. Sine ergo meae obsequar benevolentiae, eaque tibi praecepta tradam, quorum ope queas primò teipsum, secundò eos quoque regere qui aliquando tuae sunt curae committendi.

TH. En tibi me paratum rectèque vivendi studiosum; finge me, tracta atque retracta: habebis materiam, quod spero, ductilem & per omnia sequacem.

COLLOQUIUM SECUNDUM.

TH. Cogitanti mihi diligentiùsque perscrutanti quibus Moralis niteretur fundamentis, haec tria occurrerunt, quibus sepositis, nulla est aut certè inutilis id genus disciplina. Si enim principia nulla habet certa nullique obnoxia mutationi, Moralis varia erit pro variis locis, temporibus & hominum ingeniis; unde consequens erit nullam fore propriè Moralem, nisi quam quisque sibi finxerit pro opportunitate. Praeterea etiamsi extent hujusmodi principia, nisi libertate regulas inde nascentes observandi polleamus, nulla nobis erit Moralis. Illis enim qui sui non sunt arbitrii id sunt regulae quod compedibus vincto fugiendi praeceptum. Denique demus hominem esse hac libertate instructum; non tamen obsequetur regulis moralibus, ac praesertim Evangelicis, nisi ad subeundum obsequii onus stimuletur proposita mercede quæ temporarias exsuperet voluptates ; ergo genio liberè nobis indulgendum erit, nisi respondentem votis finem Moralis adipiscendum proponat, doceatque quo illum pacto mentes liberæ attingere certò possint. Atqui si quosdam audias, opinio leges fingit & refingit : si alios, homo se ideo liberum autumat, quòd sit ultrò servus : nec desunt qui ultra vitæ hujus limites nihil esse sperandum existiment. Cùm igitur nihil hucusque certi acceperim unde possint demonstrari, refellive istæ opiniones, pergratum feceris, si dubitandi hacce in materia locum omnem mihi præcluseris : majoris enim momenti mihi videntur hujus generis quæstiones, quàm ut circa illas torpere possim.

EUG. Et id mihi quidem propositum erat. Jubet enim Moralis ut sit *rationabile obsequium nostrum*, datque suî studiosis *ut sint parati semper ad satisfactionem omni poscenti nos rationem de eâ quæ in nobis est spe.* Atque ut à principiis Moralis ducamus exordium, de Lege hodie verba faciemus.

Lex itaque, Theodore, est regula, aut si mavis, collectio regularum quibus agenda fugiendave præscribuntur. Unde colliges actum ad normam Legis conformatum, esse laude præmioque dignum : non enim intelligitur vera laus aut vera merces, nisi hæc referantur ad actum Legi consentaneum. Colliges pariter actum regulæ contrarium esse vituperio supplicioque dignum : illæ enim ideæ sunt, velimus, nolimus, arctissimo conjunctæ vinculo. Plurimæ quidem distinguntur Leges : at ne rursus à me expostules quonam fundamento stent variæ illæ Leges, probandum erit principio existere legem à nullo sancitam, quæ utique eadem quâ Deus necessitate existat, sitque ipsa Dei perfectio. Hoc unum te in antecessum rogo, ut concedas existere Deum, mentem scilicet necessariam omnique perfectionum genere cumulatissimam. Istud enim probare Metaphysicorum est.

TH. Eam ob rem nulla erit in me mora.

CONCERTATIO SECUNDA.
Exiſtit Lex æterna.

DEMONSTRATUR. Legem æternam interpretor neceſſariam rerum omnium regulam æternùm menti divinæ præſentem, quâ dignoſcat Deus quid ipſe quatenùs omnium moderator, quid cæteræ mentes liberæ agere debeant in quolibet obvio rerum concurſu : atqui exiſtit illa Lex. Exiſtit enim ſumma Sapientia, ideoque increata & infinita : atqui hoc Sapientiæ genus nequit intelligi citra Legem æternam. Sapientia namque vox erit ſenſu deſtituta, niſi ſignificet recti ordinis obſervationem ; ergo Sapientia quævis rectè agendi regulam arguit ; unde conſequens eſt, 1°. Sapientiam increatam arguere increatam recti ordinis regulam : 2°. Sapientiam infinitam arguere regulam univerſa complexam ; ergo neceſſaria rerum omnium regula Deo eſt ingenita ad dirigendos actus cùm omnipotentiæ divinæ, tùm earum quoque mentium quas libertate Deus donaverit, & in quolibet obvio rerum concurſu ; ergo extat Lex æterna ; quod erat demonſtrandum.

Res fiet, adductâ comparatione, illuſtrior. Summa videlicet Dei intelligentia neceſſaria non eſſet & immutabilis, niſi extaret idea rerum archetypa, quâ verum à falſo, poſſibile ab impoſſibili dividatur ; ergo pari jure neque neceſſaria, neque immutabilis eſſet Dei Sapientia, niſi exiſteret archetypa rerum ordinatio, quâ bonum à malo, laudabile ac remunerandum à vituperabili puniendoque ſecernatur. Si fortè ſuſpicaberis ſuam quidem eſſe Deo Legem immutabilem, qui ſit immutabilis ; cæteris verò mentibus, ut creatis, ſuas eſſe creatas, adeoque mutabiles, animum adverte ad ſequentia.

Evidentia cognitionum quæ speculativæ dicuntur, te cogit ad asserendum existere immutabilem rerum quæ produci possunt essentiam, quæ quidem essentia sit nobis veri regula; ergo si innotescant hominibus veritates *practicæ* evidentiâ geometricis pares, fatearis necesse est existere quoque immobilem actuum humanorum aut cujusvis mentis creatæ & liberæ regulam : atqui innotescunt nobis veritates practicæ evidentiâ geometricis pares. Tam enim evidens est, *summum rerum moderatorem esse summâ veneratione colendum ; quàm è pluribus lineis, illam esse productiorem quæ magis à rectâ aberrat.* Pariter *illud non esse alteri faciendum quod nobis fieri nollemus : in dubio partem tutiorem esse amplectendam.* Quod quidem sua unicuique conscientia testabitur, si eam, silente cupiditate, interroget; ergo Lex increata spectat quoque ad mentium creatarum actus dirigendos.

Et unde, quæso, veras actuum humanorum regulas habere possunt Legislatores quas cæteris proponant, nisi à veritatis cujuslibet fonte Deo? Ille enim solus potest illustrare, qui solus condidit. Jam verò qualem isti sibi fingunt Deum, qui opinantur regulam actuum nostrorum ab ipso profectam esse mutabilem? Idne serio excogitârunt potuisse Deum contraria iis quæ nunc præcipiuntur, præcipere; mendacium, verbi gratiâ, homicidium ad ultionis voluptatem, præpositorum contemptum? Hæc si à rudibus audias & imperitis, risum teneas? aut stomachum, si ab iis qui se pro doctis ac Philosophis haberi cupiunt? Collige ergo extare quoque immobilem actuum nostrorum regulam.

TH. Si non veri ipsius momento, at certè magnâ veri specie me commovisti. Quædam sunt tamen quæ malè cohærere adhuc mihi videantur. Nam Deus nulli certè rei subjici potest : atqui Legi subjectus esset, si extaret illa, de quâ tu modò, æterna regula.

EUG. Nego minorem. Regula quippe dirigit, non imperat. Si enim nativum verborum sensum usurpare velimus, Legis est ostendere & dirigere; præscribere vero & imperare, voluntatis; ergo voluntas divina Lege sibi coæterna dirigitur, at non subigitur.

TH. Verùm non semel audivi apud Deum solam rationem facti, voluntatem esse facientis; ergo Dei voluntas est exlex

EUG. Explico antecedens. Sola ratio est voluntas facientis; id est, in multis cùm facti rationem non possimus assequi, satis est si nota sit nobis Dei voluntas. Sic enim ratiocinandum est: Deus rem ita esse voluit: atqui nihil ille velle potest, nisi justum & sapientiæ maximè congruum; ergo quamvis me ratio facti lateat, sola voluntas divina fidem facit illud esse justissimum. Hic certè est propositionis objectæ sensus, non autem Deum ideo velle quòd velit. Inde enim apertè sequeretur Deum nescire cur velit, quod sanè est absurdum.

TH. Si, ut idea rerum archetypa, ita extat archetypa morum regula, necesse est dari utrinque axiomata æquè certa ac immutabilia: atqui istud mihi falsum videtur. Namque axiomata modò à te memorata non sunt veritatis æternæ ac necessariæ.

EUG. Quorsum, Theodore?

TH. Sit in exemplum istud: *alteri ne feceris quod tibi fieri nolles*: quod quandoque falsum est. Judex enim capite mulctans homicidam juxta Leges patrias, rectè profectò se gerit: atqui alteri facit quod sibi fieri nollet; ergo quandoque alteri id faciendum est quod nobis fieri nollemus.

EUG. Distinguo minorem. Alteri facit quod sibi fieri nollet, id est, quod sibi esset injucundum, concedo: quod sibi si fieret, judicaret injustum, nego. Minùs rectè igitur interpretaris axioma prædictum; hic enim est propositionis sensus: alteri ne feceris quod tibi, si fieret, iniquum reputares.

TH. Atqui illud injustum meritò reputaret judex, si capite plecteretur, ut homicida.

EUG. Nec tamen esset homicida, concedo: at si

eodem modo in Leges patrias peccasset atque homicida, nego. Ex tua argumentandi ratione, video te mente non supplevisse, quod in verbis deerat. Hoc tamen facile suppleri potuit, scilicet, alteri non esse faciendum quod nobis in pari casu positis fieri nollemus. Evidens est autem iniquum fore judicem qui capite plecteret homicidam, si idem sibi pariter homicidae fieri nollet.

TH. A principio immutabili oriri non potest conclusio mutabilis : atqui conclusio haec, *non occides*, ab isto fluit principio, *alteri ne feceris &c.* ; nec tamen est necessariae veritatis regula : etenim quae patitur exceptionem, non est necessariae veritatis : atqui ista regula, *non occides*, exceptionem patitur & quidem saepissimè ; ergo neque conclusio, neque principium est immutabile.

EUG. Nego utramque minorem. Non Lex ipsa, sed verba quibus Lex exprimitur patiuntur exceptionem. Lex enim pati non potest exceptionem, nisi possit esse modò justa, modò injusta, proindeque modò vera, modò falsa : atqui istud fieri nequit. Lex enim una non ad quemlibet, sed ad definitum aliquem rerum concursum spectat, qui licet verbis quandoque non significetur, mente tamen intelligitur ; ergo si Lex posset esse modò vera, modò falsa, posset quoque fieri ut quod in definito aliquo rerum concursu justum est, fiat deinceps in casu simili injustum ; quod nemo non negaverit.

Cùm autem aliquando sit occidendum, quoties nempè istud boni publici ratio expostulat, videtur quidem exceptionem pati praeceptum istud, *non occides* : at hic est praecepti sensus : non obtemperabis illi horrendae libidini, quae in alienae vitae damno voluptatem quaerit ultionis. Quod praeceptum sic expositum nullam quantùm ad verba patitur exceptionem.

Observa igitur, Theodore, regulam nullam aut ferè nullam potuisse verbis ita exprimi, ut nihil mente supplendum esset. Sermo enim humanus, hoc ipso quòd humanus est, multis scatet vitiis, ideoque vix aliquo in casu id totum perfectè exprimere potest, quod mente percipitur. Præterea longiore sermone opus fuisset ad explicandum illum rerum concursum ad quem definitè spectat regula verbis expressa. Satius ergo fuit regulam significari brevi sententia quæ facilè posset exponi & in mentem revocari, conscientiâ non obscurè supplente quod deest in verbis.

TH. Appositè quidem de sermone humano; at sermo divinus, hoc est, in sacris codicibus usurpatus, illis vitiis carere debuerat : atqui non aliâ ratione exprimit præceptum istud, *non occides ;* ergo exceptiones sunt in Legem ipsam, non in sermonis vitium refundendæ.

EUG. Nego majorem. Sermo enim ille non ideo divinus est, quòd verba quibus constat sint alterius generis quàm verba apud homines usurpari solita : vocibus enim apud homines institutis usi sunt verbi divini Præcones : sed ideo divinus habetur quòd materia verbis expressa, non ab humano exorta ingenio, sed à Deo sit, Prophetarum ore, revelata. Neque idcirco rectè colligas non satis esse manifestas Moralis, quæ sacris paginis continetur, regulas : si enim cupiditates nubem veritati non opponant, facilè supplebitur mente quod verbis non exprimitur. Sic quicumque verum sincero animo investigat, sentiet profectò iis verbis, *non occides*, illud esse quidem vetitum ad quòd ultionis cupiditas instigat ; minimè verò quod confert ad bonum publicum.

TH. At quidquid sermo peccet humanus, axiomata tamen *speculativa* exceptionem non patiuntur ; ergo pari jure, si *practica* sint veritatis necessariæ, nullam pati possunt exceptionem.

EUG. Nego antecedens. Sit in exemplum istud axioma : *Illa linea major est quæ magis à recta divertitur* : atqui si nudam literam spectes, exceptionem illud axioma patietur, & geminam quidem : potest enim prædicta propositio jure negari, si illa linea non eadem

eadem habeat extrema puncta quàm recta, aut cæteræ quibuscum confertur: potest quoque illam inter & rectam describi sinuosa quæ sit productior; ergo ut nullus sit exceptioni locus, sic exponi debuit prædictum axioma: è pluribus lineis quæ eadem habent extrema puncta, neque sunt sinuosæ, illa est productior quæ magis à rectâ divertitur. Verùm istæ conditiones facilè mente supplentur. Quapropter illas verbis exprimere supervacuum est.

COROLLARIUM PRIMUM.

Lex æterna est ipse Deus, quatenus suprema Ratio; quatenus increatum Sapientiæ exemplar.

Nihil enim immutabile intelligi potest extra Deum, cùm ille sit unica mens necessaria: atqui Lex æterna est veritatis necessariæ, proindeque immutabilis; ergo ipsa Deus est. Hic est ille Liber æternus justitiæ de quo Augustinus. Hæc illa *Lux quæ illuminat omnem hominem venientem in hunc mundum.* Si ergo Christus est Filius ac Verbum Dei, si est illa Sapientia à Patre æternùm genita, verè dixit non alium esse Magistrum nobis præter seipsum. Idem veri & æqui Doctor unus est. Sed istud plenius assequeris in posterum.

TH. Noram quidem hominem hominis magistrum dici non posse, nisi impropriâ loquendi ratione, cùm nemo in alterius mente quidquam operari possit; verbaque doctorum esse meram veri justique attingendi occasionem. At hucusque existimavi suam cuique rationem esse Magistram.

EUG. Unde igitur habet illa ratio quod te doceat, qui totus es conditus?

TH. Nonnisi à Conditore procul dubio: unde consequens erit eum qui condidit esse unum veri nominis Magistrum. Eccur ergo homines dicunt vulgò, se hoc vel illud à sua ratione deprompsisse?

EUG. Qui accuratè loquuntur, Theodore, dicunt quidem se quod intelligunt à rectâ Ratione accipere; qui minùs accuratè loquuntur ac sentiunt, suam rationem cum rectâ Ratione confundunt. Quod quàm ineptum sit, paucis ostendam. Utrum vis elige. Ratio illa quam suam dicunt plerique potin' est aberrare vero & æquo, necne?

TH. Si in priorem partem descendero, subitò colliges; *ergo nihil certi ab illa haurire possumus.* Si in posteriorem; *ergo illa Ratio non est humana;* ergo istæ voces ratio humana sunt planè sensu destitutæ.

EUG. Ultra metas progrederis, Theodore. Nulla quidem est ratio creata quæ docere possit ac illustrare. At quisque hominum habet illud rationis genus quæ doceri possit ac illustrari. Se habet humana ratio ad rectam, id est, ad supremam Rationem, ut oculi corporei ad solem hunc sensibilem: aperiantur oculi & ad objecta circumstantia dirigantur, illa certè videbuntur ope luminis à sole dimanantis: claudantur vel avertantur, objecta illa sui sensum non facient. Pariter exere tuam rationem, id est, aperi mentis oculos & ad verum justumque afflecte, verum & justum fient tibi manifesta ope luminis æterni quod nunquam deficit: claude istos mentis oculos, vel deflecte, Sol intelligibilis veri justique tibi non lucebit.

TH. Jam assequi mihi videor principium istud, quamvis reconditum & in sublimi positum. Habemus igitur tandem aliquid fixum & immotum, cui omnes nostræ cognitiones inniti possint, & quo seposito, nutare, imo & ruere oportet cujuslibet generis disciplinas. Vin' tu quod ego nunc de hujus principii ignaris sentio, adductâ comparatione ostendam? Ridebis certè novam & inauditam hypothesin. Sint juxta terræ polos incolæ in valle altè depressâ dudum positi, & montibus circumsepti ita celsis atque præruptis, ut solem nullâ anni tempestate possint intueri; quidam eorum, paucissimi quidem, suspicabuntur fortasse existere alicubi magnum luminis fontem, quo radii undequaque dimanantes conspicua faciant aëre repercussi quæcumque sunt in illâ valle conspicua. At multò major pars existimabit se oculorum suorum vi solâ attingere objecta circumstantia. Jam verò incolæ isti sunt mentes nostræ corpore veluti circumseptæ; quibus non datur in hac vita Solem ipsum justitiæ intueri, quamvis ope luminis ab ipso in intimum pectus dimanantis videre possimus quid verum sit quidve justum; & interim arbitramur omnes, demptis quibusdam & quidem paucissimis, nos propriâ vi & perspicaciâ verum & justum attingere.

EUG. Absit ut ista rideam, nisi velim quoque ridere antrum illud à Platone in ejusdem rei demonstrationem confictum.

TH. Quid tu mihi de Platone narras?

EUG. Tu ipse legito, ubi vacabis, finem sexti & initium septimi libri operis inscripti *Respublica Platonis*: videbis quâ ratione assurrexerit ille ad principium istud quod tu meritò dixisti esse positum in sublimi; verùm eodem principio nobis rectiùs utendum est quàm olim infelix Plato.

COROLLARIUM SECUNDUM.

Necessarium est ut mentibus liberis fiat copia cognoscendi eam Legis æternæ partem quæ spectat ad illarum actus.

Illud enim cum rectâ Ratione pugnat mentem liberam in aliquo rerum concursu esse à Deo positam in quo vi Legis teneatur ad hoc aut illud, neque tamen scire queat quid tunc sibi præstandum sit. Impossibilia quippe Lex æterna jubere non potest: atqui res ita se haberet, nisi mentibus liberis fieret copia dignoscendi quid sibi Lex æterna præscribat in eo rerum concursu in quo existunt istæ mentes; ergo &c.

Duplex est autem Legis manifestandæ modus, vel

indito Rationis lumine, vel signis externis. Lex priori modo manifestata dicitur *Lex naturalis*: si altero modo, *positiva* nuncupatur.

TH. Numquid investigabimus utrum Legis promulgandæ genus, an utrumque Deus adhibuerit? Sæpissimè quidem apud homines sermo est de Lege naturali, neque me clam est eam ab hominum vulgo admitti. At quosdam esse audivi qui istud præjudicatis opinionibus accenseant. Alii nimirùm docent nullo alio stare fundamento Leges quæcumque apud homines vigent, quàm opinione humanâ. Alii regulas vel præstantiores à pactis hominum traxisse originem, ita ut ante illa pacta homo fuerit ab omni Legis onere solutus. Neque mireris, Eugeni, me ista non ignorare, quæ scilicet ut verè philosophica circumferantur apud juvenes à literarum ludo recentes, quin & apud mulierculas; unde meritò seculum nostrum præ cæteris philosophicum esse dictum est, cùm his & aliis de rebus non minùs severis adolescentes ipsi & mulieres inter pocula festivosque cœtus non rarò philosophentur.

EUG. Quod sit istud Philosophiæ genus jam præsentis; nos verò expendemus an quæ vigent apud homines Leges, Lege naturali tanquam fundamento innitantur, remque tanti momenti seriò persequemur, & quâ par est decentiâ.

CONCERTATIO TERTIA.

Existit Lex naturalis; hoc est, sunt principia quædam immutabilia morum hominibus Rationis lumine revelata.

Nullum est præstantius demonstrandi genus quàm cùm res ipsa demonstranda oculis exhibetur; ergo si exhibeam principia morum immutabilia Rationis lu-

mine cognita, extra dubium erit mea propositio :
atqui hæc principia ultrò fateberis esse evidentia :
*Summus amor, summa veneratio nonnisi summo rerum
Moderatori debentur. Verbo Dei fides est adhibenda. Ab
errore & mendacio refugiendum est. Alteri non est faciendum quod nobis fieri nollemus. In dubio pars tutior est
eligenda. Qui multis præest, bono communi consulere potiùs
debet cum privati alicujus damno, quàm bono privati cum
Reipublicæ detrimento.*

Jam verò illa principia non ideo habemus pro certis
quòd ea ab aliquo acceperimus, aut alicubi legerimus. Cujus quidem rei sua cuique seriò advertenti
fidem facit conscientia; ergo illa sunt hominibus Rationis lumine revelata; unde consequens est existere
Legem naturalem.

Probatur eadem propositio ex absurdis. Si non
existit Lex naturalis, homo erit prorsus exlex. Leges
enim *positivæ* nullam habere vim possunt, nisi ostenderit recta Ratio obediendum esse Præpositis : atqui
absurdum est hominem esse à Legis cujuscumque onere
solutum. Si enim homo esset exlex, nihil ille posset
operari laudabile, nihil vituperabile, cùm actus ideo
sit laudabilis quòd ad regulas æqui conformetur, &
ideo vituperabilis quòd iisdem regulis adversetur ;
ergo perjuria, superbia, Dei contemptus, errores,
publicæ pacis perturbatio &c. non possent jure vituperari, neque laudari qui veri studiosus esset, qui
Dei hominumque amans, qui ab omni fallendi arte
alienus ; ergo nullo jam freno coerceri possent hominum cupiditates, nisi forsan metu qui in hac hypothesi nonnisi tyrannicà violentià incuteretur.

Præterea si aliquid agere cupiam contrarium, non
dico pactis hominum quæ plerumque non novi, sed
principiis modò memoratis, aut cùm animum subit
quorumdam actuum meorum recordatio, experior
vel invitus conscientiæ pungentis aculeos : unde
sponte fluit sequens ratiocinium : esto homines aliquid possint in corpus, at certè nihil possunt in in-

O iij

timam cogitationem ; id est, adigere me nequeunt ut vel invitus judicem actus meos rectæ Rationi repugnare; ergo conscientiæ stimuli non prodeunt neque ab hominibus, ut pote qui suadere quidem possint, minimè verò me ad judicandum cogere, neque à meipso qui remordentem conscientiam invitus experior ; ergo stimuli illi sunt à Deo intùs exprobrante quòd rectæ Rationi repugnaverim ; ergo Deus Rationis lumine ostendit nobis aliquas morum regulas ; hoc est, vivit medio in pectore Lex naturalis.

Denique te Logica docuit ubi de veri signis, consensum generalem, quoties communi hominum generi adversatur, esse veri argumentum : atqui nihil magis adversatur cupiditatibus quàm Legis onus jubentis frenari cupiditates, & aliquid infaustum peccantibus minitantis ; ergo si omnes in admitrendâ illâ Lege internâ consentiunt, hæc pro certâ haberi debet : atqui fidem facit Historia admisisse omnes principia quibus non actuum modo, sed & Legum humanarum æquitatem dijudicarent. Et quamvis erraverint penè omnes circa quædam Legis naturalis præcepta, sic tamen laudabile à vituperabili divisère, ut verum à falso.

Verè ergo divus Paulus : *cùm gentes quæ Legem non habent* (Judaïcam scilicet) *naturaliter ea quæ Legis sunt faciunt, ejus modi Legem non habentes, ipsi sibi sunt Lex, qui ostendunt opus Legis scriptum in cordibus suis, testimonium reddente illis conscientiâ ipsorum, & inter se cogitationibus accusantibus aut etiam defendentibus.*

Rectè Tullius Legem agnoscit « non scriptam, sed
» natam, quam non didicimus, accepimus, legimus:
» verùm ex naturâ ipsâ arripuimus, hausimus, expres-
» simus : ad quam non docti, sed facti; non instituti,
» sed imbuti sumus ».

Ite, inquit divus Prosper :
Ite ipsi in vestræ penetralia mentis, & intus incisos apices & scripta volumina Legis

Inspicite & genitam vobiscum agnoscite Legem.
. . . . *Mendacia fallax,*
Furta rapax, furiosum atrox, homicida cruentum
Damnat, & in mœchos gladium distringit adulter.

TH. Solvisti quidem apud me omne de Lege naturali dubium : superest ut, unde possim adversa Legi principia refellere, tu mihi suppedites. Si vivit, inquiunt isti, de quibus modò, si vivit intimo in pectore Lex æquum ab iniquo dividens, quisque boni malique fines facilè dignoscere potest : atqui rem aliter se habere probant quotidianæ doctorum disceptationes ; ergo &c.

EUG. Facilè quisque poterit in quibusdam casibus, hoc fateor ; in omnibus, istud nego. In multis quidem non assequimur facilè quâ ratione sit agendum, non utique quòd agendi principia sint ignota, sed quòd propter intricatum rerum concursum vix possit investigari quo illa pacto in usum vocari debeant. Exempli gratiâ, facilè innotescit succurrendum esse miseris : verùm cùm unus omnibus obviis non possit opem ferre, sintque præterea multi qui paupertatem aut vitiosam corporis habitudinem simulent, qui desidiæ causâ se otioso & curarum experti mendicantium gregi adjungant, vix satis scire aliquando possumus quos quibus anteferamus & quâ ratione simulatam aut spontaneam paupertatem discernamus à verâ minimèque voluntariâ. Neque etiam semper poterimus definire quid alteri sit agendum, eò quòd agendi norma sit quandoque varia pro variis ingeniis, varioque rerum concursu ; unde consequetur non idem omnibus esse agendum, nec proinde cæteris præscribendum quod nobis intùs præscribitur, nisi priùs certum sit eandem esse aliis quàm nobis agendi rationem, quod quidem discerni quandoque non potest. Verùm quod ad nos spectat, poterimus in plerisque, adhibitâ attentione serioque examine, boni malique fines discernere, modò sileant cupiditates,

Neque te moveant doctorum disceptationes de boni malique finibus. Desipit enim quisquis ex Philosophorum discordia colligit non innotescere nobis veri à falso discrimen, negatque extare quædam principia theoretica lumine naturali cognita; ergo ex doctorum discordiâ colligi pariter non potest in occulto positum esse boni à malo discrimen, aut nulla esse principia practica lumine nota naturali.

TH. Si in plerisque duntaxat, non autem in omnibus sit Lege naturali manifestum quid agendum sit; ergo Deus aliquo in casu homini deest; quod pugnare videtur cùm secundo corollario.

EUG. Nego consequentiam. Si enim indito Rationis lumine aliquo in casu non nôrimus quid sit agendum, illud à peritioribus & à Præpositis discere possumus; unde colliges non esse necessarium ut cuilibet intus illuceat in quolibet casu agendi regula, sed ut quibusdam illuceat à quibus eam cæteri accipere possint.

TH. At vel ipsi prudentes & periti hærent quandoque in definiendo quid facto sit opus. Præterea cùm urget agendi necessitas, consulendi tempus non suppetit; ergo hoc in casu Deus homini deest.

EUG. Nego iterum consecutionem. Non enim Lege quæsitâ tenentur qui, præmisso examine, hærent aut urgentur præsenti agendi necessitate: sed aliâ Lege eosdem contendo teneri, scilicet ad partem tutiorem in dubio eligendam. Quod si fecerint, Legi tunc ad se spectanti obsecuti erunt.

Notabis tamen eos culpâ non vacare, qui cùm urget agendi necessitas, quid facto sit opus ideo ignorant, quòd antea Leges ad suum vitæ genus pertinentes investigare & meditari neglexerint. Suâ ergo culpâ tunc ignorant, non supremi Legislatoris, qui voluit quidem ea facilè cognosci principia quæ sunt cæteris veluti fundamento: noluit autem cætera citra laborem innotescere; suum namque erit non observationi modò, sed & investigationi præmium.

TH. Atqui Lex ista quæ præscribit eligi tutiorem in dubio partem non est satis: pars etenim quæ tutior sit quandoque dubitatur.

EUG. Distinguo: dubitatur ex suâ culpâ, concedo; jure ac merito, nego. Pars tutior ea est quæ, silente cupiditate, est verisimilior. Jam verò facilè novit quilibet è duobus sibi propositis quodnam sit in dubio verisimilius, & quisque tenetur ad frenandas in deliberando cupiditates.

Noli objicere æquam ex utraque parte verisimilitudinem. Quod si fortè obtigerit, utramlibet eligi posse partem Lex naturalis ostendit; ergo in nullâ re Deus cuiquam deest, nisi qui sibi ipsi defuerit.

In memoriam porro revoca, Theodore, quæ te Logica de verisimilitudine docuit. Observa verisimilitudinem non cadere in res quæ verisimiles dicuntur, sed in statum ipsum mentis plùs minùs inclinatæ ad judicandum aut eligendum: ideoque jure aliquod posse alteri verisimile esse quod alteri vero erit absimile. Quapropter in prædicto dubii casu non idem omnibus esset agendum, sed unicuique secundùm propriam conscientiam. Si ergo dubium, legitimâ attentione præstitâ, non solvitur, noli culpare Legem ignoratam aut deficientem Deum, sed pugnam cupiditatis cum Ratione. Ideo enim hærent quidam ancipites, quòd neque à Ratione, neque etiam à cupiditate discedere vellent, & ideo quærunt quâ arte utrique simul satisfieri possit. Quod cùm quærenti non occurrat, dubium profecto non solvitur.

TH. Nonnullos tamen audivi qui docerent, relictâ tutiore opinione, verisimiliorem eligi posse; at sæpiùs tutiorem, relictâ verisimiliore; quæ certè cum tuis dictis non satis concilio.

EUG. Verisimile tamen est eos aliis verbis idem quod ego dixisse. Nusquam enim asseruerunt eam esse minùs tutam opinionem quæ, represâ cupiditate, verisimilior judicaretur. Ut ut sit, sic meam propositionem demonstro.

Quæ opinio est tutior, eadem est justo similior; atqui regula agendi non potest esse justa quin sit vera; ergo opinio justo similior est quoque vero similior. Jam vero docuit te Logica necessarium esse ut retundantur cupiditates ad dijudicandam verisimilitudinem. Cupiditates enim docent quidem quid placeat, non autem quid sit verum; ergo, ni sileant cupiditates, duces ab illis opinionem magis placitam, at non verisimiliorem.

TH. Si hominum menti insculpta est Lex naturalis, eadem esse apud omnes morum principia necesse est: atqui non eadem sunt apud omnes. Nam quod aliis videtur bonum, aliis pro malo habetur; quod Leges humanæ in una gente aut in uno seculo præscribunt, hoc ipsum vetant in altera gente alterove seculo: atqui istud non fieret profecto, si eadem essent in cunctis hominibus morum principia; ergo &c.

EUG. Minor duplici de causa falsa est. 1°. Error Philosophorum circa quasdam & gravis quidem momenti quæstiones non probat diversa esse apud homines principia quibus verum à falso dignoscant, sed hoc unum, præjudiciis nempe & temeritate nubem quamdam Philosophorum oculis opponi. Unde fit ut iisdem principiis abutantur ad inanem veri speciem persequendam propugnandasque opiniones falsas aut saltem incertas. Ergo pari jure Legislatorum errores non probant negata esse hominibus principia communia quibus bonum à falso dividant, sed hoc unum, illos aut temerè sanxisse Leges, aut eas suæ cupiditati accommodasse.

2°. Leges ferè omnes spectant non ad quemvis, sed ad definitum aliquem rerum concursum : atqui non idem est apud varias gentes, aut in eâdem diversis temporibus rerum concursus; ergo nihil est quod miremur apud varias gentes, aut in eâdem diversis temporibus, contraria aliquando fuisse instituta. Cujus quidem rei hoc esto exemplum. Nunc Lege prohibetur conjugium fratris cum sorore. At istud præceptum spectare non potuit ad primos Adami filios: qua enim ratione propagatum fuisset genus humanum? Ergo non eædem sunt regulæ pro vario rerum concursu. Ergo, si, spectato ingenio gentis alicujus, spectatis præjudiciis & artibus institutis, spectatâ soli feracitate, subditorum numero, industriâ, alacritate, id videatur utile quod genti in contrario rerum concursu positæ nocivum est, jure in prima præscribetur quod in altera erit jure prohibitum.

Dixi *Leges ferè omnes*: sunt enim quædam paucissima quidem præcepta ad omnes omninò casus spectantia. Ista nimirum: *non mentiéris: unum adorabis Deum; voluntas mentis creatæ semper esse debet ad divinam conformata.*

TH. Demus violata esse Legis naturalis principia Legislatorum temeritate aut cupiditate. At certè fieri non potuit ut populi Legibus naturali adversis se ultro subjecerint, nisi Legem naturalem prorsus ignoraverint. Quî, verbi gratiâ, fieri potuit ut Carthaginensium Matronæ suos liberos ipsæ traderent quorum sanguine fieret Saturno piaculum, si istud vetat cùm naturæ impressio, tùm recta Ratio cunctis illucescens; ergo non illucet omnibus Lex naturalis.

EUG. Nego antecedens. Non ex ignorantiâ saltem inculpatâ id accidit ut gentes pro sanctis haberent instituta Legislatorum Rationi adversa; sed ex pravitate animi, ex negligentia advertendi ad ea quæ humani sunt officii, ex metu, ex voluntate conciliandi, si quâ fieri possit, cupiditates cum aliquo Legis naturalis principio, factum est ut plerique falsa veris miscerent, & ridiculis se Legibus regi paterentur, atque absurdas apud se invalescere consuetudines. Ita quidam populi parentes senio confectos necant, ne, inquiunt, diutius senectæ tædium ac labores perferant; verùm ne reipsa sibi sint oneri diutiùs. Hoc enim pacto misericordiæ in infirmos Legem cum suo commodo conciliare utcumque tentant.

Multa hìc adjici possent ex variorum populorum

Historiâ deprompta, quæ dimitto Eruditis: hæc enim non probant homini defuisse Deum, sed sibi ita defuisse homines ut opus haberent Lege aliquâ signis externis declaratâ, quæ ruentes in varia scelera hominum mores coerceret. Lex naturalis lucebat quidem, sed *in tenebris*, hoc est, in cordibus luci inimicis, *& tenebræ eam non comprehenderunt.* Si ergo homini sensibus addicto Legem aliam subinde manifestavit Deus quæ sensibus objici posset, collige non inculpatum fuisse antea hominem, sed eum nunc esse magis culpandum.

Itaque si quis, eruditionis demonstrandæ causâ, tibi objiciat furtum fuisse apud Ægyptios permissum, homicidium exterorum apud Scythas, antropophagiam nunc apud Cafros & Brasilienses; jus Monarchicum esse in hac gente sacrum, in illâ nefandum &c., hoc unum generatim respondeto: vel Leges aut consuetudines in exemplum prolatæ sunt vitiosæ in eo rerum concursu ad quem referuntur, vel non: si vitiosæ, infero homines defuisse regulæ, non regulam hominibus; sin minùs, infero aliud in alio rerum concursu Lege naturali præscribi. Hoc, inquam, unum responde. Præstat enim sano & acri judicio se tutos intra limites continere, quàm divagari eruditionem miserè ostentando, ut quidam solent. Sine alii numerent facta, tu pondera judicandi momenta.

TH. Dicis quidem tu adactos metu populos ut adversis Legi naturali Legibus se regi paterentur: illi è contra adactos metu populos ut Legem naturalem admitterent. Sensére enim Legislatores caducam fore suam autoritatem, nisi Deum vindicem metuerent populi: hunc autem metum incuti non potuisse, nisi hominum mentibus opinionem aliquam de Lege naturali insererent Legislatores. Quid tu ad hæc?

EUG. Fateor Dei vindicis metum necessarium esse ad continendos in officio populos, & ad confirmandam Legislatorum autoritatem: sed iste metus an à Deo, an à Legislatorum politicâ exoritur? Si à Deo, ergo conscientiæ testimonio nos monuit Deus esse Principibus parendum ac Legislatoribus. Unde consequens est Lege naturali stare eorum autoritatem, non autem ab eorumdem autoritate natam esse de Lege naturali opinionem. Si à Legislatoribus tantùm; ergo fieri non potest ut homo vel invitus experiatur conscientiæ vituperia, cùm aliquid admisit rectæ Rationi adversum: Legislatores enim, ut jam monui, nihil possunt in intimam cogitationem: atqui istud experientiæ adversatur; ergo &c.

TH. Sunt demum quidam qui ut ostendant suam cuique cupiditatem esse Legem unicam, sic ratiocinantur: nullas homini facultates inutiles adjecit Deus; atqui si Lex naturalis existit, homini Deus inutiles concessit facultates; illud enim est inutile quo non licet uti: atqui, inditâ Lege naturali, non liceret uti quibusdam facultatibus, ut patet &c.

EUG. Nego primam minorem & majorem subsequentem. Illud enim non est inutile sinè quo stare non potest libertas, virtus & vitium, laus & vituperium, pœna & præmium; quo seposito nullus esse posset justitiæ divinæ actus: atqui si nullæ inessent homini facultates ad malum, tolleretur libertas humana; nullus esset virtuti, nullus vitio locus; laus & vituperium essent vana nomina, nec quemquam Deus remunerare posset, quòd suas cupiditates rectæ Rationi subjecerit, aut punire, quòd nihil suâ cupiditate habuerit antiquius; ergo facultates de quibus tu modò non sunt inutiles.

TH. Jam abundè mihi suppetit quod respondeam iis qui Legem naturalem loco præjudicatæ opinionis habent. Hæc tua principia mecum recogitando perficiam ut sint mihi quàm familiarissima.

COLLOQUIUM TERTIUM.

EUG. Nosti probè, Theodore, homines sensibus suis esse addictissimos.

TH. O utinam non ita sensibus manciparentur! Sensus enim rectæ Rationis lumen non mediocriter obnubilant.

EUG. Numquid inde colligis ea quæ sensuum ope cognoscuntur, esse hominum captui maximè accommodata; proindeque aptatas esse nostro ingenio Leges, quarum cognitionem auribus oculisve comparare possumus?

TH. Ita certè. Video porro sermonem hodie à te institui de Lege *positivâ* : Deum itaque homini ex hac parte non defuisse jam es procul dubio demonstraturus.

EUG. Resiste paulisper, Theodore; nondum enim omnia Moralis fundamenta posuimus. Duplex distinguitur Lex positiva; altera divina dicitur, altera verò humana. Nunc à te sciscitari pauca libet: fateris potuisse Deum Leges suas signis externis manifestas facere?

TH. Qui id negem? cùm extra dubium sit non modò potuisse, sed & voluisse Deum ut multæ veritates theoreticæ nobis fierent ope sensuum manifestæ.

EUG. Nondum expendo utrùm veritates practicas Deus manifestas quoque fecerit ope sensuum: sed demus istud præstitisse Deum; fateris huic Legis generi mentem non minus esse quàm Legi naturali subjiciendam?

TH. Fateor. Diversa quidem est ratio promulgandi, sed idem jus sanciendi; eadem ergo Legis sanctitas, eadem obtemperandi necessitas.

EUG. Fundamentum igitur Moralis est ex hac parte in tuto positum. Verùm de Legibus quas homines sanxêre, quid sentis? Estne illis obtemperandum, & quo jure?

TH. Hoc certè non ita mihi exploratum est : cùm igitur Legibus humanis ex omni parte veluti constricti simus, si rem edisserere voles, totus ab ore tuo pendeo.

EUG. Ut, quæ mea sit de hoc argumento sententia, faciliùs assequaris, quædam præmitto principia.

Primum Principium.

Natus est ad societatem homo.

Ad illud natus est homo sine quo nec vitam tueri, nec animum excolere potest, & ad quod nativo instinctu, Ratione non contradicente, impellitur : atqui 1°. sine societate vitam homo tueri non potest. Nam ut sileam de infantibus & senibus quibus aliorum auxilio præ cæteris opus est, adolescentes maturique homines contra cœli inclementiam, belluarum feritatem, famem, frigus, calorem, morbos, nonnisi aliorum auxilio se tuentur, ut quotidiano patet experimento. 2°. Citra societatem animi facultates excolere non potest homo. Pone enim unumquemque à societate qualibet penitus secretum, nullæ tunc aut vix ullæ erunt artes; nulla Historia; nulla ferè rerum experientia, cùm alii aliorum inventis uti non possint; nulla veri in quovis genere à patribus ad filios transmissio; nullus vocis aliarumque facultatum usus : atqui absurdum est concessas esse nobis à Deo facultates prorsus inutiles. 3°. Ad ineundam societatem nativo ferimur instinctu, teste conscientiâ, & huic propensioni Ratio non adversatur, cùm plura ex institutâ societate in singulos bona dimanent quàm incommoda; ergo &c. Ergo vera quam Deo Moses ascribit sententia : *non est bonum hominem esse solum.* Rectè Salomon : *væ soli, quia cùm ceciderit, non habet sublevantem se..... Si quispiam prævaluerit contra unum, duo resistunt ei; funiculus triplex difficilè rumpitur.*

Principium Secundum.

Coactis in societatem hominibus necessariæ sunt Leges quibus & quid ad Rempublicam conferat, præscribatur; & præmia ad virtutis incitamentum pænæque ad nefarii cujusque terrorem indicantur.

1°. Adolescentulos ipsos docet experientia longè majorem hominum partem nescire quid ad multorum veram profit utilitatem; quid sibi pro suâ cujusque parte præstandum sit, ut omnia societatis membra aliquo inter se vinculo cohæreant; quænam pars libertatis perire debeat, ut reliqua salva fiat; cuinam oneri subire debeat quisque, ut inde exurgat major societatis felicitas, minusve damnum. Hæc enim omnia non vulgare ingenium requirunt, magnamque rerum permultarum inter se combinationem. Ergo si hominum vulgus ista ab utilitatis publicæ peritis non didicerit, solvetur omnis societas, proindeque frustra erit ad societatem à Conditore suo destinatus homo; ergo recta Ratio Legislatores humanos ipsa instituit.

2°. Eadem experientia fidem facit non satis esse apud homines eorum notitiam quæ quisque præstare debeat ad publicam utilitatem; eos ipsos qui quid sui sit officii apprimè nôrunt cupiditate inclinari ad privatum publico bonum anteponendum; humanum genus esse ingenio non solùm avaro, ambitioso, libidinoso, superbo, sed etiam fero ac cruento; cujus quidem rei vel ea fides sit quòd primus omnium frater in fratris vitam insurrexerit; ergo irritæ erunt Leges quæ virtutis remunerandæ aut vitii pænis coercendi autoritate destitutæ nihil aliud quàm præscribent; ergo recta Ratio Præpositos ipsa instituit remunerandi atque puniendi potestate instructos.

TH. Ultrò ipse è tua doctrina corollarium eruerem, ni paradoxi speciem præ se ferret.

EUG. Aude tamen, aude, Theodore.

TH.

TH. Recta Ratio, inquis, Legum sanctores & vindices ipsa instituit; ergo à recta Ratione jus suum illi suamque ducunt autoritatem: atqui recta Ratio & Ratio falli ac fallere nescia sunt unum idemque; ergo Legislatores & Præpositi suam à suprema Ratione ducunt autoritatem. Unde colligere pronum est jus humanum partem esse divinæ autoritatis in homines derivatam.

EUG. Quàm sis feliciter ausus disce à Scriptoribus sacris. Sic divus Paulus: *omnis anima potestatibus sublimioribus subdita sit. Non est enim potestas nisi à Deo. Quæ autem sunt à Deo, ordinatæ sunt. Itaque qui resistit potestati, Dei ordinationi resistit; qui autem resistunt, ipsi sibi damnationem acquirunt: nam Principes non sunt timori boni operis, sed mali. Vis autem non timere potestatem? bonum fac & habebis laudem ex illa; Dei enim minister est tibi in bonum. Si autem malum feceris, time: non enim sine causa gladium portat. Dei enim minister est vindex in iram ei qui malum agit.*

Et divus Petrus. *Subjecti estote omni creaturæ propter Deum, sive Regi quasi præcellenti, sive ducibus tanquam à Deo missis ad vindictam malefactorum, laudem verò bonorum.*

Enim vero si quis nunc, ut olim factum fuisse sunt aliquando probaturus, suam autoritatem miraculis declaret, cùm miracula non possint esse nisi à Deo, hunc Dei ministrum reputes procul dubio, proindeque divinâ autoritate instructum. Ergo si Legislatorum & Principum autoritas sit Lege naturali declarata, cùm Lex naturalis non possit esse nisi à Deo, illos pariter reputabis Dei ministros, & ejus nomine res humanas moderantes. Lex enim naturalis est Deus ipse quatenus intimo in pectore præscribens non solùm quidquid ad privatum bonum confert, sed & quidquid ad publicum. Collige ergo diversam quidem esse in utroque casu rationem instituendi Legislatores & Præpositos: prima enim *supernaturalis* est, altera *naturalis*; at eundem esse fontem autoritatis, ideòque

Tome I. P

eandem ministris utriusque generis deberi venerationem.

Verùm en tibi quod paradoxo longè similius videbitur.

CONCERTATIO QUARTA.

Iis qui præponuntur cæteris sive ex manifesta Dei ordinatione, sive ex consensu societatis tacito vel expresso, toties obediendum est, etiam suâ autoritate malè utentibus, quoties obedientia non est evidenter injusta.

Illud enim subditi præstare debent quo omisso nulla esset vis autoritatis ad bonum publicum procurandum : atqui nisi mos gerendus esset Præpositis, vel cùm autoritate suâ malè utuntur, sua illis non constaret autoritas ad bonum publicum procurandum. Namque 1°. nos docet Historia ita periculosi esse exempli audaciam eorum qui obedire nolunt autoritatis abusum culpantes, ut si gravissimis pœnis non fuerint coerciti, multos sibi adsciscant imitatores; unde fit ut debilitetur ac penè extinguatur Legum vis debitaque autoritati veneratio, pax & tranquillitas publica sæpius violetur, paulatimque resolvantur illa vincula quibus connectuntur inter se societatis membra; quod certè malum est publicum & quidem gravissimum. Si autem obedias etiam injustè imperanti, malum quidem privatum est, at plerumque longè minus opinione : atqui cùm recta Ratio docet bonum publicum esse privato anteponendum, eadem consequenter docet malum privatum esse obeundum ut publicum arceatur; ergo Præpositis vel suâ autoritate malè utentibus, toties obtemperandum &c.

2°. Experientiâ magistrâ didicimus repugnare plerosque obedientiæ; unde consequitur iniquum facile imperium videri, cùm hominum avaritiæ, desidiæ, superbiæ esse videtur adversum; quapropter pronum esset cuilibet autoritatis impatienti culpare autoritatis abusum; ut ab obtemperandi onere esset immunis: ergo conculcaretur autoritas, quam necessariam esse ad tuendam Legum sanctitatem modò demonstrabam; ergo, ut id periculi avertatur, debent subditi, qualecumque sit imperium, modò obedientia non sit evidenter injusta, Præpositis obtemperare.

Quod ut plenius intelligatur, hanc fingo hypothesim. Sit Princeps qui tributa æquo majora sibi à subditis pendi imperet; velintque subditi reluctari: vel Princeps ille vincet, vim autoritatis in rebelles exerendo; quo in casu majore cum damno tributa solventur: vel autoritas ipsa fracta corruet; quod fieri non potest nisi Respublica gravi sit vulnere cruentata, societatisque fundamenta commoveantur. Si autem tributa æquo solvantur animo, sua cuique privato res decurtabitur quidem, sed stabit pax inviolata, stabit sua legibus majestas, sua vis autoritati; quæ certè tanta sunt bona ut sint quantolibet pretio redimenda.

Denique si ad populorum ferè omnium Historiam animum advertamus, patebit sanum remanere societatis corpus quamvis onere paulò majori gravatum; sit idem corpus, si onus excutere voluerit, quasi febre aliquâ correptum violentius exagitari, & quandoque dissolvi; ergo recta Ratio jubet ut illis qui præponuntur cæteris &c.

Hæc autem verba, *quoties obedientia non est evidenter injusta*, cave mutes in ista, *quoties imperium non est evidenter injustum*. Nam sæpius contingit ut obedientia sit justa, cùm tamen imperium est iniquum, ut patet ex hypothesi modò conficta; ut liquidius manifestum erit cuique legenti gesta Martyrum; qui cùm injustè neci darentur, justissimè acquieverunt, ne ex

reluctandi temeritate oriretur Reipublicæ perturba[tione].
Si verò ipsa obedientia esset evidenter injusta, si, ve[rbi]
gratiâ, juberet Princeps ut se pro Deo haberem[us,]
ut rebus à Deo revelatis negaremus fidem, tunc, [ser-]
vata quæ debetur autoritati, id est, dignitati Princ[ipis]
veneratione, ab obediendo constanter abstinendum [est.]
Nam cuilibet advertenti ostendit recta Ratio non o[be-]
diendum esse ministro Principis, si minister ille præ[ci-]
piat contraria iis quæ Princeps jussisse cognoscitur,
quòd autoritas ministri sit à Principe in ministrum [de-]
rivata: atqui Princeps est Dei minister; ejus autor[itas]
est pars autoritatis divinæ in eum derivata; ergo [si]
Princeps ea præcipiat quæ fieri vetuerit Deus, [quibus]
obsequi nefas est: tunc præstat omnia potius f[erre]
simul & æquo animo perpeti.

Hæc est doctrina divi Petri qui jussit ut obtempe[re-]
retur *Præpositis & Dominis etiam dyscolis*; & qui jube[n-]
tibus Judæorum senatoribus ut sileret de Christi [no-]
mine ad quod *evangelizandum* ab ipso Deo missus er[at,]
hanc emisit nobilem certè & Apostolorum princ[ipe]
dignam sententiam; *obedire oportet Deo magis qu*[am]
hominibus.

TH. Ne quid sit à me temerè admissum, sine sing[ulis]
relegam expendamque principia unde ista tua conc[lu-]
sio fluere visa mihi est. Hominem eò probas socie[tati]
natum, quòd natas societati facultates habeat. Qu[id]
si asseram dissociandos esse homines, quòd sint in i[psis]
propensiones & facultates societati infestæ?

EUG. Momentorum paritatem nego. Si enim e[x-]
pendamus singulas facultates & propensiones societ[ati]
natas, manifestum erit illarum usum esse rectæ R[a-]
tioni consentaneum. Ergo ne sint inutiles, coire debe[nt]
homines in societatem. Si autem investigaveris fac[ul-]
tates & propensiones societati infestas, perspicu[um]
erit illarum usum rectæ Rationi adversari. Ergo [re-]
frenandæ sunt, ut citra damnum coire homines poss[int]
in societatem. Utraque veritas ut majorem sui se[n-]
sum in te faciat, confer animi gratitudinem quæ n[ascitur]

inclinat ad reddendam benefactori vicem, cum animi ferocitate quæ nos facit pronos ad iram & ad arma celeres. Hanc nisi coerceas, societati & Rationi repugnas; illa societati amica simul & Rationi. Ergo recta Ratio quod societati favet probat, improbatque quod eidem nocet. Ergo recta Ratio nos societatem inire jubet, quamvis ab illa abhorrere quædam facultates propensionesque videantur.

TH. Non ibo inficias à me nullam excogitari posse propensionem verè laudabilem quæ cum societate pugnet; hoc ergo ratum esto: *homo est ad societatem à Deo destinatus.* Verùm inde colligis necessarias esse Leges humanas, quæ consecutio nondum mihi videtur legitima, nisi velis inutilem esse Legem naturalem. Alterutrum enim ex alterutro est consequens. Existit Lex positiva? ergo inutilis est Lex naturalis? Existit Lex naturalis? ergo inutilis est Lex positiva.

EUG. Nego utramque conclusionem. Namque 1°. unde, quæso, Legislatores haurire possunt quod præcipiant vetentque, nisi à Lege naturali, ad quam intuentes noscant atque proponant quæ vitanda sunt, quæve prosequenda? Unde subditis innotescere potest obsequendum esse Legislatoribus ac Principibus Principumque ministris, nisi à recta Ratione, seu à Lege naturali; ergo ex Legis positivæ sanctione colligi non potest inutilem esse Legem naturalem.

2°. Ad Legem naturalem sæpe non attendunt homines, quòd sensibus addicti sint parùmque assueti in intimum pectus descendere: ergo sensuum ope sua docendi sunt officia. Jure ergo asserit Augustinus *opportunum fuisse ut in tabulis legerent homines quod in corde legere nolebant.* Præterea sunt multa præcepta quæ hominum vulgo non innotescunt ope Legis naturalis: hæc enim omnes quidem homines, at non pari lumine illustrat. Ergo opportunum fuit ut qui essent perspicaciori inter homines ingenio, Legibus positivis supplerent quod hominum vulgo non erat lumine naturali manifestum. Denique metu pœnæ temporariæ coercendi erant libidinosi; & excitandi spe mercedis desidiosi: atqui nec mercedem definitam, nec poenas indicit in omnium mente Lex naturalis; imò nonnisi subobscurè mercedem in altera vita retribuendam pollicetur, aut poenas comminatur: ergo opportunum fuit ut mercedem & poenas indicerent Leges positivæ; humanæ quidem temporarias, divinæ verò æternas; ergo ab existentia Legis naturalis non sequitur inutiles esse Leges positivas.

TH. Si qua esset vis Legis positivæ, certè ad bonum publicum procurandum, id est, ad providendum ut singula societatis membra id persolvant quod Reipublicæ debent: atqui nihil cæteris hominibus debet homo, nisi se pactis in aliorum utilitatem obstrinxerit; ergo Leges positivæ sunt inutiles.

EUG. Undenam minorem istam infers, Theodore?

TH. Ex hoc principio: *homo jure naturali liber est*: ergo nihil cæteris debet; ergo verè *Hobbes* quem nostri sophi in ore habent sæpissimè. *Antequam se homines ullis pactis constrinxissent, licitum homini fuit in quemcumque facere quæcumque libuisset.*

EUG. Expone igitur, amabo, quid significent magnifica illa verba, *homo jure naturali liber est.*

TH. Mea non sunt, Eugeni; at quantùm conjicere potui, hic est eorum sensus, scilicet, ab hominis dignitate naturali alienum esse si alteri homini serviat: homines esse pares origine, libertate, autoritate, dominio, nec ab ista æqualitate excidere potuisse nisi per sua pacta aut vim tyrannorum.

EUG. Multos paucis verbis errores complexus es, Theodore; qui ut à mente expungantur tuâ, à te quæro, 1°. an jus naturæ, seu an institutio naturæ diversa sit ab institutione divina?

TH. Minimè profectò: quod instituit natura, hoc Deus ipse instituit; vel enim Deus est ipsa natura, vel naturæ Conditor est idem & Rector.

EUG. Hoc alterum quæro, an homines sint perspicaciâ & virtute pares ex ipsa naturæ institutione;

an omnibus æquam natura dederit providendi & regendi facultatem?

TH. Neque id citra manifestam insaniam potest affirmari. Variæ sunt cùm genere, tum gradu & facultates & propensiones.

EUG. Expedi 3°. utrùm, nisi se pactis homo constrinxerit, non possit jure prohiberi à nocendo cæteris; si, verbi gratiâ, libertatis naturalis obtentu raptor sit, maledicus, turbarum amans, homicida?

TH. Si libertate naturali abutatur aliquis in alterum, hic jure naturali se tuebitur & vim vi repellet, ac sua vindicabit à raptore par pari referens.

EUG. Quid, si raptor aut homicida prævaluerit viribus aut industriâ; vel si qui par pari referre cupit, longè ultra quàm par est, progrediatur? Illudne æquum putas, aut à natura institutum, ut inter illam cupiditatum vim atque pugnam quisque sit in propria causa judex?

TH. Neutiquam, Eugeni; sed alii convocabuntur qui litem dirimant, qui malefacta ad æqualitatem resarcire cogant: necessitas se tuendi à facinorosis hominibus, homines coget ad pacta ineunda; vi igitur pacti homo alteri obtemperabit ad bonum commune; vis vi majore repelletur; nefarii timore ultionis reprimentur.

EUG. Satis egregiè sophos hodiernos refers. Verùm illa pacta eruntne justa vel injusta? Eruntne agendi regula? Admittenturne ad illa pacta constituenda facinorosi? Si non omnes in unum paciscuntur, quænam erit vis pactorum in eos qui dissident & quos cæteris libertate pares esse dixisti?

TH. Vah! sentio nunc quàm inepta dixerim; tuam enim ipse tueor sententiam cùm impugnare cupio. Si enim facinorosi ante pacta non sunt injusti; ergo injustè vi pacti alieni suâ spoliantur libertate: si injusti, ergo justa pacta: ergo sunt illa veræ agendi regulæ à rectâ Ratione dimanantes, cùmque illa signis externis manifesta fieri oporteat, à Lege po-

P iv

sitivâ non erunt diversa. Jam verò illa pacta, illæ
regulæ non possunt ab omnibus proficisci, sed à bonis adversùs malos, à Reipublicæ peritis ad dirigendos imperitos. Ergo admittendi Legislatores: atqui
nulla vis est Legis puniendi autoritate destitutæ; ergo
necesse est existere Principes, Magistratus &c, qui
imperare cæteris, qui proinde Leges institutas tueri,
quandiu erunt Reipublicæ utiles, aut novas sancire
si priores fiant ob mutatum rerum concursum noci-
væ, qui denique possint violatam Legum majestatem
ulcisci. Quæ omnia cùm à recta Ratione oriantur;
ergo non à pactis, sed à recta Ratione nascitur hominum in subditos & imperantes divisio: atqui naturæ institutio à rectæ Rationis institutione diversa
esse non potest; ergo homo jure naturæ non est liber
ab obsequendo & Legi & Principi, aut Præpositis cujuscumque generis; ergo cùm Lex præscribat & Princeps imperet ut in Reipublicæ bonum vectigalem quisque operam conferat, unusquisque aliquid societati
debet non vi pactorum, sed jure naturæ, seu, ut rectiùs loquar, rectæ Rationis.

EUG. Scitè quidem tu ab isto errore emergis: at
hic tibi non est consistendum. Debemus quisque aliquid societati jure naturæ, seu rectæ Rationis: non
ergo jure societatis aut Principum, cùm recta Ratio
societatem & Principes ipsa instituat.

TH. Posterius à priore consequi videtur. Attamen
extat & societatis & Principum jus aliquod, siquidem
aliquid societati debemus & Principibus. Præterea non
ineptè procul dubio jus humanum à divino distinguitur: atqui perperàm distingueretur jus humanum à
divino, si solius rectæ Rationis jure vectigalem operam in Reipublicæ utilitatem conferri oporteret;
ergo &c.

EUG. Non is sum qui à sermone humano expun-
gere velim istas locutiones, *jus humanum, officia
Patriæ, Præpositis cæterisque societatis membris debita.*
Eas enim si legitimè fuerimus interpretati, à vero

non aberrabimus; sed periculum est ne easdem malè interpretati vera Legum & obedientiæ principia conciliare inter se non possimus. Ut autem quodnam sit errandi periculum, & quo vitari pacto possit error, tu ipse dijudices, à te quæro, cui serviat miles, cùm præfecto obtemperat vel tribuno.

TH. Servit profectò Principi cui militat, & cui nomen verè dedit, quamvis illud videatur dedisse coactori.

EUG. Pari jure Christianus cùm Parocho obtemperat, non servit Parocho, sed Episcopo qui Parochum illum sibi ministrum adscivit.

TH. Imò non Episcopo, sed Christo; nam Episcopo nomen non dedit, sed Christo, cujus Episcopus est minister.

EUG. Cur in hoc posteriore exemplo procedis ad eum usque qui ministros habet nec est minister, & in priore non ita?

TH. Intelligo quò rem deducas; non servit Regi miles, si propriâ locutione uti velimus, sed rectæ Rationi, sed Deo cujus Princeps est minister.

EUG. Verum es tandem assecutus, Theodore: quemadmodum ergo absurda esset agendi ratio illius qui obediret Episcopo, si hunc obedientiæ actum ad Christum non referret; ita insanit quisquis, cùm Principi obtemperat, hunc actum suum ad Deum non refert. Ille certè injuriam infert Principi, imò & negat Principem qui ministro Principis obtemperat, non propter Principis autoritatem, sed propter aliam quam ministro affingeret autoritatem à Principe non dimanantem; ergo crimen idololatriæ non absimile admittit quisquis obedit Principi, non propter Dei autoritatem, sed propter aliam quam Principi affingit à divinâ diversam.

TH. Quàm sanctum, te autore, quàm venerabile nomen Principis aut cujuslibet Præpositi; cujus autoritas violari nequeat illæsâ Dei autoritate! Quàm sublimi principio tueris hominis dignitatem, qui jam non alteri homini, sed uni serviat Deo, nisi se ignobiliter mancipare velit! Verùm quo ista pacto concilias? Si autoritas humana nihil aliud est quàm divina quæ se per ministrum Dei Principem exerit, nullum erit propriè jus humanum : atqui tamen est aliquod dominium humanum, & dominium proprium sine jure proprio certè intelligere non possum.

EUG. Nec unquam poteris, si veri nominis dominium rebus creatis affingas.

TH. Quid istud novi est paradoxi? Quid, nemo verè dicere poterit *hoc meum est, hoc possideo?*

EUG. Neque ab istis ego locutionibus abhorreo; sed periculum est erroris, nisi eas quoque legitimè fueris interpretatus. Verùm an quidquam veri dominii jure habere potest qui suus non est?

TH. Minimè profectò.

EUG. Atqui mens quælibet creata Dei est, utpote quæ tota sit condita; ergo veri nominis dominium habere non potest.

TH. At hîc est distinctioni locus. Mens creata habere non potest dominium supremum, dominium à nullo concessum : at si dominium in quædam creata Deus mentibus concesserit, illæ certè non erunt dominio destitutæ.

EUG. Verè quidem, si quidquam dederit Deus dominii jure possidendum. At si duntaxat dederit utendum, si illud quod dedit suo jure reposcat, si rationem usuræ nos demum referre jubeat, ubinam verum in concessa dominium? nisi velis fortasse veri nominis dominium habere vectigalium redemptores, vel ærarii dispensatores, aut fundi alieni conductores. Concine ergo Davidi, qui cùm Rex esset, à se tamen quodlibet ablegavit dominium iis verbis : *Domini est terra & plenitudo ejus, orbis terrarum & universi qui habitant in eo.*

TH. Possum quoque meritò iis concinere qui dicunt omnia bona esse jure naturæ communia; si enim nullum propriè jus humanum est, si nullum apud nos veri nominis dominium, in terrena bona jus non habet alius alio amplius; ergo primo occupanti, quod aiunt, res quælibet permitti debet utenda.

EUG. Consecutionem istam minimè legitimam esse, institutâ comparatione facilè ostendam. Sint eidem Principi plures ab ærario, quorum alius certam pecuniæ summam habeat unde mensæ regiæ provideat; alius definitam aliam, unde bello; alius juri dicundo; alius aliam majorem vel minorem pro vario munere sibi commisso; aut, si mavis, sint eidem domino plures villici quibus singulis singulam coloniam tradiderit dominus. Poteritne dispensator alterius pecuniam occupare, & illâ uti, eò quòd non sit illa dispensatorum propria? aut villicus alter alteri commissam villam invadere, eò quòd fundi locati non sint ullius villici proprii? Nonne in primo casu fieret injuria Principi qui munera quibus unus esset impar sapienter divisit inter plures? Et in posteriore, domino qui non ineptè certè voluit ut singula villa singulo villico committeretur?

TH. Non eò usque insanio, Eugeni, ut id asseram. Apertum est enim futurum esse ut nullus, neque dispensatorum, neque villicorum posset rectè & pacificè suum obire munus in hac hypothesi.

EUG. Atqui Deus est solus veri nominis Dominus; homines sunt dispensatores aut villici, nullo quidem pretio munus aut coloniam à Deo redimentes, sed rationem nihilominus reddituri. An minùs perspicuum est futurum ut omnia misceantur, nisi, ut munerum, ita & bonorum fiat inter homines divisio; nisi prohibeatur ne alter alteri concessam partem occupet, aut munus obeat alienum? Ergo recta Ratio divisionem illam ipsa instituit, vetatque ne violetur. Ergo rectæ Rationi obsequuntur Præpositi, cùm illam metu pœnæ Legibus indictæ tuentur; & subditi, cùm ab illâ violandâ abstinent; ergo bona terrena non sunt jure naturæ communia; ergo Princeps alterius Principatum invadere eumque suo munere destituere non potest.

nisi Principum regnator Deus suam hac de re voluntatem, vel rectæ Rationis lumine, vel alio pacto significaverit: quemadmodum dispensator æris publici aut villicus nihil in alterius dispensationem aut coloniam potest, nisi id se velle Princeps aut dominus fundi significaverit. Ergo multò minùs subditus præpositum à suo munere disturbare poterit. Nam si dominus fundi mancipium villico tradiderit, jubens mancipium obsecundare villico quidquid jusserit, modò villicus nihil præcipiat quod domini juri sit adversum, mancipium non poterit jure villico detrectare obsequium, multò minùs insurgere in villicum. Ita subditus in Principem aut alterius generis Præpositos insurgere nullâ ratione legitimâ potest; non potest quoque eis obsequium detrectare vel iniquè imperantibus, modò obedientia non sit juri divino adversa. Ergo si libidinosi cives in alterius munus aut bona violentas injiciant manus, quamvis aliud Lex naturalis sanctione Principis declarata præscripserit, quæ tunc Legis civilis nomen obtinet, erunt illi pœnis coercendi. Ergo pari jure, si hostes à patriæ finibus non arceant rectæ Rationis Leges, quæ in hoc casu dicuntur jus gentium, Princeps eos armis propulsare debet.

TH. Hæc ita sunt perspicua ut assensum cohibere nequeam. Superest ut exponas quo sensu Christus dixerit : *Reddite quæ sunt Cæsaris, Cæsari, & quæ sunt Dei, Deo.* Ista enim verba duplex jus ac dominium significare videntur.

EUG. Non jus illa duplex, sed diversum significant autoritatis objectum. Leges enim humanæ ad res humanas, id est, ad pacem temporariam, ad dirigendos actus hominum externos in commune bonum societatis, ad præsentis seculi ornamentum præcipuè referuntur; Leges autem divinæ ad dirigendos actus internos, ad pacem illam adipiscendam *quam mundus dare non potest*; verbo dicam, ad promerendum in altero seculo præmium æternæ felicitatis.

Utrumque nimirum Deus præscribit, & ut assequendæ felicitati æternæ illaboremus, & ut interea utilitati ac paci publicæ pro suis quisque viribus consulamus. Voluit autem ut temporariæ felicitati invigilarent Principes, dum ipse per Legatos modo extra solitum & supernaturali missos felicitati æternæ consuleret. Hoc autem quod longo verborum circuitu exposui, Christus brevi simul ac nervosâ sententiâ complectitur. *Reddite quæ sunt Cæsaris, Cæsari, & quæ sunt Dei, Deo.*

Videturne tibi iste sensus à verbis Christi vix vi miserè contorquendo expressus?

TH. Imò nativus & sponte fluens ab illius doctrinâ qui se regnum alterius generis constituere profitebatur. Ergo tam graviter peccant qui humanæ Legi detrectant obsequium quàm qui divinæ; quod tamen à vulgari cogitandi ratione abhorret.

EUG. Malo te cum Christo sentire, quàm cum hominum vulgo. Sic enim ille suos Apostolos alloquens: *Qui vos audit, me audit; qui vos spernit, me spernit.* Enim verò in legantem peccat, quisquis spernit Legatum: atqui satis perspicuè ostendi Principes esse Dei ministros; ergo in Deum peccat quisquis Principum detrectat imperium.

TH. At non desunt qui asserant totuplex esse in uno actu peccatum, quot Leges prohibentes; si quid, verbi gratiâ, prohibeatur Lege divinâ, Lege ecclesiasticâ, Lege civili; eum autumant triplici peccato impeditum qui triplicem hanc uno actu Legem violârit: atqui non potest esse triplex in uno actu peccatum, nisi triplex violetur autoritas; ergo &c.

EUG. Minùs accuratè dictum est multiplex esse in uno actu peccatum. Majus quidem est aliquando peccatum, quia agendi regula majore se vi ac lumine quandoque ostendit, cùm lex humana divinæ superadditur, proindeque majore vi ac pertinaciâ rectæ Rationi resistit qui hoc in casu detrectat obsequium. Lex etenim non ideo multiplex dicitur quòd multiplex sit agendi regula jusque multiplex; sed quòd sit multiplex Legis minister, multiplex promulgandi ratio, multiplex ejusdem autoritatis objectum.

TH. Totuplex tamen esse peccatum videtur quotuplex genus pœnæ in eandem culpam indictæ: atqui triplex est pœnæ genus intentatæ homicidis; pœna scilicet æterna à Lege divinâ, pœna capitis à Lege civili, pœna canonica dicta à Lege ecclesiasticâ.

EUG. Nego totuplex esse peccatum quotuplex pœnæ genus. Nam triplici de causâ pœnæ sunt institutæ. 1°. Ut retribuantur secundùm merita, quod quidem unius est Dei, qui cùm solus nôrit gravitatem culpæ, solus efficere potest ut servetur accurata ratio scelus inter pœnitentiâ non resolutum & pœnam. Hæc autem retributio quæ sola est vera punitio, non hujus est vitæ, sed futuræ; ad hoc enim pœnæ genus necesse est ut perierit tempus libertatis. 2°. Ad emendationem; quales sunt pœnæ canonicæ omnes & quædam civiles. Hujus generis pœna est potius medela, quàm vera punitio. 3°. Ad exemplum; quales sunt omnes pœnæ civiles & quædam canonicæ, scilicet quæ publicè infliguntur. Hæc pœna est potius cautio adhibita ad tuendam societatis integritatem, quàm vera punitio. Jam verò triplex illud pœnarum genus infligi potest, licèt unum sit peccatum. Sic peccato Antiochi qui Deum Judæorum blasphemiâ lacessiverat, antequam æterna retribueretur pœna, inflicta est temporaria ad exemplum, ad terrorem impiorum, ad potentiæ divinæ manifestationem. Quæ quidem pœna fuisset illi quoque medela ad emendationem, si sincero pectore Deum illum oravisset cujus ultricem manum experiebatur. Atqui Reges in unam profectò Dei autoritatem peccant; ergo non totuplex peccatum quotuplex pœna.

TH. Novum à mente meâ præjudicium quasi aliud agendo excussisti. Credideram enim fieri in hac vitâ propriè dictam retributionem. At nunc intelligo verum ac propriè dictum remunerandi munus atque ulciscendi unius esse Dei: præmia autem temporaria non aliud esse quàm stimulum ad virtutem amplectendam aut ad perseverandum in vitâ jam sapienter institutâ; sicut pœnæ temporariæ nihil aliud sunt quàm medela ad emendationem, vel cautio ad exemplum. Quàm appositè nos Logica docuit à multiplici & confusâ verborum significatione esse cavendum ! Vix ullum in præsenti argumento occurrit quod interpretari non oporteat, quamvis sit vulgatissimum.

EUG. Istud in sermone humano vitii hinc exoritur, quòd ante verba sint instituta apud homines quàm sana philosophandi ratio. Cave tamen istas voces, quamvis minùs proprias, mutes in alias insolitas. Satius enim est multiplicem earum sensum exponere ubi opus erit, quàm insolitas adhibere, præsertim in moralibus, quæ omnibus veniunt in usum : in quo quidem Scriptores sacros imitabimur qui, cùm perfecta scriberent, sermone instituto quamvis imperfecto (quod jam observavimus) usi sunt, ut se ad captum humanum utcumque accommodarent.

TH. Nunc devenio ad caput illud argumenti quod tumet magnam paradoxi speciem præ se ferre confessus es. Vera Lex est certa æqui regula : atqui Leges ab iis latæ qui suâ abutuntur autoritate non sunt certa æqui regula. Leges enim ab injustis profectæ non sunt certa æqui regula : atqui injustus est quisquis autoritate suâ abutitur; ergo illi saltém in hoc casu non est obtemperandum.

EUG. Distinguo majorem : Leges ab injustis profectæ, id est, à solâ voluntate eorum manantes, non sunt certa æqui regula, concedo; Leges ab injustis profectæ, id est, declaratæ, & rectæ Rationis autoritate fultæ, non sunt æqui regula, nego. Voluntas Principis non est agendi regula : nihil enim humani potest esse certa æqui regula. At vel Lex à Principe etiam injusto declarata, est à Lege naturali expressa; quo in casu nobis parendum est Principi, non tanquam homini placentibus, sed Deo ad quem refertur omnis justa obedientia; ut non semel docuit divus Paulus : vel Lex illa non est à Lege naturali expressa;

quo in casu videndum est utrùm obedientia sit evidenter injusta, necne: Si primum, obtemperare vetat recta Ratio: si alterum, materiam Legis exequemur propter illam generalem Legis naturalis regulam: *toties subditus obtemperare debet, quoties obedientia non est evidenter injusta.*

TH. Ergo ferè semper obediendum erit Præpositis etiam injustis. Perrarò enim contingit ut obedientia sit evidenter injusta: evidenter, inquam, non verisimiliter: nam hæc tua mens est, ni fallor.

EUG. Pulchrè dixisti, Theodore, hæc mea mens est. Quoties enim obedientia non est evidenter injusta, semper verisimilius est profuturum societatis bono ac paci, si obedias; obfuturum verò, si non obtemperes.

TH. Ergo obtemperandum erit Legi injustæ, si Legem injustam sanciant præpositi; ac proinde *Injustum* erit actuum nostrorum regula?

EUG. Ut tollatur tandem vel minima paradoxi species, distingue, Theodore, duplicem in qualibet Lege justitiam; alteram imperii, alteram verò obsequii. Lex injusta non potest esse regula justi imperii; cùm enim illa publico bono noceat, ille profectò peccat in rectam Rationem qui eam sancit: sed eadem potest esse regula justi obsequii, cùm paci publicæ faveat obsequium Legi quamvis injustæ, modò rectæ Rationi non adversetur illud obsequium: atqui obsequium non adversatur rectæ Rationi quoties obsequii materia non est à Deo certò prohibita.

TH. Magna me incessit cupido pernoscendi quid sentias de illis qui tyrannidem occupavêre, qui regnum alterius sui sceleris prædam fecerunt, aut qui in istorum locum hæreditatis jure succedunt. Estne quoque illis obtemperandum?

EUG. Quod spectat ad hæredes eorum qui tyrannidem in civitate libera, aut regnum alterius omninò vel partim occupavêre, nullum est profectò dubium quin eis sit obtemperandum. Illi enim justè occupant quòd antecessores injustè occupârunt. Præterea justè consentiunt subditi ad obtemperandum, cùm rerum novarum studium in re tanti momenti sit pestis Reipublicæ teterrima. Quapropter non idcirco duntaxat illis obediendum est quòd consenserint populi tacitè vel expressè, sed quòd consentire debuerint propter istam Legis naturalis regulam: *minus damnum obeundum est ut majus arceatur*. Quod attinet autem ad libertatis aut alienæ ditionis invasores, duplex casus distinguendus est: vel certum est non posse bonæ fidei subditos, quidquid enitantur, suam libertatem aut Principis autoritatem vindicare, remque eò devenisse ut irriti conatus non possint nisi in merum vergere detrimentum; quo in casu invasoris autoritati resistere non constantiæ argumentum est, sed superbiæ atque stultitiæ: vel spes aliqua prudens se offert res fractas constantiâ atque industriâ resarciendi; quo in casu, ne sternatur invasoribus via ad occupandam ditionem alienam mutandamque regiminis formam, omni ope atque operâ enitendum ne in sceleris prædam veniat invasoribus autoritas. In 1°. casu, cùm Princeps nullâ ratione autoritatem suam potest vindicare à sceleratâ invasoris audaciâ, justè consentit ille voluntati divinæ autoritatem ineluctabiliter eripienti; ergo pariter justè consentiunt subditi. In 2°. casu, cùm reliqua spes est nonnulla vindicandæ autoritatis, injustè consentiret Princeps autoritati suæ dimittendæ. Nam bono publico nocent invasores, cùm invasio fieri non possit quin omnia, aut ferè omnia misceantur, Legesque ad bonum publicum institutæ sileant inter bella civilia; ergo cùm Principes bono publico invigilare debeant, debent quoque arcere invasores, nec eos spe impunitatis allicere ad ausus tam nefarios; ergo non possunt in hoc casu suæ autoritati dimittendæ consentire; ergo nec idem justè possunt subditi, quamvis immineat vitæ periculum. Ergo cùm nondum desperata erat Reipublicæ Romanæ libertas, justè Cato Brutusque dimicaverunt pro tuendâ illâ libertate. Cùm autem rerum ita potitus est Cæsar, ut jam sinè novo eoqu gravi vulnere Reipublicæ Romanæ prior regimini forma resarciri non posset, justè Cato Brutusque obtemperassent, ideoque injustè alter seipsum, alter Cæsarem occidit, ne pareret imperio. Ergo justè Christu imperavit ut invasorum successoribus parerent subditi quod quidem evidenter præscripsit, cùm Judæis dolos interrogantibus respondit: *Reddite quæ sunt Cæsari Cæsari, & quæ sunt Dei, Deo.* Tunc enim Tiberiu in locum Augusti invasoris successerat.

TH. Nunc intelligo quàm ineptum sit quod quidam dictitant Religionem Christianam non favere societati politicæ; nam mirè consentiunt præcepta Christ & Apostolorum cum illis principiis quæ recta Ratio ostendit esse tùm autoritatis humanæ, tùm obedientiæ fundamenta. Illa porro sat luculenter exposuisti, u nullus mihi supersit dubitandi locus. Hoc alterum à te nunc quæro, an liceat privato aliorum ulcisci scelera in Leges, in Patriam, in Principem. Ratio quærendi inde mihi nata est, quòd quisque teneatur bono publico pro virili parte consulere: atqui bono publico consentaneum est pœnis deterrere nefarios; ergo quo in casu illùd poterit privatus, bono publico satisfacturus videtur, si attentârit.

EUG. Nulli privato licet ulciscendi munus exercere; & quicumque illud attentat, si bono publico se consulere existimet, is toto cœlo errat. Nam bono publico consentaneum est autoritate quidem publicâ deterreri à scelere nefarios: bono quoque publico consentaneum privatos obsistere pro virili parte ne opere externo compleant nefarii id quod in Leges, in Patriam, in Principem & in ipsos privatos moliuntur. At non potest absque evidenti in Leges & autoritatem publicam injuriâ committi privatis scelerum vindicta. Primam partem jam demonstravi; secundam sic probo.

Qui obest ne scelus opere externo compleat nefarius, nullâ vi adhibitâ, sed suadendo aut publicam autoritatem invocando, si persuadere nequeat, is simul favet privatis qui detrimentum passi essent vel scandalum; favet nefariis ipsis quos à resarciendi damni onere servat immunes; favet legibus ne pravo exemplo violentur; favet autoritati publicæ quam ad actus sibi proprios exercendos invocat, si solâ comminatione vindictæ publicæ deterrere non potuit: ergo aliquid utile absque ullâ damni commixtione operatur; ergo rectæ Rationi obsequitur, qui sceleribus obest suadendo; aut publicam autoritatem invocando, si persuadere nequeat. Et si non solùm ab opere externo sceleris, sed etiam ab interna libidine nefarium revocare possit, ad illud quoque tenebitur rectæ Rationis jure, ut satis patet.

Tertiam denique partem sic ostendo. Si privatis committatur vindicta, res eò redibit ut jam non invocetur autoritas publica, ut obtentu boni publici privatas injurias privati ulciscantur, ut puniant scelus non probatum; ante enim in scelus irasci homines solent quàm scelus sit sufficiente testimonio probatum: denique ut societas in eo versetur periculo in quo eam positam fore demonstravimus, si nullæ sint Leges nullique Præpositi. Humanum ingenium satis nôsti, Theodore, ut istas consecutiones fatearis esse legitimas. Ergo Præpositi id ferre non debent, ut privati vindictam publicam exerceant. Jam verò quælibet humana vindicta debet esse publica, cùm pœnæ de quibus sermo est decernantur ad exemplum.

Neque in alio quovis genere judicis aut cujusvis Præpositi munus privato cuiquam exercere licet. Nam eum adversari rectæ Rationi confessus es, qui munus alienum invaderet; ergo potiori jure si privatus invadat publicum munus obtentu boni publici. Præceptum simul & exemplum hâc de re suffecit Christus, qui postulatus ut fratrem ad dividendam cum fratre hæreditatem compelleret, respondit: *Homo, quis me constituit judicem aut divisorem super vos?* Adjecitque duntaxat monitum ac parabolam, ut ab avaritia deterreret litigantes.

TH. Hoc quoque edisseres quænam sit præstantissima regiminis forma.

EUG. Edisseram lubens, si tu mihi aperias quænam potior tibi videatur domûs aut civitatis ædificandæ forma; quisnam potior vescendi, aut liberos educandi modus.

TH. Ista generatim definiri nequeunt. Variè enim pro vario situ, pro varia materia, pro vario usu ac fine proposito, pro vario ingenio ac facultate possessoris aut conditoris, domus aut civitas condi debet. Varia vescendi ratio pro locis ac temporibus, pro diversa soli natura ac feracitate, pro instituta consuetudine, pro varia cujusque habitudine. Varius educandi modus pro varia indole, pro varia conditione, pro vario vitæ genere suscipiendo.

EUG. Collige pariter varias esse regiminis formas pro varia populorum indole, pro vario gentium situ, pro numero subditorum, pro variis opinionibus, pro artibus institutis, pro soli feracitate, pro vario commercii genere &c.

Ista autem pro certis habe, 1°. nullum esse regiminis genus quod non multa ferat secum incommoda. Hominibus enim imperandum est; hoc est, frenandæ innumeræ varii generis cupiditates, quæ tamen vivunt & quâ data porta erumpunt; quæ si dextrorsum obsistas, exerunt sese sinistrorsum; quæ legibus ad se coercendas institutis posteà solerter utentur ad seipsas tuendas. Non possunt ergo Præpositi libidinis ignes penitus extinguere, quantâcumque polleant solertiâ, sed obesse duntaxat ne cupiditatum incendia latiùs propagentur. Rectè ergo Solon Leges ac jura dixit Atheniensibus, non secundùm perfectam absolutè regendi normam, sed secundùm ingenium peculiare Atheniensium. Rectè Moses ad cordis duritiam & pinguem Judæorum indolem sanctiones accommodavit suas. Rectissimè Christus, cùm Legem ferret ad omnes quâ patet Orbis populos spectantem, ea reliquit definienda in posterum, quæ varia esse deberent pro variis locis ac temporibus, hominumque ingeniis ; cùmque ille figmentum nostrum cognosceret, non vetuit sensibus nostris accommodari suorum ministrorum sanctiones.

Insanit ergo quisquis perfectionem absolutam quærit in instituendo regimine apud homines. In hoc sita est vera Legislatoris industria, quemadmodum & artificis, ut se materiæ subjectæ accommodet, & ut majora arceat societatis damna, cùm non possit omnia.

2°. Aut à patriâ, vel à peculiari societate discedendum esse, aut pro sanctis habenda esse quibus regimur instituta, nec unquam novis rebus esse studendum; nisi suadendo sensim sinè sensu perficias ut meliora pejoribus instituta succedant : proindeque non posse quemquam privatum apertè aut subitò, multò minùs vi adhibitâ mutationem regiminis attentare : experientia enim docuit mutationem istam, etiam proposito regimine perfectiori, fieri non posse nisi majore cum detrimento Reipublicæ : ipsas consuetudines quæ levioris esse momenti judicantur, extingui plerumque non posse absque totius societatis perturbatione : hominum vulgus in hujusmodi mutationibus assuescere contemnendis Legibus quas videt caducas esse mutarique faciles. Ad hoc redit vulgare proverbium :

Cave moveas quos patres nostri posuére terminos.

Collige demum nonnisi magnâ cum veneratione verba esse de Præpositis & de autoritatis usu facienda. Nam præterquam quòd vituperia & dicteria nihil resarciunt, auditores lectoresve inclinantur ad contemnendam illam autoritatem cujus abusum liberiùs infectantur nonnulli dictis aut scriptis : atqui nihil bono publico magis infestum est quàm autoritatis contemptus ; ergo nec imitandi qui vituperant Præpositos, nec eorum prosequenda familiaritas.

Præterea ex quibusdam malis ab autoritatis usu ortis colligi non debet pravum esse autoritatis usum, nam bono publico quandoque consulere nequeunt Præpositi citra alicujus privati damnum. Unde fit ut ab imperitis sæpius vituperetur injustè autoritatis exercitium. Satis enim oculati sunt illi ad cernendum quodnam inde malum privatum oriatur; non satis autem ut explorent quæ utilitas redundet in publicum.

TH. Si tibi fides, non licebit Historiæ Scriptoribus narrare vitia Principum.

EUG. Qui sapienter Historiam scribunt, priscorum quidem Principum vitia notant, & quæ exinde mala sint consecuta; ut his exemplis Principes nunc imperantes eorumque posteros ab illegitimo autoritatis usu deterreant. At cùm vitia notant, vel ipsum nomen Principis venerantur, suâque perficiunt industriâ, ut lectores, dum vitia memorata detestantur, semper tamen autoritatem pro sacrâ habeant. Quod spectat ad Principes quos nondum cæteris mors adæquavit, non licitum est eos in contemptum adducere, memoratis eorum vitiis.

Hæc, ni fallor, sunt satis ad intelligendum quo fundamento stet humana autoritas, & quâ mente sit Præpositis obediendum.

COLLOQUIUM QUARTUM.

TH. Tua de autoritate humanâ principia, Eugeni, expendi, versavi, retractavi, eóque tandem meditando perveni ut eorum vim planè mihi videar assecutus. Experire, amabo, utrùm temerè an jurè hoc de me prædicem.

EUG. Experiar lubens, sed haud fortasse quo tu vere modo. Illa enim te principia tunc demum assecutum esse censebo, cùm quæ fluunt inde corollaria, tu ipse quasi sponte deduxeris.

TH. Difficilem sane mihi tu provinciam committis. Audebo tamen utcumque: quòd si deficiam, mihi venies oppidò suppetias.

EUG. Age ergo, potestne aliquis Præpositus subditum solvere ab onere Legis?

TH. Duplicem, ni fallor, habet intellectum ista quæstio. Dicitur enim solvere ab onere Legis, qui subditum facit ab onere Legis reipsa obligantis immunem. Dicitur quoque solvere ab onere Legis, qui declarat in hoc aut in illo rerum concursu subditum aliquem Lege reipsa non obligari. Si mihi fingere liceat locutiones ad idearum distinctionem, prioris generis immunitatem *propriè dictam* vocabo; alteram verò, *improprie dictam*.

EUG. Rem non ineptè ordiris. Expedi igitur an immunitatem propriè dictam jure concedere possint Principes?

TH. Quæstio ad hoc redit utrùm Deus ipse hujus generis immunitatem dare cuiquam possit; namque Principes non aliam exercent autoritatem quàm divinam. Atqui absurdum est Deum hoc pacto solvere quemquam ab onere Legis. Nam ex hypothesi, Lex reipsa obligat; ergo id recta Ratio præscribit quod immunitate solvi dicitur; ergo idem præscribit Deus: recta enim Ratio à supremâ Ratione non distinguitur; ergo Deus eâdem de causâ obediendi onus imponeret simul & tolleret; ergo pugnantia loquitur quisquis asserit à Deo concedi posse immunitatem propriè dictam. Unde consequens est Principes aut cujusvis generis Præpositos non posse citra evidentem autoritatis abusum ejusdem generis immunitates concedere.

Enimverò sua non staret Legi æternæ immutabilitas, si quod in definito rerum concursu illa præscribit, non esset in pari alio rerum concursu præscriptum: atqui, si solvere posset Deus ab onere Legis reipsa obligantis, evinceret suâ autoritate Deus, ut præceptum quod in aliquo rerum concursu viget, in pari alio rerum concursu non vigeret. Ergo Lex æterna non effet veritatis neceffariæ ; quod cum principiis antea demonftratis pugnat apertiffimè ; ergo &c.

EUG. Quod factum eft, hoc fieri poffe non ibis inficias : atqui immunitatem à Lege naturali impertiit Deus. Nôfti enim Lege naturali vetitum effe ne occidantur infontes, furtum effe prohibitum, fœnerationem quoque : atqui à primo præcepto immunem fecit Deus Abraham, cùm juffit filium ejus Ifaac paternis necari manibus ; à fecundo Hebræos, cùm vafa Ægyptiorum mutuatis in prædam dedit ; à tertio eofdem, cùm permifit ut in fœnore pecuniam ponerent apud exteros ; ergo &c.

TH. Diftinguo majorem. Lege naturali prohibetur autoritate privatâ & ad ultionis voluptatem occidi, non innocentem modò, fed & quemvis ; prohibetur quoque ne quis alium fpoliet, neve fœneretur autoritate privata & ad explendam avaritiæ libidinem, concedo : prohibetur ne hæc & alia fimilia fiant autoritate Dei, id eft, juffu fupremæ Rationis, nego. Docuifti enim & apprimè memini nullum effe apud homines veri nominis dominium, fed omne dominium effe penes Deum ; ergo vitam & bona quæ conceffit, non poffidenda, fed utenda, fuo jure Deus repofcere poteft, aut alio transferre ; ergo nedum à Lege naturali immunes facti fint Abraham & Hebræi, Lege naturali tenebantur Abraham ad litandum proprio filio, Hebræi ad eripienda Ægyptiorum vafa.

Quod fpectat ad tertium exemplum, inde colligi poteft immunitatem impropriè dictam effe conceffam à Deo, id eft, declaraffe Deum Hebræos in eo rerum concurfu in quo divinâ erant providentiâ pofiti, non teneri eâ Lege quæ prohibet pecuniam à pecunia commodata fœnerando corradi ab exteris. Duo funt nimirum quæ diftingui velim in fœneratione ; fructus fcilicet accedens pecuniæ commodatæ, & ftudium avaritiæ atque immifericordiæ in eos qui res fuas labentes pecuniâ alienâ cum onere fœnoris acceptâ refarcire cupiunt. Pofterius Lege naturali vetitum eft propter avaritiæ & immisericordiæ turpitudinem; nec ab eâ Lege solvere Deus quemquam potest: prius verò non prohibetur, nisi propter avaritiæ fovendæ periculum. Cùm autem fieri possit ut fœneratio nonnihil publicæ utilitatis afferat, ad fovendum, verbi gratiâ, commercium excitandamque industriam, Legi naturali non adversatur fœneratio certis contenta regulis ac limitibus quos apponere debet autoritas.

EUG. Qui potest remunerare actus Legi quocumque in casu repugnantes, is potiori jure poterit immunitatem largiri propriè dictam: atqui Deus remuneravit obstetrices Ægyptias quæ Pharaoni Hebræorum matres non accersitâ obstetrice parere mentitæ erant.

TH. Memini me cùm istum Historiæ sacræ articulum legerem observasse non laudatas esse aut remuneratas Ægyptiorum obstetrices quòd essent quidquam Pharaoni mentitæ, sed quòd timuissent Deum, servatis Hebræorum infantibus, maluissentque periculum adire animadversionis, quàm Pharaoni obtemperare in eo casu in quo obedientia esset evidenter injusta.

EUG. Summus Pontifex immunem facere aliquem potest à voto persolvendo quo tamen jure divino tenetur ille qui votum nuncupavit; ergo potiori jure nos à Lege suâ Deus præstare poterit immunes.

TH. Nego antecedens. Potest quidem Summus Pontifex declarare nullum esse vinculum voti quod aliquis temerè nuncupavit; aut quo legitimè nuncupato, rerum concursus adeo mutatus est, ut ex utili factus fuerit nocivus voti exsolvendi labor. At non potest Summus Pontifex juri divino quidquam detrahere, neque proinde tollere onus voti quòd persolvi jubet recta Ratio.

EUG. Ergo non alio jure Summus Pontifex ab onere Legis eximere potest quàm quilibet è plebe. Nam potestas solvendi à Lege, quam Summo Pontifici affingis, merum est testimonium quo declaratur aliquem in casu proposito Lege non teneri: atqui istud præstare potest quivis. Nam ad declarandum quo in casu peculiari Lex non vigeat, nulla requiritur autoritas, sed sola mentis perspicacia : atqui animi perspicacia in subdito tanta esse potest quanta in Præposito.

TH. Nodus iste, fateor, me sistit inopinum ; sentio tamen me hucusque à veris non discessisse principiis.

EUG. Non utique discessisti, Theodore ; adnitere ergo ut extremum hoc quod in immunitatis propriè dictæ patrocinium objicio, tu planè sicut & cætera diluas.

TH. Jam suboritur menti unde me extricare valeam. Si quilibet restificari possit subditum in casu peculiari Lege communi aut voto non teneri, multi Legis impatientes, aut voti pertæsi, seipsos liberabunt, Legem in sua commoda interpretantes, vel alium facilè inducent ut se ab onere Legis aut voti declaret immunes ; quod certè in Legis & voti contemptum, proindeque in boni publici detrimentum verteretur. Ergo id postulat rectè instituti regiminis norma, ut non quilibet, sed Præpositus declaret utrum in casu peculiari subditus Lege teneatur, nec ne. Ergo usque dum istud declaraverit Præpositus, Legis aut voti etiam sibi nocivi reus erit subditus propter hanc Legis naturalis regulam : *Publicum privato bonum est anteponendum.* Immunitas ergo à Præposito data non est merum testimonium, sed declaratio juridica, ad quam non sola perspicacia requiritur, sed etiam autoritas. At autoritate sua perficere Præpositus non potest, ut, quod Lege reipsa præscribitur aut prohibetur in definito aliquo rerum concursu, fiat in pari rerum concursu medium aliquod bonum inter & malum, aut ex bono malum, & vice versâ; ergo declaratio illa, quamvis juridica, converti non potest in propriè dictam immunitatem.

EUG. Istud adeo verum est ut quisquis Præpositus suâ cupit sapienter uti autoritate, antequam solvat ab onere Legis aut voti, perpendat an in eo casu positus sit subditus in quo recta Ratio non præscribit obsequium. Age iterum, potestne aliqua Lex citra peccatum violari, hoc est, an extare potest aliqua Lex merè pœnalis, ut aiunt?

TH. Sciscitaris à me, ni fallor, utrùm qui Principi in quodam casu detrectat obsequium, pœnæ à Principe indictæ reus sit duntaxat, non autem culpæ: atqui si agitur de Lege quæ supremæ Rationi apertè non contradicat, negabo ullam extare posse quæ citra peccatum violetur. Quilibet enim subditus opinari debet Legem à Præpositis latam esse bono communi consentaneam: atqui nemo citra peccatum violare potest Legem quam spectat ut bono communi consentaneam; ergo &c.

EUG. Merces ergo exoticæ quas intra fines imperii venales esse Princeps prohibuit, non possunt inculpatè advehi, vendive intra illos fines.

TH. Istud certè mihi videtur indubium. Peccatum enim est actus rectæ Rationi dissentaneus: atqui actus ille quem in exemplum protulisti, est rectæ Rationi dissentaneus; siquidem adversatur Legi quæ propter bonum commune lata censetur. Supremæ enim Rationis autoritatem exercent Principes: atqui nemo supremæ Rationi citra peccatum adversari potest; ergo &c.

EUG. Quid autem, si Princeps voluerit subditos qui Legem id genus violarent esse reos pœnæ quidem, minimè verò culpæ?

TH. Illud pendere nego, à cujusquam voluntate, ut qui reus est pœnæ, non sit pariter culpæ reus. Nam vel ipsa voluntas divina efficere non potest, ut virtus & merces non dicant necessarium ad se invicem ordinem, quod te quidem observasse memini, cùm primam Legis notionem exhiberes. Quòd si istud præstare non potest Deus, ut qui pœnæ reus est, ille sit à culpâ immunis; quo jure istud poterunt Præpositi? Nisi ergo aliqua affingatur hominibus autoritas quæ nequidem Deo competat, frustra quæritur utrùm Præpositus voluerit subditos Legis suæ violatores esse reos culpæ, nec ne; utrùm eosdem voluerit levi aut gravi culpâ constrictos. Justitia enim aut injustitia nullâ sunt voluntate, sed immutabili rerum naturâ definitæ.

EUG. Multi tamen doctores eos à peccato eximunt, qui merces exoticas Lege proscriptas emunt aut vendunt; qui redempturis regiis aliquod intulére damnum; modò non eò usque Legem violarint, ut vitæ adirent, vel famæ periculum.

TH. Non is sum profectò qui meam doctoris ullius autoritati sententiam opponere ausim. Verùm id tu me non semel docuisti doctorum numerum & autoritatem nihil posse adversùs rectæ Rationis lumen. Tu ergo judex esto num à rectâ nunc Ratione aberrem. Si à veris de Lege principiis non discedimus, fatebimur quidem eos longè minùs peccare qui neque vitæ neque famæ periculum adeunt; seu, ut rectiùs loquar, qui Legem transgressi non sunt adeò ut bono communi redempturisve regiis grave damnum inferrent. Negabimus autem eosdem esse à peccato quolibet immunes. Vel enim illi quam transgrediuntur Legem, hanc bono communi consentaneam existimant, vel dissentaneam; si consentaneam; ergo nolunt pro virili parte bono communi inservire, quod est certè vituperabile: si dissentaneam; ergo se privati constituunt judices de æquitate Legis; ergo injuriam inferunt Principis autoritati: nam ex hypothesi recta Ratio non ostendit apertè Legem de quâ sermo est, esse Legi divinæ contrariam: atqui ubicumque istud recta Ratio non ostendit, Lex Principis censetur Reipublicæ utilitati consentanea, proindeque æquitati, cùm nulla sit vera citra æquitatem utilitas; ergo &c.

EUG. Ergo redemptoribus regiis pro damno restituere debet quisquis damnum intulit.

TH. Distinguo: si illud exigant redemptores regii, concedo; sin minùs, nego. Jam verò illud non exigunt redemptores regii, cùm alio pacto damnum illatum resarcire noverint; at, qui damnum intulit, tenetur ad reparandam alio modo quæstûs illiciti culpam.

EUG. Scitè, appositè, egregiè, Theodore. Nunc

ego quasdam tibi locutiones exponam quas usus invexit, quarumque sensum nudo ratiocinio assequi non vales. Legem diximus esse agendi fugiendive regulam; diximus quoque hoc à naturali differre positivam, quòd illa internâ revelatione nobis innotescat, hæc signis externis. Cùm autem mandata & præcepta sint agendi regulæ, nec voluerit usus ea Legis nomine appellari, ostendere juvat quid discriminis in illarum vocum usurpatione vulgò ponatur.

Agendi igitur regula signis externis manifestata, quâ teneantur ferè omnia societatis membra, ut communi bono singula prodesse possint, & in perpetuum sancta, id est, quandiu societas in eâdem regiminis forma perseverat; hæc, inquam, agendi regula Legis apud vulgum nomen retinet.

Præceptum dicitur, si ad privatos quosdam spectat; mandatum autem, si, quamvis ad omnes spectans, sancta tamen non sit in perpetuum. Si verò censeatur cedere tantùm in quorumdam privatorum utilitatem, privilegium nuncupatur.

TH. Miror sanè hanc tuam loquendi rationem; *si censeatur cedere tantùm &c.* Privilegia tu igitur credis ad bonum commune conferre, aut non cadere in meram utilitatem eorum quibus conferuntur?

EUG. Utrumque credo & privilegia esse ad bonum commune concessa, & concedi non posse cuiquam absque ullo onere, sive jam onus illud subierit, qui privilegium est adeptus, sive sit subiturus. Sint in exemplum privilegia quibus nobiles à plebeiis discernuntur, quibusque in ipsis posteris majorum virtus remuneratur. Ideo autem majoribus concessa sunt ista, vel quòd ea meruerint singulari virtute & ob gestam benè Rempublicam; vel quòd viri fuerint ingenio, sapientiâ, doctrinâ, rectoque morum cultu cæteris præstantes, adeòque digni qui munia obirent publica, cæterorumque venerationem obtinerent. Ideo quoque apud posteros eadem perseverant privilegia, ut ipsi ad majores imitandos accendantur, & ut à majoribus suis virtutem edocti, Reipublicæque gerendæ artem in aliquo genere, bono publico se præ cæteris mancipent. Eccur privilegio peculiari Sacerdotes à militiâ & à negotiis Secularibus facti sunt immunes, nisi ut perfectiùs munia obire possint ecclesiastica, ut populis indesinenter verbo prodesse possint & exemplo? Ergo privilegia nonnullo onere gravant eos qui privilegia vel propriâ virtute, vel natalium aut muneris conditionisve jure adepti sunt, & ad publicam conferuntur utilitatem; ergo autoritate abutitur Princeps qui aliâ de causâ privilegia concedit; & peccat quisquis privilegio utitur; cùm nec subierit, nec sit subiturus, saltem ex animo, onus ad Reipublicæ utilitatem conferens: debemus enim rectæ Rationi nos nostraque, & apud illam nostrorum actuum, omniumque bonorum usuræ sumus rationem reddituri.

TH. Severè quidem tu, sed tamen rectè. Hæc enim mentem evidentiâ percellunt quamvis aliquatenus repugnantem tam rigidæ sententiæ. Jam nunc redi ad expositionem locutionum quæ ad Legis materiam pertinent.

EUG. Consuetudinem dixêre agendi regulam quæcumque vigeret ignorato Legislatore & signis externis quibus primùm declarata esset; aut quæ sensim sine sensu vigere cœpisset, consentientibus ultrò propter utilitatem subditis.

Lex autem abrogari dicitur, cùm posteaquàm certo tempore viguit, vis ejus eliditur consuetudine generali Legi oppositâ, aut ipsa Legislatoris Legem revocantis autoritate signis externis declarata.

Derogatur autem Legi, cùm privatus aliquis autoritate publicâ solvitur à vinculo Legis, propter aliquam rationem legitimam, remanente eâdem vi Legis in cæteros.

Lex dicitur fieri irrita, cùm prohibetur ne vim habeat subditos obligandi, quamvis emissa; idque vel eò quòd eum qui Legem condidit deficiat autoritas legitima; vel quòd non sint appositæ conditiones

Lege jam receptâ requisitæ ad inducendam vim obligandi.

Suspensio fit Legis, cùm propter insolitum aliquem rerum concursum occurrentem, tollitur in universâ societate vis Legis quæ tunc foret onerosior & bono publico nociva; tollitur, inquam, usque dum desinant causæ suspensionis; quibus sublatis, eandem vim denuò sortitur quàm antea.

Denique lex positiva spectatur vel quantùm ad *literam*, vel quantùm ad *spiritum*. Litera Legis est ille sensus quem verba Legis more Grammaticorum accepta præ se ferunt. Spiritus autem Legis est ille sensus quem Legislator in mente habuisse censetur; aut habiturus fuisse, si varios prævidisset casus ad quos lex instituta refertur in posterum.

Notabis mutari labentibus seculis multarum vocum sensum, multasque obsolescere locutiones: unde fit ut prisca Lex non eumdem sensum omnibus primo intuitu exhibeat, quem verbis olim propriis Legislator exhibuerat.

Nunc à te quæro, an ad *literam* Legis attendere debeat quisquis Legem observat aut observare curat, an ad *spiritum*?

TH. Procul dubio est eum, quisquis Legislatoris mentem assequitur, teneri ad Legem eodem animo servandam. Quapropter ille Legis spiritui adhærere debet, non literæ; cæteros autem literæ Legis, cùm Legis spiritum non sint assecuti, si tamen urgeat agendi necessitas, nec spiritum Legis à quoquam edoceri potuerint; hæc mea est opinio de illis quorum est Legem observare.

EUG. Rectè quidem tu magnâ ex parte; liceat pauca adjicere: qui Legis spiritum callent, debent quoque literæ adhærere, quoties litera Legis ejusdem Legis spiritui non adversatur. Hoc enim pacto præbent cæteris docilitatis exemplum, quo nihil efficacius ab ipsis sapientibus proficisci potest ad bonos mores tuendos: at cæteri, cùm literæ Legis obsequuntur eo animo esse debent, ut ad bonam Legislatoris mentem quaecumque sit, suam conforment: & idcirco docendi sunt non in actu externo stare sincerae obedientiae laudem, sed in voluntate consulendi bono publico pro virili parte, seu, quod idem est, obsequendi supremae Rationi.

TH. Haec probè intelligo. Quod spectat ad eos qui Legem observari curant, si principiorum benè memini, debent qui caeteris praesunt, curare ut Lex quantùm ad ipsam literam observetur, ne multi causantes se spiritui, non literae Legis adhaerere, à Legis onere demum expediant sese, aut alii alium affingant Legi spiritum; quod utrumque in Legis & autoritatis contemptum verteretur.

EUG. Addere quoque debueras cavendum esse, ne identidem dolosi Legis literam in suae fraudis patrocinium advocent, quod nonnunquam obtingit. Ingeniosae enim sunt cupiditates ad Leges quibus frenari debent in sui tutelam convertendas.

Praeterea quocumque in casu litera Legis evidenter adversatur menti Legislatoris, seu, ut rectiùs loquar, rectae Rationi, qui praesunt subditos ad genuinum Legis sensum revocare debent. Si verò litera Legis videtur adversari quidem menti Legislatoris, at non apertè; satius erit Legislatorem, aut eum qui Legislatoris vices gerit consulere, quàm literae Legis contradicere. Hoc enim si liceret his qui Principis nomine Leges observari curant, brevi Leges incertae nutarent, utpote quas pro libito alii alio modo vicarii Principis judices interpretarentur.

TH. Numquid tu pauca de consilio? Nam ad agendi regulas mihi videtur aliquâ ex parte pertinere consilium.

EUG. Et mihi animus erat quaerendi à te an & quâ ratione differret à praecepto consilium.

TH. Hoc, ni fallor, à praecepto consilium interest, quòd qui praecepto non obsequitur peccat; qui verò consilio non paret, minore quidem laude dignus

sit,

fit, at peccati expers. Sit in exemplum consilium de fugiendis nuptiis: magnâ quidem laude dignus est qui virgineam servat integritatem; eum tamen peccare negabis qui ducit uxorem eo animo ut prolem Deo dicandam suscipiat.

EUG. Negabo utique, si spectato rerum concursu, spectatis illis quæ Deus intùs offert auxilia, potior illi sit conjugis quàm cælibis status; quemadmodum & negabo illum esse peccati expertem, qui virginitatis laudem ambit in eo rerum concursu positus in quo ducere debet uxorem. Verùm ut peccat qui non ducit uxorem in eo rerum concursu in quo recta Ratio ostendit planiorem fore ad salutem viam, majoremque inde orituram esse utilitatem; ita peccat qui virgineam integritatem non servat, quoties, spectato rerum concursu & auxiliis à Deo concessis, Ratio ostendit fore ut major vel in eum vel in publicum redundet utilitas.

TH. Ergo, te autore, consilium est agendi regula; non ad omnes, imò quandoque ad paucos spectans; quam antequam observem perpendere debeo utrùm in hoc casu positus sim in quo eam observare satius est quàm non observare: &, si reipsa sim in illo casu positus, tum consilium vertitur mihi in præceptum; sin minùs quod aliis consilium est erit mihi vetitum.

EUG. Verè dixisti, Theodore; hoc ergo differt à præcepto consilium; quòd in præcepto sanciendo definiat autoritas qui homines, vel quod hominum genus præscriptâ agendi regulâ teneatur, in consilio verò non ita. Sic regula servandæ castitatis est Sacerdotibus & Monachis præceptum, cæteris verò consilium, quia definiri non potuit quinam apud cæteros istâ tenerentur agendi regulâ. Lex enim positiva non potest omnes rerum concursus definire, multò minùs quænam peculiaria Deus huic aut illi concessurus sit auxilia. Verùm quisquis intimum in pectus descendens discit magistrâ Ratione se in hoc casu, Deo juvante, positum esse, in quo satius erit uxorem non

Tome I. R

ducere, peccabit profectò si duxerit. Hoc tamen peccatum discernere homines non poterunt, cùm de viribus alteri à Deo concessis judicare non possint. Nemo ergo debet alterum incusare quòd consilio non paruerit. Utrumque ergo dicimus : licitum est conjugium ; licita est, imò praeclara vita caelebs ; sed addemus cum divo Paulo non ea omnia expedire quae licent. Licitum erat vesci idolothytis quae erant in macello venalia ; licitum erat ab iisdem abstinere. Jubet tamen Apostolus ut qualis sit rerum concursus observetur, quia utrumque non expedit in quolibet rerum concursu. Jam verò quod non expedit, fieri inculpatè non potest. Christus non definiit ad quos pertineret de virginitate servandâ consilium, sed jussit ut *qui posset capere, caperet* ; id est, ad hanc laudem assurgeret, qui posset assurgere ; unde consequitur uniuscujusque esse privatim perpendere an consilium ad se necne pertineat : & divus Paulus apertè ostendit consilium esse quidem agendi regulam quibusdam, at caeteris periculum. Vult enim ut qui se non continent, in Domino nubant. *Melius est enim nubere quàm uri.*

TH. At si consilium vertitur in praeceptum illis quibus recta Ratio palàm facit satius esse consilio obsequi quàm non obsequi ; inde consequens erit teneri nos non ad bonum duntaxat, sed ad optimum : atqui optimum assequi solus Deus potest ; ergo mens humana teneretur ad impossibile.

EUG. Cave, Theodore, haec vox *optimum* duplicem patitur sensum. Non tenemur ad optimum *absolutè*, ut aiunt, id est, ad actus divinis sapientiâ pares. Sed contendo nos teneri ad optimum *relativè*, id est, quod sit rectae Rationi pro viribus nostris maximè consentaneum.

TH. Atqui haec vox *optimum*, vel hoc in sensu accepta, doctrinam prae se fert nimis severam & ad humanae imbecillitatis captum minimè accommodatam; & pro certo habeo plures sentire mecum.

EUG. Ergo quod speravi te facilè solâ vocum expositione percepturum, hoc est tibi ope ratiocinii manifestandum. Ac primò jam nunc demonstrabo Deum esse cuique summo pro viribus amore prosequendum.

TH. Abstine, quæso, ab hujus rei demonstratione; absit ut cuiquam probandum sit mentem sapientissimam à quâ unâ & existentiam & quæ existentiæ superadduntur beneficia accepimus, esse maximo pro viribus amore prosequendam. Utinam eodem affectu Deum amarem, quo amandum esse profiteor!

EUG. Miror profectò te, cùm hoc principium pro certissimo habeas, nondum assequi conclusionem ab eo fluentem. Deus est suprema Ratio; ergo quisquis amat Deum quàm maximè potest, amat quoque etiam Rationem maximè pro viribus; ergo rectæ rationi pro viribus obtemperat; ergo optimum prosequitur pro viribus : atqui peccat quisquis non amat eum pro viribus; non enim is es qui hanc sententiam Christi, *Diliges dominum Deum tuum ex toto corde tuo, ex tota anima tua & in tota mente tua*, verum esse acceptum neges; ergo peccat quicumque non prosequitur optimum pro viribus.

TH. Inscitiam meam fateor, & apertè nunc cognosco illud esse verissimum quod dictitas, non satis e memoriâ retineri principia, sed meditanda esse atque versanda, nisi velimus eadem nobis esse conclusionum infœcunda, proindeque inutilia.

EUG. Noli tamen inde colligere hoc vel illud agendum esse tibi vitæ genus, eò quòd vulgò peritius habeatur; noli inconsultò ruere in actus qui laudabiliores esse perhibentur. Non enim omnibus eadem esse debet agendi ratio; cùm non eadem sit omnibus aut animi perspicacia, aut vis laborum patiens, aut perseverandi constantia. Nonnullos quippe videas, qui ubi primùm moralibus applicuêre mentem & de perfectione evangelicâ quædam audivêre, æstimant statim idem sibi præstandum esse quod alii

R ij

perfectionis Evangelicæ sectatores præstiterunt. [Si]
audiunt statum sacerdotalem, aut vitam asceticam e[sse]
vitâ communi perfectiorem, illicò pergunt ad Sace[r]
dotium aut ad vota, brevi quidem emittenda tempo[-]
re, sed longo plerumque pœnitenda tædio. Alii pe[r]
fectionis studio vel ab adolescentia sibi fingunt regu[-]
las, præter illas quas cuique proponit Ecclesia Chris[ti]
interpres, & ad consilia priùs animum advertunt
quàm ad observanda graviora Legis præcepta sin[t]
usu roborati. Quà desinendum, hàc incipiunt; qu[o]
quidem nihil magis temerarium. Ordo enim natural[is]
postulat, ut ea primùm pectore nostro expungamu[s]
vitia quæ magis turpia sunt, aut magis periculosa[,]
sicque paulatim ad levia eradicanda indefesso conat[u]
progrediamur. Pariter, ut ea primò sectemur quæ præ[-]
cepit omnibus Christus, quæque infirmitati nostræ pru[-]
denter accommodari possunt, donec, crescentibu[s]
viribus, ad majora & difficiliora gradatim assurgamu[s.]
Hoc metaphoricis verbis Christus præscripsit dicens[:]
Nemo immittit vinum novum in utres veteres. Ergo qu[i]
verè prudens est non vult subitò perfectus esse, se[d]
hodie uno, cras altero ad perfectionem gradu tendi[t.]

TH. È tuâ doctrinâ consequens est vota esse per[-]
rarò & non ita properè nuncupanda. Nam votu[m]
est promissio actûs perfectioris; id est, qui votu[m]
nuncupat, fidem Deo facit se aliquid onerosum per[-]
fectionis assequendæ gratiâ facturum: ergo cùm istu[d]
non sit de genere præcepti, sed consilii, ab ejus pru[-]
dentiâ pendet judicium de utilitate voti: atqui a[d]
dijudicandam voti utilitatem, præsertim si sit de r[e]
perpetuâ, necessaria est maxima perspicacia; na[m]
expendendus est rerum concursus, providendæ con[-]
secutiones à voto nascentes, tentanda vis animi[,]
explorandæ ejus dotes ac propensiones occultæ, ex[-]
perienda constantia: atqui ista pauci efficere pro[-]
prio marte possunt; & nemo hæc omnia brevi tem[-]
pore, etiamsi adjutet prudens consultor, assequ[i]
valet.

EUG. Rectissimè concludis, Theodore; nec ab ista regula quemquam eximo, nisi qui peculiari Gratiâ à Deo movetur ad vota emittenda. Sunt nimirum apud quos uberior Gratia inquisitionem pensat diuturniorem. Meminisse porro nos oportet hujusce Salomonis præcepti : *Si quid vovisti Deo ne moreris reddere; displicet enim ei infidelis & stulta promissio ; sed quodcumque voveris redde : multòque melius est non vovere, quàm post votum promissa non reddere.*

Hæc satis sunt de consilio. Quid sit peccatum nosti profectò, Theodore.

TH. Peccatum est actus quilibet Legi adversus : quidquid pugnat cum recta Ratione, sive illa sit conscientiæ testimonio nobis manifestata, sive signis externis, hoc peccatum esse existimo.

EUG. Peccatum est actus, inquis ; ergo non peccatur per omissionem actûs legitimi.

TH. Non satis assequor quò rem deducere velis.

EUG. Sit, verbi gratiâ, quispiam qui somno vel ebrietate oppressus quod sui muneris est non fungatur, eumne peccare censes, cùm ab omni actu abstineat ?

TH. Peccat profectò, at non eo tempore quo somno premitur aut torpet ebrius, id est, cùm ab omni actu abstinet. Nam ubi nulla libertas, ibi certè nullum peccatum : atqui nullâ potitur libertate dormiens aut ebrius ad exolvenda sui muneris officia. Verùm antea peccavit, cùm actu rectæ Rationi adverso in eum se statum conjecit in quo esset officiis exsolvendis impar.

EUG. Ergo perperàm peccata per omissionem plerique distinguunt à cæteris.

TH. Jam me non semel docuisti locutiones vulgares non esse expungendas, sed cavendum à vitiosa illarum interpretatione. Admittantur peccata per omissionem, nihil moror ; modò non ipso omissionis tempore committi peccata dicamus ; modò, inquam, illa verba, *peccatum per omissionem*, idem significent ac ista ; *pravum voluntatis consilium quo nos ultrò conjicimus in periculum aut necessitatem ea omittendi quæ nostri sunt officii.* Pari de causa quædam peccata dicuntur ignorantiæ, non profectò quòd ignorantia ipsa peccatis accenseri possit, sed quòd quisquis hoc pacto peccat se in periculum conjecerit aut necessitatem ea ignorandi quæ sibi Lex & noscenda & perficienda præscribit.

EUG. Atqui sunt quidam qui experrecti mentisque compotes de industria abstinent ab obsequendo Legi : hi certè videntur hoc ipso tempore peccare quo abstinent ab actu Lege præscripto.

TH. Et reipsa peccant eò quòd aliud prosequantur quod suo cum officio conciliare non possunt, hoc fateor ; eò quòd hæreant in mera omissione, istud nego. Nam propter inditum propriæ felicitatis amorem, cùm mentis compotes sumus, neque somno premimur, necesse est aliquid prosequamur. Ergo homo ideo abstinet ab officio exsolvendo, quòd aliquid illicitum prosequatur ; quamvis istud non sit exteriùs conspicuum. Dicam enim quod conjicio ; latet plerumque intimo in pectore voluptas desidiæ, vel alterius cujuscumque generis, quam prosequimur, cùm ab officio exsolvendo abstinere decrevimus. Signum autem peccati hoc in casu est sola actûs legitimi omissio ; & pro peccato peccati signum usurpant quandoque homines. Unde factum esse arbitror, ut peccata quæ veri sunt mentis actus, dicta fuerint modò peccata omissionis, modò peccata ignorantiæ.

EUG. Gaudeo te locutiones improprias ad verum redegisse sensum : perge quo cœpisti pede. Peccatum, inquis, est actus cum recta Ratione pugnans : ergo non peccatur nisi in supremam Rationem ; minùs rectè igitur quidam peccare dicuntur in Patriam, in amicos, in seipsos.

TH. Distinguo consequens. Ergo minùs rectè dicuntur peccare, id est, violare jus propriè dictum Patriæ, parentum &c., concedo ; peccare, id est, damnum inferre Patriæ, parentibus &c., nego. Nulhum est, te autore, jus propriè dictum nisi supremæ Rationis; ergo aliud violari nequit. At autoritas supremæ Rationis est in Principes, parentes &c. derivata; ergo cùm damnum infertur Patriæ, parentibus &c., tunc violatur jus impropriè dictum Patriæ, parentum &c.; ergo hoc in sensu peccatur in Patriam, parentes &c., quòd illis damnum inferatur, violatâ ipsâ quam exercent rectæ Rationis autoritate.

Verùm jam ego satis respondentis & objecta diluentis personam induo, cui magna tamen est interrogandi prurigo. Istud ergo colloquium antequam concludamus, expedi, quæso, quid sit peccatum quod *originale* dicunt Christiani; tum quæ varia sint peccandi genera.

EUG. Supervacanea est prima quæstio, cui respondendi copiam tibi fecerint elementa doctrinæ Christi, quorum te oblitum esse nunquam suspicabor.

TH. Neque sum oblitus quidem: at quomodo peccavit ille cujus voluntati nullus actus rectæ Rationi adversus adscribi potest? Peccavit quidem primus omnium parens; at peccavêre quoque parentes à quibus proximè ortum ducimus; nec tamen in istis peccant filii: cur ergo peccasse in primo dicimur? Præterea iniquum videtur quemquam esse culpæ alienæ reum.

EUG. Vis ergo à me explicari mysterium? At si explicari posset ratio quâ protoparentis peccatum in omnes ejus posteros dimanavit, frustra mysterii nomine istud fidei Christianæ caput credendum proponeret Ecclesia. Itaque secum pugnat Christianus qui labis propagatæ modum quærit & explicare conatur. Satis ergo sit tibi, si quidquid hoc de argumento noverim, hoc nudè exponam, ostendamque illud peccatum inter & justitiam divinam non veram occurrere pugnam, sed meram pugnæ speciem.

Existit illa labes universum complexa genus humanum; nam existit, quod aliquando demonstrabo generis humani Reparator: atqui nisi genus humanum labes aliqua infecisset, inutilis esset generis humani Reparator; ergo &c.

Adamus hoc peccando effecit, ut consortium animæ cum corpore fuerit, corrupto corpore, vitiatum. Ab Adamo igitur vitiatum corpus ducunt posteri, quod animam huic conjunctam corpori à primo conjunctionis momento corrumpit & aggravat. Hinc illa macula propter quam jam Deo grati esse non possumus; hinc est quòd filii iræ facti simus, & regno cœlorum extorres: in illo enim statu infelici non jam superesset hominibus ille libertatis gradus qui ad salutem adipiscendam necessarius est, nisi libertatis damna resarciret Mediatoris Christi Gratia. Macula quoque foret perpetua, nisi eam idem Christus sanguine diluisset suo.

Cur, inquis, non itidem peccamus in illis à quibus ortum proximè ducimus ? Verùm an eadem est cuilibet peccato vis ad corrumpendum corporis cum anima consortium & ad sensus inficiendos ? An ex usu interdictæ arboris ad cætera crimina consecutio potest esse legitima ? Iniquum tibi videtur quemquam esse culpæ alienæ reum : sed reatus peccati quod ab origine contraximus, non ejusdem est generis ac reatus culpæ quam libertatis abusu proprio admisimus. Christiana quippe Religio non docet abusos esse suâ libertate Adami posteros, cùm Adamus peccavit. In hoc enim esset vera idearum pugna : at docet naturam humanam Adami peccato fuisse vitiatam.

Verùm id te movet quòd propter Adami peccatum infelices nascantur ejus posteri. Nonne infelices quoque nascuntur interdum filii propter dissolutos parentum mores, aut propter solam matris prægnantis temeritatem, aut incuriam ? Ergo pugnare quidem videtur primo intuitu peccatum quod ab origine contraximus, non autem reipsa pugnat cum divina Sapientia.

Quantùm ad secundam quæstionem, hoc à me responsum habe : præstat varios tibi proponere virtutum actus, quàm varia peccandi genera; abhorret enim animus à recensendis plerisque actibus quorum vel ipsum nomen turpitudinis horrore mentem benè natam percellit. Disce, Theodore, quinam sint actus Legi consentanei : hoc ipso satis noveris quinam sint Legi repugnantes. *De cætero, fratres,* inquit divus Paulus, *quæcumque sunt vera, quæcumque pudica, quæcumque justa, quæcumque sancta, quæcumque amabilia, quæcumque bonæ famæ; si qua virtus, si qua laus disciplinæ, hæc cogitate.* Idem verò cupit ne nominari quidem actus probro dignos inter homines Deo addictos.

Satis o tempore Legum originem atque vim investigavimus. De libertate proximo colloquio, nisi quid te detinet, verba faciemus.

COLLOQUIUM QUINTUM.

TH. Nunquam certè mihi magis quàm in exploranda hominis libertate verum visum est istud sapientum : jacere nos tenebris densissimis involutos, & quemque sibi ignotum esse ac penè inscrutabilem. Si quæratur à me simne liber, ruo sponte in subitam affirmationem, & insanire ultra solemne eum existimo qui se negaverit liberum. Si postea quæratur quid sit illa, quam mihi ascribo, libertas, quo tempore, quo se illa pacto exerat, quâ ratione conciliari possint ideæ quæ mentem subeunt, ubi de libertate sermo est ; jam mutus hæreo, parùmque abest quin istâ me arbitrer facultate destitutum.

EUG. Hærendum profecto in multis : sunt enim certi fines ingenio humano appositi, quos in præsente vita nos transire non patitur Deus. At si rem propiori oculo investigamus, apertum erit 1°. ea non esse homini utilia quæ cognoscere non potest; & in hoc peccare plerosque, quòd ultra utilitatem sibi cognitiones parare cupiant. 2°. Obscura quæ rem aliunde notam circumveniunt non esse rationem negandi legitimam; neque omnia esse in aliquo genere rejicienda, quòd non omnia in eodem genere pateant. Est quòdam prodire tenùs investigando, si non datur ultra. Utriusque præcepti exemplum erit hæc nostra de libertate dissertatio.

Jam verò ut verborum in hacce materia tollatur æquivocatio, multiplicem distinguo sensum illius vocis *libertas*.

Alia spectatur quantùm ad sensum doloris, verbi gratiâ, tristitiæ, torporis, inclinationis &c., quatenus illa obsunt quibusdam animæ facultatibus exercendis; cùm scilicet dicitur in homine sano & jejuno, nec esuriente, mentem esse liberam & expeditam ad verum investigandum; in ægro verò aut nimiis sensationibus distracto, mentem esse impeditam. Uterque potest quidem æquâ vi veri investigationem appetere vel non appetere; at verum feliciter investigare uterque æquâ facilitate non potest.

Alia spectatur quantùm ad consensum, cùm, verbi gratiâ, dicitur liberum esse adultum quemque ut virtutis peccative illecebris animo consentiat, aut easdem illecebras animo respuat.

Alia spectatur quantùm ad membrorum usum eorumque omnium quæ Legibus physicis subjacent. Sic paralyticus dicitur non esse liber ad gradiendum, quamvis possit pro arbitrio cupere vel non cupere ut spontaneo pedum motu mutet locum. Sic motus brachiorum plerique dicuntur liberi; minimè verò motus quo fit edulium coctio in ventriculo. Sic etiam homo dicitur liber ad utendum vecte quo gravia tollat; nusquam verò ut idem pondus vincat in qualibet vectis ejusdem positione. Eodem sensu homo vinclis & carcere coercitus libertate spoliari dicitur.

Alia spectatur quantùm ad Legem aut Dominatorem; quo sensu hominem Christo mancipatum dicimus esse à Lege mosaicâ liberum: liberum esse à voti persolvendi onere, quem juridicè declaravit immunem Summus Pontifex: liberos esse qui democratico regimine continentur.

Alia spectatur quantùm ad dominium & possessionem, diciturque de rebus ipsis inanimis: sic quidam dicuntur liberi, id est, ingenui; quidam servi, id est, recensiti in numero bonorum herilium. Nonnulla quoque prædia dicuntur libera, id est, subjecta duntaxat arbitrio possessoris.

Est & libertas à præjudiciis, erroribus, negotiis, coactione, timore, peccato &c., scilicet cùm hæc omnia à mente absunt.

TH. Intelligo probè quid sit libertas à Lege, à servitute herili, à præjudiciis, negotiis &c.; verùm libertas consentiendi dissentiendive aut membra movendi quid sit non satis assequor. Fac ergo intelligam, 1°. in quo positum sit hoc libertatis genus. 2°. Ut mihi sit indubium hominem hoc esse libertatis genere donatum.

EUG. Quanquam vix occurrit vox ulla magis perspicua quàm quæ à te definienda proponitur; adeoque non ita facilè finiri potest juxta Logicæ regulas; perficiam tamen ut libertatem de qua hìc sermo est, cum nulla alia mentis nostræ facultate confundas.

Libertas, quatenus intimo in pectore vim suam exercere potest, nihil est aliud quàm facultas eligendi inter plura; id est, ille liber est qui è pluribus sibi propositis illud præferre potest aut respuere quod libuerit.

Quatenus verò sensibiles in corpus nostrum, & ope corporis nostri in res externas, effectus producere potest, libertas est connexio à Deo instituta inter motus quosdam corporeos & voluntatis eligentis actum; hæc dici potest externa, illa verò interna.

Utraque autem libertas ut se possit exerere, requiritur 1°. ea inter quæ fieri potest electio, esse aliquâ ratione nota menti: fieri enim non potest ut eligamus & præferamus quod prorsus ignotum est. Actioni, inquiunt vulgò, præit cognitio rei faciendæ; ergo electioni præit cognitio rei eligendæ. 2°. Ut idearum quæ intellectum illustrant, comes adsit aliqua delectatio: cùm enim mens nostra in felicitatem generatim motu feratur ineluctabili, fieri non potest ut id eligat quod eam nullâ ratione allicit; ergo, ut libertas se exerat, necesse est plura offerri menti, cum quibusdam illecebris singula. Pone enim ex una parte quasdam illecebras, nullas verò ex altera, mens tunc eligere non poterit, sed necessariò feretur quà trahunt illecebræ.

Notabis coactionem esse à necessitate distinguendam. Coactio mentem trahit invitam: huic mens subjacet etiam nolens ac reluctans, doloris impressioni, verbi gratiâ; non autem necessitati, cui spontè voluntas obsequi potest, quamvis non possit abstinere ab obsequendo. Hinc Scholasticis dictum est *liberum quodcumque esse voluntarium; at non vice versâ*: amor enim quo in felicitatem rapimur, spontaneus est profectò, nec tamen liber; collige ergo non omnes voluntatis motus esse liberos.

Notabis iterum duplicem esse felicitatem quæ actuum nostrorum finis esse possit. Alia enim est sincera, æterna & opinione quâlibet major, quæ obtinenda proponitur Legis observatoribus. Alia temporaria, adulterata & opinione longè minor, quam libidinis esse comitem sinit Deus. Quibus præmissis instituatur tandem

---

CONCERTATIO QUINTA.

Homo hoc sensu liber est quòd alterutrum felicitatis genus præsentisve aut futuræ præferre possit & Legi præstare vel detractare obsequium, idque vario modo pro arbitrio. Hoc etiam sensu liber est quòd multi motus corporei sint penes ejus arbitrium.

QUANTUM ad primam partem, sic ego de meipso ratiocinor: (unusquisque idem de se ratiocinium instituat) sensu intimo novi & me ferri invictè ad felicitatem adipiscendam, & deliberare quodnam felicitatis genus persequar : modò enim sensuum illecebris inducor ad præsentem felicitatem capessendam; modò rectæ Rationis momento impellor ad hanc respuendam ut futuram assequar. Atqui absurdum est deliberare me de eligendo felicitatis genere, si non possum eligere; absurdum est ita à Deo esse institutum hominem, ut deliberet de fine ultimo in quem nulla cadere possit electio; ergo 1°. liber sum ad eligendum alterutrum felicitatis genus.

2°. Ubi Legi obtempero sentio me pacis internæ suavitate quâdam perfundi: ubi verò non obtempero, sentio pungentes ineluctabiliter conscientiæ aculeos; id est, sentio mihi intus exprobrari meam agendi rationem : quæ quidem in me fieri nequeunt, nisi ab eo qui menti meæ dominatur, à Deo scilicet : atqui absurdum est me intus laudari propter actus à quibus temperare non possum. Actus enim necessarius, qualis est amor felicitatis generatim spectatæ, neque laudabilis est neque vituperabilis; ergo liber sum ad obsequium Legi præstandum vel detrectandum.

Præterea experientiâ magistrâ didici errare me, neque tamen semper errare : unde consequitur ad meæ mentis essentiam non pertinere errorem : quo prænotato, sic ego mecum : vel invictè erro, vel liberè : si invictè, ergo me ad errorem adigit qui solus meæ menti dominatur Deus; quod cum Sapientia infinita pugnat quàm maximè. Si liberè, ergo liber sum ad parendum vel non huic Legis naturalis præcepto : *coercenda est judicandi libido, quandiu res non est planè perspecta*; ergo liber sum quoque ad parendum vel non huic alteri præcepto quod à priore consequitur : *coercenda est præferendi cupido quandiu certum non erit nos eligere præstantius felicitatis genus.*

Denique intelligo profectò quem referant sensum istæ voces: *præcipere, vetare, hortari, deterrere, punire, remunerare, laudare, vituperare* : atqui istæ voces sunt sensu destitutæ, si non sum liber, neque ad me uuiquam spectare poterunt; ergo &c.

Neque tantummodo se libertas exerit ad eligendum alterutrum felicitatis genus, sed ad varias alterutrum persequendi rationes. Homines enim deliberant quodnam eligant vitæ genus, ut facilius pro suo quisque ingenio, pro eo in quo versatur rerum concursu, felicitatem alterutram sibi comparare possint. Nonne tu ipse, Theodore, deliberasti quandoque quo pacto felicius ingenium disciplinis excoleres, pectusque optimis imbueres præceptis? Nonne, cùm voluptatem sectareris juvenilem, sæpius animo perpendisti quo liquidiorem modo tibi parares aut diuturniorem? Quæ cùm de se asserere possit adultus quisque, collige omnes adultos vario modo pro arbitrio posse &c.

Nolui tibi exempla proponere ab aleâ ducta; quæ quanquam sint aperta libertatis indicia, nos ab ea disserendi gravitate removerent quæ decet moralium tractatores.

ALTERAM verò partem sic paucis demonstro. Ex modò dictis apertum est multos esse voluntatis actus liberos. Præterea sensu intimo constat magnam illorum actuum partem referri ad usum corporum quæ nos ambiunt, & maximè ad eorum usum quorum occasione sensationes jucundæ cientur, injucundæ autem arcentur, societasque fovetur inter homines; ergo si motus organici respondeant illis actibus ita accuratè ut positis ponantur, sublatis tollantur, mutentur mutatis, fatendum erit multos esse motus organicos penes hominis arbitrium: atqui permulti motus organici hoc pacto respondent electioni voluntatis. Sic ubi voluntas cupit luminis colorumque sensationem, subitò diducuntur palpebræ; sin minùs, reducuntur. Vir Musicæ callidus aurium voluptatem ciere cupit? extemplò vel vocis organa aëre expirato perstringuntur, vel nervi digitis; ergo &c.

Unde colliges posse quoque nos laudem mereri

aut vituperium propter multos motus organicos, cùm à nostra libertate motus isti pendeant; non quòd in ipso motu stet meritum aut peccatum, sed in electione voluntatis quæ est motûs organici causa naturalis libera.

TH. Non imparatus certè ad concertandum de libertate venio. Prælegi etenim quæ adversùs libertatem à quibusdam undequaque petita sunt, & quorum satis erit si præcipua tibi proponam diluenda. Ac 1°. si quo tempore sensus intimus fidem faceret libertatis, vel ante aut post voluntatis consensum, vel tum cùm voluntatis consensus elicitur: atqui non ante aut post elicitum voluntatis consensum, siquidem sensus intimus nihil ostendit menti, nisi præsentes animæ affectiones : non eo tempore quo consensus elicitur ; tunc enim fieri non potest ut mens dissentiat; ergo potestas consentiendi vel dissentiendi non innotescit per sensum intimum, nec proinde libertas.

EUG. Subtiliter quidem & acutè, Theodore; minorem tamen quantùm ad omnes partes negabo. Quid enim, te judice, sentit mens humana cùm deliberat, si in ipsa deliberatione, proindeque ante voluntatis electionem non est suæ jam conscia libertatis ? Et cùm sibi ipsa plaudit vel semet vituperat, aut ut rectiùs loquar, cùm Deus ipse probat intus vituperatve actus nostros, quid, quæso, sentimus apertiùs quàm nostram libertatem ?

Non possumus, inquis, sentire nisi præsentes animæ affectiones: istud fateor. Quid inde? ergo ante vel post electionem non sentimus nos eligere : sed ante electionem per ipsum deliberationis sensum innotescit nobis voluntatem electuram esse pro arbitrio ; post electionem verò per sensum laudis aut vituperii cognoscimus nos elegisse pro arbitrio. In ipso autem electionis tempore sentimus oriri à mente actum deliberatum; & de istis Deus nos facit certiores, additâ judicandi necessitate.

TH. Atqui nón affulget menti idea actûs deliberati; ergo alterius ab altero diverfitatem recognofcere non poffumus.

EUG. At non affulget menti idea doloris aut gaudii; ergo alterum ab altero dignofcere non poffumus.

TH. Nil agit exemplum litem quod lite refolvit.

EUG. Diftinguo; fi utraque lis fit adhuc fub judice, concedo: fi alterutra jam fit omnium confenfu dirempta, nego. Jam verò quamvis nemo habeat doloris aut gaudii ideam, fatentur omnes fenfus doloris aut gaudii diverfos effe ac inconfufos, ad iftud judicii mentem adigente Deo. Pari jure, licèt nemini affulgeat idea actûs deliberati aut indeliberati, nemo alterum cum altero confundit, prohibente Deo, qui pro fua Sapientia decrevit ut quæ mens effet Legi fubjecta, eadem effet fuæ confcia libertatis.

TH. Allucinari jam video eos quicumque libertatem in dubium vocant propter ignoratam libertatis naturam, aut modum quo fe illa exerit apud hominem. Modò fe cogitare fateantur, hoc ipfo eos refellam. Naturam enim cogitationis & modum quo nafcitur in mente cogitatio prorfus ignoramus. Attamen certum eft cogitare nos, id eft, velle, percipere, fentire, eafque mentis affectiones effe diverfas.

Verùm fi in ipfa libertatis notione occurrat idearum pugna, non temerè libertas in dubium vocabitur: atqui res ita fe habere videtur. Nam facultatem ad oppofita habere nemo poteft: atqui libertas eft facultas ad præftanda oppofita. Confentire enim & non confentire funt oppofita: atqui libertas eft facultas confentiendi & diffentiendi; ergo &c.

EUG. Quid fit refponderi folitum non te clam eft, qui Scholafticos Moralium tractatores ad concertandum procul dubio præluftraveris.

TH. Præluftravi quidem, didicique *fenfum* hìc *divifum* à *fenfu compofito* diftingui: fed nata eft ad rem elucidandam diftinctio; iftæ autem voces mihi videntur re explicandâ penè obfcuriores.

EUG.

EUG. Et mihi quidem ita visæ sunt. Ego vero, sublatâ omni distinctione, negabo hanc propositionem: *Libertas est facultas consentiendi & dissentiendi*; quæ tamen vera fiet si mutes voculam: libertas enim est facultas consentiendi vel dissentiendi. Libertas in eo stat non utique quòd è duobus possimus unum, non quòd possimus alterum, non quòd possimus utrumque; sed quòd possimus alterutrum. Istæ autem voces quæ vel à rudibus intelliguntur planè absque ullâ idearum pugnâ libertatis actum ab actu necessario distinguunt. Admitte ergo in homine facultatem ad alterutrum, non autem ad opposita. Consensus enim & dissensus non sunt oppositi, nisi quatenus dicuntur existere eodem loco & tempore, in eâdem mente, circa rem eandem, eodem modo spectatam. Hæc videlicet omnia requiruntur, ut duæ res quæ seorsim intelligi possunt, sint oppositæ; id est, ut adsit idearum pugna.

TH. Jam ergo omittamus tricas scholasticas, & experientiam testem advocemus. Nonne secundùm id quod nos magis delectat operemur necesse est?

EUG. Non abnuo. Homo enim se invictè amat, invictè rapitur in felicitatem.

TH. Ergo si eum magis delectat præstitum Legi obsequium, invictè ille Legi obsequetur: sin minùs, invictè detrectabit obsequium.

EUG. Distinguo: ergo si eum magis delectat invictè Legis observatio, Legi invictè obsequetur, concedo; si eum ita magis delectat, ut delectationem istam amovere atque aliam accersere possit, nego. Experientiam advocasti, Theodore; experientiâ refelleris. Hæc enim nos docet quidem consensum sequi delectationem majorem; si ista delectatio, id est, si illecebræ menti propositæ non arceantur: eadem vero docet quoque illecebras sive ad præstandum Legi obsequium, sive ad detrectandum, arceri posse; verbi gratiâ, cùm mentem nostram pertentant illecebræ ad peccatum, non illico adigimur ad consentiendum. Attendere nimirum possumus utrùm actus ad quem inclinamur laudabilis sit

Tome I. S

aut vituperabilis; utrùm felicitas quæ se nobis offert, dolore sit metuve aut tædio adulterata, necne; an præferenda felicitati quæ Legis observatores manet: quæ certè si animo attento perpenderimus, vel fugient peccandi illecebræ, vel majoribus tandem illecebris, Deo ita menti opitulante, vincentur.

TH. Non is es igitur qui libertatem humanam æquilibrio momentorum compares: qui eam dicas esse positam in indifferentia, ut barbarè aiunt.

EUG. Nusquam certè adhibebo voces quæ videntur exquisitæ ad quæstionem tenebris obvolvendam. Qui ludit par impar, dici quidem potest aliquo sensu positus in æquilibrio. Dicantur enim pares esse hoc in casu illecebræ ad alterutrum, nil moror: neque istud expendere philosophicæ gravitatis est. At ubi agitur de consensu præstando vel negando Legi, de alterutrâ felicitate præsente aut futurâ eligendâ; quis asserere ausit æquales esse utrinque illecebras, aut se ad illas mentem æquâ attentione convertere? Nos autem docet experientia posse mentem arcere potentiores illecebras, & attentione præstitâ efficere ut quæ primo aditu minùs pertentabant animum, postremò vincant cæteras; ergo libertas quam nobis hìc inesse contendo, non est libertas æquilibrii.

Quod spectat ad barbaram illam definitionem, *libertas consistit in indifferentiâ contradictionis activâ;* fateor me non intelligere voces id genus: & autor sum tibi, Theodore, ut frustra tempus non insumas in expediendo illarum sensu. Ubi enim adsunt voces usu tritæ & perspicuæ quæ rem aliquam quid sit, aut quâ ratione ab aliâ distinguatur, facilè cuivis ostendunt, pugnare ille cum rectâ Ratione mihi videtur, qui barbaras & insolentes ideoque obscuras adhibet.

TH. Unâ hac responsione, Eugeni, magnam mihi tricarum segetem præripis; hìc redit in mentem quod à te non semel audivi, longam objectorum seriem inter concertandum esse obscuritatis aut imperitiæ in respondendo argumentum. Non video quid ultrà objicere possint Antichristiani. At libertas cum Christianorum principiis mihi pugnare videtur. Si enim ita liber est homo ut Legi parere possit, vel non parere pro arbitrio, poterit esse homo peccati expers: atqui mendacem dicit esse divus Joannes quisquis se peccati expertem asseruerit.

EUG. Poterit esse homo peccati expers, id est, nullus erit actus Legi adversus à quo homo abstinere non possit, concedo; id est, totam vitam transigere poterit absque peccato vel levissimo, nego. Nullum quidem est peccatum à quo sigillatim spectato temperare homo non possit. Potest quoque vitam transigere totam illius expertem peccati quod sit poenâ æternâ dignum; opitulante scilicet Christi Gratiâ : at à levibus expers esse omnino per totum vitæ curriculum non potest. Nam ut homo posset longo temporis intervallo sibi à peccato vel levissimo temperare, oporteret, ut præter libertatem, constantiâ esset maximâ à Deo donatus, id est, ut non modo posset amare quod voluerit, sed etiam in eodem amoris genere & gradu longo tempore perseverare : atqui à peccato Adami non concessit Deus hominibus facultatem diu perseverandi in eodem amoris genere & gradu; ergo necesse est ut deficiat quandoque homo, licet nullum sit momentum in quo à peccando abstinere nequeat. Hoc quidem primo intuitu paradoxi speciem habet : at ubi semel distinguitur facultas eligendi à facultate perseverandi, (quæ profectò sunt evidenter diversæ) nodus planè solvitur.

TH. Unde colligere est hominem non posse quoque per totam vitam abstinere ab obsequendo Legi, saltem in iis quæ cupiditatibus non multum adversantur.

EUG. Verum aut saltem verisimile consequens, Theodore : neminem enim ita Legi adversum esse reor, ut ne minimum quidem actum eliciat recti ordinis prosequendi gratiâ. Illegitima tamen est consecutio. Nam unicus est finis legitimus, scilicet Deus, quod aliquando ostendemus : at multiplex est finis illegitimus. Aliud ergo constantiæ genus requiritur ad Deum amore perpetuo, & eodem aut crescente semper amoris gradu prosequendum; aliud, ad eligendum semper inter illicita quod prosequamur.

TH. Si fides adhibetur sacris Scriptoribus, *homo non habet in potestate vias suas*; ergo liber non est.

EUG. Si creditur iisdem, *ante quemque nostrûm apposita sunt aqua & ignis; ad quodlibet porrigere manum possumus.* Testibus iisdem, *Deus reliquit hominem in manu consilii sui, adjecitque mandata & præcepta.* Quæ cùm perspicua sint ad asserendam libertatem testimonia, eam distinguo propositionem quam è sacris paginis excerpsisti: *homo non habet in potestate vias suas* ad finem assequendum, concedo; ad finem eligendum, nego. Jam verò non contendimus hominem in hoc esse liberum ut finem electum consequatur, sed ut finem quem voluerit eligat.

TH. Perspicua quidem sunt quæ tu modò à sacris Scriptoribus ad vindicandam libertatem petebas: at non minùs perspicuum est istud divi Pauli: *non quod volo bonum, sed quod nolo malum, hoc ago.* Ergo homo invitus in malum rapitur, teste Paulo; ergo sacri Scriptores inter se non conveniunt in asserenda libertate.

EUG. Nego consequentiam. Hic est, ni fallor, sententiæ sensus: non quod probo bonum, sed quod improbo malum, hoc ago. Cujus quidem rei veritatem ipsis Ethnicis comprobaverat experientia: *video meliora*, inquit Poëta, *proboque; deteriora sequor.* Si mâvis, hunc cum quibusdam affinge verbis Pauli sensum: non quos cupio motus ad bonum, sed quos odi motus ad malum, hos persentisco. Usus enim invaluit apud homines, ut hoc operari dicerentur quodcumque apud se experirentur. Sic perceptionem & ideas effingere, sic motus corporeos producere quisque censetur vel minimè voluntarios.

Uterlibet autem Pauli verbis affingatur sensus, inde consequens erit non carere hominem libertate, sed homini opus fuisse Christo qui tanto mentis humanæ morbo mederetur.

TH. Augustinum certè Christiani omnes habent ut præcellentem Doctrinæ Christianæ interpretem : atqui favet ille iis qui libertatem homini inesse negant. Asserit enim ille hominem peccando perdidisse liberum arbitrium ; ergo cùm omnis homo sit illius peccati labe infectus, libertate omnis homo caret.

EUG. Hîc observabo non eam profectò fuisse mentem Augustini ut de libertate ad ludicra, de libertate ad ea quæ ad hominis salutem conferre non possunt verba faceret; sed existimasse illum excidisse cunctos homines à facultate consequendi salutem æternam propter Adami peccatum; quo posito sic Augustini verba distinguo ; homo perdidit peccando liberum arbitrium & per Christi Gratiam illicò recuperavit concedo ; nec recuperavit, nego. Omnes igitur cum Augustino Christiani fatentur eam fuisse peccati quod admisit Adamus vim infaustam, ut quâ ad felicitatem æternam pertingere possemus, libertatem apud nos perimeret. Unde consequitur non quidem carere nos libertate id genus, sed futurum fuisse ut illâ perpetuò essemus destituti, ni fractas animæ vires restituisset Christus. Non tamen ita ille liberum resarcivit arbitrium, ut idem esset apud Adami posteros facilitatis gradus qui fuit in Adamo nondum peccatore. At satis virium restituit ut jam nonnisi ex privatâ adulti cujusque culpâ à felicitate consequendâ arceremur.

TH. Atqui non ea fuit quam tu fingis mens Augustini : nam judice Augustino, *salus æterna consequenda non est volentis currentisve hominis, sed miserentis Dei*; ergo existimat Augustinus homines à peccato Adami non pollere necessariâ ad salutem æternam comparandam libertate.

EUG. Nego consequentiam. Hic est, ni fallor, Augustini sensus, non posse hominem, seclusâ Dei misericordiâ, currere ad felicitatem æternam conse-

quendam, nec eam appetere qualem Deus ab æterno
juſtis præparaverat : at miſertus eſt Deus ; ergo virium quod ſatis eſſet nobis reſtituit.

TH. Cur ergo aſſerere non dubitat Auguſtinus in-
cumbere nunc homini duram peccandi neceſſitatem ?

EUG. Idem mutatis verbis eum dixiſſe arbitror
quod divus Joannes, cùm mendacem dicit quiſquis
ſe peccati dixerit expertem. Incumbit reipſa homini
peccandi neceſſitas, ſiquidem ab omni peccato per
totum vitæ curriculum ſibi temperare non poteſt,
nec tamen eum libertas deficit; ſiquidem nullum eſt
peccatum à quo abſtinere non poſſit. Utrumque autem
ſtare ſimul poſſe jam tibi manifeſtum feci.

TH. Antequam ultra progrediar in objiciendo, à
te mihi ſciſcitari liceat quid ſit Gratia illa quæ liberi
arbitrii vires ad hoc reſtituit ut poſſimus ad æternam
ſalutem pervenire.

EUG. Vox illa quidem ſæpius in diſceptationibus
de libertate uſurpatur. Quare non abs re erit illam
tibi paucis ac nitidè interpretari.

Per Gratiam eò loci intellige delectationis intimæ illecebras ad verum & bonum proſequendum. Scilicet ut
hominem liberum conſtitueret Deus, dedit menti illecebras ad malum & ad bonum cum præcepto mali
fugiendi & boni proſequendi. Illecebræ ad malum
generatim *concupiſcentia* dicuntur, ſive ſenſibilium
appetitus ultra rectæ Rationis dictata. Illecebræ autem ad bonum generatim *Gratia* dicuntur & *Auxilium*.
Peccante Adamo, illi ejuſque poſteris perierant illecebræ ad bonum, ſi non omnes, at certè quæ ne-
ceſſariæ eſſent ut ſalutem æternam & appetere & ſibi
comparare poſſent : perierantque in æternum, ni Deus
intuitu meritorum Chriſti novas ſuffeciſſet quarum
ope pravum vincere poſſemus cupidinem. Illecebræ
ergo ad malum, ſublatis ad bonum illecebris, factæ
ſunt potentiores ultra modum, & etiam nunc reluctante voluntate animum pertentant vividiùs. Hoſtis
ille veluti domeſticus, quatenus nos vel invitos &

repugnantes lacessit, peculiari sensu concupiscentia dicitur. Verùm illecebræ Adamo ante peccatum concessæ ad bonum, naturales dictæ sunt; non quòd ullum fuerit jus Adami in hujusmodi auxilium; qui enim gratis accepit existendi beneficium, gratis accepit ea quæ huic beneficio superadduntur: sed quòd ad primitùs institutum rerum ordinem pertinerent. Illecebræ autem quæ nobis ad bonum oblato sanguine promeruit Christus, dicuntur supernaturales, eò quòd ad alterum rerum ordinem pertineant. Deus enim cùm generis humani reparationem decrevit, alterum rerum ordinem propter Filii sui majestatem instituit, primigenioque ordini superadjecit; & quidquid nunc fit aut fiet in universo Orbe intuitu meritorum Christi quatenus Redemptoris, hoc supernaturale dicunt Christiani.

TH. Illecebræ illæ sunt effectus omnipotentiæ divinæ: atqui nemo potest omnipotentiæ divinæ resistere; ergo illecebræ illæ mentem trahunt invictè.

EUG. Distinguo majorem. Quantùm ad sensum sunt effectus omnipotentiæ divinæ, concedo: quantùm ad consensum, nego. Distinguo pariter consequens. Ergo mentem invictè trahunt, id est, invictè sui sensum faciunt, concedo; invictè consensum eliciunt, nego. Hic sensum delectationis, Theodore, cum consensu confundis. Deus quippe voluntatis suæ efficaciâ id assequitur invictè ut sentiamus illecebras de quibus modò verba feci; ergo homo liber non est ut sentiat pro arbitrio illecebras sive ad bonum, sive ad malum. At non invictè assequitur ut consentiamus, nisi præter sensum voluerit quoque elicere consensum; quod posse Deum & velle quandoque non diffitemur. At non elicit consensum hoc ipso quòd indit illecebras. Si enim res ita se haberet, cùm Deus indit illecebras ad bonum simul & ad malum, hoc ipso consensum ad utrumque simul eliceret: atqui absurdum est nos bono simul & malo consentire; ergo Deus non hoc ipso elicit consensum, quòd indit illecebras.

S iv.

TH. Fateor nos sentire simul illecebras ad bonum & ad malum, cùm hujusce rei fidem faciat experientia. Fateor quoque non posse mentem simul consentire utriusque generis illecebris. Ergo actus quo pertentatur anima diversus est ab actu quo consentit. Sed consensus est quoque effectus omnipotentiæ divinæ; nihil enim est à Deo diversum quod Deus non producat.

EUG. Distinguo. Nihil est à Deo diversum, id est, nulla existit substantia, nulla qualitas passiva, quam Deus suæ voluntatis efficaciâ non producat, concedo; nullus actus mentium creatarum quem Deus non producat eodem sensu quo cætera, nego. Equidem quæcumque substantia à Deo diversa est, hæc producitur à Deo tanquam à causâ physicâ; pariter quælibet qualitas passiva, dolor, verbi gratiâ; repugnat enim id produci voluntatis creatæ efficaciâ, quod existit repugnante voluntate creatâ. At consensus mentis creatæ non producitur à Deo tanquam à causâ physicâ; alioqui non minùs inutilis esset ad consensum deliberatio quàm ad qualitates passivas.

TH. Ergo res est aliqua quæ à voluntatis divinæ efficaciâ non oriatur.

EUG. Distinguo consequens. Ergo res est aliqua quæ non oriatur proximè à voluntatis divinæ efficaciâ, concedo; quæ non oriatur remotè, ut aiunt, nego. Substantia & qualitates passivæ nullo interjecto principio oriuntur à divinæ voluntatis efficaciâ: consensus verò mentis creatæ non ita. Hoc enim sensu consensus noster à Deo oritur, quòd Deus, cùm mentes creavit, hujus consensus principium creaverit. Hoc quoque sensu à Deo oritur quòd prærequisitas ad consentiendum conditiones ipse posuerit; idearum scilicet manifestationem ad intellectum illustrandum, & delectationem ad movendam voluntatem: minimè verò hoc sensu quòd sit causa physica consensûs. Si enim Deus esset causa physica consensûs, Deus esset laudabilis aut vituperabilis pro legitimo vel illegirimo consensu; non autem mens humana penes cujus arbitrium non fuisset consensus illius existentia; quod quidem perabsurdum est.

TH. Scopulum vitare cupis; in alium, ni fallor, impinges. Nam ex dictis tuis consequitur mentem creatam esse sui consensus causam physicam : nihil enim existit sine causa sui physica, nisi necessario existat.

EUG. Nihil, si actum excipias, concedo : nihil, ne actu quidem excepto, nego.

TH. Quid istuc est novae opinionis? nihil utique mihi simile occurrit in perlegendis iis quae de libertate scripsere Scholastici, apud quos tamen tam variae sunt opiniones, ut nihil indictum quod dici posset praetermisisse illi videantur. Ubi enim ad hoc usque nodi ventum est, alii exclamant, *ô altitudo!* quod ineptum non existimo, nisi quòd serius exclamant quàm oportuerit; ad istud enim effugium non se convertunt, nisi cùm in diluendis objectis haerent. Alii contendunt & Deum & mentem creatam esse ejusdem consensus causas physicas. Quod si capiunt, at certe non ego. Alii denique asserunt mentem illustratam & motam à Deo, esse unam sui consensus causam physicam; unde consequitur multas esse in rerum natura causas physicas; quod tu negas. Mediumne tibi aliquid videtur inter illas opiniones, quod citra absurditatem propugnari possit?

EUG. Imò quod perspicue manifestum fieri possit cuilibet praeoccupatis opinionibus non impedito. Tu ipse judex esto. Nonne te Logica docuit duplex esse principium productionis?

TH. Memini quidem; alterum productionis metaphoricae; illud scilicet à quo res aliqua oriretur, generaretur, nasceretur. Alterum productionis proprie dictae, quod vel esset causa rei physica, vel causam physicam induceret ad agendum : verùm quid inde?

EUG. Si dixeris mentem creatam quantùm ad

consensum esse principium prioris generis, nodum alioqui inextricabilem solvisti.

TH. Non dicam tamen, nisi præmissâ demonstratione.

EUG. Age ergo; potestne existere illa mentis qualitas quam consensum dicimus, nisi vel habeat causam sui physicam, sive Deum, sive mentem creatam; vel oriatur à mente creatâ tanquam à principio productionis metaphoricæ?

TH. Minimè profectò: atqui tibi demonstrandum est non posse esse consensûs nostri causam physicam, neque Deum, neque mentem creatam seorsim; neque Deum & mentem creatam conjunctim.

EUG. Quod ut assequar, à te quæro an consensus sit verus actus, an qualitas passiva?

TH. Forsan utrumque simul.

EUG. At quatenus erit actus, an sui causam physicam habet?

TH. Si affirmem, jam non intelligo quâ ratione qualitas passiva ab actu distinguatur. Attamen affirmandum est, ni pedem retrò ferre velim.

EUG. Hoc alterum quæro, an causæ physicæ sit deliberare de re quam producit, an mentis à causâ physicâ diversæ?

TH. Deliberare certè agentis est, aut agere volentis; non verò patientis. Quid rides?

EUG. Qui à risu temperem, cùm Deum agere affirmes, pati mentem creatam quantùm ad consensum, eamque tamen deliberare non negaveris?

TH. Imperitiam meam confiteor. At quid, si contendam mentem esse consensûs causam physicam?

EUG. Ergo consensus erit qualitas passiva; aget in seipsam mens, & tamen nihil erit in illâ nisi passivum.

TH. Consensus quidem erit passivus quatenus productus; at hoc ipso admittenda est in mente qualitas activa quâ consensus producatur.

EUG. Verùm actio illa quâ consensus producitur an existit necessariò, an est producta?

TH. Non existit necessariò : si tamen eam dixero productam ; ergo altera requiritur actio quæ iterum producta erit, & sic in infinitum : unde consequitur nihil esse in mente creatâ nisi passivi. Si asseruero Deum & mentem creatam esse conjunctim consensûs causam physicam, gemino absurda, nedum resolvo. Fateor ergo consensum non habere causam sui physicam. At vereor ne quis neget verum esse posse actum in mente creatâ, potiùs quàm admittat consensûs productionem metaphoricam, id est, generationem. Illi enim dicere pronum erit non intelligi generationem id genus, nullumque aliud esse illius in totâ rerum naturâ exemplum.

EUG. At 1°. tu ipse confessus es allucinari eos qui rei existentiam ideo in dubium vocant quòd ignoretur existendi modus. 2°. Facilè ostendam aliud esse exemplum hujusmodi generationis, quàm in mente creatâ. Nam age, quæso, decretum quo Deus te condidit estne necessarium ?

TH. Neutiquam; alioqui ipse necessariò existerem.

EUG. Decreta Dei suntne veri actus ?

TH. Utique; aut nullus esset uspiam possetve esse actus.

EUG. Superest ut tecum reputes an actus in Deo creatus esse possit; an quidquam sit in Deo passivi; quod tamen esset, si Deus sui decreti foret ipse causa physica. Præterea decreti sic producti esset aliqua actio producens; quæ cùm necessariò non existeret, esset quoque producta per alteram actionem, & sic in infinitum. Illis autem qui talia admittere non dubitant,

Nihil intra est oleam, nihil extra est in nuce duri.
Fatere ergo esse in ipso Deo exemplum hujusmodi generationis, à Verbi generatione diversum : & in hoc mentem creatam esse divinæ similem quòd ut à mente divinâ oriuntur decreta citra causæ physicæ influxum, ita consensus noster à mente exoriatur citra productionem propriè dictam. In productione enim propriè dictâ, distinguitur semper actio producens à re pro-

ductâ, quod fieri non potest in consensûs productione.

TH. Atqui istud negare videtur Paulus, scilicet à nobis oriri consensum, cùm nos habere quidquam neget quod non acceperimus.

EUG. Captant inania, Theodore, qui talia effutiunt. Consensus enim Gratiæ datus doni est acceptio. Quid igitur aliud ex Pauli verbis colligemus, nisi donum esse Dei, doni verò acceptionem esse nostri ? Quis credat hunc fuisse sensum divi Pauli, viri certè gravissimi & à subtilibus tricis maximè alieni, scilicet acceptionem doni esse quoque donum ? Nimirum hujusce alterius doni deberet esse altera acceptio, quæ ipsa esset quoque donum, & sic in infinitum, quod repugnat.

TH. Si Deus non operatur consensum mentis humanæ, non poterit ille salvum facere quem voluerit, sed eum tantùm qui voluerit salvus fieri : absurdum apud Christianos consequens ; ergo &c.

EUG. Nego majorem. Neminem Deus salvum faciet nisi qui salvus esse voluerit, & tamen salvum faciet, illæsâ libertate, quem voluerit. Cùm enim Deus vult aliquem salvum facere, vult certè remunerare legitimum libertatis usum ; ergo non potest velle illius salutem qui constanter nollet salvus fieri. Præterea nullum est, ut supra ostendimus, peccatum à quo sigillatim spectato abstinere homo nequeat, quamvis non possit ab omni peccato, longo temporis intervallo, abstinere ; ergo pari jure nullus est Gratiæ motus cui resistere homo non possit ; nec tamen resistere potest semper Deo potentibus & continuis illecebris ad salutem invitanti. Quapropter, illæsâ libertate, & absque physicâ consensûs humani productione salvum facere potest Deus quemcumque voluerit ; ergo pugnantia loquitur quisquis discernit eum quem Deus vult salvum facere ab eo qui vult salvus fieri. Nota me hîc intelligere voluntatem quâ Deus operatur, non voluntatem quâ imperat.

TH. Nondum tamen assequor, Eugeni, quâ ratione hæc conciliari possunt cum Gratiæ naturâ. Nam absurdum videtur Gratiam quæ est actus divinus, nullam habere vim, nisi cooperante, ut ita dicam, homine; id est, nisi homo Gratiæ viribus addat suas.

EUG. Et ego istud fateor esse absurdum; nec quidquam asserui unde tu istud posses colligere. Nego etenim suam Gratiæ efficaciam oriri ab humano consensu, quanquam assero aliquod esse Gratiæ genus, quod homini non concedatur, nisi posito consensu, tanquam prævia conditione.

TH. Ergo admittis Gratiam propriâ vi & per se, ut aiunt, efficacem, quæ tamen intelligi non potest, nisi vi propriâ Deus invictè consensum eliciat. Si enim Deus non elicit invictè consensum humanum, poterit fingi homo Gratiæ dissentiens, quæ tamen esset ex naturâ suâ efficax; quæ quidem inter se pugnant.

EUG. Distinguo primam conclusionem. Admitto Gratiam efficacem propensionis, & si consensus accesserit apud adultos, Gratiam efficacem justificationis, illius scilicet animi status in quo Deo grati sumus & accepti, concedo: Gratiam efficacem consensûs, nego. Gratia propensionis, seu illecebræ ad bonum est conditio necessariò prævia ad consensum: hæc propensionem voluntatis ad consensum invictè & ex naturâ suâ producit. Gratia autem quâ justi, id est, Deo grati constituimur, consensum sequitur in adultis; hæc vi propriâ, non ope consensûs, illum producit animæ statum qui Deo placitus est; ergo consensus est inter Gratiam efficacem propensionis, & Gratiam efficacem justificationis veluti medius. Quod si observes jam tibi nulla videbitur in hocce argumento idearum pugna. Repugnat quidem dissentire hominem Gratiæ quæ esset ex naturâ suâ consensûs efficax: at nihil obest quominus homo dissentiat Gratiæ quæ ex natura suâ sit efficax propensionis. Gratia porro quæ esset causa efficax consensûs gratis à Scholasticis quibusdam conficta est. Existere enim posse Gratiam id genus, nec ratio naturalis docet, nec fides Catholica.

TH. Atqui istud ipsum docere videtur divus Paulus, cùm scribit dari nobis à Deo ipsum velle & perficere pro bonâ voluntate.

EUG. Eccur istas voces *velle* & *perficere* de consensu intelligis ?

TH. Nunquid tu distinguis affectiones voluntatis à consensu diversas ?

EUG. Distinguo sanè, & modò tu ipse distingues. Nonne est quoque voluntatis amare, odisse, desiderare, metuere ?

TH. Non abnuo : sed istæ voluntatis affectiones consensum semper includunt.

EUG. Jam confessus es, Theodore, non posse mentem simul consentire rebus oppositis. Experientiâ tamen constat nos inclinari ad opposita simùl. Nonne cùm aliquis te à placito cupidine deterrere voluit, objecto rectæ Rationis lumine, simul expertus es, hinc virtutis, illinc bonorum sensibilium illecebras; ergo propensiones non includunt consensum; ergo non omnis affectio voluntatis in consensu posita est. Sic igitur intellige divi Pauli verba : Deus dat propensiones ad bonum, datque assequi rem legitimè desideratam, si consensus accesserit propensioni con-concessæ ad bonum : seu quod idem est, Deus dat Gratiam moventem, cui si consensus accesserit, dat quoque Gratiam justificantem quâ felicitate æternâ digni constituimur.

TH. Nihil ultra mihi occurrit quod objicere possim adversùs libertatem internam.

EUG. Ampliorem supellectilem objectorum pollicitus esse videbaris.

TH. Et ampliorem mihi paraveram : at nullam earum quæ in Scholis agitantur opinionum de modo quo Deus operatur in nobis, tuam fecisti; pereunt ergo mihi quæ ex illarum opinionum prælectione collegeram. Cùmque perfeceris ut ea facilè conveniant quæ inter se pugnare mihi videbantur in libertatis internæ notione, gradum jam facio ad libertatem externam, quam sic impugnari posse existimo. Motus omnes pendent à Legibus physicis; hoc est, secluso miraculorum casu, necesse est ut fiant secundùm Leges physicas: atqui Leges illæ non pendent ab humana libertate; ergo neque motus membrorum.

EUG. Distinguo majorem. Motus omnes pendent à Legibus physicis, tanquam à regulâ, & quidam à voluntate humanâ tanquam ab occasione, concedo: pendent à Legibus physicis duntaxat, aut eodem sensu à Legibus physicis & à voluntate humanâ, nego. Distinguo quoque minorem. Leges physicæ non pendent à voluntate humanâ, tanquam à regulâ, secundùm quam suum sortiri debeant effectum, concedo: non pendent à voluntate humanâ tanquam ab occasione, quâ positâ, suum quandoque sortiuntur effectum, nego. Itaque motus quilibet pendet à Legibus physicis, hoc sensu quòd Leges physicæ sint regula secundùm quam produci motum quemque necesse est. At novimus existere non solùm regulam, sed & occasionem motûs ex institutione divina. Sanxit enim Deus ut omnes motus (excepto motu primitùs indito universæ materiæ) suam haberent causam occasionalem; sive illa libera sit, necne. Jam verò nulla occurrit idearum pugna, si collisio corporum sit quorumdam motuum occasio, dum Leges physicæ sint eōrumdem motuum regula: ita non repugnat voluntatem liberam mentis creatæ esse causam occasionalem quorumdam motuum, modò Leges physicæ sint istorum quoque regula: atqui secluso miraculorum casu, motus qui à voluntate humana pendent, sunt semper ad Physicæ Leges conformati; ergo Leges physicæ & motuum organicorum libertas sibi mutuò non officiunt.

Superest ut nôris quid sit sentiendum de multis quæstionibus circa varios libertatis gradus, quos profectò definire accuratè nemo potest, sed duntaxat circum circa æstimare rerum humanarum experti nôrunt. Scholastici nimirum quærunt quid sit vis libertatis in voluntario *puro*, *mixto*, in concupiscentiâ *antecedente, consequente,* in ignorantiâ *positivâ, negativâ, affectatâ, supinâ, concomitante &c.* : quas voces si rem apertiùs indicarent, & nos cum Scholasticis usurparemus. At præterquam quòd in hacce materia verum meriti & culpæ tempus confundunt cum tempore quo se manifestum facit signum meriti aut culpæ, multò prolixiores sunt solæ Scholasticorum definitiones, quàm perspicua totius materiæ expositio.

Disce igitur quò magis vincunt ex unâ parte illecebræ, minorem esse tunc temporis libertatem in homine, proindeque si illecebræ non sint hominis industriâ accersitæ, minorem esse sive laudem, sive culpam; sic qui præsente periculo vehementer commotus, spem omnem suam in Deo reponit, minorem habet laudem quàm qui rebus secundis uni confidit Deo. Pariter ille minùs peccat qui propter imminens vitæ periculum peccat, quàm qui Legem eandem propter lucellum aliquod transgreditur. Verùm si facilitas bonum prosequendi sit labore multo, attentione sedulâ, repetitisque sæpiùs virtutum actibus parta, non minore laude dignus est qui ob eam causam facilè bonum prosequitur, quàm qui primo conatu obstantia pellit animosè. Pariter si nos ultrò in eum statum conjecerimus in quo vel minor sit Rationis vel major vis concupiscentiæ, non minori digni sumus vituperio. Illud enim non ineptè laudi vertitur aut probro cujus causam liberi voluimus.

Cave autem credas concupiscentiam, metumve, aut ignorantiam esse culpam. Non adest culpa nisi consensus accesserit pravo cupidini sive ciendo, sive explendo; nisi roborare mentem ad eos casus in quibus necessaria vis est animi atque constantia; nisi ea discere neglexerimus quæ nostri sunt aut erunt olim officii : nemini enim impossibilia jubere potest Deus.

Observabis denique illud persæpè dici necessarium apud homines quo carere, vel à quo abstinere facilè non possumus : pariter illud dici quandoque involuntarium

tarium quod minùs voluntarium est ; ac proinde quod culpâ vacare interdum putant homines, hoc idem esse minùs quidem, at reipsâ vitiosum; Deo judice. Noli igitur, Theodore, eos imitari qui, quamvis libertate donati, feruntur semper pecudum more quà majores trahunt illecebræ; quique ad se utcumque excusandos difficile pro impossibili habent : assuesce exerendis libertatis viribus : assuesce illecebris quæ ad inconcessa ducunt resistere. Sic roboratâ mente, potentioribus illecebris non ita difficulter obsistes in posterum.

COLLOQUIUM SEXTUM.

TH. In aperto est, Eugeni, extare Leges quibus regantur actus humani, nec diffiteri possum suam homini esse libertatem ad Legi præstandum detrectandumve obsequium. Demus ergo homines cupiditatibus injicere frena, ut rectæ Rationis Legibus obsequantur, ecquid erit pretii ? Duo quidem Moralis fundamenta posuisti ; Leges scilicet & libertatem : sed si nulla liberos Legis servatores manet merces, stultum mihi videtur responsare cupidinibus ; neque illis assentiri possum qui dictitant, sepositâ mercede quâcumque, virtutem esse colendam. Libens in hac hypothesi dixero ; *Manducemus & bibamus, cras enim moriemur.*

EUG. Istud in eâdem hypothesi satius fore asserit divus Paulus. Cùm autem id pati non possit Suprema Ratio, ut sui cultores sint cæteris miserabiliores, quod tamen obtingeret, si nulla spes esset futuræ mercedis, pro certo habe, Theodore, Supremam Rationem nobis ex hac parte non defuisse. Quod quidem sequentium principiorum ope manifestum faciam.

Tome I. T

Principium Primum.

Ex ipsâ rerum naturâ, Legis violatores poena, observatores vero praemium manet, quodcumque sit.

Nam illud necessarium est, quo seposito, nulla esset vis Supremae Rationis ad tuendas Leges quas ipsa proponit : atqui nulla, sepositis poenis & praemiis, esset vis Supremae Rationis ad tuendas Leges quas ipsa sanxit. Imperaret quippe illa, & illius imperium impunè detrectarent homines. Esset illa summè potens, & summè justa ; & justi tamen ac injusti idem esset finis : ostenderet eadem ideas actûs legitimi, laudis & mercedis ex unâ parte ; actûs illegitimi, vituperii & poenae ex alterâ esse necessario vinculo conjunctas ; & tamen actus legitimus apud illam ipsam suâ mercede fraudaretur, nec culpam sua sequeretur poena : quae profectò sunt perabsurda ; ergo &c.

Principium Secundum.

Merces & poena proprie dictae non sunt hujus vitae.

Non ita rerum humanarum ignarus es, Theodore, qui nescias virtutis cultores in hoc seculo miseros esse ; cùm perpetuò sit illis adversùs insitas sibi cupiditates pugnandum ; cùm sibi adversos habeant improbos quorum major & potentior est numerus, quorumque invidiae, vi, dolisque subjacent ad mortem usque. Improbos verò se molliter dare cupidini, & invicem à bonis pro malo bonum recipere. Experientiâ constat quoque jucundas & ingratas in hac vita sensationes non esse in ratione meriti divisas : atqui merces & poena propriè dictae sunt in ratione meriti dividendae. Repugnat enim Supremam Rationem impertiri mercedem duplo majorem illi cujus meritum non est duplo majus, aut minores à vitiosiore poenas repetere ; ergo &c.

Præterea mercedi præire debet meritum; neque enim illa potest esse in ratione meriti, quin meritum sit absolutum. Ergo non potest illa retribui, quin perierit tempus libertatis: atqui ad mortem usque perseverat libertatis tempus; ergo &c.

Collige ergo verum esse quòd ait divus Paulus, *Statutum esse omnibus hominibus semel mori ; post hoc autem judicium.* Et fore ut *Deus retribuat unicuique secundùm opera ejus*, id est, in ratione meriti ; ergo altera nobis vita est expectanda.

CONCERTATIO SEXTA.

Nihil indicat vitam alteram quam expectamus esse ullum finem habituram : multa è contrario, vel sepositâ revelatione, suadent illam fore æternam.

Primam partem sic demonstro. Si quid indicaret futurum esse aliquem posterioris vitæ finem, vel quòd esset aliquod substantiæ in nihilum actæ exemplum, aut aliquando interituræ signum à Legibus physicis petitum ; vel quòd æternùm remunerare, aut punire non posset Deus, salvâ meritorum ratione : atqui utrumque falsum est. Nam 1°. ne corpora quidem quantumvis soluta pereunt ; noruntque Physici nullum esse corporis interituri signum à Legibus physicis petitum ; ergo potiori jure nihil est unde suspicemur mentes, quæ corporibus sunt longè nobiliores, esse unquam in nihilum convertendas. 2°. Si duplo major mercedis aut pœnæ gradus retribuatur duplum meritis, salva erit meritorum ratio : atqui id fieri potest, quamvis æqua sint retribuendi tempora ; ergo nihil indicat &c.

T ij

SECUNDA pars sic fiet manifesta. Absurdum est à Deo proficisci desideria quæ nullo compleri pacto possint; aut metum periculi in quo nusquam versari possimus : atqui si mens nostra non est æternum extitura, erunt à Deo profecta desideria quæ nullâ ratione possint expleri, metusque periculi quod obire nunquam possimus. Desiderium enim felicitatis æternæ, metumque æternæ pœnæ sentimus vi ineluctabili nostris indita mentibus : atqui desideria metusque à quibus temperare non possumus, à Deo certè proficiscuntur; nec ullo tamen compleri possunt effectu, si mens non est æternùm extitura; ergo &c.

Præterea quidquid operatur Deus, illud præ se ferre debet argumentum infinitæ potentiæ, quantùm pati potest rerum creatarum natura; ergo merces & pœnæ propriè dictæ quæ ab uno Deo proficisci possunt, debent esse, quantùm fert mentis creatæ natura, infinitæ : atqui non possunt esse quantùm ad gradum infinitæ : mens enim finita affectionis infinitæ non est capax; ergo necesse est ut sint quantùm ad tempus infinitæ.

Observabis denique, Theodore, præstantissimos quosque Philosophorum cùm veterum, tùm recentiorum in mentis humanæ æternitatem asserendam conspirasse, nec ab ullo unquam assertum rem vel minimam esse aliquando in nihilum redigendam : adeo ut qui nolunt animam esse æternùm extituram, ad illud paradoxi descendere cogantur mentem non esse à materia distinctam : quam quidem materiam solvi quidam dicunt in partes tenuissimas; at prorsus perire negant.

TH. Principium primum nullâ elidi arte potest. Præcipuus enim Supremæ Sapientiæ character est accurata justitia. Adversùs secundum sic arguo. Virtus est sibi merces, vitiumque pœna; ergo supervacanea est altera vita in quâ unicuique secundùm merita retribuatur.

EUG. Nego antecedens. Quod enim spe præmii solatur, non est ipsummet præmium retribuendum;

atqui hoc sensu virtus est sibi solamen quòd comitem habeat spem mercedis: quæ spes lenit assilientes undecumque dolores; ergo virtus non est ipsa sibi præmium. Pariter quod torquet pœnæ luendæ metu, non est ipsamet pœna luenda: atqui hoc sensu vitium est sibi pœna, quòd comitem habeat pœnæ exsolvendæ metum.

Præterea, quò ferventius atque diutius in vitia quisque ruit, eò remissiores experitur conscientiæ aculeos; ergo si nulla alia præter conscientiæ pungentis aculeos pœna manet improbos, non erit salva Ratio culpas inter & pœnas. Quod quidem cum justitiâ infinitâ pugnat; ergo &c.

TH. At virtutem ob ipsam virtutis pulchritudinem prosequi nobilius est quàm propter mercedem. Præstat quoque à vitio refugere propter vitii turpitudinem quàm propter pœnas; ergo nec aliam mercedem sperare, nec alias metuere pœnas debemus.

EUG. Distinguo antecedens. Nobilius &c., quàm propter mercedem temporariam, aut æternam aliquam fictitiam quæ sit Deo remunerante indigna, concedo: quàm propter illam mercedem quæ Dei dignitati respondeat, nego. Secundam partem antecedentis pariter distinguo. Nobilius est &c., quàm propter pœnas temporarias, concedo: quàm propter æternas, nego. Equidem temporia quæque sunt indigna virtute momenta. At si sermo est de mercede æternâ virtuti retribuenda, de pœnis æternùm improbo exsolvendis, illa te dividere contendo quæ necessario sunt connexa vinculo. Nam in quolibet actu sinceræ virtutis necessaria est ratio quæ probet actum esse legitimum: necessarium est quoque momentum quod ad agendum inducat. Ratio, verbi gratiâ, quæ legitimum facit Dei amorem, est suprema Dei perfectio: rectè enim Deum amare præ cæteris non possumus, quin eum idcirco diligamus quòd sit re qualibet perfectior. Momentum verò quo ad agendum inducimur est felicitas consequenda. Quæ quidem distincta sunt; &

esse distincta hinc etiam patet quòd primum abesse possit, scilicet si actus sit vitiosus: secundum verò nunquam. At in actu sincerae virtutis necessaria est utriusque conjunctio.

TH. Vulgò tamen dicitur eum amorem esse perfectum quo Deum prosequimur propter Deum: eum verò minus perfectum quo Deum prosequimur propter felicitatem.

EUG. Ille amor perfectus est, quo Deum, quatenus omnis justitiae & perfectionis fontem, ita diligimus, ut omnia, vel ipsum vitae detrimentum pati malimus quàm à Legibus justitiae discedere. Namque *Majorem charitatem nemo habet quàm ut animam suam ponat quis pro amicis suis*, inquit Christus. Minùs autem perfectus est, si nondum eò usque creverit ut istam vim habeas, quamvis jam habere cupias. At prioris generis amor non potest sejungi ab amore felicitatis aeternae. Nemo enim amare potest, nisi quem amare delectat: atqui delectatio illa, si disjungi posset à spe felicitatis, jam possemus à prosequenda felicitate, proindeque ab amore nostri abstinere, quod absurdum est. Pariter secundi generis amor non potest esse rectae Rationi consentaneus, quin ideo Deus prae caeteris ametur, quòd sit re qualibet perfectior. Quod ut facilius intelligas, duplex distingue bonum; alterum morale, quod vel est regula actûs, vel est ipse actus ad regulae normam conformatus; alterum physicum, quod est vel ipsa felicitas, vel felicitatis causa: nam utraque vox geminum habet ex usu sensum. Nunc à te quaero utrùm qui rectè agit, possit non ob eam rationem agere, quòd actus suus sit ad Legis normam exactus?

TH. Nequaquam: alioqui fortuito casu se rectè gereret homo; nimirum qui rectè ageret, seclusâ rectè agendi mente.

EUG. Ergo nemo rectè agere potest quin prosequatur bonum morale simul cum bono physico, id est, quin prosequatur justitiam, quatenus justitiam;

proindeque nisi prosequatur Deum, quatenus verum & unicum justitiæ fontem; ergo non hoc differt perfectus amor à minùs perfecto, quòd prior referatur ad Deum, propter Dei perfectionem supremam, alter ad Deum propter felicitatem.

TH. Quid tu ergo de amore spei quem nonnulli distingunt ab amore caritatis?

EUG. Quid sentiam paucis accipe. Vel ideò speramus à Deo mercedem, quatenus est ille sapiens & æquus virtutis remunerator; vel ob aliam causam. Si primum, spes nostra legitima est & includit amorem justitiæ quatenus justitiæ, ut patet. Si secundum, spes illa Deo infert injuriam, ac proinde vitiosa est. Pariter vel ideò timemus vindicem Dei manum, quòd sit ille sapiens & æquus scelerum ultor; vel ob aliam rationem. Si primum, timor noster est rectæ Rationi consentaneus, nec esse potest ab amore justitiæ sejunctus. Si secundum, Deo inferimus injuriam, quem ut tyrannum atrocem nobis fingimus.

TH. Ergo, te judice, peccaret qui speraret ex amore felicitatis, & metueret ex odio pœnarum?

EUG. Nego consequentiam. Nemo enim sperare potest nisi ex amore felicitatis & metuere nisi ex pœnarum odio. Istud non est liberum, proindeque nec legitimum est nec illegitimum. Verùm qui sperat aut metuit, habet præterea aliquam sperandi aut metuendi rationem quæ vel legitima est vel illegitima. Non hìc agitur de spe aut metu quibus nondum accessit consensus: tunc enim sunt affectiones profectæ à Deo vel alliciente vel deterrente, proindeque à Gratia auxiliante distingui non debent.

TH. Nunc fateor virtuti destinatam esse mercedem à virtute distinctam, vitioque pœnas à vitio distinctas, nec mercedem istam aut pœnas esse hujus vitæ; ergo nos altera manet. At nondum colligo hanc fore æternam. Nam meritum hominis perexiguum est quantocumque amore justitiam dilexerit; ergo illi rependi non debet merces æterna. Pariter scelus quodlibet est finitae turpitudinis; ergo nimiae sunt ad illud diluendum poenae aeternae.

EUG. Distinguo consequens. Ergo non debet rependi merces aeterna, si solum hominis meritum spectes, concedo: si attendas quoque ad sapientiam & dignitatem remunerantis, nego.

Observa igitur, Theodore, Deum operari semper modo qui suae dignitati sit, quantùm fert rerum creatarum natura, consentaneus; ergo cùm mentem justitiae amantem remunerat, necesse est merces divinae dignitati respondeat: atqui non responderet illa dignitati remunerantis nisi esset aeterna.

TH. Verùm ex justitiae accuratae normâ, merces aequare debet meritum.

EUG. Istud nego. Nam ea aequari non debent quae aequari non possunt: atqui merces & meritum aequari non possunt. Nam quae sunt diversae naturae, aequari non possunt: atqui merces & meritum sunt profectò diversae naturae; ergo &c.

Qui cupit aequari merito mercedem, illius similis est qui vellet spatio tempus adaequare. Verùm ut tempora possunt esse in ratione spatiorum, ita praemia possunt esse in ratione meritorum: atqui ut praemia sint in ratione meritorum, non necesse est ut tempora sint varia pro variis meritis, sed ut varii sint felicitatis gradus.

TH. Demus id suae munificentiae debere Deum ut aeternùm remuneret virtutem temporariam: at suae nusquam justitiae, multò minùs clementiae debet ut aeternùm puniat culpam temporariam.

EUG. Illud esse justitiae divinae contendo ut aeternùm puniat. Si enim hoc ferat rerum natura, ut Legis observatores aeternùm mercede propriè dictâ fruantur, neque id omitti possit, quin suae dignitati detrahat Deus; pari jure rerum natura postulat ut Legis violatores aeternùm luant poenam propriè dictam, nec illud omitti potest quin suae quoque Deus dignitati detrahat.

Quod spectat ad Dei clementiam quam eo loci, Theodore, commemoras, observa in eo hanc stare Dei perfectionem quod provideat nobis etiam immerentibus, non solùm quæ necessaria sunt ad salutem consequendam, sed & ampliora petentibus auxilia, & peccantibus, quandiu perseverat libertatis tempus, semper præsto sit ad indulgentiam. Nego autem in hoc stare posse clementiam cum justitiâ necessariò connexam, ut exacto libertatis tempore, supremus Legum Vindex pœnas æternas non repetat à sontibus. Nam ut ad virtutem merces, ita ad vitium pœna refertur : atqui si merces esse posset æterna, dum pœna foret temporaria, non eadem esset connexio pœnæ cum culpa, quàm mercedis cum virtute; ergo &c.

TH. Expone, amabo, quo sensu divus Paulus dixerit Dei solius esse immortalitatem.

EUG. Immortalitas multiplici sensu usurpatur; vel pro eâ proprietate quâ ita ens aliquod existit, ut suæ existentiæ nullos habere possit limites quantùm ad tempus; talis est solus Deus : vel pro æternâ ex decreto Dei existentiâ; quod genus immortalitatis creatis rebus competere posse non dubitas, & reipsa competere mentibus nostrisque corporibus docet Religio Christiana. Immortale quoque dicitur quod solvi non potest in partes. Hoc sensu mens nostra est ex naturâ suâ immortalis, & nostra corpora erunt ex decreto Dei immortalia, teste eodem Paulo : *Oportet*, inquit de corporis humani sorte futura loquens, *Oportet corruptibile hoc induere incorruptionem, & mortale hoc induere immortalitatem.*

TH. Doce iterum quo sensu dictum sit : *Unus interitus est hominis & jumentorum, & æqua utriusque conditio. Sicut moritur homo, sic & illa moriuntur: similiter spirant omnia, & nihil habet homo jumento amplius.*

EUG. Hæc Salomonis verba referuntur ad præsentem corporis sortem. Verè dixit ille hominem, quantùm ad vitam corporis, non vincere jumenta; & inde ducit argumentum ad repellendam hominis vanitatem ; at idem ille sic paulò ante : *Vidi sub sole in loco judicii impietatem, & in loco justitiæ iniquitatem, & dixi in corde meo: justum & impium judicabit Deus, & tempus omnis rei tunc erit.*

TH. Scire quoque velim cur mortem adeò perhorrescamus, cùm mors sit nobis alterius vitæ initium.

EUG. Duplici de causa mortem refugimus; 1°. ex impressione generali quâ Deus voluit, ut homines vitæ tuendæ invigilarent, & quâ sublatâ multi se ultrò in moriendi periculum conjicerent, nec humanæ conditionis miserias perferre vellent. 2°. Ex metu judicii; nemo enim nisi mentis prorsus perditæ sit, ubi videt suæ libertatis tempus ad finem vergere, sentitque usuræ rationem esse mox à se repetendam, adeò justitiæ suæ confidit, ut nullatenus reformidet mortem. At experientiâ constat eos qui virtuti maximè se dederunt, longè minùs mortem expallescere quàm cæteros. Timent quidem, sed timor ille magnâ est fiduciâ temperatus.

TH. Quæ de alterâ vitâ dixisti, ita inter se cohærent, ut jam dissentire non possim.

EUG. Non ergo is es qui cum impiis fingas mentem humanam esse corpoream, ut istam vitam effugias; qui asseras mentem, moriente homine, solutam in partes fieri demum sensûs & rationis expertem.

TH. Si mens nostra est aliquid singulare, non multiplex, nec proinde corporeum, fingi illa nequit in partes solvenda. At nequidem tali figmento id assequerer quod vellem. Si enim corpus in hac vita hinc sit sentiendi potens quòd ejus partes certum in ordinem coegerit Deus, poterit quoque post mortem fieri sensûs capax, id jubente Deo, ut suæ justitiæ Legibus faciat satis. Ergo non minor esse debet impiis pœnarum metus; non minor spes probis assequendi præmii. Non enim probasti alteram vitam esse ideo nobis expectandam, quòd anima esset substantia à materiâ diversa, & rectè quidem; nam quâ potestate mentem condit Deus, eâdem illam ad nihilum adigere poteft, quamvis à materiâ diverfam. Ergo non ex natura mentis, fed ex divinæ Sapientiæ notione colligi debet alteram effe vitam.

Verùm in hac altera vita quænam eft felicitas probis deftinata, quæve pœna improbis?

EUG. Si fermo eft de fensùs genere aut gradu quo felicitatem illam fruituri fumus, ignorantiam confiteor. *Oculus non vidit, nec auris audivit, nec in cor hominis afcendit quæ præparavit Deus iis qui diligunt illum.* Idem dictum efto de pœnis.

Si fermo eft de beatitudinis objecto cujus fcilicet poffeffione certâ mens æternùm beanda fit, jam fufpicari potes ex facultatum tuarum naturâ quodnam nobis fruendum proponatur. Putafne, Theodore, beari nos poffe, feclusâ veri cognitione quæ fit ab errore quovis libera, feclufo finceri boni amore qui non fit illecebris ad vana diftractus?

TH. Minimè profectò: nam invictè fertur mens noftra in verum & bonum; ergo abfque veri cognitione & amore boni beari non poffumus. Jam verò abfit error, abfint illecebræ ad vana diftrahentes neceffe eft, quandoquidem perierit libertatis tempus.

EUG. Ex conceffis, nullus effe poterit error apud Beatos; ergo principium veri bonique non in alio reponent quam in Deo, qui folus eft veritas & vita; ergo cognofcemus & amabimus Deum, fepofito errore, fepofitifque illecebris ad vana trahentibus: atqui jam experientiâ conftat cognitionem boni, verique amorem effe cum fenfu voluptatis conjunctam, & eò liquidiorem effe voluptatem, quò pauciores cognitionibus noftris admifcentur errores, & quò remiffiores funt ad caduca bona illecebræ; ergo cognitione & amore Dei tunc hoc perfectiùs beabimur, quòd abfuturus fit error quilibet, abfuturæ quoque illecebræ ad fluxa bona inclinantes: atqui hoc verè poffidemus quod fe noftræ cognitioni noftroque permittit amori fruendum; ergo Deus ipfe erit noftræ felicitatis objectum,

TH. Deus ipse, inquis; usque adeone descendere supremam Majestatem, ut pusilla mens ipso potiatur Deo! Quàm vereor ut id verum sit! Fac ergo, Eugeni, ut circa rem tanti momenti dubium omne citiùs extrudas.

EUG. Sit itaque

CONCERTATIO SEPTIMA.

Deus est felicitatis futuræ non causa modò, sed & objectum.

Deum esse cujuscumque felicitatis causam physicam nemo nescit. Experientiâ enim constat non posse mentem humanam propriis viribus ad felicitatem assurgere, & quidquam producere in mente nostrâ physicè objecta externa posse negat recta Ratio. Hoc unum ergo mihi probandum est non posse Deum nos in alteram vitam translatos beare, nisi per suimet possessionem.

Beatitudo de qua hìc sermo est excludit omnem metum & quodvis desiderium. Absurdum enim est Deum indere menti desiderium aut metum rei quæ nullo esset pacto adipiscenda aut declinanda: atqui beatitudo id genus occurrere non potest in possessione objecti à Deo diversi. Mens enim citra metum & desiderium beata, conquiescat in objecto possesso necesse est, si vim ipsam vocum probè concipimus; ergo non potest se ad ulteriorem finem referre; proindeque objectum illud erit finis ultimus mentis beatæ; ergo si objectum illud à Deo sit diversum, erit inter res cognitas quod possit esse mentis beatæ finis ultimus: atqui ista inter se pugnant. Nam ex rerum naturâ qui unus omnium est summè perfectus, unus est quoque omnium finis legitimus; ergo objectum à Deo diversum non potest citra violatas recti ordinis regulas esse finis ultimus mentis creatæ; ergo citra violatas recti ordinis regulas, mens nostra beari nequit objecti à Deo diversi possessione; ergo &c. Quod erat demonstrandum.

Per possessionem eò loci profectò non intelligis eam quâ res aliqua fit nostra aut illius usus nostro subjectus arbitrio; sed eam quâ Deo se cognitioni nostræ nostroque amori permittente fruimur. Triplici autem facultate Deo frui possumus. 1°. Intellectu; eum scilicet attingere possumus ut veri principium. 2°. Voluntate; eum quippe prosequi possumus ut boni cujuslibet fontem. 3°. Sensu; sentire enim eumdem possumus ut *torrente voluptatis nos potantem*.

TH. Inclinor jam validè in assensum: at metuo ne id facilius credam quod verum esse cupio. Sine igitur ea objiciam quæ vel minimam habebunt in adversum verisimilitudinem. Mens finita non potest attingere objectum infinitum: atqui quantiscunque dotibus mentem humanam adornet in altera vita Deus, hæc erit finita nihilominùs, & Deus objectum infinitum; ergo mens nostra Deum attingere non potest.

EUG. Distinguo majorem. Non potest attingere quantùm ad omnes perfectiones, concedo: quantùm ad aliquas, nego. Deum quidem mens humana eo capere non potest intuitu, nec eo prosequi amoris gradu quo ille seipsum; alioqui ad eum felicitatis gradum pervenire posset quo Deus necessariò perfruitur. At te jam monui infinitum quidem fore tempus, minimè vero gradum felicitatis quæ probos manet: atqui ad finitum felicitatis gradum satis est finitus intelligentiæ, sensûs & amoris gradus.

TH. At 1°. ut aliquas duntaxat mens humana intelligat Dei perfectiones, infinita nihilominùs requiritur intelligentia, cùm quælibet Dei perfectio limites excludat. 2°. Infinitum istius generis non potest partim intelligi, cùm non possit in partes dividi.

EUG. Primam propositionem distinguo. Ut intelligat eo captûs gradu quo illas Deus intelligit, concedo; ut finito intelligentiæ gradu, nego. Nos autem finito intelligentiæ gradu affequi poffe infinitum, vel ea fides fit, quòd jam nunc, quamvis denfiffimis obvoluti tenebris, intelligamus fpatium, tempus & numerum; quæ quidem funt nullis circumfcripta limitibus.

Quantùm ad alteram, nego & effe aliquid quod non poffit partim intelligi, & effe aliquid quod poffit alio modo quàm partim intelligi. Non poteft, inquis, in partes dividi Deus : credo equidem. Non enim conftat partibus phyficis; ergo nullas habet quæ poffint feorfim exiftere : at conftat partibus metaphyficis quæ feorfim poffint intelligi; ergo partim intelligi poteft Deus. Nonne exiftit fpatium neceffarium, increatum, immenfum?

TH. Neceffe eft utique exiftat hujufmodi fpatium, ut res conditæ collocari poffint & moveri.

EUG. Habetne partes diftinctas hujufmodi fpatium?

TH. Habet fanè. Locus enim cui refpondeo non idem eft ac locus cui refpondet Eugenius; & loca illa funt fpatii immenfi partes.

EUG. Age rurfus, poffuntne feparari fpatii partes?

TH. Repugnat certè feparari fpatii partes : nulla res etenim ab aliâ feparari poteft, nifi interjecto fpatio.

EUG. Et tamen fpatium finito captûs gradu intelligere poffumus.

TH. Neque id diffiteri poffum. Spatio quidem immenfo æquare captum mens finita non valet : at nulla pars eft loci quam mente metiri non poffimus.

EUG. Ergo habemus in fpatii immenfitate proprietatem divinam, quam non adæquare intellectu, fed attingere poffumus, quæ partes habet diftinctas, at nullâ ratione feparabiles; quæque propterea à nobis partim intelligi poteft.

TH. Verùm, fi fe ita res habet, non alio modo Deum olim cognofcemus, quàm in præfente vitâ. Major quidem erit cognitionis perfpicuitas, major perfectionum cognitarum numerus : at idem erit cognitionis genus.

EUG. Nego tunc eodem modo cognitum iri Deum quàm in præsente vitâ. Nunc enim Deum cognoscimus, 1°. per signa : siquidem res conditæ sunt mentis sapientissimæ & potentissimæ argumenta. 2°. Per absurda : pugnarent enim inter se ideæ, si nullum esset Ens necessarium simul & infinitum : siquidem infinita sunt entia quæ produci possint & infinitis inter se modis in unum systema ordinari. 3°. Cognoscimus Deum quatenus entia possibilia repræsentantem, quatenus regulas recti ordinis manifestantem : repugnat enim mentem creatam esse veritatis immutabilis principium. At non cognoscimus Deum nullo interjecto signo, nullo adhibito ratiocinio. Ergo Deum in proprio vocis sensu non videmus, non intuemur qualis est in se ; quod tamen in altera vita futurum est. In hocce statu sentimus Deum voluptate nos, vel dolore, idearumque perceptione & propensionibus afficientem. At nescimus nos sentire ipsum Deum : ejus similes qui cæcâ nocte patrem manu contingeret, nec tamen sciret se contrectare patrem : aut si tandem id mente assequimur, *non posse nos illuminari, moveri, bearive aut torqueri nisi ab ipsa Dei substantia*, ut ait divus Augustinus, ad eam cognitionem nonnisi multo eoque difficili ratiocinio, & paucissimi quidem assurgimus. At in alterâ vitâ, Deum intuebimur qualis in se est, nullo interjecto signo, nullo adhibito ratiocinio : illum præterea ita sentiemus beantem, ut cum nulla alia re, quod nunc fit, eum possimus confundere ; ergo in alterâ vitâ longè diversa erit ratio cognitionis, non modò quantùm ad gradum, sed & quantùm ad genus.

Quæ si planè intelligis, intelliges quoque hæc Apostolorum verba : *Videmus nunc per speculum & in ænigmate ; tunc autem facie ad faciem. Nunc cognosco ex parte ; tunc autem cognoscam sicut & cognitus sum. Deum nemo vidit unquam ; videbimus eum sicuti est.*

TH. Non omnes, te judice, Dei perfectiones attingit mens beata ; ergo supererit quod intueri desideret; ergo non erit beata hac felicitate quam tu modo commemorabas.

EUG. Nego consequentiam. Nulla enim mentem movere desideria possunt quin ab ipso Deo tanquam à causâ physicâ proficiscantur: atqui non potest ille menti indere desideria quæ nullo compleri pacto possunt; qualia forent majoris cognitionis desideria; ergo nihil ultra felicitatem sibi ex accuratâ justitiâ concessam desiderare poterit.

TH. At videtur recto rerum ordine constitutum, ut minor majoris potiùs quàm major minoris inserviat felicitati; ergo divinâ indignum majestate videtur, si se det ipsum menti fruendum.

EUG. De Deo sentis, Theodore, secundùm humana præjudicia. Existimant enim plerumque Magnates non se minorum, sed suis minores esse natos commodis; Magnates, inquam, qui superbiâ tument ignobili. Cave tam ignobiliter de Deo sentias. Non enim indignum est majestate divinâ condere mentes & corpora; non dedecuit supremam Sapientiam instituisse aut manifestasse Leges quibus & corpora & mentes regerentur. Eccur ergo indignum eâdem Sapientiâ foret sui cognitione & amore perpetuo beare mentes quæ legitimè concessâ libertate usæ sunt?

Enim verò supremam majestatem nihil magis decet quàm justitia: atqui cùm beat mentes rectè usas libertate, illam exercet Deus justitiam quam solus exercere potest, & cùm se beatitudinis objectum constituit, in seipsum justitiam exercet: illud enim suæ dignitati debet ut se omnium finem constituat; ergo &c.

TH. Inde vim suam ducit tua demonstratio, quòd Deus sit omnium finis ultimus. Hinc enim colliges beari legitimè non posse mentem in alio fine conquiescentem; atqui hoc tantùm sensu mihi videtur Deus esse finis ultimus, quòd omnia propter seipsum operetur; quòd ad se omnia referat; non autem quòd mens illum habeat necessariò pro ultimo sui amoris fine;

fine; imò istud reor esse minùs possibile. Nam nemo quidquam amare potest, nisi propter suam felicitatem; ergo se quisque pro fine ultimo habeat necesse est.

EUG. Subtiliora quæque, Theodore, hoc solent esse magis inania; quod patebit distinguendo consequens. Ergo se quisque pro fine ultimo habet; id est, pro felicitatis quæsitæ subjecto, quis istud neget? Ergo se quisque pro fine ultimo, id est, pro felicitatis objecto habet, hoc cujusque conscientia negat. Illud dici solet finis ultimus, quod est felicitatis non subjectum, sed objectum; illud scilicet in quo possesso mens conquiescat necesse est. Si tamen velis subjectum quoque dici finem ultimum, eò quòd quisque necessariò propter suam felicitatem quærat & amet objectum beatitudinis, non abnuo, utpote qui nolim de vocibus institui disputationem. Verùm hoc unius Dei proprium est, ut suæ felicitatis sit objectum simul & subjectum. Sibi ergo duplici sensu finis est ultimus: At mentes creatæ sunt sibi finis ultimus hoc tantùm sensu quòd sint felicitatis quæsitæ subjectum; & in hunc finem nulla cadere potest electio; non autem hoc sensu quòd sint sibi felicitatis objectum; siquidem objecta à se diversa desiderat, & in hunc finem cadit electio; usque dum sublatâ libertate, Deus se fruendum menti permittat; ergo non in eodem sensu mentis felicitas & Deus dici possunt finis ultimus.

TH. Hæc satis sint de mercede justis retribuendâ; nunc pauca de pœnis quæ improbos manent.

EUG. Quem probi beantem, eumdem improbi sentient torquentem. Cognoscent & illi Deum, sed ut justum & acerrimum ultorem scelerum. Eum habebunt sibi doloris inenarrabilis fontem quem scient esse probis fontem inenarrabilis voluptatis. Nam ut ipsâ suæ substantiæ intimâ præsentiâ beabit justos, ita intimâ ejusdem suæ substantiæ præsentiâ cruciabit injustos. Verbo dicam, qui bonis est summum bonum, idem est summum malum malis.

Tome I. V

TH. At scire velim utrùm vero sint igne torquendi & quo loco?

EUG. Quid hoc ad nos, Theodore, quo simus loco beandi aut torquendi, dum alterum assequamur, effugiamus alterum? Quid interest verus an metaphoricus ignis circumstet reprobos, si idem dolor à metaphorico, quàm à vero igne proficiscatur? Vanæ sunt hujus generis quæstiones, nec ad eas animus est afflectendus. Nihil obstat profectò quominus veri ignis occasione torqueat improbos Deus. At sive posita, sive sublatâ ignis occasione crucientur, perinde est ad ultionem. Nec locus Deo, nec ratio deest beandi aut torquendi. Quilibet locus est exercendæ justitiæ divinæ idoneus: quælibet causa occasionalis apta ad exerendam vim Legum quæ in altero seculo vigebunt. Noli eos imitari qui studiosiùs quærunt quid facturus sit olim Deus, quàm quid sibi nunc sit agendum.

TH. Rectè mones. Verùm nihilne medium est mercedem inter & pœnas æternas?

EUG. Nihil certè nobis medium erit. Nam vel voluntas nostra, hoc ipso tempore quo peribit nobis libertas, erit ad divinam, Deo judice, conformata, vel eidem adversa. Si primum, nos æterna manet merces; si alterum, æterna pœna.

TH. Christiani tamen medium aliquod admittere solent, quod Purgatorium dixêre. Nunquid tu istud pro præjudicatâ opinione habes?

EUG. Absit, Theodore. Licet enim apud justos amor Dei præ cæteris vigeat, scio tamen amorem illum in eorum mente levibus peccatis labefactari. Si non cadunt prorsus vires, at fiunt identidem minores. Jam verò repugnat ab illo pœnas æternas repeti qui Deum præ cæteris amat: repugnat quoque eundem labe aliquâ nondum expiatâ infectum mercede frui æternâ; ergo rectæ Rationi maximè consonum est quod docet Christiana Religio, futurum ut labes id genus pœnâ temporariâ post mortem eluatur.

Plura de hoc argumento dicam lubens; sed in antecessum quid sit Religio, cujusve necessitatis, proximè futuro inter nos colloquio ostendam.

COLLOQUIUM SEPTIMUM.

TH. Cum ea apud me retractarem quæ de futura felicitate æternisque pœnis nuper commemorabas, viluêre quàm maximè oculis meis quæcumque bona homines studiosè persequuntur: quin & vix illa jam metuo damna quæ cæteros metu exanimare solent. Sic enim ego mecum: Ubinam bona quæ vel uni proborum spei possint æquiparari? Placitæne Epicureis voluptates? at seipsas vel primùm experto produnt inanes & inquietas. Scientiæ? solantur quidem, at non satiant. Divitiæ forsan; honores, fama seris transmittenda nepotibus? Quid vacuam, demisso vultu, sectaris umbram? Attolle oculos, ô homo! Deus, Deus ipse tui ut principium, ita & finis est. Ipse beatitudinis ad quam anhelamus objectum. Ubinam damna quæ virum sui finis benè memorem ex arce suâ dejiciant? Quinam casus unde extabescat? Modò non ipsius Dei jacturam faciat, quid illi perit? Quid momentanei dolores hujus vitæ cum doloribus æternis collati?

Magnum ergo proponitur hominibus problema solvendum, quâ scilicet ratione felicitatem optatam assequi, & pœnas vitare possimus æternas. Hanc tu me doceas velim, Eugeni; nihil enim me scire reputabo, quoad istud planè noverim. Hoc unum si feliciter didicero, satis est mihi; verùm etiamsi omnia præter istud, non vinco pecudes nisi infelicitate.

EUG. Te ita sentire mihi profectò volupe est. Quam tu viam cupis ingredi, Theodore, hanc aperit Religio: quæ si accuratè demonstrata fuerit, quæ

V ij

scilicet Autore sit instituta, quibus innixa principiis quæ sit ejusdem signis fides adhibenda, quâ vi atque autoritate perstet; hoc ipso demonstrata erunt quæcumque nobis offert principia: proindeque tuta patebit ad finem ultimum via.

Religio est cultus Deo debitus. *Revelata* dicitur, si cultûs illius regulæ nobis innotescunt per Legatos qui fidem fecerint se à Deo esse missos: si autem alio pacto, Religio *naturalis* nuncupatur. Utraque duplex: *interna* scilicet, quæ in mentis affectu legitimo posita est; & *externa*, quæ signis ac præsertim publico & uniformi in aliqua societate ritu se manifestam facit. Hæc porro distinguimus, at non separamus. Stare enim non potest Religio revelata absque illis principiis quibus constat Religio naturalis: & externa Religio interno mentis affectu destituta esset mera hypocrisis.

Ut autem illuc quò te volo gradatim perducam, exordium duco à demonstratione Religionis naturalis.

CONCERTATIO OCTAVA.

Existit apud homines Religio naturalis: id est, innotescunt hominibus qui attendere & in intimum pectus descendere non verentur, principia cultûs Deo debiti.

Nullum est (quod jam observavimus) felicius demonstrandi genus quàm cùm res ipsa demonstranda oculis, ut ita dicam, subjicitur. Nihil ergo est quod à me desideres, si cultûs Deo debiti principia exhibeam.

Primum. Deus est torquendi summè potens; ergo summè timendus: verùm Deus est summè justus; ergo non metuendus ut tyrannus, sed ut æquus Legis violatæ vindex. Atqui Legis transgressio non in actu externo posita est, sed in affectu vitioso. Ergo qui legitimè timet Deum, non manum duntaxat, sed & affectum cohibet à peccando. Vides nunc quàm verè Psaltes regius: *Initium sapientiæ timor Domini*.

SECUNDUM. Deus est quoque beandi summè potens, & in beatitudinem invicto ferimur impetu: ergo uni Deo spes nostra reponenda est. Verùm justus est in beando non minùs quàm in torquendo; ergo sperare in eum debemus, *non tanquam ex personarum acceptione*, aut ex cæcâ quâdam benevolentiâ beantem; sed tanquam in æquum Legis observatæ remuneratorem.

TERTIUM. Deus est omnium Conditor, proindeque omnium Dominus: ergo quisque quidquid est aut habet, acceptum referre Deo debet. Atqui in hoc mentis affectu posita est animi benè memoris gratitudo; ergo gratias agere Deo debemus pro collatâ existentiâ, pro collatis beneficiis quæ existentiæ superadjecit.

QUARTUM. Deus est summè verax, id est, non falli modò, sed & fallere nescius: ergo sive idearum lumine, sive conscientiæ testimonio, sive revelatione vel naturali vel supernaturali per sensus, quocumque demum nos alloquatur pacto, illi fides est adhibenda.

Notabis obiter eos Deo injuriam inferre qui rationi credunt tanquam suæ, aut sensibus, eò quòd existiment inesse illis vim propriè dictam verum attingendi: namque verum in nullo genere attingere possumus, nisi illud menti Deus exhibeat.

QUINTUM. Deus est summè sapiens: atqui ex immobili recti ordinis constitutione, laus sequitur rectè gesta, rectève agendi consilia; ergo, nisi repugnare velimus recto ordini, Deus est summè laudandus.

SEXTUM. Deus est omni perfectionum genere cumulatissimus; ergo summo pro viribus est amore prosequendus.

SEPTIMUM. Invictè ferimur in felicitatem, nec eam tamen propriis viribus adipisci possumus. Novimus quidem recte agendum esse; at multoties nescimus quid sit agendum ut rectæ Rationi obsequamur. Novimus virtutem esse unicam ad veri nominis mercedem viam: sed illa via est nobis ardua propter distrahentem cupidinem. Verbo dicam; sentimus nos esse ignaros simul & imbecilles; ergo Deus est orandus ut mentem illustret, ut vim adversæ cupiditatis aut elidat, aut si non elidit, auxilia nobis sufficiat quibus urgentem superemus.

OCTAVUM. Novimus quoque, nisi intolerandâ excæcati simus superbiâ, nos in multis deliquisse, & modò gravioribus, modò levioribus peccatis justitiæ Leges violavisse: atqui ut ad virtutem merces, ita ad culpas pœna ex ipsâ rerum naturâ refertur; ergo vel nosmetipsos punire, vel pœnam a Deo inflictam libenter in peccati ultionem perpeti debemus; seu, quod idem est, peccata sunt pœnitentiâ eluenda pro peccatorum gravitate.

NONUM. Deus est omnium finis: ergo nihil amare, nihil odisse, nihil metuere, sperareve aut concupiscere debemus, nisi propter Deum. *Deus enim propter seipsum omnia operatus est*: ergo vult omnia ad se referri: ergo voluntati Divinæ nostra repugnabit, si Deus non est actûs cujuscumque nostri finis ultimus.

Atqui hic est cultus Deo debitus, ut sincerâ mente Deum timeamus, laudemus, amemus, oremus; ut illi fidem habeamus, illi gratias pro collatis beneficiis agamus, in eumdem speremus, ultricem ejus manum pœnitentiâ exarmemus; denique ut nos nostraque omnia ad eum tanquam ad finem ultimum referamus. Ergo innotescunt hominibus principia cultûs Deo debiti testimonio conscientiæ attendentibus manifesta; ergo &c.

TH. Morosus fortasse tibi videbor, si quidquam adversùs principia adeo evidentia objecerim. Verumtamen ut nec remaneat apud me vel levissima dubii umbra, & Religioni detrectantibus possim obsistere, sine animo meo morem geram. Quid tu, si quis objiciat Deum esse summè bonum, ideoque minimè timendum?

EUG. Distinguo consequens. Ergo Deus non est timendus quà bonus, concedo: quà justus scelerum Ultor, nego. Cave propositionem istam, Theodore, *Deus est summè bonus*, malè cum pingui vulgo interpreteris. Deus non est bonus in mentes conditas more parentum quorumdam in filios quibus benè cupiunt, non ex sapienti, sed ex molli indulgentiâ & caeco viscerum motu, atque, ut ita dicam, instinctu.

TH. Neminem Deus condidit ut perderet, sed ut bearet: atqui Dei consilia non possunt fieri irrita; ergo nihil nobis à Deo timendum est.

EUG. Deus equidem non creavit ut perderet, cùm jubeat nos ad felicitatem viam affectare; sed perdet eum quicumque libertate concessâ abutetur. Creavit ut bearet, sed positâ obsequii conditione. Non creavit ut bearet impium perinde ac justum: creavit hominem ut illum ad finem suâ majestate dignum perduceret: beatum, si supremae Rationi obsequeretur; infelicem, si repugnaret. Ergo timendum homini est ne ipse suâ malè utatur libertate: timendum, si malè usus est, ne mors libertatis tempori finem ante resipiscentiam ponat: atqui ista non sunt timenda, nisi quia metuendus est Ultor violatae justitiae.

TH. Non propter nos, sed propter suam gloriam Deus nos condidit ac bonis ditavit: atqui nemini grates ideo rependi debent, quòd propter se operetur; ergo &c.

EUG. Nego minorem. Quid istuc est ratiocinii, Theodore? Ut suae gloriae, id est, ut supremae Sapientiae faceret satis te condidit Deus, te bonis cumulavit, & inde colligis nullas ei grates esse rependendas? Quid? benefactori gratias igitur non agis, nisi existimes à caecâ quadam & stulta benevolentia profectum esse beneficium: nisi existimes te esse hujus beneficii finem ultimum. Sic è contra ratiocinari debueras. Ille solus Benefactoris laudem proindeque gratiarum actionem meretur, qui ex sapienter instituto consilio benefacit: atqui Deus propter suam gloriam, id est, ut summae Sapientiae faceret satis me condidit, me bonis cumulavit; ergo maximas illi gratias agam, majoresque habebo.

Praeterea illi profecto grates rependi debent, qui gloriae suae simul & meae felicitati consulit, cùm alio pacto suam sibi gloriam parare posset: atqui alio pacto gloriae suae consulere potuit Deus: potuit nimirum nobis existentiam non impertire. Quis enim asserere ausit unicam esse Deo rationem sui finis attingendi? Ergo &c.

TH. Dicis quoque Deum esse orandum. At Deus novit quid nobis necessarium sit, quid utile. Ergo cùm sit idem summè bonus, non est orandus ut impertiat. Aliunde non satis novimus quid postulato sit opus; ergo rectè orare non possumus. Quin & videtur istud injuriam inferre Deo, si nostrâ oratione definiamus quid largiatur. E contra Deum honorare videtur qui divinae liberalitati ita confidit, ut preces supervacaneas esse existimet.

EUG. Retorqueo primum ratiocinium. Deus novit quinam sunt necessarii motus, quinam utiles ad declinandum periculum capiti nostro imminens; ergo cùm sit summè bonus, voluntas nostra quiescere debet, nec exoptare pedum aut brachiorum motum declinando periculo idoneum.

Alio pacto: Deus novit quid mihi cognitu necessarium sit, quid utile; ergo cùm Deus sit summè bonus, superfluum est attendere & investigare ut veri lumine mens illustretur.

Expedi igitur, Theodore, qui fieri possit ut Deus quamvis summè bonus, desideria voluntatis & attentionem mentis jusserit esse conditionem praeviam motibus conservando corpori necessariis quos solus producit, & assequendae veritati quam solus manifestam facit; nec idem jubere possit desideria mentis, quæ se ignaram sentit & imbecillem, esse conditionem præviam ut exoretur.

Non satis novimus, inquis, quid postulato sit opus; ergo rectè orare non possumus. Retorqueo & istud. Non satis nôrunt plerique ægroti quo sit illis opus remedio; ergo rectè medicum invocare non possunt.

Quam, amabo, infert Deo injuriam, qui, cùm se inopem sentiat & ægrotum, noveritque necessaria sibi auxilia non ab alio proficisci posse quàm à suo Conditore, opem sibi à Deo ferri desiderat? Uter est, te judice, superbior qui cum Psalte regio ait: *Ego verò egenus & pauper sum, Deus adjuva me*: an ille qui sicut nuperrimus Scriptor: *Ego verò Deum nihil oro; illius est qui me condidit providere*. Providebit quidem Deus, sed ad ultionem superbiæ.

TH. At, at, quid opus est Deo nostris obsequiis?

EUG. Non Deo, sed nobis necessaria sunt. Obsequamur necne, perinde est ad Dei felicitatem, non autem ad nostram.

TH. Nostræ quidem erunt necessaria felicitati, si illa Deus à nobis exigat; verùm exigere non potest. Si enim exigeret, placita illi forent nostra obsequia. Si placita; ergo aliquid ad divinam felicitatem conferrent, quod absurdum est.

EUG. Placita illi forent nostra obsequia, id est, illa approbaret; illa rectæ Rationi consentanea judicaret; illa remuneraturus esset: at in rebus creatis nihil hoc sensu placitum est Deo, quod conferre aliquid possit ad divinam felicitatem.

TH. Dicitur tamen Deus propter suam gloriam obsequia exigere ab hominibus. Jam verò gloria Dei & Dei felicitas unum sunt; ergo hominum obsequia censentur aliquid ad divinam felicitatem conferre.

EUG. Reipsa propter suam gloriam, adeòque propter suam felicitatem Deus exigit obsequia ab hominibus. Ex suimet contuitu, adeòque ex Sapientiæ suæ decretis felicitatem suam necessariò ducit

Deus. Pugnat ergo Deum esse felicem & non ea praecipere hominibus quae praecipere justum est.

Fateor quoque gloriam Dei quae interna dicitur esse ipsammet Dei felicitatem : at nego consequentiam syllogismi vitiosi. Colligere debueras imperium Dei conferre ad felicitatem Dei ; non autem obsequium hominis.

TH. Externam ergo gloriam Deo affingis, qui dicas internam esse ipsammet Dei felicitatem ?

EUG. Recte infers. Gloria Dei externa posita est in Dei nominis cognitione & veneratione. Hoc sensu Apostoli Dei gloriae illaboraverunt, quòd homines ad Dei cognitionem cultumque adduxerint.

TH. Utriusque gloriae discrimen nunc satis assequor. At dedeceret profectò hominem exigere obsequia ab animalculis, mutuumque instituere inter se & illa commercium ; ergo potiori jure dedecet Deum exigere obsequia ab hominibus, mutuumque illos inter & se commercium instituere.

EUG. Nego consequentiam. Nihil enim habent, nihil sperant à nobis animalcula. Quo ergo jure nobis obsequerentur, praesertim cùm non simus illis recti regula. Verùm à Deo habemus & speramus omnia ; idem nobis aequi regula ; ergo illi obsequendum est.

TH. Commercium tamen inducit mutuam obligationem : atqui dedecet Deum mutua illa obligatio ; ergo &c.

EUG. Distinguo minorem. Dedecet Deum mutua obligatio nata vi juris alieni ; concedo : vi juris proprii, nego. Repugnat quidem obligari Deum ad instar mercatorum, qui, cùm mutuas apposuére conditiones, obligantur vi juris alieni, divini scilicet ; verùm in commercio de quo hìc sermo est, obligatur quidem homo vi juris divini, cùm proprium habere non possit : at Deus jure proprio obligatur ad remunerandum qui rectae Rationi obsecutus fuerit, puniendum verò qui non obtemperârit : atqui nihil nisi proprio jure operari id maximè decet Deum, cui scilicet uni competat.

TH. At quosdam audivi qui asserere non dubitarent Religionem esse educationis fœtum. Illud, inquiunt, à naturâ ortum facilè credimus, quod à teneris insinuavit parentum cura, aut quisquis parentum vicarius nostri curam ad se recœpit. Hinc fit ut præjudicata opinio præsertim aliorum exemplo confirmata, recenseatur inter prima cognitionum nostrarum principia.

EUG. Assertum quidem, Theodore; verùm an simul probatum?

TH. Legislatorum prudentiæ fuit, inquiunt, ut supremi Numinis metum animis infunderent; hinc nata Religio.

EUG. Non quæro utrùm aliquid excogitare possint impii adversùs Religionem, sed utrùm illa probare possint quæ excogitant?

TH. Verisimilia saltem hinc fiunt, quòd certum sit Legislatores, & priscos imprimis, falsam adhibuisse doctrinam ut populos metu, certisque ritibus continerent.

EUG. Principia verò quæ Religionis fundamenta esse dixi, suntne evidentia?

TH. Sunt, meo quidem judicio: imò illis accensenda quæ primo mentis intuitu vel à rudibus cognosci possunt.

EUG. Ergo non ab educatione ducunt originem. Demus autem educationis ope nasci, propagarique Religionis cognitionem; quid inde? Nulla ne ab educatione vera manat doctrina? Censen' ea omnia pro falsis aut dubiis habenda esse quæ ab ætatulæ nostræ præceptoribus hausimus? In alio genere falsa quædam combibimus; an inde inferent impii nihil propterea certi esse inter cognitiones profanas quas pueruli comparavimus? Legislatores usi sunt propensione populorum ad vitam libertatemque tuendam, ut eos facilius regerent: atqui non inde inferas Legiflatorum folertiâ natum effe in populorum animis amorem vitæ ac libertatis. Quòd ergo illis profuerit metus fupremi Numinis, noli colligere Dei metum Legiflatorum fraude natum effe in populorum animis.

TH. Qui ergo fieri potuit ut principia quæ adeò certa videntur, cunctos ferè homines latuerint. Cultus enim fupremi Numinis à toto ferè terrarum Orbe abfuit, propagato longè latèque fimulachrorum cultu.

EUG. Qui nolunt intimum in pectus defcendere ut intùs loquentem Deum audiant; qui cupiditatibus mancipantur & fenfibilibus fe occupari finunt, hi non attingunt vel ea quæ funt maximè perfpicua: atqui ad hoc propendent omnes homines; undè colliges neceffariam fuiffe generatim hominibus Religionem quæ fenfibus addictos homines fenfuum ope doceret ea quæ lumine interiori Rationis æternæ doceri noluerant. Clamitent nunnulli quotiefcumque libuerit, fatis effe homini Religionem naturalem. Refellentur exemplo totius Orbis qui eò dementiæ pervenerat, Religione revelatâ deftitutus, ut fimulachra pro Deo vero haberet.

TH. Ergo Deus non fatis hominibus providerat ope folius Religionis naturalis.

EUG. Diftinguo. Non fatis providerat, quantùm ad perfectionem faluti confequendæ neceffariam, concedo: quantùm ad initium vitæ fapienter inftituendæ, nego. Jam verò ut Deus homini non defit, neceffe non eft omnia fimul largiatur, quæ non modò ad initium, fed etiam ad finem neceffaria funt faluti confequendæ; fatis eft, fi ea primùm fufficiat quibus nobis opus eft ad inchoandum opus, & benè utentibus ampliora gradatim fuppeditet; ergo quamvis non fatis fit Religio naturalis ad falutem, culpandus erit homo liber, fi falutem non confequitur. Namque ex illius culpâ accidit, quòd, neglectis Religionis naturalis principiis, ampliora auxilia non fit confecutus.

TH. Cujufnam generis fuére illa auxilia Religioni

naturali ante Religionem revelatam, eamque propagatam superaddita?

EUG. Nescio, nec investigo. Satis est si noverim nemini deesse Deum, nisi qui sibi ipse defuerit. Quis assequi mente possit quot modis eum Deus ad salutem perducere valeat qui primis recte utitur auxiliis. Noli igitur inquirere, Theodore, quâ ratione illis provideat Deus quibus sola nunc innotescere potest Religio naturalis, neve illos puta divinæ clementiæ exsortes. Perfice potiùs ut oblata tibi auxilia & cognoscas & diligenter adhibeas ad salutem consequendam.

Deum esse interno animi affectu colendum nunc pro certo habes. Probandum est continuò admittendam esse Religionem externam, id est, quæ signis ac præsertim publico & uniformi in aliqua societate ritu fiat manifesta.

CONCERTATIO NONA.

Debetur & Deo cultus externus, isque ita uniformis, ut eamdem doctrinam ritus significent.

EXPERIENTIA constat 1°. necessaria nobis esse signa quibus ea revocentur in memoriam quæ omitti nefas est. Hæc est enim humana conditio ut facilè mens ab officii sui cogitatione distrahatur; cùmque sit addicta sensibilibus, nisi sensuum ope moneatur identidem, periculum erit perpetuæ oblivionis, vel in iis quæ maximè ad eam spectant. Hæc est quoque signorum vis ut faciliùs affectum commoveant quàm nuda cogitatio; ergo non sunt negligenda signa eorum quæ interno animi affectu præstare debemus: atqui in nullà re culpanda magis negligentia est, quàm in cultu Deo debito; in nulla re nos studiosiùs ad affectum movere debemus; ergo nobis vel privatim spectatis necessaria sunt signa quorum ope & facilè redeant in memoriam cultûs interni principia, & affectus Deo placiti commoveantur.

Enim verò si patris absentis aut mortui imaginem suis frequenter oculis objiciendam filii religiosè servant, cujus ope excitetur animi gratitudo dulcisque parentis memoria; si magnorum virorum simulachra Sapientes jubent stare publicè ex aere aut marmore, ut scilicet vultûs expressi conspectu excitentur intuentes ad illorum virtutem non commemorandam modò, sed & imitandam; quàm potiori jure debent esse in Religione signa quibus, quæ à Deo beneficia accepimus, quid illi debeamus, moneamur identidem; quibusque ad pios affectus excitemur.

2°. Nos quoque docet experientia homines exemplo breviùs ac efficaciùs quàm verbo inclinari ad ea præstanda quæ sui sunt officii: atqui non solùm nobis, sed etiam cæteris pro viribus providere debemus quæ sunt ad salutem necessaria. Tenetur enim quisque cæteros diligere: nec rectè eos amare potest quin eadem quæ sibi, & illi cupiat, proindeque pro virili parte provideat; ergo cæteris quisque debet cultûs Deo debiti exemplum: atqui exemplum istud nemo præstare potest absque signis ad hoc institutis ut cultûs interni regulas & observationem significent: nec illa signa suum sortientur effectum quin sint constantia: signa enim quæ pro cujusque libito mutantur, desinunt esse signa; ergo ex amore proximo debito necesse est nos adhibere signa singulis societatis membris communia, quæ doctrinam interni cultûs exprimant; ergo &c.

Quid si ostendero apertè pugnare secum Religionis externæ hostes? Non enim vituperant cultum externum Principibus exhibitum, quo scilicet populorum veneratio Principibus concilietur: quin & cultum illum bono publico necessarium existimant; & rectè quidem. Ergo si Deum amant, si sui similes ad supremi Numinis venerationem accendere cupiunt, cultum externum Religionis & probare & observare studiosè debent, quippe qui sapientes & hominum amantes audire ament; ergo secum pugnant, si cultum illum improbent, vel potiùs se Dei hostes produnt, quidquid de Deo magnificè dixerint, nimirum qui id Deo recusent quod hominibus fatentur esse præstandum ad conciliandam populorum venerationem.

TH. Si Deus alium cultum exigeret quàm internum, maximè ut sibi fieret amoris & obsequii interni externa significatio: atqui istud cum recta Ratione pugnat. Qui enim scrutator est cordium, nihil opus habet signis externis quorum ope mentis affectus fiant sibi manifesti; ergo &c.

EUG. Nego majorem. Hoc discriminis est Deum inter & homines quòd signa externa obsequium internum hominibus declarent; non autem Deo qui non sibi, sed nobis signa jussit institui. Non ergo ad significandum Deo mentis affectum, sed ad commovendum adhiberi signa debent, atque ut cæteros nostro exemplo ad Dei cultum accendamus.

TH. Christiani fatentur venisse Christum, ut cultum Judæorum multis constantem ritibus exauctoraret, & instituisse ut *Deus in spiritu & in veritate adoraretur*. Dicitur Deus Prophetarum ore cultum Judæorum, id est, victimas, ritus, dies festos, imò & fusas publicè preces rejecisse. Quod si verum est, inde consequitur rejiciendum esse cultum externum.

EUG. Nego consequentiam. Exauctoravit quidem Christus cultum externum Judæorum, at novum instituit. Voluit ut Deus in spiritu & veritate adoraretur; id est, vetuit ne cultûs Deo debiti meritum in signis externis reponeretur, ne peculiari loco aut genti ascriberetur: rejicit cultum externum interno destitutum affectu: indignatur dona altaribus imposita ex merâ hypocrisi. *Populus ille labiis me honorat, cor autem eorum longè est à me.* At velle Deum publica cultûs interni signa vel ea fides sit, quòd ritus ipse Mosi præscripserit quos in Judaïcâ gente institueret: & Christus cùm Judaïcis ritibus finem dedit, novos ritus ubique terrarum obfervandos ipfe inftituerit.

TH. Ante Chrifti tempora foli Judaïcæ genti ritus præfcripferat Deus: atqui non occlufa fuit cæteris gentibus ad falutem via; ergo non neceffarius eft ad falutem cultus externus.

EUG. Nego confequentiam fyllogifmi vitiofi. Non præfcripferat Deus peculiarem unicuique genti ritum; at fuos gens quælibet habuit, & fibi præfcribere potuit, modò falfam doctrinam ritus illi non fignificarent. Quòd fi ritus falfa fignificantes inftituerunt homines, collige eos effe culpandos, minimè verò cultum internum ftare poffe citra externum.

TH. Efto pingues & inculti homines fignis publicoque ritu ad cultum internum moveantur: at Philofophi qui fenfuum detrectant imperium, qui vim imaginationis elidere affueti funt, & ut ita dicam, à materiâ fecreti, à cultûs externi onere immunes effe debent.

EUG. Nego tales in hac terra effe Philofophos, ita fcilicet à materia fecretos ut fenfuum auxilio opus non habeant. Nunquid non adhibent figna Philofophi præftantiffimi ut ad fcientias viam fternant, ne dum conclufiones perfequuntur, principia & ratiocinandi feries mente malè memori elabantur. Verùm efto cultu externo Philofophi opus non habeant ad pios affectus in fua mente excitandos. Nonne cæteris exemplo ficut & verbo prodeffe debent? Quâ autem ratione cæteros ad cultum externum, & externi ope ad internum excitabunt, fi quod cæteris præfcribunt, hoc ipfi contemnere videantur?

TH. At jubet Chriftus in occulto fieri quidquid propter Deum facimus. Ergo refpuit cultum externum, proindeque pugnant fecum Chriftiani qui Chriftum unum veri nominis Magiftrum habent, & externum quem rejicit cultum fibi vindicare cupiunt.

EUG. Jubet & Chriftus ut *luceat lux noftra coram hominibus ut videant opera noftra bona*.

TH.

TH. Quo ergo ista pacto concilias ? Nam secum Christus nunc pugnare videtur.

EUG. Facilè conciliabit quisquis verba Christi pectore bene præparato leget. Vetat quidem ne actus nostros ostentemus ut laudem & existimationem captemus humanam, Pharisæorum similes qui stabant orantes in plateis; qui extenuabant faciem ut jejunantium famam sibi pararent &c.

Jubet autem Christus ut bono simus exemplo fratribus, ut ad virtutem imitatione accendantur, *ut glorificent*, inquit idem Christus, *Patrem nostrum qui in cœlis est.* Ergo cultum externum propriæ laudi destinatum vituperat, eumque laudat qui ad Dei laudem & venerationem refertur.

TH. Cultus quidem aliquis externus admitti debet : at quilibet institui, aut institutus servari potest. Nam ut Scriptor præstantissimus inter Philosophos nostrates, *iniquum est pugnare inter se homines propter varias Deum adorandi rationes. Jus enim non habet alter ad cogendum alterum in sui ritus societatem.*

EUG. Nego quemlibet admitti posse legitimè cultum. Nam ritus falsa significantes non sunt usurpandi : atqui multi cultus externi ritibus constant falsa significantibus; cultus, verbi gratia, Judaicus qui venturum olim Christum verè significabat, nunc falsa significat. Ritus Mahumetanorum significat falsò, ut nôrunt apprimè Religionis hostes, Mahumetem esse Dei prophetam ; qui vel ipsam Christi Legem emendârit ac perfecerit : cultus Ethnicorum, plures esse mundi rectores Deos. Ergo non quilibet cultus, sed qui veram doctrinam significet est usurpandus. Enim verò nullus est ritus qui non sit cum doctrina conhexus : atqui non quælibet doctrina est admittenda : non enim errore colitur Deus ; ergo nec quolibuerit cultu potest Deus adorari.

Insidiosè, ut multa, Scriptor ille; *iniquum est pugnare inter se homines propter varias Deum adorandi rationes.* Nemo quidem vi quemquam adigere debet ad

Tome I. X

aliquam doctrinam amplectendam; non enim vi, sed libero consensu fides elicitur: at suadere debent Sapientes ut ad veram doctrinam redeat quisquis aberraverit: se enim hominum amantem mentitur cui curæ non est ut errantes resipiscant. Jam vero ritus doctrinam exprimunt; ergo id nobis curæ esse debet ut legitimum quoque cultum fratres nostri amplectantur.

Jus non habet alter alterius cogendi in ejusdem cultûs societatem. Istud confitemur. At jus habent Principes providendi ne multiplici cultu pax violetur; ne ritibus oppositis expressa doctrina populorum animos commoveat, cui ut medeantur malo, poenas civiles adhibere possunt. Neque profecto jus Episcopis deest providendi ne novi ritus exurgant in scandalum, ne incauti falsæ doctrinæ veneno inficiantur; & ad illud assequendum poenas canonicas adhibere possunt, prout expedire sibi visum fuerit. Falso consentire nemini licitum est sive Principi sive Episcopo; & rebelles si quandoque propter bonum publicum satius est tolerare, aliquando etiam punire aut è societate pellere opportunum est pacis procurandæ gratiâ: cujus quidem rei judicium penès Episcopos & Principes esse debet, non penès privatos, utpote qui rerum humanarum Systema non satis animo assequuntur ut definire queant quandonam tolerandi sunt ritus neoterici, quandonam vero autoritate proscribendi.

TH. At vel apud Catholicos qui intolerantes audiunt, ritus est varius, non pro variis modo gentibus, sed & pro variis in eadem gente sodalitiis. Non idem Gallis ac Italis, Græcis ac Latinis cultus. Quin & Religiosi, (ita dicti quòd perfectiorem amplecti Religionem censeantur) vario se cultu studiosè discriminant; ergo &c.

EUG. Distinguo antecedens. Ritus est varius apud Catholicos, hoc sensu quòd vario modo commoveantur affectus pro variis populorum ac sodalitiorum ingeniis, concedo: hoc sensu quòd variam signilicet doctrinam, quòd varios moveat affectus Religione internâ prohibitos, nego. Itaque ut soni linguarum qui apud varias Ecclesiæ Catholicæ gentes usurpantur, varii sunt, nec variam tamen doctrinam exprimunt: ita ritus sunt varii quantùm ad motus externos pro variis ingeniis; sed eadem est doctrinæ significatio, sed ad eosdem affectus commovendos referuntur.

TH. Quid verò tu illis respondendum putas qui Ecclesiæ Catholicæ ritus numerosiores esse arguunt; qui superstitiosiores, qui idololatriam redolentes, eò quòd Reliquias Justorum, nec non & Imagines venerentur Catholici?

EUG. Illis qui pios dedignantur affectus scio nimios esse adeòque onerosos Ecclesiæ Catholicæ ritus. At inde colligo culpandos esse homines id genus, non Ecclesiam Catholicam: nam experientiâ constat bonis non videri numerosiores Ecclesiæ Catholicæ ritus. Novi quoque institutos esse quosdam à privatis qui superstitionem redoleant. Verùm injustè hac de causâ Ecclesiam Catholicam calumniantur Religionis hostes, quæ scilicet ritus illos semper improbaverit & autoritate proscripserit, ubi ad ejus pervenêre notitiam. Quod spectat ad Imaginum & Reliquiarum venerationem; vel Religionis hostes sunt crassæ imperitiæ qui nesciant nullam vim Imaginibus aut cineribus affingi à Catholicis, vel fraudulentæ audaciæ qui illud criminentur, cùm sciant Imaginum aut Reliquiarum veneratione honorari illos quos referunt Imagines, aut quorum servantur Reliquiæ; honorari & Deum qui conspicuæ sanctitatis viros ipse suâ finxit gratiâ quos cæteris proponeret ad exemplum. Enimverò idololatriæ non arguunt eum quisquis imagines aut reliquias parentum piè servat; quòd probè nôrint non ad imaginem sed ad rem imagine expressam referri venerationem: cur idem dolosè negant de religioso Imaginum atque sacrarum Reliquiarum cultu?

TH. Unum superest quod objiciam. Ut innotescat

quis homini sit cultus præ cæteris usurpandus, expendi debent omnia Religionum genera quæ hoc in Orbe vigent; quo Autore, quo sint instituta pacto; quibus constent ritibus; quid veri, quidve falsi his ritibus significetur: atqui ne istud quidem eruditi perficere possunt; ergo præ cæteris nullus cultus est usurpandus.

EUG. Nego majorem. Impossibilia non jubet Deus: atqui demonstravi cultum externum esse admittendum; ergo veri cultûs cognoscendi copiam nobis facit Deus, aut faciet, si concessis primo aditu auxiliis legitimè usi fuerimus. Qui eo sunt animo ut veritatem ne sibi fiat obvia reformident, hi fingunt necessariam esse Religionis cujuslibet investigationem, ut ex illâ Religionum turbâ, quæ cæteris præstat, eruatur: cùmque facilè ostendant id nequaquam fieri posse, statim inferunt quod cupiunt, omnia scilicet cultûs religiosi genera esse pariter negligenda. Qui autem sincero pectore verum prosequuntur; qui non reformidant adversam cupidinibus Religionem, hi facilè invenient quam citra periculum amplectantur. Quod quidem ipse fateberis, Theodore, ubi præcipua Religionis à Deo revelatæ signa tuæ menti proposuero perpendenda atque conferenda. Verùm autor tibi sum, ut modò memorata principia tecum priùs recogites.

TH. Fiet. At te quàmprimùm convenio de Religione revelata audire percupidus.

COLLOQUIUM OCTAVUM.

EUG. Palam fac ingenuè quod sentis, Theodore; nonne ex iis quæ de Christo audivisti, ex commemoratis identidem Religionis Christianæ principiis nata tibi propensio est in cultum Christo sacrum?

TH. Non inficiabor eam esse nunc apud me de

Christi doctrinâ opinionem, ut jam Philosophos præstantissimos cum illo conferri posse negem: & nedum pauperem Crucive affixum erubescam, in votis habere me potissimùm ut sit mihi Legislator idem & Pontifex, ut pacis Deum inter & homines sit Sequester perpetuus. Non enim eadem mihi est quæ Judæis, quæ plerisque aliis, de animi magnitudine, de nobilitate, de gloria opinio. Cæsar qui, triumphato Orbe, summam adeptus esse videtur nominis celebritatem, sordet mihi cum Christo collatus. Nihil majus, nihil splendidius fingere possum, quàm virum qui in mediâ omnium penuriâ, medios inter dolores, nihil sui sollicitus, suavi simul ac sublimi doctrinâ cæteros illustrat & consolatur: qui, recusato regno, patratisque innumeris in hominum utilitatem miraculis, sponte animam pro fratribus projicit, & quem ne minimæ quidem culpæ arguere possunt hostes infestissimi. Hoc me Christo potenter addicit. Hoc nescio quo dulci mentis affectu me commovit, Eugeni, cùm Evangelium perlustrarem; prælegendum etenim duxi, ne inter concertandum nova mihi & inaudita viderentur signa quæ Christianæ Religioni fidem conciliare possunt. Age ergo, Eugeni, signa illa in unam collige demonstrationem cujus vim jam ego præsentisco; non enim tam propulsandum est à me dubium, quàm exercendæ vires, ut quam diligo Religionem possim & ego adversùs detrectantes propugnare.

EUG. Signa illa indicabo duntaxat, nec omnia, sed præcipua. Nam quidquid sacris paginis continetur, quidquid Ecclesia Catholica monimentorum habet, esset mihi commemorandum, si omnia colligere signa vellem. At satis erunt tibi quæ jamjam expono.

CONCERTATIO DECIMA.

Religio quæ à Christo Legislatore & Pontifice nomen habet, ab ipso est instituta Deo; proindeque amplectenda.

Quod ut fiat attendenti manifestum, se nobis offert Historia stylo gravi & nobilissimâ simplicitate non unquam imitabili conscripta; quæ non ab uno, non à convenientibus inter se Scriptoribus conficta dici possit, quæ omnia à Mundo condito ad Christum usque secula complectatur, & à gente Christiano maximè infensâ nomini religiosè hucusque servata sit. In hac nimirum varia occurrunt de Legislatore ac Pontifice venturo Oracula, quibus ille ita definitur, ut tempus illius adventûs, urbs in qua nasciturus erat, Tribus è qua proditurus, prænotentur; nec non & ejusdem miracula, doctrina, mansuetudo, dolores, paupertas, mors violenta iniquo illata judicio, resurrectio antè corporis corruptionem, gloria; gentium quæ in unum cultum vocandæ erant conversio ab idolis ad verum Deum, promulgato ejusdem Prophetæ nomine, veteris cultûs abrogatio, sors infausta Judæorum qui Regem suum negaturi prædicuntur, quique in sui sceleris pœnam essent passim in Orbe terrarum disjiciendi, absque tamen ullâ confusione, quod apud cæteras gentes inauditum est, ac Judæis maximè proprium prorsusque singulare; qui Templo, Sacerdotio, potestate civili, cæterisque juribus quibus cunctæ gentes gaudent, essent perpetuò carituri. Eadem verò Oracula servata sunt à gente quæ Scriptores & Prophetas ferè omnes odio prosecuta est, quæque multos interemit, eò quòd mores illius corruptos, idololatriamque redarguerent.

Deinde mediâ in gente Judæorum prodit Jesus Nazarenus qui se à Prophetis prænuntiatum tandem adesse declarat & in ejus rei fidem innumera edit miracula quæ palam fiunt, quæ vera esse miracula diffiteri non possunt illius doctrinæ hostes; ita ut malint asserere ejectos ab illo dæmones dæmonum nomine, quàm negare miraculorum veritatem. Literas humano more nunquam edoctus Jesus cum Doctoribus Legis disputat, Legem interpretans, eosque refellit refelli nescius, eorumdem consilia insidiasque omnes frustratur. Moralia interim præcepta Discipulis suis tradit qualia nunquam tradidere vel præstantissimi Philosophi: tanta est eorum salubritas, tanta perspicuitas; tam humanæ sunt aptata conditioni, ut facilè ab illo proficisci videantur qui pectus humanum habet planè perspectum. Nemo illius eloquio resistere potest quanquam arte destituto. Mira facit, singularique virtute claret; nihil tamen tumidi, ut Philosophi, solent. Omnium præterea est rerum egenus, nec quidquam occurrit tamen in illius gestis ignobile; iniquo demum judicio oppressus moritur: at moriens & Prophetarum & suis facit satis Oraculis.

Præterea ut suam promulget doctrinam Jesus duodecim Discipulis quos sibi præ cæteris asciverat suam impertitur autoritatem. Hi, quanquam indocti, inculti, pusillanimes, eum subitò eloquentiæ & constantiæ gradum adipiscuntur; ut refelli ab inimica gente, ab ipsis in Lege judaica Doctoribus non possint. Hi palam asserunt Magistrum suum esse redivivum: in hujusce rei fidem miracula operantur innumera secundùm Magistri promissa: affirmant Jesum à mortuis suscitatum quingentis se fecisse conspicuum, nec falsi à quoquam arguuntur; & ab illo tam singulari testimonio nec minis, nec pœnis deterreri possunt: scriptis simul ac gestis certissima dant sanæ mentis indicia; nec tamen absistunt à prædicando Christo, id est, *Deo incarnato & crucifixo*, donec illud dogma sanguine obsignent suo.

Denique, invitis Judæis, invitâ Cæsareâ potestate Philosophorumque pertinaciâ; superatâ & vi cupiditatum quibus potissimùm adversatur nova hæc Religio, Christi doctrina longè latèque diffunditur miraculorum & prædicationis ope: cadunt Idola, Sapientes cum vulgo Crucis opprobrio nihil commoti, Christo dant nomen; evanescit græca & romana Religio, Judaici cultûs reliquiæ hoc supersunt modo quo eas superesse secundùm vaticinia necesse erat *in signum scilicet & in portentum*; & quamvis Christiani per tria secula nullam sibi potestatem temporariam vindicent, licèt mortem æquo animo patiantur, imò & exoptent; licèt universæ societatis Christianæ interitum pluries meditati fuerint Imperatores Romani, tamen Orbis totus penitùs immutatur solâ doctrinæ cupiditatibus adversæ expositione, solâque patientiâ, fitque tandem Christianus.

Hinc invicta verum quærentibus accedit demonstratio. Longè etenim minora sunt momenta quæ fidem faciant extitisse Alexandrum qui Persarum imperio finem, Græcorum verò initium fecerit; extitisse Cæsarem qui Romanæ Reipublicæ libertatem ademerit &c., quàm quæ fidem faciunt extitisse Jesum Nazarenum qui in missionis suæ fidem miracula patraverit, novumque cultum instituerit: neque enim res illorum gestæ miraculis ab earum Scriptoribus sunt usquam confirmatæ: nec se innumeri sanæ mentis homines morti devovêre ut suo testimonio vim adderent, nec longa vaticiniorum serie prænuntiati sunt; nec illorum monumenta supersunt apud inimicam gentem cujus intersit illa silentio aut oblivione premere. Atqui jure insanus habebitur quisquis negaverit aut in dubium vocaverit utrùm extiterit Cæsar, utrùm Alexander; an novi fuerint Imperii conditores, an bellicâ laude uterque insignis; ergo potiori jure nobis credendum est extitisse Jesum Nazarenum qui innumera ediderit miracula in ministerii à Deo sibi concrediti fidem.

Atqui hoc sinere non potest suprema Sapientia ut innumeri fiant ad fidem errori conciliandam miracula, nisi simul erroris detegendi coercendique judicii rationem suppeditet; ergo cùm illam non suffecerit, quidquid Christus docuit æquè certum est ac ipsa ejus miracula. Pariter quæcumque de Jesu scripsêre Discipuli qui testimonium suum & miraculis & sanguine confirmârunt, certa sunt atque indubitata. Ergo credendum est Jesum esse Deum incarnatum & passum in humani generis redemptionem, neminemque posse Deo beante frui nisi per Jesum Pontificem. Credendum aliquos esse ab illo donatos autoritate Vicarios, quos si audiverimus, aut spreverimus, perinde est ac si illum ipsum audiamus aut spernamus; proindeque à Christo institutam esse in Christianorum societate autoritatem quæ dissidia circa doctrinam compesceret, viamque salutis inculto simul & Philosopho æquo jure ostenderet; quæ obesset ne labentibus seculis (quæ rerum humanarum est notissima conditio) vitiarentur Christi instituta : pariter definitum esse unitatis centrum, *ne circumferremur omni vento doctrinæ*; cùmque pronuntiaverit Christus eum esse sibi adversum qui secum non esset, inde demum consequitur eum Deo esse adversum, qui Christianam Religionem non facit suam; quod erat demonstrandum.

TH. Ita me ista movet demonstratio, ut plura videatur Deus nobis suffecisse momenta quàm quæ essent ad fidem Christo conciliandam necessaria; hoc enim unum mihi antea satis esse ratiocinium videbatur, quod quidem sic ego mecum. Si non certum, at certè verisimile est eam Religionem esse cæteris præstantiorem, cujus doctrina sit sancta maximè, cujus Historia sit longè notior, cujus Instituror admirationem vel ab iis qui ejus documentis adversantur, extorqueat : atqui hæc est Religio Christiana, & judicium istud cupiditates habet adversas, cùm nihil magis repugnet cupidini quàm exemplum & documenta Christi; ergo cùm in dubiis pars tutior, id est, repressâ cupiditate, verisimilior sit eligenda, Christo præ cæteris Religionum Autoribus nomen dare debeo.

EUG. Rectè profectò ratiocinium instituisti, Theodore, donec ea se tibi offerrent in cumulum signa quæ pariunt invictè certitudinem. Ex proprio igitur tuæ mentis experimento habes quod illis respondeas qui fidem in Christum minimè necessariam arbitrantur, eò quòd pauci valeant ea colligere signa quæ collegimus, multò minùs perpendere & inter se accuratè conferre. Hoc enim quod cogitasti, potest & quilibet facilè excogitare, quamvis obtusiore pectore, modò sincero sit & veri studioso.

TH. Nunc ergo cùm mea mens non hæret anceps inter varios cultus, unum à te desidero, ut doceas quâ ratione signorum quæ Religioni Christianæ adversa videntur vim ego possim elidere, & obstruere ora detrectantium. Ac 1°. dictitant in dubium vocari posse Historiam unde momenta petebas; nam, inquiunt, fictis homines delectantur fabulis, præsertim si multa sint intermixta prodigia : ideoque ad vulgi delectamentum conficta sunt plurima id genus opera : atqui hac de causa confictam quoque esse Mosis & Christi Historiam suspicari possumus; ergo hæc in dubium vocari debet.

EUG. Nego minorem. Fictis quidem homines delectantur fabulis, & vulgus amat narrata ad ciendam admirationem prodigia. Verùm si delectant, at fidem à sanæ mentis hominibus non obtinent. Novére homines certa ab incertis dignoscere & multa sunt in rerum profanarum genere quæ à fictis fabulis ipsi Religionis hostes indubiè distinguunt.

Ostendant adversarii quodnam opus ab Autore vel solertissimo confictum prodire potuerit, quin statim illud homines à certâ Historiâ distinxerint; nisi à cupiditatibus credendi momenta duxerint : atqui Mosis & Christi Historia hòc cæteras supereminet quòd maximè cupiditatibus adversetur, quòd Judæorum intersit maximè ea negari quæ scripta religiosè servant; quòd gentes idololatriæ & voluptatibus deditæ placitum vivendi morem mutaverint, promulgatis Christi factis & documentis; quæ quidem fieri non potuerunt si legitima fuit figmenti suspicio. O lepidum genus hodierni Religionis hostes! Nôrunt illi Christi & Apostolorum temporibus perspicaces ingenio fuisse quàm maximè Græcos & Latinos, cæterisque præivisse gentibus disciplinarum laude, & consiliorum prudentiâ atque sagacitate. Attamen fingunt imbelles & ignaros Christi Discipulos fabulis suis apud hujus generis homines ita fidem facere potuisse, ita illorum cupidinibus bellum indicere, ut nec eorum ingenio refelli usquam, nec potentiâ Romanorum superari potuerint. Non ita certè ineptum est genus humanum ut valeant usquam adversùs communes hominum cupiditates mendacia.

TH. At, inquiunt, ibi occurrit falsi suspicio, ubi multa referuntur absurda, multa Deo indigna, multa quæ non cadunt in humanum ingenium, multa quæ pugnant inter se, aut cum partis aliunde cognitionibus: atqui talis est Historia Religionis tum Christianæ, tum Mosaicæ quam sibi præviam habet Christiana. Nam, ut à Mosaicâ ducamus initium, 1°. divisam à die noctem ante solem conditum dicit Moses: 2°. stare suspensas in firmamento aquas: 3°. serpentem cum muliere miscuisse colloquia: 4°. omnis generis animalia, quæ quidem sunt immunera, in breviori arcâ fuisse conclusa: 5°. Deum pœnituisse quòd hominem condidisset. 6°. Narrat secum miraculis pugnasse Magos Ægyptios; quod si fieri potest, inde colligitur fieri posse in erroris confirmationem miracula. Præterea cùm viginti quinque à Mundi exordio seculis scribendi factum sit à Mose initium, ipse rerum quas narrat certior fieri non potuit; ergo neque nos facere certiores.

EUG. Quantùm ad quatuor priora argumentandi momenta & ad similia multa quæ se apud Scriptores sacros offerunt, hoc generatim respondeo. Multa narrant identidem & captum nostrum exsuperantia, at quæ in rerum naturâ proprio comperimus experimento, sunt mira quoque, nostrum illa captum non minùs exsuperant quàm quæ narrant Scriptores sacri. Credisne tu narrari posse Dei in quovis genere opera, quin multa sint intermixta prodigia, imò humanæ menti impervia ? Ut ergo institutum Dei corporum Systema minùs libenter Deo vir sapiens ascriberet, nisi mira & captum exsuperantia exhiberet, ita sanæ mentis hominibus suaderi non potest Religionem esse Dei opus, nisi mira quoque, imò multa menti impervia offerret. Verum hoc Religionis Historiæ peculiare est, quod ita vim momentorum quæ huic fidem conciliant temperaverit, (idque non semel monent Scriptores sacri) ut qui verum pectore non sincero quærunt, qui nihil investigant nisi quod suo cupidini favere possit, inveniant in Historiâ sacrâ multa quibus offendantur, multa quæ præ ve intellectu pugnæ speciem offerant; ideóque ibidem momenta dubitandi reperiant, ubi vir bonus ac Sapiens reperit credendi ac sperandi momenta: hæc, inquam, ita temperavit Deus, ut aliquod esset fidei meritum, nullum alioqui futurum, siquidem nulla fuisset ad credendum libertas.

Quod ad Mosen spectat, cujus quidem Historia ita cum Christi Historiâ connexa est, ut utramque aut neutram veram esse oporteat, à te quæro possitne dubitari utrùm Moses fuerit inter Hebræos clarus, utrùm eorum Legislator, utrùm mundi nascentis Historiam scripserit?

TH. Minimè profectò. Narrat enim splendida facta quorum pars magna fuit, teste gente numerosâ sibi sæpè infestâ, neque tamen contradicente.

EUG. Et miraculis se Dei Legatum probat: unde si vera miracula, cætera quoque vera esse necesse est. Jam verò dubitas tu utrùm certa sint Mosis miracula?

TH. Ad hoc induci non possum. Fieri enim non potest ut tota gens facta se teste miracula fateatur ad instituendum cultum onerosum, cujus sæpissimè impatiens fuit, quin illa miracula sint certissima.

EUG. Hoc alterum quæro, utrùm Moyses fuerit vir ingenio consilioque insignis; utrùm gravitate, judicio, magnanimitate conspicuus?

TH. Se dotibus illis præditum fuisse suis ipse scriptis fidem facit. Scripta enim illa arguunt virum sapientem, potentem eloquio & boni publici amantissimum. Non possum quin mirer quo pacto mundi narret exordia, quàm sublimi stylo de Deo verba faciat. Ipsum vincit Homerum nobilitate; denique is est qui Historiæ Scriptoribus, Poëtis, Legislatoribus possit esse scribendi & regendi norma.

EUG. Collige ergo literaturæ imperitos esse & judicii perexigui qui fingunt aut putidos errores ab ipso esse seriò conscriptos, aut elegantem ad delectamentum fabulam esse ineptè adornatam : atqui vel ineptiæ, vel crassi erroris arguunt Moysen Religionis hostes, cùm rident aut vituperant narrantem divisum esse à nocte diem ante solem conditum ; suas esse firmamento aquas; verba fecisse serpentem &c. Quin potiùs fatentur ignorare se quo ea fieri potuerint pacto quæ narrat Moyses? Nonne & multa in rerum naturâ admittuntur quæ, quâ ratione fiant, licèt intuenti propiora, explicare non possumus ? Cujus rei hoc unum sit exemplum. Vim magneticam nemo in dubium vocat. Quis tamen exponat quo pacto magnete ferrum hàc attrahatur, illàc repellatur? Cur vergat vis illa ad polos; cur ferrum magnetis contactu vi donetur magneticâ?

Dicit quidem Moses pœnituisse Deum quòd fecisset hominem. At Mosis verba ita interpretantur ut velint similes nostris affectus esse Deo ascriptos. Quasi non nôrint id semper fuisse concessum Scriptoribus, ut de Dei dexterâ, ore, auribus, solio verba facerent, quamvis corporeum & formâ circumscriptum non esse Deum sciant. Verùm qui nullam habet quâ definiatur formam, se formâ visibili conspicuum facere potest, seque ita conspicuum fecisse Deum non semel narrat Moyses. Quid ergo absurdi est, si forma illa speciem praebuerit dolentis & vehementer indignantis, ut sic eloquentissimè scelerum gentis humanae gravitatem exprimeret?

Magi miraculis cum Mose pugnârunt. Verè quidem; at victi sunt. Suffecit ergo Deus unde innotesceret & vitaretur error. Ipsi Magi confitentur Deum esse in miraculis Moysis manifestum.

Non potuit Moses certior fieri de mundi principiis, ut pote nimiùm temporibus à Mundi exordio dissitus. Sed paucissima eaque splendidissima scribit quae nondum poterant oblivione deleri. Nam primò Hebraei à caeteris circumcisione distincti autorem hujus familiae Abrahamum ignorare non potuerant. Abraham qui diu versare potuit cum diluvii testibus, potuitne temperare à commemorando diluvio? Potueruntne ejus filii qui se nôrant peculiariter à Deo electos circumcisae gentis autores, illud non meminisse factum cujus memoria multis abhinc seculis apud caeteras gentes perseveravit? Et quid obest quominus ab ipso Adamo Mundi exordia edoctus Mathusala, ea diluvii testibus narraverit? In genere traditionis non anni computandi sunt, sed generationes ad transmittenda facta necessariae.

Praeterea de nullo quidem Scriptore sibi praevio meminit Moses: at commemorat momenta quae, deficiente scriptâ narratione, sunt loquacia factorum signa; ergo certior fieri potuit, proindeque nos facere certiores de Mundi primordiis.

Sed ad illud potissimùm redeo: se miraculis indubiis probavit Dei Legatum Moses; ergo Historia in perpetuum hujusce rei monumentum ab illo conscripta est certissima. Christus se Dei Filium, se esse veritatem ipsam miraculis cùm suis, tùm Discipulorum innumeris demonstrat; & sacros codices praesertimque

Mosis scripta testimonio confirmat suo; ergo mixtos esse veris errores jure suspicari non possumus.

TH. Verùm, inquiunt, non ita Legum physicarum periti sumus, ut certum sit ea esse verè miracula quæ miracula dicuntur: imò sunt quidam Physicæ cæteris peritiores qui miracula solerter imitentur.

EUG. Sibi constent, si fieri possit, Religionis hostes. Vel Christi Discipulos fingunt sagaces, vel rudes & ignaros. Si sagaces, quâ eos Christus ratione decipere potuit, & ita decipere, ut suaderet omnia perpeti ad falsa propugnanda? Si ignaros, quâ ratione illa potuerunt imitari miracula? Quo pacto apud oculatissimos & infensissimos hostes eorum quivis thaumaturgi famam sibi parare potuit?

Ignoramus quidem quousque progrediatur vis Legum naturæ, ut mira possit edere spectacula; negabo tamen nunquam dignosci posse ab hominibus vera à simulatis miracula. Sit qui solo nutu aut jussu vitæ sanitatique subitò restituat mortuum quatriduanum, qualem Christus Lazarum; eum vel ipsi Religionis hostes pro thaumaturgo certò certiùs habebunt.

Et quis non indignetur Scriptorem hodiernum qui quæ ediderat coram otiosis industriæ nugatoriæ signa, cum Christi Mosisve aut Apostolorum miraculis conferre ausus est? Neque ille, neque Physicorum solertissimus Magos Ægyptios imitari posset: quantò minùs Moysen.

TH. Quæ tua est opinio de memoratis apud Idololatras oraculis; de miraculis Apollonii & aliorum? Nam & ista Religionis hostes opponunt Prophetarum Oraculis atque miraculis; Religio quævis, inquiunt, sua ostentat & Oracula & miracula: atqui cæterarum veritatem illa non probant; ergo nec suis Religio Christiana demonstratur.

EUG. Distinguo minorem. Cæteræ suis oraculis miraculisve non probantur, eò quòd desit necessarius ad faciendam fidem signorum concursus, concedo; eò quòd miracula aut oracula non sint nata ad faciendam fidem, nego. Atqui miraculum nullum proferre possunt Religionis hostes quod indubie editum fuerit ad instituendam diversam à Christianâ Religionem : nullum oraculum quod certò à Deo profectum fuerit in alterius Religionis confirmationem. Pudeat ergo illos falsa aut dubia veris atque certis opponere oracula ; fallacia sacrificorum responsa, eaque miserâ fraude contrariis aptata eventibus, gravitati atque candori Prophetarum ; miracula Apollonii qui sibi discipulos adjungere non potuit, miraculis quæ totum Orbem Christo subjecerunt. Pudeat ea sibi nunc aptare arma quæ primis Ecclesiæ seculis frementes atque reluctantes Ethnici abjicere coacti sunt. Illa etenim arma aut nusquam, aut tunc temporis valere oportuit.

TH. At vellent Religionis hostes ea quæ in Religionis demonstrationem facta sunt miracula aut emissa vaticinia, fuerint ab inimica gente conscripta : ut, verbi gratiâ, quæ splendida de se narrat Moyses, fuerint tunc temporis Ægyptiorum testimonio comprobata.

EUG. Cur ergo non desiderant iidem Historiam à Gallis Caii Cæsaris temporibus conscriptam, quâ se fateantur armis Cæsaris superatos Romanoque adjectos imperio ? Cur credunt factum fuisse ab Alexandro finem Persarum imperio ; cùm istud non Persarum, sed Græcorum testimonio ad nos usque fuerit transmissum ? Cur quæ sunt ad certitudinem satis in genere factorum, vim habent apud Religionis hostes ad conciliandam Historiæ profanæ fidem, minimè verò ad conciliandam sacræ ? Quia scilicet hæc maximè cupiditatibus adversatur, illa verò non ita.

TH. Non ea sunt, illis judicibus, in Historiâ sacrâ credendi momenta quæ in profanâ : namque sibi constare negant Scriptores sacros ; cùm idem factum narrant, alios alio modo rerum concursum exponere asserunt : imò & pugnare inter se. Istud autem Antichristiani innumeris probant sententiis ab illa ipsâ Historiâ depromptis.

EUG.

EUG. Cùm non satis sit nobis temporis ad interpretanda quæcumque ex Historia sacra objici possunt, hæc sit tibi generalis respondendi ratio. Inter Scriptores sacros alii quidem alio modo factum narrant; verùm ut inde quidquam perire posset Historiæ sacræ autoritati, palam fieri oporteret, 1°. factum esse idem, non simile aliud. 2°. Negatas esse ab uno Scriptore illas facti partes quæ narrantur ab altero. 3°. Omnes facti partes esse ab uno narratas, proindeque falsas esse quæcumque ab altero superadduntur: atqui ab instituta Christi Religione id perficere nunquam potuerunt Religionis hostes; quamvis nullo tempore ab impugnanda Religione quieverint; ergo frustra illud objiciunt quod millies objectum, millies est impunè negatum.

Enim verò Scriptores qui inter se non convenerunt ad scribendam Historiam, qui variæ sunt indolis, variique ingenii; qui alii alio modo factum observaverunt, nec possunt, nec debent eodem modo idem narrare factum: quin & dolum meritò suspicaremur, si occurreret inter sacros Scriptores illa quam Antichristiani desiderant concordia. Quod spectat ad eam Scriptorum pugnam quam iidem redarguunt, memento eorum quæ te Logica docuit de signis quæ fidem Historiæ detrahere videntur. Pugnæ speciem non semel adesse confitemur, at veram inter narrata pugnam nemo hucusque demonstravit. Hinc ergo consequitur multa esse nobis obscura: sed obscuritatem Historiæ perantiquæ non esse legitimam falsi suspicandi rationem, in Logica quoque observavimus.

Eruditi igitur singulos expendant textus; obscura quæque, si possint, elucident; quæ pugnare videntur ita concilient, ut ne minimam quidem pugnæ speciem reliquam esse patiantur; egregium ducimus profectò, at nunc minimè necessarium. Istud operis tibi, Theodore, incumbet, cùm Theologiæ dabis operam. Quanquam satius existimo adigi Religionis hostes ad demonstrandam Scriptorum pugnam, quàm exponi varia ad conciliandos Scriptores systemata, ingeniosa quidem, sed plerumque incerta. Sic refelluntur hostes solâ ignorantiæ confessione brevius ac facilius quàm erudito illo interpretationum apparatu, unde qualis res explicanda esse potuerit, potius quàm qualis fuerit, ostenditur.

TH. Eâ de causâ potissimum Antichristiani Religionem nostram criminantur, quòd imperet ea fide inconcussâ credi quæ captum nostrum exsuperant. Si enim ea quæ profitemur non intelligimus, nihil credimus; verba duntaxat fundimus sensu destituta.

EUG. Nego fundere nos verba sensu vacua, cùm ea profitemur quæ sensum nostrum exsuperant. Vim magneticam, vim electricam, auroram borealem quis explicare potuit? Quin & captum nostrum exsuperant quæcumque nos circumstant. Nihil enim est tam apertum quod aliquâ ex parte non sit menti humanæ impervium: atqui tamen verba sensu vacua non fundit qui profitetur se admittere vim magneticam &c. Sit quispiam à primâ cæcus infantiâ, quique proinde nesciat quid sit lumen, quid colores, quid umbra, quid pictura; nihilne credet ille, si fidem adhibeat cæteris asserentibus se habere aliquod sensûs genus quo attingant objecta remotissima, solidorumve imagines in plana tabella effictas, aut suam ipsorum effigiem coloratam citrà vel ultrà speculum adversum? Atqui tamen non magis intelligit ista cæcus à partu, quàm quæ credenda proponit Christiana Religio; ergo licèt ea quæ profitemur captum nostrum exsuperent, stultè colligitur nos fundere verba sensu destituta.

TH. At, inquiunt, quà sensum aliquem verba referunt, hàc pugnant ideæ verbis expressæ. Nam ut sileam de peccato quod ab ortu traximus & de quo alibi meminimus, repugnare asserunt tres in una substantia *personas*; pugnare mentem creatam & corpus cum naturâ divinâ in unâ Verbi *personâ* sociata: pugnare cum dignitate divina dolores & mortem;

pugnare in Eucharistiæ Sacramento sensus cum revelatione : absurdum quoque existimant idem corpus esse simul in cœlo & in terra, motum simul & quiescens &c.

EUG. Hæc sunt profecto quæ maximam pugnæ speciem præ se ferre in tota Religione Christiana videantur. Si ergo manifestum fecero ea tantum obscura esse, non autem pugnantia, nihil oberit quominùs Christi Religionem amplectamur.

Atqui nulla est secundùm Logicæ sinceræ regulas idearum pugna in hac sententia : tres sunt in una substantia *personæ*. Non enim profitemur tres substantias esse unicam substantiam ; in quo quidem aperta esset pugna ; sed quod aliquo respectu unum est, esse alio respectu trinum. Quæ si pugnarent, eodem ratiocinio probaretur non posse admitti tres in una figura angulos qui lineâ cuspidi oppositâ definiti figuram æquarent ; essentque tamen à se invicem distincti. Nulla pariter est idearum pugna in hoc dogmate ; Filius æterni Patris cum humana natura peculiari modo conjunctus dolores mortemque perpessus est. Namque 1°. non substantia divina, sed mens creata quam sibi Filius aptavit, subjectum doloris fuisse creditur. Filio tamen ideo ascribuntur dolores &c., quòd usus invaluerit ut non substantiæ, quoties plures sunt peculiari modo conjunctæ, sed personæ qualitates ascribantur. Sic corporis humani qualitates homini ascribuntur, quamvis tota ratio personæ sit in mente ; quod quidem sum aliquando demonstraturus.

2°. Offendantur Crucis scandalo Judæi, & quisquis illa magna reputat quæ vel ipsi Ethnici contemnenda existimavêre : ego verò nihil majus, nihil nobilius excogito quàm justum qui mortem obit pro injustis, qui se piacularem Agnum offert ut tollat peccatum mundi ; qui è Cruce pendens orat pro ipsis carnificibus sibi protervè illudentibus.

Denique non pugnare sensus cum revelatione in

Eucharistiae Sacramento ostendit tibi Logica ubi de vi sensuum ad ingenerandam certitudinem. Pluribus quidem locis respondet Christi corpus; quiescit simul & movetur, aut si mavis, simul in varias loci partes movetur: & hoc fateor primo intuitu videri absurdum. Si tamen Logicae regulas adhibere velimus, apertum erit veram ne hic quidem objici posse pugnam idearum. Ut enim adsit vera idearum pugna, oportet ut res & negatio rei vel alia res opposita dicantur esse simul; id est, eodem loco ac tempore, in eodem subjecto eodem modo intellecto: atqui Christi corpus non dicitur esse simul & non esse in coelo aut in terra: & nemo hucusque demonstrare potuit non posse rem creatam pluribus locis eodem tempore respondere. Quin & demonstrari facile potest mentem esse totam simul in pluribus locis. Neque dicitur Christi corpus esse eodem in loco motum & quiescens, in quo vera esset idearum pugna; sed in uno quiescens, in altero motum; quod fieri posse liquet, si corpus idem possit pluribus simul locis respondere.

TH. Tun' asseres cum quibusdam penetrari invicem materiae partes, ut Christi corpus in Eucharistia exiguo possit loco coarctari: qualitates panis & vini in Christi corpus conversi superstites esse, quamvis nulli subjecto adhaereant: esse posse aliquam corporis extensionem, quâ sibi quidem, at non loco partes corporis respondeant; & alia nonnulla quae didici excogitasse Scholasticos ut Eucharistiae mysterium exponerent?

EUG. Nolim certè id mihi exprobrari posse, quòd mysteria explicare tentaverim; multò minùs quòd ad explicanda obscura adhibuerim obscuriora. Non prudenter Scholastici qui ea ad tuendam Religionem fingunt quae nec Ratio, nec parta sensibus experientia, nec vox Ecclesiae unquam docuit. Si obscuritas mysteriorum jam multos à fide Catholica deterruit, eosne revocabunt additis mysteriis non minùs obscuris quae ab imaginatione educunt suâ? Jam verò ut Christi corpus eo existat in loco ad quem mens nostra refert panis vinique species, non necesse est penetrari invicem materiæ partes. Nescimus enim an locus cui respondet Christi corpus, sit eodem modo circumscriptus ac locus ad quem species panis & vini referuntur. Nec dicit Ecclesia verè proprias panis & vini qualitates superesse ; multò minùs easdem superesse absque ullo subjecto : sed docet, quod longè dispar est, species panis & vini in corpus & sanguinem Christi conversi esse superstites.

Quantùm ad illam corporum extensionem, quâ sibi quidem corporis partes, at non loco respondent, jam fatentur Scholasticorum nonnulli gratis confictam esse, imò & impossibilem hujus generis extensionem : repugnat enim esse aliquid quod existat & tamen nullibi existat.

TH. Quam verò Christiani Orbis partem inter cæteras eligemus, cujus doctrinam cultumque amplectamur ? Dissident enim inter se Christiani doctrinâ cultuque : alii aliis dicunt anathema ; se mutuò erroris insimulant. Atqui, ut verè dixisti, non colitur errore Deus. Dixisti præterea ea omnia esse præstanda quæ definiret autoritas à Christo in Discipulorum societate constituta. Jam verò non ita facilè mihi videtur eam dignoscere quæ vera sit Christi Ecclesia, id est, in qua vigeat illa autoritas quam sibi dissidentes vindicant.

EUG. Quàm facilis sit tamen veræ Christi Ecclesiæ à cæteris distinctio, jam jam tibi patebit.

CONCERTATIO ULTIMA.

Non alia præter Romanam est vera Christi Ecclesia.

EA se non mentitur Christianam societas, quæ instituto à Christo regimine continetur; quod quidem principium exemplo à cæteris societatibus ducto facile probatur. Si enim perseverasset alicubi regimen à populo Romano post ejectos Reges institutum: si, verbi gratiâ, non fuisset interrupta Consulum series à Bruto, qui quidem Consules potiori semper & annuâ fuissent autoritate instructi: si stetisset Senatus, discrimen Patriciorum à Plebeïs &c., ibi profectò stetisset Romana Respublica, nec Romanus jure dictus esset qui se ab illâ regiminis formâ seduxisset. Idem omnes sentiunt de qualibet alia societate, solentque homines, nec immeritò, variâ potissimùm regiminis formâ varias distinguere societates, cùm hæc sit nota omnium splendidissima. Ergo pari jure in verâ Christi Ecclesiâ vigeat necesse est institutum à Christo regimen, quo veluti notâ splendidissimâ distinguatur à cæteris quæ se Christianas mentiuntur.

Atqui in sola Ecclesia Romana viget institutum à Christo regimen! Christus enim sui ministros instituit Apostolos, & unum inter Apostolos Principem; Apostolos quidem his verbis: *Sicut misit me Pater, & ego mitto vos*; & sic instituit succedendi rationem. *Euntes docete omnes gentes*; contulit ergo illis docendi munus nullo circumscriptum loco. *Ecce ego vobiscum sum usque ad consummationem seculi*; ergo perpetuum iisdem munus est à Christo concreditum, *Qui vos audit, me audit: qui vos spernit, me spernit;* ergo nunquam illorum autoritatem detrectare fas est.

Accipite Spiritum Sanctum. Quorum remiseritis peccata, remittuntur eis; & quorum retinueritis, retenta sunt; ergo in iis quæ ad salutem spectant, jurisdictionem exercent Christi nomine.

Unum autem inter Apostolos Principem ac societatis centrum constituit Christus; iis eum verbis compellans qui primus inter Apostolos semper recensetur: *Tu es Petrus, & super hanc petram ædificabo Ecclesiam meam, & portæ inferi non prævalebunt adversùs eam.* Eidem totum committit ovile supremus Pastor his verbis: *Simon Petre, diligis me plùs his?* Cùmque ter amorem testificatus esset Petrus; *Pasce*, inquit Christus, *agnos meos.... Pasce oves meas.*

Ergo vera Christi Ecclesia habet hodièdum suị Rectores Apostolos & Petrum, id est, Apostolorum & capitis Petri, serie non interruptâ, successores: atqui hoc in solâ occurrit Ecclesiâ Romanâ. Romæ enim sedet successor Petri, qui principem hucusque semper locum obtinuit inter Pontifices; cui tanquam centro societatis adhærent omnes Episcopi Catholici; Catholici, inquam, id est, qui nomen non duxere à novo dogmate aut à novo autore; quique proinde autoritatis suæ principium à Christo ipso ducunt, serie ab Apostolis ad nos usque non interruptâ; ergo sola Ecclesia Romana est vera Christi Ecclesia: quod erat demonstrandum.

Sunt & aliæ notæ quibus vera dignosci possit Ecclesia; sed eam inter cæteras notam eligere satius duxi quæ omnium esset splendidissima, quam dignoscere quivis facillimè possit, & quæ nequeat Hæreticorum aut Schismaticorum arte obscurari.

Notabis illos dici Hæreticos qui doctrinam pertinaciter tuentur Ecclesiæ Catholicæ autoritate proscriptam: Schismaticos qui se à societate Catholicâ segregant: Catholicos autem, qui Apostolico regimini subjecti novas fugiunt societates, ideoque Catholici semper dicti sunt, quòd peculiare nomen ducere non potuerint à nova doctrina, aut novo societatis autore : quâ quidem unâ observatione, satis patet morum humanorum expertis, Catholicos solos esse veræ Ecclesiæ membra.

TH. Vera Ecclesia est Catholica : atqui Romana non est Catholica. Nam Catholica sonat universam, id est, omni diffusam loco : atqui brevi loco Romana coarctatur; ergo &c.

EUG. Nego ideo dici Catholicam Christi Ecclesiam, quòd sit ubique terrarum diffusa ; sed quòd nullo tempore, nullo sit loco peculiari ex Dei institutione circumscripta : nullo quidem tempore, cùm Ecclesiæ suæ affuturum se Christus promiserit usque ad consummationem seculi : nullo loco peculiari, cùm jusserit doceri suo nomine omnes gentes. Pronuntiavit autem Christus multos esse vocatos, paucos verò electos. Nihil mirum ergo quòd paucissimæ gentes Ecclesiæ Catholicæ gremio contineantur. Notior certè est atque illustrior Ecclesia Romana quàm quævis alia ; quod Geographiæ periti nôrunt. Nolim tamen eam ex numero membrorum æstimari. Nam ab ipsis sui primordiis Catholica erat, & tamen paucos homines complexa.

TH. Ut innotescat Romanam Ecclesiam esse ipsammet à Christo institutam societatem, innotescat necesse est utrùm doctrina Romana sit ipsa Christi & Apostolorum doctrina : atqui istud innotescere non potest saltem hominum vulgo. Conferenda enim esset illa doctrina cum sacris codicibus, quos alii alio modo interpretantur.

EUG. Nego majorem. Non enim ope doctrinæ veram dignoscimus Ecclesiam, sed veram doctrinam ope Ecclesiæ proprio distinctæ regimine. Sic enim ratiocinari oportet. Qui audit Apostolos, audit Christum ; ergo qui audit Apostolos veram doctrinam accipit : atqui nullibi sunt Apostoli cum capite Petro quàm in Ecclesia Romana ; ergo nonnisi in Ecclesia Romana occurrere potest sincera Christi doctrina.

TH. At Apostolorum successores homines sunt;

ergo errare possunt. Demus autem errare illos; ubinam erit vera Christi Ecclesia?

EUG. Ergo errare possunt suo damno, concedo: societatis damno, ita ut Apostolica societas Rectorum suorum autoritate impulsa admittat errorem, nego. Hoc etenim fieri non potest, ut qui docendi à Christo autoritatem habent, autoritate Christi errorem doceant; ergo quandiu stabit regimen à Christo institutum, non poterit ab illo regimine proficisci error.

TH. Attamen erravêre multi Episcopi, non suo tantùm, sed & ovium sibi commissarum damno; erravêre & summi Pontifices.

EUG. Erravêre multi Episcopi; at errores illorum fuêre semper ab Ecclesia Catholica profligati; ipsique si pertinaces in errore docendo fuerint, ab Apostolorum collegio secreti, atque à Petro societatis centro divisi. Quapropter Catholicis centro societatis Christianæ adhærentibus non hinc oblata est autoritate Apostolicâ errandi occasio. Erraverint quoque nonnulli Romani Pontifices, nihil moror. Nullus autem inter Petri successores pontificiâ autoritate errorem credendum proposuit. Enimverò Franci, qui in Summorum Pontificum errores maximè oculati fuerunt, fatentur Romæ viguisse semper intactam ac virgineam Christi doctrinam. Fatentur quoque nunquam Pontifici suo obstitisse Romanos propter errorem autoritate pontificiâ suæ fidei propositum; ergo privatorum more erraverunt, si erraverunt Summi Pontifices: atqui è privatis Pontificum erroribus nihil colligi potest Ecclesiæ Romanæ adversum.

TH. Non sunt tamen Petri similes Pontifices Romani: multi enim fuêre improbi; multi autoritate suâ malè usi sunt; multi sibi in Reges imperium vindicare conati sunt, Christo maximè adversi, qui suum regnum hujusce mundi negaverat; ergo ab hujusmodi societatis centro legitimè recessisse quidam videntur.

EUG. Nego consequentiam. Non enim necesse est ad nostram salutem ut Rectores Christi Vicarii sint sancti. Non præceptum nobis à Christo est ut illos imitaremur: dictum est quidem illis, *qui vos audit, me audit;* minimè verò qui vos imitatur, me imitatur. Eisdem nimirum Deus cum autoritate docendi regendique dedit libertatem vera aut falsa credendi, benè aut malè agendi, ut in eos non secùs ac in cæteros suam posset exercere justitiam. Sint ergo Pontifices Apostolis moribus quantùmvis dissimiles, illos tamen docentes audire & regentes venerari debemus quandiu sedebunt in Apostolorum cathedrâ. Quemadmodum, ipso jubente Christo, tenebantur Judæi Pharisæos audire sedentes in cathedra Moysis, & interim abstinere ab eorum operibus & hypocrisi. Sint qui iniqua jusserint; qui ad imperium terrenum in ipsos Reges viam affectaverint, modò nullum à cathedra Petri, aut ab illis qui cathedræ Petri adhærent emittatur decretum cum promulgato omnibus obtemperandi imperio; decretum, inquam, quod falsa pro fidei morumque regulâ proponat: stabit inviolatus Christi verborum sensus. Non enim ad Christi Vicarios privatim spectatos pertinet illa ab errore immunitas quam promisit Christus, cùm se perpetuò affuturum docentibus pollicitus est, sed ad ostendendam cæteris salutis viam.

Eligant ergo, ut libet, viam pravam, dum rectam ostendant. Errent, modò errores suos inter fidei articulos autoritate pontificiâ non referant. Iniqua jubeant, modò obedientia non sit iniqua. Sint illos inter & Reges dissidia; modò discernere possim ea quæ pontificiæ sunt autoritatis ab illis quæ sunt autoritatis regiæ, quâ gaudent etiam Romani Pontifices, satis hoc pacto meæ saluti Christus consuluerit.

TH. Quo autem pacto dignoscere potero quæ ab autoritate pontificia dimanant, quæ verò à regia, si utramque habet Summus Pontifex?

EUG. Facilè, si sincero pectore verum investigas.

Quoties enim quæ decernet Summus Pontifex non erunt inter articulos fidei recensita, & ipsius & Præsulum centro societatis Catholicæ adhærentium autoritate munita, ea haberi non debent pro credendi agendive regulâ à Christo omnibus propositâ, sed pro Lege merè humanâ. Jam verò nullus hucusque fidei articulus fuit pontificiâ autoritate munitus quem mutari oportuerit, aut à cæterorum catalogo expungi; ergo nullum hucusque indicium est defuisse Christum Petri Apostolorumque successoribus, quantùm ad doctrinæ integritatem, nec ulla ratio timendi ne unquam desit.

TH. Unum superest quod solvas. Inter momenta quibus ad fidem Catholicam me inducis, adesse videtur circulus vitiosus, ut aiunt. Ecclesiæ enim autoritas, te judice, veritatem doctrinæ probat; quæ quidem doctrina in sacris codicibus continetur; unde consequens est judicium de sensu Scripturæ sacræ esse penès Ecclesiam. Attamen Ecclesiæ ipsius autoritas Scripturæ sacræ testimonio comprobatur. Verbo dicam, Ecclesia probat sacros codices, & sacri codices Ecclesiam: atqui id genus demonstrationis vitiosum est; ergo &c.

EUG. Quod ut nodi solvam, duplicem distinguo partem in sacris codicibus, Historiam scilicet, seu factorum narrationem, & doctrinam. Historica pars quæ signis Historiæ propriis comprobatur, ostendit institutam esse à Deo Ecclesiam, & in Ecclesia illa regimen autoritate divinâ munitum, id est, electos esse à Deo Rectores societatis & doctrinæ Interpretes. Quod si versabitur extra dubium, inde consequens erit doctrinæ sensum autoritate Ecclesiæ esse definiendum. Adesset quidem circulus vitiosus, si eadem pars Historica probaret Ecclesiam, & per Ecclesiam simul probaretur: at non ita seipsam demonstrat Ecclesia. Nullam enim illa exercet autoritatem in eos qui nondum credunt missum esse à Deo Jesum qui suî Ministros instituerit, quibusque dixerit, *Qui vos audit, me audit*; sed in eos duntaxat qui istum Historiæ sacræ articulum credunt. Verùm si articulus iste creditur, consequens est obsequendum Ecclesiæ Scripturas quantùm ad doctrinam interpretanti.

COROLLARIUM.

Ergo quodcumque Ecclesiam definiisse noverimus, hoc jam nobis erit satis demonstratum.

CONSECUTIONEM istam, Theodore, procul dubio minimè probandam putas.

TH. Minimè. Compendiosam certè viam nobis Deus aperuit & ob ipsum maximæ sunt illi grates rependendæ. Non operosa nunc mihi ratio est cognoscendi quid ad salutem meam conferre possit; habeo enim sacros codices quos legam : ubicumque sensus erit manifestus credam; ubi verò dubius, sciscitabor quid definierit Ecclesia, id est, quo pacto verba sacræ Scripturæ interpretanda esse docuerit Apostolorum collegium; quod quidem collegium mihi facilè semper innotescit per caput & centrum societatis Petrum. Quòd si nihil definierit Ecclesia, non ero propterea anxius. Sic enim ratiocinium instituam : necessaria ad salutem reticere non potest Ecclesia à Christo ad nos in salutis viâ dirigendos instituta; ergo quod non docet Christi Ecclesia, illud est ad salutem minimè necessarium ; ergo quæcunque in Scriptura sacra nec intelligam, nec erunt interpretatione Ecclesiæ definita, ea absque ullo damno possum ignorare.

EUG. En scopum attigisti, Theodore; huc te adductum volui. Volve & revolve codices sacros; at non inani curiositate ductus, non superbo animo; *Deus enim superbis resistit*, efficitque in superbiæ ultionem, *ut videntes non videant, & audientes non intelligant*. Ad lectitandos codices sacros si pectore bene præparato accesseris, longè plus delectamenti percipies, quàm in perlustrandis vel maximi nominis Scriptoribus. Si enim styli demas elegantiam, cæteros in quovis genere vincunt Scriptores sacri, sive facta narrent Historici, sive præcepta exponant Philosophi, sive Dei potentiam ac misericordiam, suósque in Deum affectus Poëtæ describant.

Esto igitur Ecclesiæ Catholicæ membrum, non jam ex merè præjudicata opinione, non ex natalium fortuita conditione, non ex partium, sed ex veri bonique studio.

Videor mihi tandem ea præstitisse omnia quæ tibi cognitu necessaria duxi, ut vitæ sapienter instituendæ fundamenta poneres: si quid tamen supersit quod fusiùs explicari volueris, unius adhuc colloquii lubens tibi copiam facio.

COLLOQUIUM ULTIMUM.

TH. Nonnihil à te audire velim de virtute & de conscientia; istæ enim voces, quantùm è vulgari illas usurpandi more conjicere potui, sunt æquivocæ. Itaque de virtute primò quid sit, quâ ratione vera à falsâ & fucatâ dignoscatur, an sit aliqua virtus generalis quæ sit cæteris veluti fundamento; an virtus possit esse nimia, an verò semper sit media inter extrema vitiosa; demùm quotuplex sit, velim, edisseras.

EUG. Virtus quandoque spectatur ut actus, sæpiùs verò ut habitus. Quilibet actus rectæ Rationi consentaneus, præsertim si vehementi sit cupidini adversus, virtutis nomine non semel donatur. Si verò pro habitu laudabili virtus usurpetur, vox illa tunc significat propensionem mentis ad omnia potiùs perferenda quàm à Lege discedat. Virtus autem eò major erit, quò vehementior & constantior propensio, quò domandæ cupiditates erunt vividiores. Ut autem Rationi est adversa cupiditas, ita virtuti vitium, cujus proinde contraria est definitio. Veram à fucata virtutem hoc, Theodore, pacto apud temetipsum dignoscere poteris. Expende qua de causa propendeas in actus Lege præscriptos; an ex amore justitiæ, seu, quod idem est, ex amore Dei, tanquam omnis justitiæ fontis? an verò ex amore tui, id est, præsentis felicitatis? An ut Deo, an verò ut hominibus placeas? Si primum, securus esto, veræ virtutis laudem habes : si alterum, Pharisæus es quem frustra laudant homines, cùm te Deus vituperat Judex incorruptus.

Apud alios verò sinceram à fucata virtutem dignoscere non ita facilè est. Scrutari enim corda non possumus, & in hoc præsertim cohibere judicium debemus, proni tamen ad benè sentiendum de fratribus. Si agitur tamen de eligendo amico, aut si quandò contigerit tibi munus alicui demandare quod addictum virtuti virum postulet; noli hominem ex uno alterove facto dijudicare. Multi etenim ipsius cupidinis momento inducti, virtutem fronte identidem mentiuntur; at sibi diù constare non possunt coram oculatis qui nôrunt in quo sita sit vera virtus, quique signa vel minima observare, & inter se tacitè conferre assueverunt : *Sicut aqua profunda, sic consilium in corde viri; sed homo sapiens exhauriet illud.*

TH. Inde colligo tardum esse debere sapientem ad conciliandos sibi amicos : veram enim amicitiam cum virtute conjunctam esse necesse est; jam verò moram patitur amicorum delectus. At quandoque eligendus est illicò cui provinciam aliquam mandes, cui curam rei familiaris, liberorum &c. committas.

EUG. Assuesce ergo ab ipsa adolescentia pernoscendis hominibus; hoc pacto multos habebis in posterum quos inter non temerè eligas. Ex multis autem simul collectis, eos dignosces, præsertimque ex actibus subitis & vix deliberatis; ex rerum concursu in quo versantur; ex principiis quibus imbuti sunt; ex iis quæ speranda aut timenda habent; ex illis quorum societate delectantur; imò ex habitu oris & corporis. Licèt enim se multi veluti velo obtegant, sintque rei cujuslibet simulatores & dissimulatores, quædam tamen illis excidunt, aut ex improviso, aut ex animi perturbatione, aut ex levitate & inconstantiâ, aut ex alio quovis affectu, naturâ se inter ipsa formæ exterioris mendacia prodente.

Quatuor generales numerabant olim Philosophi virtutes, quibus totam vitæ normam contineri existimabant, prudentiam scilicet, temperantiam, fortitudinem & justitiam. At justitiâ contineri cæteras virtutes jam senserat Plato. Justitiam & nos Religionis Christianæ principiis innixi pro sola virtute generali habemus. Justitia enim in eo sita est ut quod supremæ Rationi debemus, illud ex recti ordinis amore præstemus: atqui omnes actus Lege præscripti debentur supremæ Rationi.

TH. Cur non tu cum cæteris justitiam in eo positam esse ut unicuique suum reddatur?

EUG. Non arguo definitionem: at metuo ne pravum in sensum verba ista detorqueantur. Novisti omnia Dei esse, penès quem unum est verum & propriè dictum dominium. Novisti nihil agendum esse nisi propter Deum, reddendamque Deo omnium usuræ rationem. Ergo nulla justitia, nisi omnia Deo reddas. Enimverò nihil Patriæ, nihil amicis aut cognatis, nihil tibi debes, nisi quatenùs illud supremæ Rationi debes. Reddas tu ensem furioso, quandiu furit?

TH. Minimè profectò.

EUG. Et qua de causa?

TH. Quòd scilicet jubeat Ratio ut periculum arceam servato ense.

EUG. Ergo hoc supremæ Rationi debes ne ensem restituas. Præterea si Præpositis obtemperes, non quasi Dei Ministris, sed ex metu pœnæ temporariæ aut ex assentatione, tibine vera laus accedet? illamine obedientiam pro virtute habebis?

TH. Absit.

EUG. Ergo vulgaris justitiæ definitio hoc intelligenda sensu est quem apertè offerunt verba quibus ego justitiam finio.

TH. Amor debitus justitiæ præ cæteris rebus est igitur virtus ita generalis, ut, eâ sublatâ, nihil sit virtutis nomine dignum. Jam verò justitiam nemo præ cæteris rebus amare divisim potest. Ergo virtutes sunt mutuo omnes connexæ vinculo. Præterea nullus potest nimis amare justitiam. Nemo enim plus reddere supremæ Rationi potest quàm debet; ergo nec justitia, nec cæteræ virtutes; virtutes, inquam, veri nominis, mediæ esse possunt inter extrema vitiosa. Scitè colligo, ni fallor?

EUG. Rectè.

TH. Quid tu igitur de isto percelebri effato, *ne quid nimis*? Inde enim colligere pronum est appeti posse virtutem ultra quàm satis est. Hùc redit & istud Horatii:

Sunt certi denique fines
Quos ultra citraque nequit consistere rectum.

EUG. Verè hæc dicta sunt: at genuinum præcepti sensum uno perficiam ut intelligas exemplo. Liberalitas est virtus quâ fertur animus ad opes in bonum publicum aut in privati commoda, citra ullum societatis damnum, conferendas. Jam verò plus minùsve dare potest quàm par est, quicumque de suo largitur; ergo peccare potest non per defectum modò, ut aiunt, sed per excessum sumptùs; at non per excessum virtutis: non enim ex nimio amore justitiæ proficiscitur nimia largitio. Ne ergo putes nimiam esse posse virtutem, sed actus externos qui virtutis signa esse solent, nimios esse quandoque ut à vera virtute oriantur.

Quæsiisti

Quæsiisti quoque quotuplex esset virtus: at istud definiri nequit. Totuplex est enim virtus quotuplicis sunt generis actus ex amore justitiæ eliciti: atqui innumera sunt actuum hujusmodi genera, proindeque innumera genera vitiorum, cùm nulla sit virtus quæ non alicui vitio in adversum respondeat: Virtutes tamen & vitia solent ad præcipua quædam capita revocari; at cùm ista methodus inanes moverit hucusque de nominibus quæstiones, ab illâ tecum usurpandâ abstinebo.

TH. At saltem de prudentiâ & fortitudine pauca dices. Nam circa utramque suspicor errare plerosque hominum, qui prudenter & fortiter gestum dictitant quod Christianæ doctrinæ mihi certè videtur adversum.

EUG. Prudentia est virtus quâ eligimus & finem legitimum, & quod utile est ad finem istum faciliùs atque tutiùs assequendum. 1°. Igitur in actibus deliberatis habenda est ratio finis: nulla enim in homine potest esse laus veræ prudentiæ, si peccat in eligendo fine. Astutum vocabimus eum quisquis mentis industriam confert ad assequenda illicita; illicita autem dico quæcumque non ad Deum ut justitiæ fontem referuntur: dolosum, si fallaciam adhibeat: fraudulentum, si vim quoque & territationem adhibeat cum fallaciâ: minimè verò prudentem, ut vulgaria solent ingenia.

2°. Ad finem obtinendum eligenda sunt, non quæ absolutè utilissima, id enim fieri nequit, sed quæ nostro ingenio, nostrisque viribus, pro illo in quo rerum concursu sunt maximè aptata. Hâc viâ alter, alter illâ, quod jam monui, faciliùs tutiùsque ad eundem finem pervenit.

3°. Experti ingeniosique ac simul probi viri sunt consulendi, quantocumque polleamus ingenio, si res agitur magni momenti: eò major etenim debet esse cautio, quò majus exoritur ab errore periculum.

4°. In agendo vitari debent hinc nimia celeritas, illinc nimia cunctatio. *Qui festinus est pedibus offen-*

det, inquit Sapiens : *Qui obfervat ventos non feminat, & qui confiderat nubes, nunquam metet.* Periculum enim eft ne qui præpropero impetu feruntur in id quod primâ fronte bonum videtur, mifceant omnia; cùm breviori tempore commoda cum incommodis conferre non potuerint. Periculum eft quòque ne meticulofi qui aurâ vel leviffimâ commoventur, in magnis negotiis exili obfervatiunculâ & inani periculo fe retardari patiantur; dumque nimium cauti circùmquaque flectunt oculos, effugiat nunquam reverfura rectè agendi occafio.

5°. Debet fe homo prudens in omnem comparare fortunam. Hoc pacto nihil accidet quod eum ex arce dejiciat fuâ, neque ille rebus profperis infolefcet, neque frangetur adverfis. Inter illa autem quæ prudentiam peculiarem expoftulant, eminet officium eligendi vitæ generis, de quo tecum hoc lubentiùs agam, quòd in eo fis ætatis difcrimine in quo mox aliquod vitæ genus tibi fit eligendum.

Difficilis profectò, nec unius diei erit, fi fapias, hac de re deliberatio : undique enim magna occurrunt incommoda. Difficultatem auget ætatis infirmitas in juvenibus, qui vix fui compotes fervidioris indolis æftu plerumque abripiuntur. Ea tamen eft hominum conditio, ut in ipfa adolefcentia quærere & fibi eligere debeant aliquam rationem inftituendæ vitæ, ut pote quæ fit brevis, nec debeat in fluctuando tota traduci. Ergo fi rectè eligere cupit adolefcens, det operam citiùs neceffe eft, ut fuum dignofcat ingenium, fuas facultates, fuam conftantiam ; ne in eum fe ftatum conjiciat ad quem ineptus eft, fcenicis imprudentior, qui non optimas, fed fibi accommodatiffimas fabulas eligunt. Cave præfertim, Theodore, ne tibi fit eligendi regula vel tua, vel parentum ambitio, quâ nulla tetrior peftis confilia de conditionis delectu inficit. Quàm multi enim fufcipiunt aut fori negotia, aut munus in quovis genere publicum, eo animo ut cæteris honoratiores vivant ; vel, quod turpius est, ut vitam sibi lautiorem parent deliciisque luxuriantem. Inde si voti quocumque modo compotes facti fuerint, parùm curant an rectè sui muneris officia exsolvant, satis esse rati, si ita negligentiam tegant atque dissimulent, ut in se vi legum animadverti non possit. In perniciem profectò sponte ruit quisquis talia meditatur : & tamen ea pars est hominum maxima; hominum, inquam, qui vitæ genus deliberato consilio eligunt : non enim mihi sermo est de plebecula, quæ aut necessitate aut casu, aut opinione vulgari ducta, obviam artem arripit. Nonnullos quoque videre est qui desidiâ correpti, aut quia turpe putant, si juxta Dei præceptum *in sudore vultûs sui vescantur pane*, rati rem paternam non fore satis ad tuendam victûs cultûsque ac splendoris sive domestici, sive publici conditionem, *Religiosi* vestem induunt, stimulantibus plerumque parentibus, ne in numerosiore familia minor sit cuique pars hæreditatis. Illi autem parùm solliciti sunt utrùm in electâ societate religiosâ vivat adhuc mens institutorum, primævus pietatis amor & germana Ecclesiæ Catholicæ fides. Tum vota securi emittunt quæ vix externo opere, nunquam animo complent. Denique id curant potissimùm ut in domo piorum bonis ditatâ facilis mollisque citra anxietatem victus sibi præbeatur; muri illi Fontaniano similes, qui mundi tumultum fugiens, secessum sibi quærit in caseo.

Neque multò minùs imprudentiores sunt qui, pio quidem, sed volatili fervoris aut pœnitentiæ igne accensi, severioris instituti Religionem amplectuntur. Nam brevi conceptus ardor brevi deficit, & inconsultæ electionis temeritatem longa puniunt fastidia.

Mitto plurimos qui Medicinam exercere aut causas forenses agere, aliave id genus suscipere amant, quamvis invitâ minervâ : quique vix summis labris delibantes quam profiteri cupiunt artem aut disciplinam, obscurâ & insolitâ loquendi ratione, cultuque gravitatem ementito, ignaros quamvis ignari decipiunt ; sicque se vitæ aut fortunæ aliorum arbitros offerunt, stimulati non amore boni publici, sed quæstûs non mediocris qui qualemcumque eorum operam secuturus est.

Sed hìc silentio premere non possum, quòd innumeri, hâc præsertim ætate, Ecclesiasticum ordinem, quin & Sacerdotale munus ambiunt, hi, ut parentum libidini faciant satis, remque familiarem bonis Ecclesiasticis labentem resarciant ; illi, ut decore status superbiam alant ; ut vel ipso ab altaribus parto lucro quietam desidemque vitam ducant cuticulæ indulgentes. Sunt & inter illos qui mundanis moribus atque præjudiciis nondum exuti, eaque intùs perosi studia quibus proficere possint, & aliis regendis se pares instituere, oculos Præpositorum decipiunt fucatâ sese componendi arte, ascitâque ad tempus diligentiâ : & ita in Ecclesiasticum ordinem quà data rima subrepunt. Hinc Sacerdotale dedecus & opprobrium : hinc *cæcus cæcum ducit, & ambo in foveam cadunt.*

Ad summum, de omni vitæ genere dici seriò potest quod jocosè de arte scribendi Poëta :

Soyez plutôt Maçon, si c'est votre talent,
Ouvrier estimé dans un art nécessaire ;
Qu'Écrivain du commun, ou Poëte vulgaire.

TH. Tu ergo qui meum ingenium, quidque ferre possint humeri quidve recusent pernôsti, tu, Eugeni, consultor aderis ut vitæ genus eligam.

EUG. Haud tibi deero, cùm res ipsa feret. De prudentia hactenus ; nunc de fortitudine.

Fortitudo virtus est quâ deliberatè labores & pericula obimus, victis animi cupiditatibus, victo præsertim metu & ipso vitæ amore, si bonum publicum id expostulet. Hâc præmissâ definitione, dic, quæso, quid de suicidio sentias. Fuitne suicidium in Catone, verbi gratiâ, fortitudinis argumentum ?

TH. Ita quidam existimant; at ideo sibi mortem consciville videtur Cato, quòd Cæsarem ferre non potuerit : non vicerat ergo superbiam Cato ; ergo immeritò fortis laude donatur.

EUG. Quàm longè Catoni dissimilis Ludovicus nonus, qui captivus apud Barbaros, eâ animi quiete, eâ oris gravitate fuit, ut ipsi Barbari tantâ virtute capti, illum non modò venerarentur, sed etiam sibi Regem exoptarent. Qualem profectò animi magnitudinem quam ipsa non deformant vincula ! Confer Ludovicum cum Catone, verè fortem cum furioso conferes.

TH. Neque fortitudinis laudem mihi adepti videntur qui multas ferro Provincias per mille pericula vastârunt : qui totum ferè Orbem cruentis victoriis, ut Cæsar & Alexander, peragraverunt.

EUG. Illos tu rectè profectò pro illustribus habebis latronibus. Sed vivit etiam nunc apud nos prava de duello opinio. Illum Franci imprimis pro ignavo & impuro habent, qui duello decertare repugnaverit.

TH. Tune quodcumque duellum pro scelere habes ?

EUG. Neutiquam. Duplex enim duellum, privatum scilicet & publicum : publicum, cùm autoritate Moderatorum Reipublicæ singulare certamen quidam adeunt propter Reipublicæ ipsius salutem ; qualis fuit Davidis cum Goliatho, Horatiorum cum Curiatiis conflictus : istud esse licitum liquet & maximè decorum. Privatum autem, cùm singulare certamen instituitur autoritate privatâ ad ulciscendas privatas injurias. Duellum autem privatum est scelus ; imò stultitiæ & ignaviæ, nedum fortitudinis argumentum.

1°. Verum scelus est, cùm duello decertantes repugnent Legi divinæ, quâ tenemur ad inimicos diligendos, & ad ignoscendum : Legi quoque humanæ quæ duellum privatum & vetat & puniri jubet.

2°. Duellum id genus est stultitiæ actus : vel enim in hoc certamine vincis, vel vinceris ; si primum, quâ arte innocuum te ideo probabis quòd viceris, aut alterum esse iniquum quòd victus jaceat? Lepidum certè demonstrandi genus! Quod ingenii acumine ostendere non potes, illud credis ferri cuspide posse probari? Si alterum; præclarè profecto resarcis injuriam qui inustam infamiæ notam proprio sanguine victus deleas.

3°. Duellum est ignaviæ argumentum. Illene fortis haberi debet, qui opinionem insanam, qui vulgi rumorem, qui injuriam veræ famæ non nocituram contemnere non potest? Atqui tales se fatentur qui duello confligunt; ergo &c.

TH. Apud militares viros nulla est reparandæ injuriæ ratio præter duellum: atqui licet injuriæ reparationem exigere. Cæteri namque possunt cogere nocentes ad resarciendam injuriam, invocatis quidem judicibus, cùm hæc illis pateat via; ergo cùm eadem non pateat viro militari, duello confligere potest, ne nulla sit illi injuriæ resarciendæ ratio.

EUG. Non expendo majorem; distinguo autem minorem. Licet injuriæ reparationem exigere, modo Legi & Reipublicæ utilitati consentaneo, concedo; violatâ Lege & cum manifesto Reipublicæ detrimento, nego. Licet quidem injuriæ reparationem hac de causa exigere, ut nocentes à nocendo abstineant & ad meliora revocentur; ut pax inter ejusdem societatis membra foveatur: quapropter invocandi sunt, si suadendo id perficere non potueris, societatis Moderatores, qui nocentes coerceant, pacique restituendæ consulant. Nemo enim præter Deum debet esse in propria causa Judex. At nemini licitum est eâ de causa Judices invocare ut sibi voluptatem ultionis paret, multò minùs eam sibi parare, Judicibus non invocatis. Si ergo nulla est apud militares viros ratio reparandæ injuriæ, nequidem Judicibus invocatis, injuriam illi æquo animo ferant, ignoscantque nocenti.

TH. At at licet vitæ suæ, occiso lacescente, consulere; ergo pari jure licet famæ, occiso violatore, consulere.

EUG. Expendo antecedens. Si quis tibi vitam eripere velit, nec ulla sit ratio expediendæ salutis, fateor gladium ab ipsis Reipublicæ Legibus porrigi vitam ut tuearis, vimque vi repellas; modò omnia, quantùm in hoc casu fieri potest, experiaris, quibus teipsum, salvâ lacessentis vitâ, tueri possis; tumque si aggredienti vitam etiam vel volens eripis, non gravi te peccato maculatum censeo, propter vehementem vitæ amorem omnibus à natura insitum. Nego autem culpâ vacare, qui vel in manifesto vitæ discrimine occidit. Si enim occidis, vitam brevem tibi servas cum dispendio, non vitæ modò, sed & salutis perpetuæ aggredientis. E contra si non occidis, mortis quidem obis periculum; verùm si illud animo forti ac generoso adeas, si ita fratrem tuum etiam nocentem diligis, ut detrimentum vitæ pati malis, quàm eum in evidens æterni supplicii periculum conjicere; tum certa te manet laus coram Deo, certumque proinde præmium. Nolim ergo lacessentem de industriâ occidi, quantumvis immineat vitæ periculum. Vide nunc quid sit sentiendum de iis qui asserere ausi sunt licitum esse bonorum invasores occidere.

At demus licitum esse occidere eos qui ad necem usque nos persequuntur. Non colligemus tamen licitum esse famæ violatores occidere.

TH. Vulgare tamen est istud effatum; fama est ipsâ vitâ pretiosior.

EUG. Famâ vera quæ à virtute conspicuâ perpetuâque probitate exurgit, quæque in bonâ consistit sapientûm existimatione, concedo: fama fictitia quæ ab opinione vulgi & à stultorum judicio nascitur, nego. Vera fama hominum nequitiâ violari nequit, nec si tuâ culpâ violata est, ferro potest reparari. Fama fictitia magnum est & inane phantasma, quæ persequentes deludit: famam id genus contemnit vir sapiens ubi pugnat illa cum Lege, cum societatis utilitate. Curam quidem habere debemus de bono nomine secundùm Sapientis præceptum ; at non violatâ Lege quæ ad nos spectat. Fateor minimè contemnenda esse vulgi præjudicia, licèt quandoque erronea ; si enim vulgo prodesse velimus verbo aut exemplo, perficere debemus ne mala sit vulgi de nobis existimatio : verùm nec verbo, nec exemplo prodesse possumus, si bonam vulgi existimationem violatâ Lege captemus. Cave ergo ruas in extrema. Noli dicere cum quibusdam : contemno popularia dicta ; quod ago, illud licitum esse scio : *Peribit enim in tuâ scientiâ frater pro quo Christus mortuus est.* At cùm agitur de observanda Lege, noli cum aliis dicere, *quid de me audiam?* I fortiter media per opprobria, potiusquàm à Dei Lege discedas.

Nisi te generosè educatum scirem, Theodore, multa adderem de temperantia, seu de illa virtute quâ moderatè iis utimur quæ ad corporis salubritatem pertinent, quâque voluptates corporeas refugimus. Ex illa definitione vulgari patet esse duplex temperantiæ genus, sobrietatem & castitatem. Verùm vitia iis opposita virtutibus adeò turpia sunt, adeòque vel apud eos qui terrenis addicuntur infamia, ut operam perdere mihi videar, si vitia illa insecter quæ vel nominare quidem pudet.

TH. Quî ergo fieri potest ut multi in vitia virtutibus illis opposita ruant?

EUG. Paucis accipe. *Nemo repentè fuit turpissimus*, inquit Poëta : ferè omnes primo aditu abhorrent ab illis vitiis, & inter illos qui comessationibus, ebriositati & impudicis artibus se dederunt, multi olim vitiorum illorum turpitudinem indignabantur, polliciti futurum ut nunquam in eas sordes descenderent. At sensim sinè sensu mentem assuefaciunt iis quæ primò horrenda videbantur. Principio quædam sibi permittunt quæ vulgò censentur innocua ; sodales sibi temerè adciscunt lætitiæ ciendæ aut tædii amovendi gratiâ. Mox sobrietatis strictæ regulas unc hodie gradu, cras altero transiliunt ; laudantur interim epulæ exquisitæ, laudantur acres potatores; intemperantia minùs in dies vilescere incipit; consuetudine tandem roborati apertè ruunt in extremas sordes.

Alii nihil se morum integritati nocere existimant, si fabulas legant, aut spectaculis intersint apud nostrates præsertim periculosissimis; familiariùsve cum mulierculis colloquantur. Vana profectò fiducia, certum virtutis mox interituræ indicium! Brevi enim frigescere incipiet in otiosa mente bonarum artium amor : morum severiorum assertores risu excipientur quasi inculti & turpiter hirti, & priusquàm se transiliisse noverint honesti limites,

Jam tacitum vivet sub pectore vulnus ;

donec paulatim pectus illud vilescat ignobiliter, & homo ad imaginem Dei factus se jumentis insipientibus assimilet.

Quid ego de illis juvenum mixtis conventibus quos adeunt à ludo recentes, ut societatis exquisitæ rudimenta capiant, quod aiunt, & quemdam veluti florem urbanitatis decerpant? In quibus tamen nihil se curiosis offert præter elegantes ineptias. Quid de libris quos dixêre linguâ vernaculâ *Romans*? quorum omnium minimum certè vitium est inutilitas; quorum autem plerique libidinis impuræ amorem afflant. In illis enim est ars quædam pertentandæ mentis, & illâ quam pariunt anxietate morosâ secretum vulnus pectoribus infligunt, & corruptionem longè latèque propagant. Nec dicant eorum fautores se in iis quærere, non quæ pectori nocere moresque corrumpere possunt; sed quæ ingenium excolere, & familiarem eloquentiam conciliare legentibus : quasi nimirum deessent libri longè saniori eloquentiâ conspicui. Quis verò mente sanus, si quid sit natura humana sentiat, tam inficetæ excusationi fidem adhibeat? Qui porro quærit in libris id genus unde excolat ingenium, mihi videtur ejus esse similis, qui, despecto cibo innocuo, sparsa veneno pabula eligeret, causatus se non venenum quaerere, sed alimentum.

TH. Prudenter ergo libros hujusmodi à me procul amandavi: quin & pusilli ingenii semper eos existimavi, qui tales nugas lectitare amarent.

EUG. Jam homines dignoscere coepisti, Theodore. Est & tertium intemperantiae genus quod vulgò turpe non habetur; scilicet loquacitas, praesertim si sit ingeniosa. Multi sibi laudi ducunt plurima, ubi cum caeteris conveniunt, verba fundere. At nunquam vidi qui acri judicio polleret, nunquam qui caeterorum fiduciam sibi conciliaret; in quo certè laus est longè potior; quin & suis dictis fidem loquaces plerumque detrahunt, veréque dixit Sapiens, *In multiloquio non deerit mendacium.*

Quandoquidem & pauca de conscientiâ postulasti, primò duplicem sensum hujus vocis exponàm. Conscientia, quod ad mores spectat, vel est lumen supremae Rationis intùs mentem illustrans, circa morum principia & circa actuum nostrorum rectitudinem, aut malitiam; vel est ipsummet rationis humanae judicium de agendis fugiendisve. Priore sensu vocem istam hucusque usurpavimus. At in vulgari sermone praesertimque apud Scholasticos Scriptores posteriorem sensum refert saepissimè. Hinc alia dicitur falsa, alia incerta: pariter alia probabilis, alia improbabilis; quae voces à nemine non intelliguntur.

Non defuêre qui assererent conscientiam esse posse erroneam invictè: at manifestum est errorem illos pro ignorantia usurpasse. Asseruerunt & nonnulli conscientiam probabilem, hoc est, opinionem aliquibus nixam momentis, esse posse tutam agendi regulam, neglectâ probabiliore; quique opinionis probabilitatem ducerent ab unius aut alterius moralium Scriptoris autoritate. Hinc hodiedum apud Scholasticos opiniones de moribus regendis Patroni nomine quandoque probantur. At liquet eum rectae Rationi adversari quisquis eam in dubio partem non amplectitur quæ rectæ Rationi magis consentanea judicatur.

Conscientia quoque, si posteriore sensu accipitur, dividitur in *scrupulosam* & *latam*, (sit vocibus istis venia). Scrupulosa dicitur quâ quidam levibus & sæpè ridiculis nixi momentis verentur ne subsit peccatum in actibus externis, qui bonum inter & malum medii sunt. Hi literæ Legis plus æquo adhærentes, aut eam malè interpretati, ferè omnia judicant esse Legi adversa, nihilque tentare audent, ne peccent. Deum illi pro tyranno potiùs quam pro Patre optimo habent: eorum similes sunt qui lapillum in viâ offendentes subsisterent, rati sibi obesse præruptum montem. Scrupulosi sunt plerumque hòc pertinaciores, quòd aliis, quantùm ad amorem justitiæ, præire se existiment. Nesciunt illi quousque procedere debeat legitimus timor. Deum quidem timere debemus; sed timor ille magnâ est fiduciâ temperandus, non autem anxietate adulterandus. Quandoque apud eos oriuntur ab uno mille & in cumulum assurgunt scrupuli; ita ut illorum mens primò vehementer agitata, postea numero scrupulorum victa, torpeat hæreatque veluti dubia inter malum quod odit, & bonum quod nimis arduum penèque impossibile existimat. Ac tandem ubi illis experimento compertum est se suæ non posse morem gerere conscientiæ, in contraria dilabuntur, & è scrupulosis fiunt nefarii.

Noli autem eos scrupulosis accensere, ut fieri solet, qui justo Dei timore correpti, abstinere curant vel à peccatis quæ æterno non sunt digna supplicio; imò qui à specie, ab ipsâ peccati umbrâ refugiunt. Hos dicimus *timoratos* qualis esse quisque debet.

Conscientiam autem latam habere dicitur qui levibus momentis inductus, illud facilè judicat esse licitum quod cupiditati favet. Te brevi docebit experientia eos ipsos qui sibi hoc pacto indulgent, esse plerumque in cæteros severos; nisi forte in amicos, seu, ut rectiùs loquar, in cupiditatum suarum patronos.

Conscientiam tutam à minùs tutâ distinxêre Scholastici. Cùm autem conscientia hìc pro opinione usurpetur, illud dictum esto de conscientia quod de opinione diximus.

Unum superest quod te moneam, Theodore; noli tibi fingere conscientiam more multorum qui putant certum quidem sibi præceptorum numerum pro genere vitæ quod susceperunt esse observandum; at quod superest temporis hoc se posse pro arbitrio uti. Officio, inquiunt, functus sum meo; nunc animo morem gerere possum. Si tibi satis est ab hominibus non vituperari, rectè; si laudem quæris à Deo, ineptè prorsus. Qui enim perpetuum nos orare jussit Christus, idem hoc ipso voluit ut totum nostræ libertatis tempus esset Deo sacrum.

TH. Me jam docueras quidem omnes actus nostros ad Deum esse referendos; at plùs æquo literæ mancipatum me fore credidi, si præceptum istud de actu vel minutissimo intelligerem.

EUG. Ergo priusquàm discedamus, operæ pretium erit præcipua in unum cogere & ob oculos ponere momenta quæ hujus præcepti fidem faciant quantùm ad omnes, ne uno quidem excepto, actus.

1°. Nullus est actus liber qui non sit vel consentaneus Legi, vel dissentaneus; existit enim Lex omnium actuum archetypa; nullus est qui non oriatur vel ab amore justitiæ, vel à diversa propensione. Si primum, actus est bonus ideoque laude & præmio dignus. Si alterum, actus est malus, ideoque vituperio dignus & poenâ; ergo nullus est actus liber bonum inter & malum medius; ergo nunquam animo morem gerere licitum est.

2°. Nullus est actus liber absque fine quem sibi mens proponat; nec fieri potest ut mens in fine intermedio quiescat. Quapropter quilibet actus ad finem aliquem ultimum refertur: atqui nihil pro fine ultimo habere quisquam legitimè potest quod sit à Deo diversum; ergo omnes oportet ad Deum referri actus vel minutissimos.

3°. Huic imprimis præcepto parere debemus : *Diliges Dominum Deum tuum ex toto corde tuo &c* : atqui tunc Deum non diligimus quàm maximè fieri potest, cùm actus non sunt Deo sacri ; ergo &c.

4°. Si quidquam vel inter illa minutula existimas posse ab illâ Lege eximi, certè verba otiosa : atqui pronuntiavit Christus futurum olim ut verborum id genus rationem supremus Judex à nobis reposceret ; ergo &c.

5°. Si cupis præceptum apertum de actibus qui maximè videntur bonum inter & malum morale medii ; en tibi præsto est à divo Paulo : *Sivè manducatis, sive bibitis, sive aliquid facitis, omnia in gloriam Dei facite* ; ergo nulli actus nostri sunt à Legis servitute immunes, si demas eos à quibus abstinere non possumus.

TH. Quid ? ambulare, animum nugis recreare, jocari, hæc & similia ad Deum referam ?

EUG. Quidni, Theodore ? Nonne peccas si minùs opportunè animum relaxes ? Si autem opportunè, & ut recreatus animus novas sibi vires ad officia exsolvenda comparet, nonne Rationi supremæ tunc manciparis ? Etenim quæ nugæ fuissent, hoc ipso desinunt esse nugæ. Noli actum à motibus externis æstimare ; sed à mentis propensione quæ vel in ipsis nugis non levis est coram Deo momenti.

TH. Est quædam Lex quæ permittat : atqui quod permittitur, medium est inter bonum & malum. Nam Lex permittens jubentem inter & prohibentem est media ; ergo actus Legi permittenti respondens medius est bonum inter & malum.

EUG. Distinguo. Est nonnulla Lex quæ permittat electionem inter plura æquè utilia ad finem assequendum legitimum, concedo : quæ permittat ea fieri quæ ad legitimum finem assequendum minimè prosunt, nego. Lex ergo cùm electionem permittit, jubet ut inter bona eligamus ; ergo quod permittitur non medium est bonum inter & malum.

Nego quoque Legem permittentem esse mediam inter jubentem & prohibentem. Cùm enim Lex unius inter plurima electionem nostro permittit arbitrio, eadem semper jubet ut electio fiat ex amore justitiæ; ergo &c.

TH. Verùm si actus ille malus est qui ad Deum non refertur, necesse est perpetuum esse in impiis & in idololatris peccatum : atqui videtur hoc cum recta Ratione repugnare; ergo &c.

EUG. Si animum advertas ad finem quem sibi proponunt impii & idololatræ, fateor pauciores esse apud eos actus non vituperabiles. Nego tamen omnes omninò impiorum & idololatrarum actus esse vitiosos : neque enim illi pravum sibi finem semper eligunt. Illucet identidem in eorum mente recta Ratio : & quandoque ad agendum se ideò accingunt, quòd actum illum recta Ratio præscribat; ergo tunc agunt ex aliquo, quanquam exiguo nec diuturno, amore justitiæ; ergo tunc non peccant.

Notabis autem idololatris notum quidem non esse Deum, qualis Christianis innotescit; at Deus est recta Ratio. Ergo quidquid agunt idololatræ ex amore rectæ Rationis, illud agunt reipsa ex amore justitiæ.

TH. At Lex impossibilia jubere non potest : atqui si ad naturam mentis humanæ nos convertimus, palam erit fieri non posse ut omnes omnino actus ad Deum referamus. Non possumus enim mentem singulis momentis afflectere ad Deum : non potest esse perpetua cogitatio de justitiâ; ergo &c.

EUG. Si ab istâ urbe Parisios peregrè tendas iter, neque consilium mutes, donec Parisios attigeris, numquid singuli gressus referentur ad eum quem tibi proposuisti terminum itineris?

TH. Accedo.

EUG. Age ergo; num oportuit te cogitare singulis momentis de illo ad quem tendebas iter termino?

TH. Minimè prorsùs, nec id fieri potest. Satis profectò fuit non mutare consilium : nec opus est idem renovare nisi quoties imminet aberrandi periculum.

EUG. Non possumus pari jure omnes ad Deum referre actus consilio singulis momentis renovato; sed possumus perseverante. Perseverat autem quoties non mutatur. Verùm propter frequentia errandi pericula sæpè renovari debet.

TH. Nunc intelligo quo sensu perpetuùm orare possimus, totumque libertatis tempus Deo sacrum facere.

EUG. Habes ergo tandem unde verè Philosophus, hoc est, unde Christianus existas, non ex opinione, sed ex rectæ Rationis lumine. His utere candidâ mente quæ tuî studiosus tradidi præceptis; non tanquam à me profectis, sed ab utriusque Magistro Deo, qui, me interprete, ea de morum regulis elementa tibi manifesta facere pro suâ benevolentiâ dignatus est.

Finis Moralis.

DE

DE METAPHYSICA,
SEU
DE RERUM NATURA.

COLLOQUIUM PRIMUM.

TH. Te iterum convenio, Eugeni, quem de rebus metaphysicis audiam. Ego quidem Logicæ, Moralisque præceptis à te imbutus, jam mihi videbar nare posse sine cortice in medio Scientiarum alveo : at non unum cepi meæ infirmitatis experimentum, quoties istud ausus sum negotii solus attentare. Se mihi hucusque quasi palpari facilem ac penè corpoream obtulit veritas. In hoc verò genere quod persequor, ita subtilis illa est, ut prensare volentem frustretur umbræ volucri simillima. Quid ergo præstem ? Si ad Scholasticos confugio, stomacum movet ignobilis illorum & exsucca, ac vix unquam sibi cohærens oratio : dumque dissidet alter ab altero, & secum acriter pugnant in ipso Metaphysicæ limine, neque se invicem, neque me sinunt illius adire penetralia. Si Mallebranchium sequi ducem voluero, proh Deum immortalem ! quàm audaci volatu nubes ille prætervolat ! Non ego eum, ne oculis quidem, persequi possum fugientem quidquid humile est & ipsum cœlum mentis acie penetrantem. Certum ergo est à me procul amandare quidquid Metaphysicam sapit, nisi comes adsis iter per ardua tentanti, & in obliquo titubantem fulcias. Nam etsi mihi sit in votis ut Dei mentisque conditæ naturam contempler; licèt sensibilia dedignatus, ad ipsa veri merè intelligibilis principia cupiam assurgere, vereor ne, tuo si caream auxilio, captem inania.

EUG. Et id illis imminet periculi, quotquot in immenso veri pelago navigare audent, Religionis Christianæ clavo destituti. Lux quidem est magna veritas, sed obscura videtur oculis caligine suffusis: hinc fit ut loco solidæ veritatis, inanem plerique umbram persequantur, ubi semel à legitimo tramite discesserunt, & quò plus progredi cupiunt, eò magis inextricabili se errore impediant. Verùm cùm uterque nostrûm fidei Catholicæ arctissimo vinculo adhæreat, & mihi quoque sit in deliciis, altissima veri principia, quantùm homini datum est, perscrutari, in tua lubens vota descendam, monens etiam atque etiam ut, præjudicatis opinionibus animosè expugnatis, & subactâ vi imaginationis, vero nudè intelligendo assuescas; & cùm differemus de recondita rerum natura, ne dubites inscitiam profiteri mecum, ubi meditando senties te in extremo ingenii humani limite versari. Neve crimineris abhorrentem à solita loquendi rationem, argumenta enim minimè vulgaria inusitatas locutiones postulant, quoties vocibus metaphoricis aut ductâ à natura sensibili similitudine illa explicare non licet. Collige ergo mentis vires & exordio à notissimis facto, sic meditare mecum.

Mea sui sensum facit apud me existentia: verùm quid illud est quod sui sensum habet? An existit unum inter mille vana rerum phantasmata? An pendet ab alio? Estne *contingens*, id est, ejus generis ut possit existere vel non existere? An *necessarium*, seu cui sua nec dari possit, neque demi existentia, quodque propterea sit æternum?

TH. Multas nolens experior affectiones, dolorem,

verbi gratiâ, sonos, odores, lumen &c. ; ergo ista à meâ non proficiscuntur efficaciâ ; ergo existit aliud Ens cui subjaceo, si non quantùm ad substantiam, id est ; quantùm ad affectionum subjectum, at certè quantùm ad affectiones ; nec in animum inducere possum me esse necessarium, quanquam me lateat quo pacto probari possit me ab alio beneficium accepisse existentiæ. Nam si quis fingat, aut nullum Ens esse necessarium, aut nullum esse contingens, non is sum qui refellere possim.

EUG. Sit ergo

CONCERTATIO PRIMA.

Fieri nequit ut omnia sint contingentia, aut omnia necessaria.

NAM 1°. si omnia essent contingentia, omnia vel à se vel ab alio accepissent existendi beneficium: atqui non à se ; nihili etenim nullæ sunt proprietates ; ergo quod nihil est, effectum creare nequit ; ergo nec sibi parere existentiam : non omnia ab alio : nam si singula sunt creata, summa singulorum erit creata ; ergo summa omnium entium erit effectus : atqui causa non est pars sui effectus ; ergo causa summæ erit extra summam omnium entium, quod absurdum est.

TH. Quòd singula sint contingentia, colligis summam esse contingentem ; id certè mihi negari posse videtur. Colligantur enim in unum spatia quælibet finita, summa spatiorum erit infinita ; ergo pari jure coalescant in unum singula contingentia, summa erit necessaria.

EUG. Paritas quædam sonat in verbis, Theodore, at in sensu deficit ; quæ quidem ut restitueretur, sic

A a ij

colligere debueras; ergo si coalescant in unum singula contingentia, summa contingentium erit infinita.

TH. Quid, si objiciam infinitam esse seriem causarum quæ sibi succedant, ut filii parentibus? Quâ in hypothesi nulla esset prima causa, proindeque omnes essent contingentes, ceu annuli catenæ infinitæ qui à se mutuò penderent, nec ullus esset primus à nullo pendens.

EUG. In tua hypothesi summa entium esset contingens; ergo existeret illius summæ causa quam entium summa non complecteretur, quod repugnat. Quantùm ad similitudinem à te institutam, sic ego: annuli omnes pendent; ergo tota catena pendet; ergo existit fulcrum à quo pendeat: atqui fulcrum non est pars rei sultæ; ergo in teipsum telum contorsisti, cùm istam similitudinem adduxisti.

TH. Demus ergo extare plures causas, admittenda erit causa princeps: perge, jam te nihil ex hac parte moror.

EUG. Quantùm ad secundam propositionis meæ partem, sit in exemplum sphæra quælibet existens. Cùm ad illius ideam animum afflecto, non possum quin intelligam alteram non existentem quæ sit æqualis existenti; ergo potest & ista existere: existendi enim impossibilitas oritur ab idearum pugnâ: atqui ista altera est contingens; ergo & prima. Idem esto judicium de quolibet ente cujus existentiam percipimus intuentes ad illius ideam; ergo non omnia sunt necessaria.

TH. Nunquid non possumus suspicari quod asseruêre quidam, omnia quæ sunt, fueruntve aut erunt, esse necessariam materiæ explicationem?

EUG. Minimè prorsus. Si enim omnia essent materiæ explicatio necessaria, nihil existentibus æquale, nihil intelligi merè possibile posset: atqui corpora iis æqualia quæ existunt, intelligimus & possibilia invictè judicamus. Præterea quod necessarium est, hoc ipso est æternum, id est, quolibet temporis momento necessarium est; ergo omnia forent æterna, si cuncta essent necessaria : atqui ut jam confessus es, in animum inducere tuum nequis te extitisse æternum, nec dubitas judicandi necessitatem esse veri argumentum. Denique experientiâ constat mentis nostræ affectiones quarum plerasque ab alio esse rectè judicasti, in horas mutari, proindeque non esse æternas; ergo &c.

TH. At si quis dixerit subjectum affectionum æternum esse, minimè verò affectiones; illud, verbi gratiâ, quod cogitat extitisse semper, at non semper cogitasse : pariter materiam esse quidem ingenitam, at varios illam, seculis labentibus, generare motus, variaque corporum systemata?

EUG. Ut palàm fiat quantùm ista à rectâ Ratione aberrent, attende ad notiones loci & temporis : nonne partes loci sunt æquales, sicut & partes temporis?

TH. Accedo. Hora horam alteram perfectè refert; sicut hexapeda hexapedam alteram quamcumque, & ista æqualitas tanta est, ut quod de una parte dicitur, dici possit meritò de alterâ.

EUG. Sit ergo corpus motum à loco A in locum B : corpus illud non est necessarium in loco A à quo abest, nec in loco B à quo abfuit. Idem dici potest de quibuslibet spatii partibus propter perfectam omnium æqualitatem; ergo nullibi necessarium est corpus illud : pariter cogitatio præsens meæ mentis, dolor, verbi gratiâ, quem nunc experior, cùm aciculâ pungo digitum, non existebat horâ mox elapsâ; ergo tunc non erat necessarius; ergo propter perfectam momentorum temporis æqualitatem, in nullâ horâ, id est, nunquam fuit necessaria illa mentis affectio.

TH. Intelligo quò rem deducere velis. Existentia non possunt concipi sinè loco & tempore cui respondeant; ergo ens aliquod necessariò existere nequit, quin necessariò respondeat alicui loco & momento.

Fateor quidem nunquam esse necessarium quod vel uno temporis momento non esset necessarium : at disparitas aliqua subesse videtur quantum ad spatium. Nullus quidem erit locus definite acceptus in quo necessaria sit mobilis existentia ; at necesse est ut alicubi existat, id saltem fingi potest ; ergo corpus illud erit necessarium, quamvis nullibi necessarium.

EUG. Pari jure sic ratiocinari posses : nullum est momentum in quo necessaria sit meæ cogitationis existentia ; at necesse est ut aliquando existat ; ergo mea cogitatio fingi potest necessaria, quamvis nunquam sit necessaria : confer verba verbis. Satius est ita ratiocinium instituere : propter perfectam temporis partium æqualitatem, quod potest in una non existere, potest quoque in nulla existere ; ergo pari jure, propter perfectam loci partium æqualitatem, quod potest abesse ab una, & ab omnibus abesse potest.

TH. At videtur absurda vis creandi : atqui necesse est existat illa vis, nisi omnia sint necessaria ; ergo &c.

EUG. Non intelligitur quidem quâ se ratione exerat vis creandi ; at non pugnat illa cum notionibus. Sic ratiocinari igitur fas est : vel omnia sunt necessaria, vel extat virtus creandi : atqui fingi non possunt omnia necessaria, nisi ruant notiones certissimæ ; ergo admittenda virtus creandi.

TH. Quò igitur redit istud veterum effatum : ex nihilo nihil fit ?

EUG. Ex nihilo nihil fit, id est, nihil componitur, hoc apertum est ; ex nihilo nihil fit, id est, nihil creatur, nego. È contra creari nihil potest, nisi fuerit, aut futurum fuerit, seposita creatione, nihil. Nihil igitur evinces, Theodore, adversùs creandi virtutem, nisi probaveris extare non posse mentem rei intellectæ solo imperio efficacem.

TH. Quod cùm perfici posse non existimem, hæc jam apud me rata sunt.

1°. Omnia quæ intelliguntur sunt possibilia possuntque fingi existentia modo quo intelliguntur.

DE METAPHYSICA. 375

2°. Omnia quæ plura ejufdem generis effe poffunt, nec funt tamen, contingentibus accenferi debent, licèt aliqua jam ejufdem generis exiftant : nam inter entia quæ eâdem ideâ repræfentantur, nulla effe poteft ratio cur unum fit neceffarium potiùs quàm alterum.

3°. Quod neceffarium eft, femper, imò & ubique neceffarium eft : nam nulla effe poteft ratio cur cuilibet temporis parti, potiùfquam fpatii refpondeat exiftendi neceffitas.

4°. Quod aliquando aut alicubi exiftere nequit, illud ubique & femper impoffibile eft : nam propter perfectam partium loci ficut & temporis æqualitatem, nulla effe poteft ratio cur ens aliquod poffit uni refpondere, non autem alteri.

5°. Eft aliqua in rerum Orbe creandi efficacia. Non quidem novi quâ ratione fiat creatio; at, quid fit intelligo : nam ille creat, qui non fruftra jubet aliquid exiftere & loco ac tempori definitis refpondere; ergo non abfurda fides quâ *credo in Deum factorem cœli & terræ*; cùmque ad creandum nulla adhiberi poffint inftrumenta præter imperium voluntatis efficacis, rectè creationem intellexit Pfaltes Regius cùm de Deo cecinit : *Dixit & facta funt, mandavit & creata funt.*

His pofitis intelligo certè quid fit contingentium poffibilitas. Sit enim idea repræfentans rei naturam; fit caufa illius creandæ potens; fit fpatium in quo res illa collocari poffit; fit tempus cui refpondere queat : res illa poffibilis neceffariò judicatur.

EUG. Quin & poffibilis invictè judicatur, ubi mente fimul attingitur idea quâ res illa repræfentatur : at illam poffibilitatis definitionem, accuratam certè, expendamus quantùm ad omnes partes.

Jam multa de ideis à me audivifti, quæ, pofitâ Dei exiftentiâ, non erunt extra captum vulgarem. Sed ponamus nondum fcire nos utrùm exiftat Deus, experiamurque quò folâ meditatione pertingere poffimus.

Intelligo fphæram; lignea fit aut lapidea, nihil ad

A a iv

rem. Sphæra vero est ens contingens. Demus ergo eam non existere; ergo intelligi potest quod non existit.

TH. Hic resiste paulisper, Eugeni : nihili nullæ sunt proprietates, inquis : atqui quod non existit nihil est; ergo mentis oculis videri non potest. Sentio inane istud esse quod objicio, nec tamen scio qua ratione dilui possit.

EUG. Mox intelliges. Nihili nullæ sunt proprietates existentes, concedo : repræsentatæ, si de possibili sermo est, nego. Concessa minore, distinguo consequens : quod non existit, videri non potest existens, concedo; repræsentatum, si possibile sit, nego.

Equidem quod non existit, mentis objectum esse non potest. Ut enim Cæsar videri nunc nequit directo ad Cæsarem oculo; at potest, directo ad Cæsaris imaginem : ita quod non existit, videri in se non potest, sed directa mentis acie ad objecti imaginem. Jam vero illa imago qua rem aliquam intelligimus, estne ad rei repræsentatæ fidem expressa; an potius res ipsa ad fidem & exemplar imaginis alicujus archetypæ condita?

TH. Extra dubium est Cæsaris imaginem in tabella à Pictore delineatam esse ad Cæsaris exemplar effictam. Nam ad imaginis quam in mente habet, fidem, alteram adumbrat Pictor imaginem : ergo effigies externa internam arguit cujus sit veluti simulacrum. At fieri non potest, ni fallor, ut imago quæ menti adest, sit ad rerum quas intelligimus exemplar efficta. Namque ad effingendam hujus generis imaginem, requireretur altera ad cujus fidem exprimeretur; ergo jam adesset menti imago rei cujus imaginem intus fingere vellemus : ergo illæ imagines quas dicimus ideas, non sunt à nobis effictæ, ut vulgus opinatur.

EUG. Quin & imago Cæsaris à Pictore delineata mutabilis est; huic adjici potest vel detrahi;

tate obliteratur; non est ad perfectam Cæsaris effigiem elaborata. At si rite meæ mentis affectiones observo, quæ intus objicitur imago, hæc ad amussim exhibet rei repræsentatæ proprietates, mutari nequit, non veterascit. Sit in exemplum idea sphæræ; ad illam intuens easdem vidit Carthesius proprietates, quàm Pythagoras aut Archimedes; easdem videmus, quàm Sinæ; id est, pro certo habemus fieri non posse ut quisquam ex idearum intuitu demonstret aliquam sphæræ proprietatem quæ pugnet cum iis quas quilibet antea demonstravit. Quod de sphæra dixi, idem dictum esto de quovis alio objecto. Equidem quò plus inspiciuntur ideæ, eò plura docent de rerum naturâ; sed eadem manet idearum ubique & semper doctrina: ergo cùm nulla mens ideas condere possit, causa quælibet habet in se rei creandæ exemplar increatum, necessarium atque immutabile, si causa illa sui causam non habet; & hoc pro principio metaphysico haberi quoque debet: ergo rerum exemplaria seu protypa sunt ubique & semper.

TH. Ubique & semper! Obstupesco tam profundam notionem, tam à vulgari sensu reconditam: illud tamen negari non potest, quamvis somnio sublimi simile esse videatur.

EUG. Attamen idem cum vulgaribus notionibus connexum esse modò senties.

Existant necne res quæ condi possunt, veritas de rerum illarum natura intelligi potest: ergo alibi quàm in rebus conditis existit illarum exemplar. Sed veritas illa est ubique & semper intelligibilis; istud nôrunt vel maximè inculti. Estne aliquis, inter pinguissimos homines, qui existimet veritatem de rerum natura esse mutabilem, esse loco aut momento peculiari annexam? Sit in exemplum ista: *totum est sui parte majus.* Adeòne insanit quispiam, ut hanc existimet alicubi aut aliquando falsam; alicubi aut aliquando non intelligibilem? Novimus quidem mentem nostram in intelligendo deficere posse, at nunquam & nusquam deficere veritatem : ergo omnes, licèt ad id minùs advertant plerique; omnes, inquam, veritatem ubique & semper esse nôrunt. Veritatem autem vix credunt esse aliquid, adeò tenuis & exilis naturæ videtur, eò quòd sonora non sit, neque colorata aut palpabilis. At non te clam est de rebus per impressiones sensibiles non esse judicandum.

Præterea unam esse veritatem nôrunt homines. Attende maximè ad istud quod certè non versatur extra vulgi captum. Cùm Italus & Anglus, verbi gratiâ, attendunt ad istam propositionem : *totum est sui parte majus*; aut illam; *publicum est privato bonum anteponendum*; (nam te volo hîc animum afflectere quoque ad verum morale) sciunt se percipere veritatem non multiplicem. Est suus cuique intellectus, at non sua cuique veritas; hæc enim omnibus communis est. Non bis verum est *totum esse sui parte majus*; aut *publicum privato bonum esse anteponendum*. Nova potest esse veri manifestatio, multiplex ejusdem perceptio, quod experiuntur qui disciplinis dant operam; at non nova veritas, non multiplex veritas : cùmque dicuntur Carthesius & Neuto nova invenisse, hæc minùs accurata locutio neminem fallit. Recentem illa notionem esse significat, minimè verò recentem esse veritatem. Quemadmodum dicuntur quidam nova oculis deprehendisse sidera, quamvis non nova sint, sed recèns investigata. Quidam, paucissimi quidem, hâc nostrâ ætate effutire ausi sunt, nescio quâ sermonis incuriâ, vel potiùs quo superbiæ furore abrepti, se quod intelligunt à sua duxisse ratione; sed iis exceptis, omnes cùm veteres, tùm recentiores confessi sunt se quod lumine naturali percipiunt, à ratione, seu, ut quidam aiunt, à recta Ratione depromsisse. Discernunt ergo vel inopini, Rationem docentem à ratione discente; Rationem quæ fallere manifestando non potest, à ratione quæ quotidie investigando fallitur. Habent ergo pro exemplari veritatis non rationem Petri aut Pauli, sed Rationem universam quæ omnes, quamvis non pari lumine, illustrat. Ergo cuique attendenti manifestum erit extare ubique & semper exemplar veri quod *ideas* appellavit Plato; *Librum aeternum veri* Augustinus; *Solem mentium* Mallebranchius, & divus Joannes *Lucem veram quae illuminat omnem hominem venientem in hunc mundum.*

TH. Ergo non absurda docet Religio Christiana, cùm asserit Christum Verbum Dei & Patris Sapientiam esse nobis veri regulam; eumdem esse qui non duxerit ab humanitate suâ magisterium temporarium, sed aeternum habeat ex naturâ sua.

EUG. Appositè, Theodore. Observabis obiter eum qui mentibus omnibus intùs illucet; qui, ut ait Augustinus, suâ substantiâ illuminat ipsum impium, vel cùm ab illa luce pravo consilio avertitur; eum, inquam, suâ humanitate illuxisse sensibus, ut qui illustrantem intimo in pectore sequi nolebant, exteriùs monerentur, & qui sensibus hauserant errorem, iisdem haurirent veritatem; & idipsum notat Joannes in sui Evangelii exordio. Illuxit autem sensibus Christus, non ut rerum quae creari possunt, natura cognosceretur; haec enim satis pro utilitate innotescit lumine naturali, sed ut sensibus apprehenderemus justitiam: in quoquidem genere Verbum Dei est exemplar non secùs ac in altero.

TH. Si existit Deus, ille certè est veritas & justitia, seu veritatis & justitiae exemplar immutabile; ergo jam nostrâ meditatione attingimus Deum.

EUG. Deum illum utique, Theodore, quem venerandum proponit Religio Christiana jam subodoraris; veritatem enim esse nihil, aut esse aliquid creati aequo jure repugnat: at cùm infinitae sint numero veritates in genere cùm speculativo, tùm practico, infinita sint numero exemplaria necesse est, cùm suum cuique objecto sit exemplar peculiare. Omnia autem in unâ substantia convenire probandum est, ut Christianorum Deum attingamus, cùm Christianis unus sit Deus.

TH. Scilicet hæc tua mens est : jam quidem demonstratum est extare exemplar peculiare objecti cujuscumque; at nondum demonstratum est extare exemplar universa complexum. Pariter demonstratum est existere cujuscumque rei creabilis causam : at omnium unicam esse nondum versatur extra dubium. Certum quoque est existere spatium & tempus infinitum; at nondum certum est illas perfectiones unius esse substantiæ, quod tamen requiritur, ut indubia sit illius existentia Dei quem venerantur Christiani. Sed abstineamus nunc ab ulteriori meditatione. Insuetum etenim per iter captans merè intelligibilia fatiscit animus.

EUG. At tibi si recreatione festivâ opus est, sine expendam unum è principiis Scholasticorum, quo exposito, pronum tibi erit judicare de utilitate Metaphysicæ ab illis excogitatæ.

Tres sunt, illis autoribus, entis cujuslibet proprietates primariæ; unitas scilicet, bonitas & veritas. Quodlibet ens est hoc sensu unum, quòd sit à seipso indistinctum, & ab alio quovis distinctum; id est, quòd nihil sit, aut habeat alieni. Verum est, id est *conforme*, ut aiunt, *principiis quibus constituitur*. Principia autem illa sunt profectò compositionis; ergo partibus suis aut proprietatibus ens quodlibet conforme est, seu, quod idem est, partibus propriis coalescit. Tandem hoc sensu bonum est, quòd sit integrum, quòd nihil desit illi ut sit ens, quòd nullâ sui parte careat.

TH. Ridiculum sanè. Istæ proprietates sunt una eademque vario nomine proprietas. Si enim sensum ritè sum assecutus, ens unum est, eò quòd non sit seipso majus; verum quod seipsum adæquet; bonum quòd non sit seipso minus. Verè hæc sunt præclara. At quâ de causâ illas proprietates dicunt esse primarias?

EUG. Audi ab ipsismet; quia videlicet ab iis tanquam à fonte fluant omnes entis cujuslibet proprietates.

TH. At quid veri tandem, quid novi ab iis proprietatibus ratiocinando eduxère Scholastici?

EUG. Nihil prorsus, nisi sit mysterium aliquod sacrum, quod nos utique profanos latere voluerint. Hæc autem sint satis: nugis enim diutiùs immorari piget. Cùm vires animi refeceris, proximo te colloquio ad infiniti investigationem erigam.

COLLOQUIUM SECUNDUM.

EUG. Tua ergo mens est ad infinitum arrecta, Theodore, quippe qui Dei naturam, quantùm homini datum est, investigare cupias; hac enim de causa me juxta propositum convenis.

TH. Ita quidem fert animus; at una me res angit. Qui deficimus in finito, quid proficiemus in perlustrando infinito? Nonne satius fuit nullam esse inter homines de infinito disceptationem; præsertim cùm antiqui simul & hodierni Philosophi inenarrabilem esse Dei naturam fateantur. Quin & teste Paulo, *habitat Deus lucem inaccessibilem*. Quid ergo attentamus densissimis obvoluti tenebris?

EUG. Ultra legitimas cautionis metas progrederis, Theodore; multæ sunt in humano sermone sententiæ, quæ si opportunè adhibeantur, veritatem menti offerunt; sin minus falsæ sunt, imò & impiæ. Hujus generis sunt quæ tu modò; videlicet Deum esse inenarrabilem; nos altâ mergi caligine &c. Nam cùm omnia sint Deus, vel Dei opera, & opere probetur artifex; si has sententias ad literam urgere volueris, consequens erit nihil esse investigandum; nihilque nobis superesse, nisi ut in omnimoda torpeamus ignorantia, quod certè falsum est & impium. Qui dixit Deum habitare lucem inaccessam, idem asseruit *invisibilia Dei per ea quæ facta sunt intellecta conspici*. Tenebris quidem circumfundimur, sed micant hinc & inde scintillæ luminis; mens infinitâ nube obtegitur, sed radiis interruptâ, quæ Solem illum æternum indicant.

Duplex vulgò est hominum genus qui de infinito verba faciunt: alii audacter, nullâ adhibitâ cautione, nullâ aut parcissimâ meditatione præmissâ, de tanto argumento differunt, Deique consilia in omnibus explorata habere volunt, aut culpant, si non intelligunt. His objice Dei vias non esse vestigabiles, eum utique esse lumen incomprehensum, & caligare oculos humanos, cùm æquo propiùs Solem intueri cupiunt: verè dices quia opportunè. Alii, quibus non sapit veritas multo parta labore, excutiunt, velut onus grave, officium meditandi infiniti, causantes illud esse extra captum humanum. Hi in finito, non cognoscendo, sed sentiendo morantur. Sapies profectò, si hominibus id genus ostenderis nos esse propter infinitum conditos, nihilque esse inter finita quod avidam explere mentem queat: explorandam igitur esse infiniti naturam, cùm ad finem nostrum pertingere non possimus, si quid ille sit prorsus ignoremus.

TH. Jam observavi in perlegendis Sophis hodiernis, non in vocibus stare veritatem, non in ideis seorsim spectatis, sed in earum ordine atque conjunctione legitimâ. Multi inter eos vera dicunt, imò & excerpta è Christianæ Religionis principiis; at malè connectunt, ideoque adulterant; & sub larvâ veritatis notæ, falsum atque impietatem propinant. Hujusce tui præcepti memor ero.

EUG. Age nunc: non ita pridem confessus es innotescere tibi existentiam spatii infiniti, numeri quoque & temporis.

TH. Et iterum confiteor, nec ullus quem sciam, istud in dubium adduxit.

EUG. Pulchrè: sed unde ista cunctis hominibus notio? An legitimè colligitur spatio numerisque deesse limites, eò quòd nulli adesse videantur.

TH. Minimè prorsus. Si viator pergerem in Æquatore terrestri, malè inferrem illum esse infinitum, eò quòd nullos oculis deprehendere possem terminos: at hoc in casu non adesset ea judicandi necessitas quæ adest ubi ad spatium tempusve aut numeros attendo: non enim possum quin asseram extra quantumcumque spatium extare aliud ejusdem generis atque proprietatis. Idem dictum esto de tempore & numeris.

EUG. Fateberis quoque entia quæ condi possunt & intelligi, esse numero infinita.

TH. De corporibus istud est perspicuum: infinitæ enim sunt formæ, infiniti quantitatis gradus, imò & ejusdem generis infinita numero sivè æqualia, sivè similia, possunt intelligi: hoc planè assequitur quisquis de Mathesi pauxillùm libavit. De mentibus idem asserere non ausim, quippe quæ quantitate & formâ definiri non possint.

EUG. Suam quoque habent formam alterius generis mentes conditæ. Nonne infinitæ sunt quæ intellectu attingi possunt? Nonne varius in infinitum doloris aut felicitatis gradus? Et si mentes sint liberæ, quod certè fieri posse novimus, nonne variæ in infinitum Leges & officia pro rerum concursu vario in infinitum?

TH. Rem planè nunc assequor. Corporibus & mentibus neque numerus deest, neque locus aut tempus in infinitum.

EUG. Et quod longè majus est, infinita intelliguntur rerum Systemata diversa. Per Systema non hìc intelligo partem Universi, quæ cùm constet partibus ordine aliquo compositis, systema peculiare dici potest; sed ipsummet Universum, seu Systema quod compleat immensitatem & æternitatem, quod non possit cum alio simul existere, aut ante postve aliud. Systema demum finio totum constans ex omnibus ubilibet & quandolibet conditis & condendis. Hoc dico genus multiplicari in infinitum.

TH. Non potest esse duplex Universus: ergo rerum Systemata non possunt multiplicari in infinitum.

EUG. Attende, Theodore; non asserui existere

posse plura simul rerum Systemata quæ omnia creata complecterentur, quod certè apertissimè pugnat cum ipsa notione præmissa: sed plura esse intelligibilia rerum Systemata, quorum quodlibet condi potest loco alterius, non cum altero.

TH. Et unde colligis infinita esse hujus generis Systemata possibilia? Illa etenim à nobis intelligi non possunt, cùm innumeras singula partes complectantur.

EUG. Colliges mecum, si in memoriam revoces quæ de combinationibus docet Mathesis. Nôsti tres literas A, B & C sex variis inter se componi posse modis; quatuor literas, modis viginti quatuor; quinque, modis centum & viginti. Unde rectè collegerunt Mathematici, rerum Systemata res ipsas numero longè vincere. Infinita entia esse possibilia confessus es; ergo infinities infinitus est rerum ordo seu commissura possibilis. Non possumus quidem mente sequi illas rerum combinationes varias, quemadmodum nemo mente sequitur omnes literarum conjunctiones varias, unde coalescant vocabula; & tamen nullus est inter Mathesi addictos qui dubitet plura esse viginti literarum systemata possibilia, quàm voces apud tot populos à mundi primordiis usurpatæ; ergo fatendum est infinita & infinities infinita esse rerum Systemata possibilia: atqui ut modò observabas, unum duntaxat existere potest & multa sunt æquè possibilia, quod certè patebit, si attendas ad literarum combinationem; ergo existit aliqua libertas unum præ cæteris rerum Systema eligens. Nam si existens rerum Systema non penderet ab ulla libertate, existeret necessitate naturæ vel propriæ vel alienæ, nihil ad rem; ergo cætera existere non possent; ergo possibilia non intelligerentur: atqui tam possibilia intelliguntur, quàm variæ literarum combinationes; ergo libera est præsentis rerum Systematis causa.

At inter varia rerum Systemata, alia sunt æquè bona, alia aliis deteriora. Vitiosum enim esset rerum

systema

Systema in quo veritatis & justitiæ amantes perpetuo dolore pungerentur, iniqui autem voluptate æternâ fruerentur; ergo sunt Systemata alia aliis potiora. Præterea ejusdem finis obtinendi eò plures sunt rationes, quò plura inter se in unum Systema componuntur; ergo sunt Systemata æquè bona.

TH. Non satis assecutus sum quâ ratione colligas alia Systemata esse æquè bona, alia verò aliis esse potiora. Scio plures esse ejusdem finis obtinendi rationes, quemadmodum plures ad eumdem scopum viæ: at quemadmodum inter omnes unica est brevior, ita inter omnes finis assequendi rationes, una est omnium facillima, ni fallor, omniumque justissima; ac proinde non ita certum est dari Systemata æquè bona. Non eo inficias dari Systemata alia aliis potiora: sed nihil me movet ratio à te exposita; non enim deterius est, sed impossibile Systema in quo virtus æternùm doleret, vitioque æternum rependeretur gaudium.

EUG. Sit in rerum naturâ causa quæ sit justitiæ exemplar, & propter se propterque justitiam operetur; ponamus ab illâ causâ conditas esse mentes liberas, ideoque virtutis & vitii capaces. Poterit quævis amare vel non amare justitiam: atqui causa illa remunerabit mentes, si sint justitiæ amantes; puniet verò, si secùs. Nunc à te quæro uter casus sit facilior aut justior ex parte causæ quæ fingitur esse justitiæ exemplar, & propter justitiam tanquam propter finem ultimum operari.

Impossibile est, inquis, Systema in quo non sit sua virtuti merces, non sua vitio pœna; & verè sentis: ita omnes bonæ mentis homines. Sed si Mundus à causis inter se non consentientibus, aut ab una insipiente regeretur, essetne absurdum hujusmodi Systema?

TH. Minimè profectò: ad hoc certè non attenderam. Alterutrum tamen ex altertutro consequens est: ponis causam insipientem aut causas discordes? Jam ideæ virtutis & mercedis ex una parte, vitii & pœnæ ex altera non sunt necessario connexæ vinculo, imò nulla est æqui regula. Si autem certa sit & immobilis æqui regula, si virtutem merces, vitiumque pœna necessariò maneat, colligendum est Mundum Sapientiâ gubernari.

EUG. Jam attingis præcipuum Metaphysicæ fundamentum, quod quia magni momenti est, concertatione sequenti fusiùs explicabitur. Hinc enim pendebit de Dei attributis reliqua investigatio. Sit itaque

CONCERTATIO SECUNDA.

Existit summa Sapientia.

SAPIENTIA vel spectatur pro exemplari justitiæ, rectique ordinis; vel pro recti ordinis observatione: atqui in utroque sensu existit summa Sapientia. Nam optimum rerum Systema eligi & condi potest, ob eam rationem quòd sit optimum: cùm quidquid est intelligibile necessariò judicetur possibile; ergo potest existere mens quæ optimum rerum Systema intelligat, adeòque hujus exemplar in se intueatur, & idcirco eligat quòd sit optimum; ergo possibilis est summa Sapientia: atqui non esset possibilis, nisi existeret necessariò; repugnat enim à causa imperfecta Ens creari quo nullo perfectius excogitari potest: atqui nihil fingi potest perfectius, nihil summâ Sapientiâ nobilius; ergo nullam habet causam summa Sapientia, quam tamen modò possibilem ostendi; ergo existit.

Notabis 1°. istam vocem *Sapientia* frequentiùs usurpari pro eâ perfectione quâ quis operatur ad exemplar justitiæ rectique ordinis: at cùm in Religione Christianâ & apud Scriptores sacros nonnunquam usurpetur ista vox pro ipso veri justique exemplari, ideo utrumque sensum discriminavi, ne duplex Dei perfectio pro una haberetur.

2°. Hoc quoque diligenter observes velim, Sapientiam acceptam pro recti ordinis observatione, esse voluntatis, non intellectûs perfectionem, seu quod idem est, eam perfectionem, non in recti notione, sed in ipsâ actione consistere. Scilicet ille non est Sapiens qui potest recte agere, aut qui novit quid facto sit opus; sed qui reipsa recte agit.

3°. Licet Sapientia stet in operatione, hæc tamen perfectio à virtute creandi distinguitur. Nam adest in causâ Sapiente vis ea creandi quæ ex amore recti ordinis respuit: alioqui nulla esset in respuendo Systemate deteriori Sapientia, siquidem nulla esse posset electio.

4°. Per optimum rerum Systema, cave hic intelligas Systema rerum quod cætera omnia suâ perfectione vincat, sed quo nullum detur perfectius. Optimum priori sensu Systema, si non repugnaret, esset profectò unicum & necessarium ex natura summæ Sapientiæ, quæ tunc nullatenùs esset libera, quod tu facilè solâ vocum explicatione capis. Secundo sensu multiplex esse potest optimum. Jam verò si innumera intelligantur æquè optima, intelligitur hoc ipso causa summè Sapiens simul & libera.

TH. Miror certè quàm pervia sint menti quæ tu modò. Verè dictitas quasdam esse infiniti non secus ac finiti notiones perspicuas: at memini agitari nonnulla vel inter Christianos de modo intelligendi summam Sapientiam. Scire igitur velim quibus accensearis, quosque refellas. Si enim Leibnitzio fides, non sunt duo æqualiter optima; quod quidem sic evincere conatur. Ponamus duo æqualia, nulla erit ratio cur unum potiùs existat in suo, quàm in alterius loco: atqui summa Sapientia nihil operari potest absque ratione legitimâ; ergo duorum æqualium neutrum creare Deus potest. Ita Leibnitzius. Tu verò contendis infinita esse Systemata æquè optima.

EUG. Retorqueri sic potuit argumentatio Leibnitzii. Ponamus unum ens, aut unum systema peculiare; nulla est ratio cur exiftat in uno loco potiùs quàm in alio, in una hora, quàm in alia: atqui nihil Deus operari poteft absque ratione legitima; ergo nullum ens, nullum fyftema peculiare producere poteft Deus.

TH. Quid si objecero ens quidem unicum creari non potuiffe, eò quòd non fit illius locandi ratio potior in uno fpatii puncto, quàm in alio; fed adeffe rationem hìc potiùs quàm illic locandi fyftematis peculiaris, ut fcilicet cum cæteris cohæreat fecundùm finem à causâ propofitum?

EUG. Nego iftud jure dici poffe. Nam cæteræ partes, unde exurgit univerfum mundi Syftema, aliis effe in locis poffunt, non mutatâ habitudine unius ad cæteras; quemadmodum non mutatâ partium commiffurâ fphæra moveri poteft; ergo unum fyftema peculiare congruere cum cæteris poteft juxta finem propofitum, & effe alio in loco. Hic ergo valeat quod apud omnes viget effatum philofophicum; *qui nimis probat, nihil probat.* Nihil enim creari poffe probat Leibnitzius, dum oftendere cupit creari non poffe duo æqualia.

TH. Ecquæ ergo erit ratio cur unum potiùs quàm aliud eligatur Syftema, si alterum altero non fit potius? Nam inconcuffum eft iftud axioma; *fumma Sapientia nihil fine ratione operatur.*

EUG. Non fatis, ni fallor, intelligis quæ fit vocum illarum virtus, *nihil fine ratione operari.* In æterno illo juftitiæ Libro de quo Auguftinus, & quem Legem æternam dicimus, continentur exemplaria cujufvis optimi Syftematis: atqui agere cum ratione eft agere ad exemplar in Lege æterna contentum; ergo quodlibet Syftema Deus eligat inter optima, nihil aget fine ratione. Lex enim æterna eft agendorum ratio.

TH. Sed eccur ad unum potiùs quàm ad aliud intuetur exemplar caufa illa Sapientiffima?

EUG. Si accuratâ locutione uti volueris, non eligit illa unum potiùs quàm aliud, id est, non præfert, non pluris facit : non enim potest è duobus æqualibus alterum anteponere summa Sapientia ; sed eligit unum loco alterius ; eligit unum eò quòd necesse sit ut operetur : nullus enim esse potest in inertia ordo, nec proinde Sapientia. Eligit autem loco alterius, eò quòd sit libera : alioqui unicum tantum esset possibile rerum Systema, quod certè absurdum est.

TH. Quid si cum quibusdam opiner unicum esse rerum Systema perfectissimum, proindeque libertatem non competere summæ Sapientiæ?

EUG. Jam te monui illud fieri non posse. Ponatur enim in illo Systemate mens una ad nostrum instar libera : poterit illa fingi peccans ; quo in casu Systema esset nihilominùs perfectissimum ex hypothesi : poterit quoque fingi non peccans ; quo in casu Systemati nihil suæ periret perfectionis, nisi velis perfectionem electi Systematis pendere à libertate creatâ : atqui tamen alius erit finis hujusce mentis, si peccet, quàm si non peccet ; ergo aliud rerum Systema : atqui multiplicari possunt mentes liberæ in infinitum : potest singula libertatem exercere in rerum concursu qui varius sit in infinitum ; ergo infinita esse oportet Systemata æquè optima.

TH. Jam istud ex libertate mentis creatæ collegeras, & probè quidem memini. Verùm ut mentem assequaris meam, sine istud commemorem quod finxisse aiunt Leibnitzium, scilicet præscitum ab æterno esse quid mentes liberæ in tota seculorum serie essent electuræ ; & secundùm istam præscientiam decrevisse Deum, ut corpora his mentibus adjungerentur, quorum motus organici vi, non voluntatis creatæ, sed Legum physicarum ad amussim responderent propensionibus illarum mentium. Verbi gratiâ, prænoverat Deus Adami mentem electuram esse pomum prohibitum, & pluris facturum esse Evæ blanditias, quàm Dei mandata ; idcirco huic menti corpus aptavit Deus ita compactum, ut solâ vi organicâ pomum oblatum carperet & comminueret, idque demum exteriùs efficeret, quod mens intùs optaret; efficeret, inquam, ita accuratè, ut motus quilibet ad nutum voluntatis perfici viderentur: in hoc stat, ni fallor, harmonia illa præordinata autoritate Leibnitzii apud Germanos famosissima.

Jam verò loco unius mentis pone omnes, & loco corporis humani, intellige Orbem universum corporeum. Antequam Deus eligeret Systema perfectissimum, fingi potest Deus præscivisse quid mentes liberæ essent electuræ, & inter omnia rerum Systemata quæsivisse quodnam perfectiori modo congrueret mentium consiliis ac propensionibus. Hoc posito, posset esse varium rerum Systema pro vario libertatis creatæ usu, sed unicum esset præscientiâ Dei definitum.

EUG. Nihil hoc pacto evinces, Theodore; si enim mentes sunt liberæ; ergo hoc vel illud prænoscere potest Deus de illarum consiliis; ergo aliud ex Dei præscientiâ definiri potuit rerum Systema quàm præsens. Quid si ostendero harmoniam illam Leibnitzii somnium esse philosophicum? Sed huic rei suus erit alibi locus.

TH. Alii demum asserunt Systema perfectissimum eligi non posse, cùm nullum esse possit perfectissimum. Nam perfectionem infinitam in se admittere nequeunt res creatæ.

EUG. Perfectionem infinitam quæ causæ competat res creatæ admittere non possunt, concedo: perfectionem infinitam quæ operi competat, nego.

Perfectio quæ causæ competit est absoluta, id est, propriâ essentiâ exurgit: non pendet illa à rerum creatarum existentiâ, commissurâ & ordine ad finem propositum, in quo certè consistit mundi perfectio quæ non ex propriâ rerum conditarum essentiâ, sed ex motûs Legibus, ex rectè institutâ ordinis sive naturalis, sive supernaturalis commissurâ exurgit. Si ergo Mundus infinitis constet partibus certo ad finem legitimum ordine dispositis, infinita sit hoc sensu Mundi perfectio necesse est.

Quod ut facilius assequaris, expende quid in horarum indice machinâ tibi perfectionis videatur. Nonne quòd bonus sit finis artificis, quòd omnes machinæ partes ita sibi respondeant, ut quæque pro suo modulo accuratè conferat ad finem artificis attingendum? Et si loco æris ductilis atque calybis adhibeatur aurum quod vulgò pretiosius judicatur, & cujus ope non ita facilè aut accuratè attingeretur finis, nonne machinæ aliquid sui pereat pretii apud sanos æstimatores?

TH. Et multùm quidem. Non enim qualitate aut quantitate materiæ quælibet machina, sed artificis industriâ commendatur. Si ergo causæ infinita sit industria, Mundi perfectio infinita sit necesse est. At si quis credat crescere posse in infinitum perfectionis gradum, nec tamen ad infinitum usque pertingere?

EUG. Et quâ id arte suadebis?

TH. Exemplo. Triangulus crescere potest in infinitum, nec tamen esse potest infinitus. Pari jure Mundi perfectio &c. Itaque ut repugnat triangulus omnium maximus, ita Systema omnium perfectissimum repugnat.

EUG. Luderis & hîc quoque vanâ paritatis specie. Triangulus est figuræ genus; figura autem ex ipsâ notione arguit limites, qui quidem dissidere poterunt in infinitum; at semper figuræ inhærebunt: ergo triangulus infinitus esse non potest: at perfectio de qua agitur nullos arguit limites, non in entium inter se compositorum numero, non in spatio, non in tempore, non in causæ principis industriâ; ergo &c.

Quod ut facilius capias, exemplo altero utar. Numerus finitus crescere potest in infinitum, nec tamen infinitus esse potest; pugnam enim ipsæ sonarent voces, cum rei limites de industriâ commemorentur: at si quis colligat infinitum esse numerum, quòd numerus crescere possit in infinitum, ille procul dubio non errabit. Nam in quolibet genere quidquid crescere potest in infinitum, illud infinitum intelligi potest, nisi idea rei limites arguat.

TH. Nulla vis est ratiocinii adversùs experientiam: atqui docet illa Mundum non esse perfectissimum: multa enim vitia corporibus insunt, multa & animæ quæ infelix est, quæ ad malum morale inducitur & corporum illecebris & propriâ voluntate: atqui opere, ut aiunt, probatur Artifex; ergo causa hujus Mundi non est perfectissima.

EUG. Sic vulgaria sentiunt ingenia, Theodore; at brevi cognosces quàm ignobilis sit illa judicandi ratio. Corporibus nulla insunt, nec inesse possunt vitia; judice rectâ Ratione, fimo non præstat aurum. Formâ quidem inter se differunt corpora; at formæ quæ oculis humanis vitiosæ videntur, non minùs oriuntur ex Legum physicarum constantiâ, quàm cæteræ; non minùs referuntur ad finem propositum. Quis probandum suscipiat in immensâ rerum contexturâ esse aliquid quod Mundi Artifex non eligat ad finem suum ultimum, aut esse aliquid quod majore dirigi possit industriâ? Atqui tamen nisi istud demonstretur, nullâ ratione asseri poterit esse quidquam vitii in Orbe corporeo, nisi velis ideo imperfecta esse corpora quòd ex decreto Dei sint quædam occasiones ingratæ sensationis.

TH. Fateor quidem non reipsâ, sed specie tenùs vitiosa esse corpora: at ingratas sensationes non temerè existimavi esse imperfectionem; neque enim ex dolore menti accedit quidquam pretii aut ornamenti.

EUG. Ex dolore non accedit menti perfectio absoluta, id est, quâ mens fiat essentiæ præstantioris, concedo: perfectio quæ referatur ad finem causæ principis; quâ proinde Mundus fiat totum perfectius, nego.

Ipse etenim dolor, ut jam nôsti, oritur ex Legum

physicarum constantiâ, innumerifque exemplis fit palam mirabilem extare ordinem motus inter corporeos & animi affectiones. Si ergo ingratæ fenfationes optimè dirigantur ad finem ultimum caufæ principis, erunt illæ in me quidem infelicitas, in Orbe verò perfectio.

Hìc obferva, Theodore, invaluiffe morem apud homines, ut judicent, de rerum pretio ac perfectione prout ad propriam felicitatem illæ referuntur. Perfectas autumant fi jucundæ fint, id eft, fi voluptatis occafio; vitiofas verò fi ingratæ: ex quo liquet injufta effe humana judicia. Si nulla enim eft in ifto judicio iniquitas, cur homines de rei perfectione non judicant prout refertur ad felicitatem alienam? Nulla enim eft ratio cur noftra felicitas fit rerum finis, ideoque perfectionis norma, potiùs quàm aliena. Clamat è contra recta Ratio nullum alium effe poffe rerum finem legitimum præter mentem omni perfectionum genere cumulatiffimam; ergo nihil hoc in Orbe verè perfectum eft, nifi quatenùs ad illius gloriam refertur.

TH. At peccatum referri non poteft ad mentis perfectiffimæ ideoque fanctiffimæ gloriam.

EUG. Diftinguo; referri non poteft ex confilio peccantis, concedo; ex ordinatione mentis Sapientiffimæ, nego.

Peccatum quidem non refertur ex peccatoris induftriâ ad finem legitimum, cùm ideo peccet, quòd fe à fine legitimo abducat: at ipfummet peccatum mentis creatæ caufa Sapientiffima dirigit ad fuam gloriam, fi quidem in peccantem non refipifcentem animadvertit. Ut enim ex virtute quam præfcribit, laudatque & remunerat fupremus rerum Arbiter, ita ex vitio quod prohibet idem, improbatque & punit, immenfum gloriæ decus efflorefcit.

TH. At fi Mundus eft perfectus, quâ refertur ad finem quem fibi propofuit fummus Mundi Artifex, nihil ille videre poteft in Mundo, quod oderit: atqui causâ summè Sapiens odit profectò peccatum. Præterea res creatæ perfectiones causæ exprimere debent: atqui pugnat cum causæ Sapientissimæ perfectionibus peccatum; ergo nullum esse potest sub causâ Sapientissimâ.

EUG. Verba illa quæ ad indicandos affectus humanos usurpari solent, cave eodem sensu accipias, si transferentur ad significandas Dei operationes: tunc enim abhibentur propter vocum penuriam, non propter affectuum similitudinem. Hoc sensu odisse solent homines, quòd, ubi vel sola rei species sese offert, ingratum aliquid intùs experiantur, & eò injustitiæ procedunt, ut illud plerumque aversentur quod probant, & ament quod improbant: at Deus hoc sensu odit peccatum, quòd illud improbet, & puniat nisi sit pœnitentiâ resolutum.

Peccatum, inquis, non exprimit Dei perfectiones; peccatum scilicet non vituperatum, non prohibitum, non punitum, istud liquet: at peccatum improbatum, vetitum & punitum non minùs exprimit Dei perfectiones, quàm virtus probata, præscripta & remunerata.

Hic obiter te monebo, Theodore, duplex esse odii genus apud Deum. Nam 1°. id cujus existentiam pati non potest summa Sapientia, meritò illa odisse dicitur; quo sensu odit quidquid non refertur ad suam gloriam, quod cum illâ pugnat; peccatum, verbi gratiâ, non punitum; virtutem non remuneratam. 2°. Id quod non permittitur nisi cum interminatione supplicii, meritò quoque odisse dicitur summa Sapientia, quo sensu peccatum Deus odit puniendum.

TH. Hic anceps distrahor in partes contrarias. Intelliguntur namque systemata deteriora, cùm non sint omnia æquè optima; ergo possibilia sunt. Possibile enim & intelligibile idem esse dictitas: at si causa Mundi Artifex est summè Sapiens, eodem sensu odit systema deterius, quo peccatum odit impunitum; ergo existere nequit systema id generis; ergo non est intelligibile : hæc certè pugnæ speciem præ se ferunt, nec tamen scio quâ possint ratione coire.

EUG. Facilè coibunt, si duplex distinguere volueris possibilitatis genus. Altera spectatur quantùm ad vim causæ; altera verò quantùm ad Sapientiam. Quod ut intelligas, exemplo utar à rebus humanis profecto. Sit homo sanus & expeditus, quique rectæ Rationi morem gerere velit; potestne ex præaltâ turri ille præceps ruere; potestne fingi se, quandiu sapit, dedisse præcipitem?

TH. Neutiquam. Pugnat enim hominem sapere & mortem sibi ex furore consciscere. Virium quidem habet quod satis est ad istud facinus; ergo si ad vires illius attendas, mortem sibi inferre potest; si ad sapientiam, non potest. Verùm estne in hoc casu par ratio Deum inter & hominem?

EUG. Non pari, sed potiori jure arguo. Potest homo à sua excidere sapientia: at mutari summa non potest; ergo systemata deteriora ratione summæ Sapientiæ sunt æternùm impossibilia: at si essent quoque impossibilia ratione energiæ, nulla esset in eligendo potiori Systemate Sapientia, quod certè absurdum est; ergo quod impossibile est ratione Sapientiæ, possibile sit oportet ratione efficaciæ.

Ad pleniorem rei intelligentiam distingue duplex in Deo exemplar; alterum essentiæ, seu veri in genere speculativo; alterum justitiæ, seu veri in genere practico. Res aliqua possibilis est, ubi ejus essentiæ existit exemplar; alioqui inutile esset illud exemplar, cum nulla esset vis operandi ad illius fidem, & hanc ex ipso exemplaris intuitu necessariò colligi possibilitatem sibi quisque conscius est: atqui rem eamdem esse ratione Sapientiæ possibilem temerè judicaremus; ergo &c.

TH. Atqui (ut tuis te armis lacessam) pariter inutile est exemplar essentiæ, si ratione Sapientiæ fieri non potest ut res vel Systema aliquod ad illius exemplaris fidem effingatur.

EUG. Nego. Illud enim non est inutile, sinè quo extare ipsa non posset Sapientia : atqui nisi existant hujus generis exemplaria, nulla est summa Sapientia, cùm nihil jam poterit eligi eò quòd sit optimum, nihil respui pravitatis causâ; ergo &c.

TH. Unum superest quod assensum cohibeat. Exemplar universa complexum in una mente extare nondum per te liquet. Est suum cuique rei possibili exemplar : sed fingamus rerum exemplaria in plurimas divisa mentes, intelligi non poterit illa de quâ tu Sapientia ; ergo ad lemmatis instar hujusce rei demonstrationem præmittere debueras ; alioquin summam Sapientiam fingere potero divisam in mentes innumeras, quæ convenient ut optimum operentur Systema. Hoc certè à tua mente alienum est.

EUG. Ex hoc ipso certa tibi sit fides, Theodore, argumenta insolita primâ vocum expositione, quamvis perspicua, sæpiùs non planè intelligi : nam quod adhuc dubium existimas, ita invictè tibi probatum est, ut, si tantillùm retractes, ne remorari quidem possis assensum : atqui nonne liquet eligi posse optimum Systema eò quòd sit optimum ?

TH. Hoc certè negari non potest.

EUG. An optimi Systematis electio dividi potest in plures causas ?

TH. Risum non teneam, si quis istud afferat.

EUG. Et quâ ratione fieri potest ab una mente unius inter omnia electio, nisi ab una intelligantur omnia ?

TH. Rem nunc assequor quæ mentem minùs attentam prætervolaverat. Ergo licet plures fingantur (quod vero absimile est) operam conferentes ad Orbem condendum, unam existere oportet causam quæ velut Architectus opus integrum intelligat, & cætera item Systemata quibus anteponit condendum. Miror quâ facilitate ista solvantur quæ apud quosdam mysterii loco habentur, præsertimque apud nostri ævi Pseudosophos. Hæc ergo hodie parta in meæ mentis promptuario recondo. Præter infinitum numero, spatio & tempore, infinitæ corporum formæ, infinitæ mentium affectiones intelligi & existere possunt : quæ quidem omnia inter se modis infinities variis componi possunt. Hinc infinita rerum Systemata, quæ singula extare possunt, si ad causæ efficaciam spectes, minimè verò si ad Sapientiam. Sunt quoque innumera æquè optima, quod ex nostra libertate colligitur; ergo non desunt Systemata quæ mentem Sapientissimam deceant, eamque maximè liberam, quippe quæ inter infinita possit eligere absque ullo Sapientiæ damno : atqui intelligi non potest mens eligens optimum, eò quòd sit optimum, nisi omnia intelligat; ergo existit in una aliqua mente rerum omnium & cujuslibet rerum Systematis exemplar, ad quod illa intuens videat & quid facere possit & quid fieri expediat; ergo si per Deum intelligitur mens quæ non solùm sit suprema veritas, summumque justitiæ exemplar, sed quæ omnia secundùm rectissimi ordinis exemplar moderetur, negari non potest Dei existentia. Jam nunc privatâ meditatione curabo, ut illa Dei notio, tuo amplificata beneficio, præjudicatisque expurgata opinionibus, mente nunquam excidat.

COLLOQUIUM TERTIUM.

TH. Nonnihil jam meditando proficere posse mihi videor. Ex quo enim à te discessi, tuum retractavi studiosissimè principium de summâ Sapientiâ, undè multa fluere mihi visa sunt in doctrinæ Christianæ patrocinium.

EUG. Quid ex tua meditatione lucri perceperis à te audire vehementer cupio.

TH. Audies, ut, si quid emendatione dignum tibi

videbitur, observes & corrigas. Ac 1°. Deus Christianorum summè potens creditur, *Omnipotens nomen ejus*: atqui hæc proprietas est summæ Sapientiæ. Nam, ut rectè nuper, nemo inter illa eligit quæ perficere non potest: atqui causa summè Sapiens eligit inter infinita rerum Systemata optimum, rejectis omnibus deterioribus, eò quòd sit summè Sapiens; & inter æquè optima unum quodcumque voluerit, eò quòd sit libera; ergo illa est omnipotens.

EUG. Quid si fingam Systemata quidem rerum possibilia esse omnia, sed à diversis prodire posse causis; imò & Systema quod eligit summa Sapientia partim ab unâ, partim ab alterâ esse causâ effectrice contextum? Namque Sapientiam à vi creandi distinctam observavimus. Fingamus ergo Sapientiam eligere Systema & dirigere causas operantes ne in Systemate contexendo errent, quemadmodum Architectus latomos, cæmentarios, cæterosque fabros & artifices regit. Hac in hypothesi summa potentia non erit appendix summæ Sapientiæ.

TH. Ista fingi absque idearum pugna non possunt. Nam causæ illæ famulantes erunt de numero entium quibus Systema mundi compingitur; ergo causa alia necessaria est cujus efficaciâ causæ illæ existant, suisque locis & temporibus aptentur. Quòd si causas illas dixeris necessarias quantùm ad existentiam, necessariòque efficaces, omnia quæ existunt erunt pariter necessaria; nulla ergo erit electio, nec proinde Sapientia, ut patet. Si liberas esse quantùm ad efficaciam finxeris, nec proinde Sapientiæ subjectas, nullo poterit Mundum ordine componere summa Sapientia, quippe quæ causas illas pro nutu dirigere atque ad opus quamque suum applicare non possit; ergo summa Sapientia sit rerum efficax necesse est. Nec me movet ab architecturâ ducta similitudo; nisi enim esset ædificii causa efficax à latomis cæmentariisque distincta; nisi operarii illi essent meræ causæ occasionales; nisi esset substantia entium dominatrix cujus ope Architecti propositum & mandata ab operariis intelligi possent pro cujusque modulo, tam vanum esset ædificandi consilium quàm olim ubi linguæ confusæ sunt, cùm turrim illam quæ à linguarum confusione nomen habet ad cœlum usque educere tentârunt homines.

Vin' tu, occasione datâ, aperiam quod de Orbe nunc existente conjicio? Vulgaris est opinio initium fuisse aliquod creandi; æternum scilicet effluxisse tempus antequam quidquam à causa principe prodiret; nec multi sunt qui Mundo deesse limites putent. Eadem Mundi & hujusce globi quem incolimus, id est, generis humani primordia fuisse sentiunt, futurumque ut, solutâ terrâ, non perstet Mundus: at summâ Sapientiâ dignius videtur æternum & immensum condidisse rerum Systema in quo partes variæ sibi innumeris succederent modis. Quæ tua porro est hoc de argumento sententia?

EUG. Nobilius de Deo sentis, Theodore, proindeque probabilius. Stellas esse totidem soles ostendunt Physici; ergo præter Systema nostrum solare sunt permulta alia. Utere telescopio exquisito; quamlibet vincunt numerandi facultatem sydera quæ telescopio fiunt perspicua. Utere perfectiori; nova deprehendes, ita ut nullos suspicari possimus limites in syderum numero.

Ante generis humani primordia aliquid extitisse tam verisimile est, quàm quod divus Petrus prædixit, *Solutis videlicet calore elementis, novos fore cœlos novamque terram.* Sed perge, quid denuo è summâ intulisti Sapientiâ?

TH. Deum omnia nosse, & quæ fuêre & quæ futura sunt. Non hìc sermonem instituere volo de vero quod ad intelligibilem rerum essentiam spectat, aut ad rectum ordinem. Cùm enim summa Sapientia in se veri exemplar in utroque genere complectatur, idque necesse sit ut optimum rerum Systema, eò quòd sit optimum, eligere valeat, summam in veri necessarii genere intelligentiam eo ipso probatam esse jam senseram. At animum tunc non convertebam ad verum contingens, quod quâ ratione Deus nôrit nescio. Verùm postquam altiùs expendi quid argueret summa Sapientia, verum contingens sive de præterito, sive de futuro, quod magis extra opinionem est, Deo innotescere sic evinco.

A libertate humanâ pendent quidam motus, quædam operationes divinæ: ergo cùm motu instituatur vel perimatur ordo inter corpora, si nesciret Deus qui motus à libertate profecti sint, aut profecturi, nesciret quis ordo, quæve ordinis perturbatio facta aut futura esset in mundi Systemate: ergo frustra optimum decrevisset Deus; quod certè pugnat cum Sapientia summè efficaci. Verùm quod ego à libertate humana collegi, pugnare tamen mihi cum eâdem libertate videtur. Nodum istum tibi solvendum reliqui; quod ubi perfeceris, ad exponenda quæ è summa Sapientia consequuntur, mea revertetur oratio.

EUG. Sit igitur ad ampliorem divinæ scientiæ notionem

CONCERTATIO TERTIA.

Futura novit summa Sapientia.

FUTURA vel pendent à summæ Sapientiæ decreto, vel à libertate creatâ. Si primum, suum decretum novit summa Sapientia, nec eam latet illud esse summè efficax: ergo certò novit quid ex illo decreto sit oriturum. Idem dictum esto de præteritis quæ ortum ducunt à decreto summæ Sapientiæ.

Si futura pendent à libertate creatâ, sic ego rem facio manifestam. Memini, id est, novi aliquid præteriti: atqui istud scientiæ genus non à mea voluntate proficiscitur;

proficiscitur ; eorum enim quandoque sum memor quæ oblivione deleri percuperem : non à mea natura ; alioqui ea non possem memoriâ retinere quæ obliviscor, aut oblivisci quæ nunc recordor : ergo memoria apud me oritur à causâ quæ menti meæ dominetur ; id est, causa princeps me præterita docet, illaque proinde novit. Ergo præterita quæ à libertate creatâ pendent sunt intelligibilia : atqui eadem est futuri proprietas, Se enim habet ad præsens, ut præteritum, sic & futurum ; ergo nulla est ratio cur veritas de præterito sit nunc potiùs intelligibilis quàm veritas de futuro ; ergo causa princeps utrumque æquo jure intelligit.

TH. Præscientia causæ summæ pendet igitur à libertate creatâ.

EUG. Pendet, id est, cùm libertate creatâ connectitur ista præscientia, concedo ; id est, habet causa princeps à creatæ mentis beneficio, ut istud scientiæ genus possideat, nego. Eodem sensu pendet à libertate creatâ futuri notio quàm notio præteriti : ut ergo causam principem latere non possunt præterita, eò quòd veritas de præteritis quamvis in nihilum conversis maneat ; ita eandem causam latere non possunt futura, eò quòd veritas de futuris licèt nondum productis jam nunc existat.

Observandum est, Theodore, veritatem contingentem esse æternam : verum enim nunc est, æternùmque erit extitisse Cæsarem ; quemadmodum ab æterno verum fuit eundem esse extiturum.

TH. At nunc non verum est extiturum esse Cæsarem ; nec ab æterno verum fuit extitisse eumdem.

EUG. Ne te moveant locutiones quæ præteritum, etiam dum de veritate sermo est, distingunt à futuro. Nam ista propositio, *extitit Cæsar*, sic converti potest ; *Cæsaris existentia huic tempori respondet* : atqui eodem modo converti potest hæc altera, *extiturus est Cæsar*. Voces itaque præteritum significantes aut futurum, objecti mutationem indicant, non autem veritatis quæ ad illud objectum attinet.

TH. Satis istud assequor, veritatem scilicet contingentem esse immutabilem. Sed ubi ista veritas, nisi in intellectu divino ? Æterna quippe est, immensa & unica; semper enim & ubique & semel verum est extitisse Cæsarem. Quâ autem ratione veritas de objecto nondum existente, veritas quæ pendebit ab arbitrio mentis creandæ, jam sit intellectui divino præsens, certè non capio.

EUG. Nec ullus, Theodore, capit. At licèt non capias quomodò etiamnum præsens sit intellectui divino veritas cujus existentia pependit ab arbitrio mentis creatæ, fatendum tibi est tamen hanc esse Deo manifestam, cùm nobis ipsis nota esse possit; ergo pari jure &c. Non enim te præterit istud Logicæ præceptum; videlicet à tenebris quæ objectum aliquod circumveniunt, nullam duci rationem negandi legitimam, modò adsint signa unde certò colligas objectum illud esse verum : atqui adsunt certa præscientiæ argumenta; ergo admittenda est, quamvis præsciendi modum oculis nostris densa nox eripiat.

TH. At pugnat cum libertate præscientia. Non potest enim illud non esse futurum quod Deus præscit : ergo si actus nostros Deus prænovit, liberi esse illi non possunt.

EUG. Hoc primum à te quæro; potestne illud non esse præteritum quod Deus meminit ?

TH. Neutiquam; at quid inde ?

EUG. Sine, hoc alterum quæram; an ex notione præteriti rectè colligas actus præteritos à libertate humana ortum non ducere ?

TH. Nec istud asseri potest; unde sic, ni fallor, argues : licet fieri non possit ut Adamus, verbi gratiâ, non peccaverit, libertate tamen usus est in peccando Adamus : ergo pari jure licet fieri non possit ut Antichristus non peccet, liber tamen erit Antichristus. At geminasti nodum, non solvisti. Si enim utrâque ex parte necessitas, nulla erit ex utrâque libertas.

EUG. Rectiùs colligas. Si ex unâ parte malè fingitur necessitas ; ergo temerè quoque ex alterâ. Nota, Theodore, illud minùs accuratâ loquendi ratione dici necessarium quod certum est. Minùs accuratè dixeris, *necesse est illud extitisse quod Deus meminit* : at rectè ; *certum est illud extitisse quod meminit Deus*. Pariter non necessariò, sed certò futurum est quod Deus præsciit. Cùmque id moris invaluerit ut una vox pro alterâ usurparetur, tunc intellige necessitatem judicandi, non autem existendi; verbi gratiâ, quòd te nunc video & alloquor, necessariò colligo te existere, at non colligo te existere necessariò; pari jure quòd Deus Adami meminerit aut Antichristi præsciat peccatum, necessariò colligendum est peccasse Adamum, peccaturumque Antichristum : cave autem colligas alterutrum necessariò peccare.

TH. Jam aliquid lucis suboritur : sed si potest non peccare Antichristus, fingamus futurum ut non peccet ; ergo incerta erit fallaxque Dei præscientia.

EUG. Retorqueo. Si potuit non peccare Adamus ; fingamus eum non peccasse ; ergo incerta erit fallaxque Dei memoria.

TH. Non istud colligam ; sed nullam fore de Adami peccato memoriam.

EUG. Collige pariter non fallacem aut incertam, sed nullam fore præscientiam de Antichristi peccato.

TH. At præscientia de Antichristi peccato nunc tolli aut mutari nequit, ideoque est necessaria : quæ enim semel existit præscientia, hæc necessariò perseverat, dum existat quod extiturum prænoscitur : atqui præscientia quæ necessaria est, arguit objectum necessariò futurum; ergo &c.

EUG. Retorqueo. Decretum de Antichristo creando non potest non existere : quod enim semel emissum est à summa Sapientia decretum, hoc usque perseverat dum existat res condenda : atqui decretum necessarium arguit rem necessariò creatam, aut creandam : ergo &c.

TH. Nulla mihi videtur paritas inter decretum &

præscientiam, nisi forte in meî patrocinium. Decreto Dei res creantur; præscientiâ non ita. Decretum est liberum; minimè verò præscientia. Certum est tamen quæcumque à decreto Dei oriuntur, non pendere à libertate humanâ; ergo potiori jure &c.

EUG. Ex ore tuo te judico, Theodore; decreto Dei res creantur; ergo decretum Dei rebus inducit existendi necessitatem: at divinâ præscientiâ actus nostri non creantur, quin & divina cognitio non est ad agendum illecebra; nullo modo inclinat aut flectit voluntatem; ergo nullam, ne minimam quidem, imponit actibus existendi necessitatem. Aliquid autem minùs accuratè subjecisti, cùm præscientiam Dei liberam esse negavisti; actus enim liberi arguunt Dei decreta, cùm nullus esse possit actus, quin actuum principium creaverit Deus; ergo præscientia de actibus nostris arguit decretum de nobis creandis: atqui decretum illud esse liberum fateris; ergo &c.

Fingi quidem non potest actus futurus & non præscitus; quemadmodum fingi non potest res decreta simul & non creanda (in quo stat quam negas similitudo); res cujus meminerit Deus & quæ non sit præterita; res quæ nunc in se videatur, & quæ non existat nunc: at non major ex una quàm ex alia parte existendi necessitas. Minùs quoque accuratè fingis eò usque perseverare præscientiam, dum existat actus præscitus, quasi, posito actu, mutetur præscientia in aliud cognitionis genus. Illæ enim voces, *præscientia*, *cognitio*, *memoria*, indicant quidem objecti mutabilitatem, at non significant in Deo diversum cognitionis genus. Eâdem, attende, Theodore, non dico simili aut æquali, sed eâdem prorsus cognitione Deus præscit, videt & recordatur Adami peccatum: atqui fateberis libenter nullam è memoria actibus humanis induci necessitatem; ergo nec ulla potest oriri è præscientiâ.

TH. Atqui mysterii loco habetur libertatis cum præscientia, non autem cum memoriâ concordia;

go non par est utriusque ad libertatem habitudo. EUG. Nego consequentiam. Saniùs colliges non soli constare homines. Pronum omnibus est ea admittere & intellectu facilia credere quæ sunt vulgata. Frequens est sensus & memoriæ & libertatis; utriusque concordiam facilè admittimus, etsi illam non magis intelligamus quàm libertatis cum præscientia concordiam. Si nobis esset, ut Prophetis olim, præscire concessum, non negassent quidam è veteribus Philosophis Deum esse præscium, ut liberum hominem constituerent.

TH. Intelligo nunc & præscientiam libertati non officere, & futurorum vaticinium non magis repugnare quàm præteritorum commemorationem; quia posse Deum æquâ facilitate, occulto præterito, manifestum facere futurum, quàm præteritum, occulto futuro.

Memor ero duplex esse in Deo cognitionis necessariæ genus; alterum veri in genere speculativo, cujus scilicet objectum est rerum essentia; alterum veri in genere practico, cujus objectum est justitia & rectus ordo.

Duplex quoque cognitionis contingentis genus, alterum cujus objectum est rerum creatarum existentia, quodque à Dei decreto proximè pendet; novit enim res creatas Deus, quia suum novit decretum: alterum quod spectat ad actus liberos mentis creatæ; quod quidem quâ ratione sibi Deus paret, prorsus ignoramus. Quælibet autem cognitio apud Deum est ubique & semper eadem, quia veritas quæcumque æterna est, immensaque ac mutari nescia.

EUG. Quod tibi philosophanti de divina præscientia, hoc omnibus Christianis demonstravit experientia ducta à viris Christi prænunciis & à toto ferè sacræ Scripturæ libro, quem cùm perlegeris, non te moveat quòd Prophetæ Dei jussu, quædam minimè ventura prænuntient; non enim absoluta erat, sed conditioni subjecta prædictio. Deus quippe, non modò quæ futura sunt, novit, sed & quæ futura essent, si quædam apponeretur, quæ tamen non extat, conditio. Sic vidit & prænuntiari jussit futurum ut elapsis quadraginta diebus rueret Ninive, ni, quod subaudiebatur, quodque probè intellexerunt Ninivitæ, vindicem Dei manum pœnitentiâ exarmarent.

TH. Et hoc quoque præscientiæ genus intelligas necesse est, si perspicuam summæ Sapientiæ notionem habes. Nam quid futurum fuisset, in alio quovis rerum Systemate noverat Deus, alioqui rerum Systemata inter se conferre non potuisset. Idem luculenter exprimere videtur Christus dicens: *Væ tibi Chorozaïn, væ tibi Bethsaïda; quia si in Tyro & Sidone factæ essent virtutes quæ factæ sunt in vobis, olim in cinere & cilicio pœnitentiam egissent.* Verùm paulò post Capharnaum interpellans: *Si in Sodomis factæ fuissent virtutes quæ factæ sunt in te, forte mansissent usque in hanc diem.* Ista vox *fortè* dubium aliquod injicit menti de præscientiâ eorum quæ, positâ conditione, futura essent.

EUG. An in Sodomitis libertatem, aut in Deo dubium significare illa verba mavis, elige.

TH. Malo certè his exprimi libertatem; sic enim illam vulgò exprimunt homines, & vulgari loquendi more, cùm alibi sæpissimè, tùm hic usus fuisse Christus videtur. Redeo ad summæ Sapientiæ corollaria.

Est illa immensa atque æterna: nemo enim agere potest ubi & quando non existit: atqui potest illa ubique & semper operari, ex primo corollario; ergo &c.

Præterea summa Sapientia est suprema veritas, cùm exemplar veri illa in quovis genere habeat: atqui veritas est ubique & semper; ergo Sapientia est æterna simul & immensa.

EUG. Rectè quidem tu hucusque: at nihilne aliud meditando attigisti de illis perfectionibus?

TH. Nihil nisi, quod jam sæpius observasti, non esse quidquam nobis loco notius ac tempore, quæ si infinita concipiantur, hoc ipso intelligitur immensitas atque æternitas.

EUG. Hìc arrige mentem, Theodore. Proprietates illas vel ipsi qui ad Deum nullatenus animum convertunt, satis intelligunt quatenus referuntur ad res creatas aliquo inter se ordine componendas. Nam in immensitate datur spatium locandis & circumagendis corporibus, quod quidem spatium sit quantitatis creatæ mensura: in æternitate datur succedendi ratio & mensura perseverantis existentiæ. In utràque proprietate simul conjunctâ, datur regula velocitatis; hoc omnes nôrunt. Sed easdem perfectiones intueamur in ipsa cujus sunt mente. Summa Sapientia existíme partim in spatii immensi parte?

TH. Minimè profectò. Tota enim est, aut nulla veritas; non datur Sapientiæ aut veritatis media tertiave aut quarta pars; ergo totam existere necesse est ubicumque illa existit.

EUG. Ergo multiplex necessariò est summæ Sapientiæ existentia: inde ergo exurgit immensitas, quòd infinities simul existat Deus, & æternitas, quòd idem infinities successivè. Sic habet omnem entis plenitudinem summa Sapientia; in qua quidem non ea est successio quæ in rebus creatis: illæ enim mutantur in horas, aliquid iis perit, aliquid accedit; sed ut in quolibet loco, sic in quolibet tempore idem accuratè quantùm ad omnia Deus: non fuit aut erit; non creavit aut creabit, sed est & creat.

Præterea in summa Sapientia *Vivimus, movemur & sumus*, ut divi Pauli verbis utar: verùm non hoc sensu illa est omnium locus quòd ambiat omnia, velut aqua corpus innatans: Deus enim omnia suâ penetrat substantiâ, in omnibus coexistit medullitùs, si ita loqui fas est; *intimior est intimo nostro*, inquit Augustinus.

TH. Tremendam utique notionem! Quis unquam peccet, si advertat continuò se ipsâ Judicis sui, Judicis, inquam, Sapientissimi atque potentissimi substantiâ penetrari? At nos in re tanti momenti fallit vis imaginandi. Vix sibi temperat vulgus, quin impio sensu dicat; *Cœlum cœli Domino, terram autem dedit filiis hominum;* quos nonnisi eminùs despicit, ut Rex è summo solio plebem. Verùm ista loci, vel si mavis, immensæ Sapientiæ perfectio quâ omnia penetrat, estne ita illi propria, ut nulli rei creatæ competat? Potestne mens creata alteram penetrare, aut materia materiam?

EUG. Id nemo quem sciam alicujus nominis inter Philosophos suspicatus est. Materiæ quidem penetrationem finxere quidam Scholastici, ut Eucharistiæ mysterium tuerentur; at nec figmentum probare potuerunt, nec eo opus erat ullatenus. Nescimus autem an id efficere possit Deus ut eodem prorsus in loco res creatæ simul existant, sive mentes, sive corpora. Verùm ista quæstio nihil confert, nec ad ampliorem Dei notionem, nec ad mores, nec ad Physicam, aliasve artes; quapropter ab illa investiganda abstinebimus. Tu potiùs quæ fluunt è summâ Sapientiâ persequere.

TH. Verax est summa Sapientia: id est, non solùm illa est veri exemplar, sed neminem ad errandum adigit; offert quidem erroris illecebras, non secùs ac veri judicii, quandiu perseverat tempus libertatis; nam citra errorem nullum existere potest peccatum, neque peccatum sine illecebris. At, ut jam docuisti, ille non adigit, imò nec invitat ad errorem, qui dat illecebras ad errandum cum veri illecebris, cum præcepto veri prosequendi, cum interminatione supplicii iis qui sunt à vero alieni. Mendacem autem esse repugnat summam Sapientiam; quapropter nullam adhibebo argumentationem quo istud manifestum faciam. Deus videtur quoque hoc sensu verax, quòd non solùm sibi, sed & mentibus creatis sit unicum veri speculum. Istud certè consequi videtur ex iis quæ jam de veritate dixisti.

EUG. Et liquidiùs patebit postea ex dicendis. Sed qui offert peccandi illecebras mendax esse censetur; non enim hoc sensu mendaces sunt homines quòd vi adigant, sed quòd industriâ atque illecebris inclinent ad errorem.

TH. Subtiliter quidem; at me, ni fallor, hinc extricare valeo. Ideò homines sunt mendaces, non solùm quòd offerant errandi illecebras, sed quòd alios decipi cupiant; quòd simul non offerant veri illecebras cum præcepto veri prosequendi, errorisque fugiendi; denique quòd nec præmium polliceantur iis qui vincunt errandi illecebras, nec supplicia errantibus comminentur: ista autem omnia præstat Deus. Finge ad horam hominem qui jus habeat experiendæ libertatis, eaque præstet omnia quæ modò commemoravi, nullo ille sensu mendax dici poterit.

EUG. Rectè: sed Deus Christianorum se decepisse Prophetas ore Prophetarum gloriatur. Quâ ratione istud cum veracitate conciliabis?

TH. Præsto est quod respondeam. Decepisse se ait Deus Prophetas mendaces, hoc sensu quòd erroris illecebras in pœnam fraudis amplificaverit, illecebrasque veri minores fecerit: eodem modo decipit mentes quo indurat pectora. Non injustè iis ad bonum verumque fit asperior via, ideoque ad errorem & peccatum declivior, qui oblata à Deo veri bonique præsidia parvi pendunt.

EUG. Veracitas mentis omnipotentissimæ sic quoque demonstrari potest. Ex necessitate judicandi quæ sui sensum facit, ubi adsunt signa ad certitudinem instituta, colligimus ea esse vera quæ judicamus: atqui si meritò suspicari possemus mentem quæ nobis dominatur esse fallacem, meritò quoque ea suspicaremur falsa & dubia quæ necessariò judicamus; ergo verax est causa nostri dominatrix.

TH. Non semel observavi multa in nobis esse unde probari possint Dei perfectiones, si pauxillùm attendere velimus. Certi sumus de re aliqua: hoc proprio cuique constat experimento. Non ultra vulgò procedimus. Pronum tamen erat sic arguere. Extat ergo mens quæ nos ad judicandum adigat: atqui non potest esse falsum quidquid necessariò judicamus ; ergo fallere non potest illa mens quæ ad judicandum adigit; ergo summè verax est.

Hæc heri meditando extudi ; plura erui posse existimo ; quod si perficiam, cras adero qui mea iterum cogitata tecum discutiam.

COLLOQUIUM QUARTUM.

TH. Nec spes me fefellit : cæteræ enim dotes Dei quem venerantur Catholici à summa Sapientia velut à fonte ultro oriuntur. Deum quippe illi suum immutabilem quoque, bonum, clementem, misericordem, justum, providum credunt & unicum. Ego summam Sapientiam esse immutabilem sic evinco.

Quædam Sapientiæ perfectiones ab illius libertate non pendent ; quædam sunt ejusdem libertatis fœtus : atqui primi generis dotes mutari non posse liquet ; non enim datur effectus sine causa : atqui manifestum est nullam esse posse causam hujusce mutationis. Nec secundi generis dotes mutari possunt. Perfectiones enim illæ sunt decreta de Mundo creando, regendo, judicando : atqui decreta illa sunt immutabilia ; vel enim immeritò mutarentur, vel meritò : si primum ; ergo non esset à summâ Sapientiâ profecta mutatio : si secundum ; esset quidem mutatio Sapientiæ consentanea, minimè verò quod mutationi præivisset consilium ; ergo &c.

EUG. Tune proprietatem illam cum libertate socias ?

TH. Primâ quidem fronte pugnare mihi visa est cum libertate immutabilitas. At ut propiùs rem inspexi, palam mihi factum est duplex esse libertatis genus ; alia nempe mentis est creatæ ; facultas scilicet eligendi inter bona & mala, facultas mutandi consilium è pravo in rectum, aut è recto in pravum: alia est facultas eligendi inter æquè optima, non verò mutandi. Hæc summæ Sapientiæ competit.

EUG. Ille non est liber qui aliud decretum ponere non potest: atqui Deus Systema Mundi ab existente diversum decernere non potest, si mutare consilium nequeat; ergo &c.

TH. Distinguo minorem. Aliud cum existente Systema decernere nequit, concedo: aliud loco præsentis, nego. Fieri quidem non potest ut duo Mundi Systemata coexistant; pugnat enim istud cum præmissâ Systematis notione; & in hoc libera non est summa Sapientia. At multa sunt Systemata æquè optima; ergo æquè possibilia ratione non efficaciæ modò, sed & Sapientiæ. Hinc nascitur divina libertas.

EUG. Si potest Deus aliud loco præsentis instituere rerum Systema, fingamus istud nunc fieri: atqui hac in hypothesi mutaret propositum Deus; ergo &c.

TH. Distinguo. Fingamus istud nunc decerni & idem simul esse ab æterno decretum, concedo: & aliud antea decretum fuisse, nego.

Duplicem enim fieri hypothesim necesse est. Videndum ergo utrùm pugnent ambæ vel coeant. Sæpè fit etenim ut quæ seorsim fingi possunt, eadem unà non possint. Sic uno in casu fingi potest prævisum Antichristi peccatum, & in alio non futurum; at simul futurum esse nec prævisum, aut prævisum nec futurum fingi nequit. Ita fingere licet decretum emissum de creando alio rerum Systemate, modò non fingas illud Systema cum præsente in eadem esse decretum æternitate.

EUG. Ergo positâ præsentis Systematis electione, jam nullâ fruitur in posterum libertate Deus.

TH. Nego consequentiam. Eadem nunc est quæ fuit aut erit libertas. Tu me sæpius monuisti non esse de divinâ operatione ad instar humanæ judicandum. Actus nostri sunt transitorii, unde alii in aliorum possunt locum succedere: decreta vero Dei non ita; æterna sunt aut nulla. Non elegit, sed eligit æternum Deus. Quod nisi ita se haberet, nullum assignari posset temporis momentum in quo suâ potitus esset libertate Deus. Nam ab æterno elegit; ergo ab æterno careret libertate, si, electione factâ, non esset ampliùs liber. Satius sit ita ratiocinari: ille liber est qui eligit unum Systema loco alterius æquè optimi: atqui sic Deus æternùm eligit; ergo æternùm est liber. Apud nos quidem mutatur usus libertatis, idque nos fallit cùm ad Dei libertatem attendimus: sed apud Deum idem perseverat libertatis usus.

EUG. Factus est Deus de non creante creans. Nondum judicat Orbem terrarum, quem aliquando judicabit; ergo mutatur Deus.

TH. Nego antecedens. Qui fuimus nihil, conversi sumus in existentes, ac proinde mutati: verùm Deus nunquam conversus est in creantem. Decretum etenim quo nunc existunt res creatæ, aut aliquando existent, est ab æterno. Idem dictum esto de decreto judicandi puniendique & remunerandi.

EUG. At Dei decretum est ex natura sua efficax; ergo si Deus me creat ab æterno, creatus sum ab æterno, ideoque existo ab æterno, quod certè falsum est.

TH. Nego consequentiam: tu ipse suffecisti arma quibus me tuerer invictum. Te enim autore, nihil existere potest quin alicui loco & tempori respondeat; ergo Deus emittere non potest decretum de re creanda, quin tempus & locus rei creandæ eodem decreto definiantur. Fingamus igitur (quod reipsâ verum est) definiisse ab æterno Deum, ut res aliqua, orbis verbi gratiâ, Terræ responderet loco & tempori finitis, intelligemus quâ ratione operatio Dei sit æterna, orbis vero Terræ non ita. Quemadmodum enim Deus ubique vult me existere, non autem me existere ubique, ita Deus semper vult me existere, at non vult me existere semper. Verbo dicam, finitum mihi voluntas immensa locum, finitum æterna tempus circumscripsit.

EUG. Jam egregiè Metaphysicam sapis, Theodore. Ergo jam judicatus sum; jam decretum emissum est quo beandus ego, aut torquendus, in quo stat Prædestinatio quam admittunt Catholici.

At si beandus sum, se olim mihi manifestum faciet Deus, nunc autem se manifestum non facit: ergo mutabitur Deus.

TH. Non Deus, sed ego mutabor. Quemadmodum si aperiam oculos, objecta video citra ullam objectorum mutationem; ita cùm Deus in virtutis præmium oculos mentis aperiet, videbit illa Deum citra ullam Dei mutationem. Æternum autem est decretum illud quo justorum oculi eo aperientur modo, ut Deus in virtutis præmium videatur.

Sed cùm eò fluxerit oratio ut de Prædestinatione nonnihil attingeremus, neque me lateat scindi in varias opiniones hâc de re Theologos; exponas, velim, quid de Prædestinatione sentias. Pendetne illa è merito hominis præviso, necne?

EUG. Cùm variæ apud Scholasticos opiniones non sint satis à verborum æquivocatione expeditæ, vix satis scio utrùm aliquam ex agitatis de Prædestinatione opinionibus meam fecerim. Ipsi se extricent: ego adhibebo voces usu tritas ideoque magis perspicuas; & meis verbis meam indicabo sententiam.

Certum est suum cuique præmium aut supplicium esse ab æterno præordinatum: præmium autem non esse retribuendum nisi illis qui rectè concessâ ad tempus libertate usi erunt, neque supplicium nisi vitiosis: cùmque ex rerum naturâ, pœna ad culpam, merces ad actus Legi consentaneos referatur, non potuit Deus destinare præmio nisi rectos, & supplicio nisi improbos; unde consequitur præmium appetenti ex amore felicitatis, suppliciumque timenti enitendum esse ut vitam ad justitiæ Leges exigat. Ecclesia autem Catholica quæ nos necessaria docet, manifestum fecit principium, ne conclusio tanti momenti tam destitueretur fundamento.

Quidam autem suspicati sunt Deum, cùm mentes creare decrevit, voluisse ut pars esset mercedi destinata, pars cætera supplicio, & illa ordinatio nullatenus ab humana penderet libertate. Quapropter quos voluit Deus salvos facere, eis destinavit auxilia ad salutem consequendam, cæteris non ita. Primùm decrevit ut inderet amorem justitiæ, aliis nequaquam. Hi ergo salvi, illi fieri nequeunt reprobi. At istud visum est multò pluribus à vero alienum quàm maximè. Hanc ut mitigarent sententiam, alii excogitârunt non ideo electos esse quosdam quòd justitiæ futuri sint amantes, sed justitiæ amantes, quòd electi posse tamen à justitia discedere, si voluerint; at certò nolent, dirigente Deo, ne irrita fiat electio. De reprobis autem nihil tale definire ausi sunt, ne aliquid admittere viderentur, quod apertiùs cum divina pugnaret bonitate. Fatentur quidem concessa esse reprobis auxilia quibus uti possint, si voluerint; at iisdem autoribus, nolent, nec fingi possunt velle, eo quòd electi non sint. At negant eos esse ad supplicium præordinatos nisi ex præviso merito.

TH. Quid istuc est opinionis, Eugeni? Non pendet ab humana libertate electio ad gloriam; ergo qui non sunt electi, hoc ipso præordinantur ad pœnam. Non enim est aliquod adultis medium; quòd si dixerint præordinari ad pœnam reprobos, eo quòd præsciverit ab æterno reproborum pravitatem, cur nolunt ex prævisis meritis præordinari pariter probos ad gloriam? Ut enim supplicii, ita & mercedis retributio est apud Deum justitiæ actus. Prima quidem opinio mihi videtur impia; secunda autem sibi minùs cohærens.

EUG. Prima apud eos exorta est qui negabant esse in homine liberum arbitrium; secunda apud eos qui libertatem confessi, eam cum Dei præscientia conciliare non callent. At ipsi, inquam, se extricent; tu istud Rationi consentaneum tene. Scilicet Deus rectos corde beabit propter merita; ergo eos ab æterno voluit propter eadem merita & in ratione meritorum beare. Pariter vitiosos torquebit propter peccata quæ profectò prævidit; ergo eos voluit propter peccata & in ratione gravitatis torquere: eadem enim connexio est pœnæ ad culpam, quàm præmii ad justitiæ actus: atqui, ut ferè omnes nunc fatentur, absurdum est à Deo justo & optimo prædestinari aliquem ad supplicium, nullâ habitâ peccati prævisi ratione: cur ergo fingunt prædestinari aliquem ad præmium, nullâ habitâ meriti prævisi ratione? Fingi quidem potest aliquis hoc pacto prædestinari ad felicitatem, non autem ad præmium.

TH. Mentem tuam, ni fallor, sum assecutus. Si in rerum Systemate peculiaris aliqua ratio id expostulet, ut mens ad felicitatem destinetur, mens illa felicitatem ex decreto Dei assequetur ut merum donum, non ut præmium: merum quippe donum non arguit meritum; ergo mens illa non erit ad felicitatem destinata ex prævisis meritis: at felicitas quam expectamus non retribuetur nisi positâ conditione obsequii; ergo non est merum donum, sed est quoque præmium; ergo statuitur rependenda propter prævisum obsequium.

EUG. Ad majorem rei explicationem, quæro à te, Theodore, quâ de causâ futurum sit ut Deus, illâ judicii universi die, alios ad felicitatem secernat, alios verò ad pœnam?

TH. Eâ ipsâ quam Christus commemorat: eò quòd scilicet caritatem, seu potiùs justitiam in Christi membra alii exercuerint, alii verò fratres suos ideoque Christum despexerint.

EUG. Ergo tunc statuet retribuere Deus mercedem aut supplicium propter merita & in ratione meritorum: atqui quod decernit Deus mutari nescius, hoc eodem modo & eâdem de causâ decrevit ab æterno.

TH. Istud liquet; alioqui Christus cùm judicabit

homines, causari deberet non opera justitiæ aut iniquitatis, sed decretum suum, quasi dicturus esset reprobis : *Ite in ignem æternum ;* nolui enim vos eligere ad beatitudinem, & ideo non dilexistis justitiam : & Justis, *Venite benedicti Patris mei ;* vos enim eligere volui ad beatitudinem, quapropter fuistis justitiæ studiosi.

Angebat me, fateor, Prædestinatio quæ mihi, ut multis, videbatur esse fatum aliquod ineluctabile : at primò evidens est futurum ut summa Sapientia rectum libertatis usum remuneret, pravumque puniat ; 2°. evidens est pariter quod olim præstabit, illud idem esse ab æterno decretum : nullum enim potest esse in Deo operandi initium.

EUG. Ergo cùm in hoc stet Prædestinatio quam nos docet Ecclesia *, in hoc quoque illa est maximè Rationi consentanea. Si verò præter perspicuam Ecclesiæ doctrinam aliquid confictum est ab hominibus, illud prætermittere debemus : opinionum enim humanarum è quibus nihil quod mores dirigat, inferri potest, vanissima est scientia.

Qui verò homines prædestinavit, hos præmio, illos supplicio, idem illis definivit ab æterno salutis consequendæ præsidia, aliis majora, aliis minora pro arbitrio. Nullam autem ibi suspicari debemus personarum acceptionem ; quod enim fit ad arbitrium summæ Sapientiæ, est hoc ipso maximè Rationi consentaneum. Prima autem auxilia nullatenus à nostra libertate pendent ; primis verò si rectè usi fuerimus, & amplioribus opus habeamus, stabit à recto libertatis usu, ut illa adipiscamur.

TH. Ergo si non prima, quod certè fieri non potest, at certè subsequentia Gratiæ auxilia mereri possumus.

---

* Uberiùs dicent de utraque Prædestinatione Theologi, modò liquidam præmittant notionem de merito vi cujus operatur efficacia divina.

EUG.

EUG. Hæc minùs accurata est locutio, Theodore: usurpetur tamen per me licet, modò explicetur; aliquo enim sensu vigilando & orando meremur amplificata & perseverantia salutis consequendæ præsidia; at non eodem sensu meremur Gratiæ opem, quo mercedem: si enim Gratia esset verum præmium merito propriè dicto respondens, Gratiæ donum, ut & præmii, esset justitiæ actus, ideoque Gratia retribueretur in ratione meriti; atqui res non ita se habet. Quamvis enim sæpe contingat ut majorem Deus & perseverantem concedat enixè postulanti Gratiam; abutenti autem primâ, minorem in posterum largiatur: contingit etiam quandoque ut maximè nefarios ad justitiæ amorem potentissimâ Gratiâ revocet, dum justi sentiunt minorem in se fieri Gratiæ delectationem; dat sceletissimis aliquando pœnitendi spatium, dum alios minùs nocentes priùs tollit è medio, quàm peccata pœnitentiâ deleant.

TH. Attamen videtur, si non justitiæ, saltem Sapientiæ maximè consentaneum, ut major iis concedatur Gratia qui primâ rectè usi majorem postulant, & minor iis qui primis abutuntur Gratiis.

EUG. Quàm temerè, Theodore, in nosmet Legem sanciremus iniquam! Quis inter homines salutem sperare queat, si Gratiam moventem debilitet in perpetuum Gratiæ abusus? An Rex semper majora vitæ tolerandæ præsidia illi conferre debet qui magis enixè constanterque postulat.

TH. Negabo utique: fieri enim potest ut ratio boni publici aliud expostulet. Privato enim publicum bonum est anteponendum; ergo petenti præferre potest vel abnuentem: satis est ut necessaria vitæ tolerandæ cuique privato provideat, in reliqua autem destributione consulere debet bono publico.

EUG. At Deus est omnium moderator & Rex Sapientissimus. Ut ergo sub homine Rege temerè arguat subditus personarum acceptionem, eò quòd divitiæ quæ sunt vitæ tolerandæ præsidia, non accrescant in ratione laboris & induftriæ ; ita , quin & multò magis temerè fub Rege Deo, eò quòd non fit æqua in omnes primæ Gratiæ diftributio, aut illa non amplificetur in ratione conatûs. Qui decreto immutabili varia fecit omnia, ut inde major exurgeret ordinis naturalis pulchritudo, variam quoque decrevit Gratiæ diftributionem, ut inde perfectior fieret ordo fupernaturalis.

Iftud autem obferva diligenter, Theodore, fcilicet non retribuendam effe majorem, minoremve mercedem pro majore vel minore Gratiâ, fed pro Gratiæ ufura magis minufve legitima. Quid ergo querimur, fi minor nobis conceffa eft, cùm à noftra ftet libertate, ut illius ope majorem confequamur mercedem.

TH. A te fcifcitabor obiter, potueritne Deus mentem aliquam condere ad felicitatem citra ullum meritum confequendam ?

EUG. Nos Chriftiana docet Religio infantes qui à Baptifmo recentes moriuntur adipifci felicitatem abfque merito libertate parto : non ergo illi, fed Chriftus in illis remuneratur. At nefcimus utrùm Deus voluerit, aut poffit, habitâ ratione Sapientiæ quemquam beare citra meritum aliquod proprium vel alienum. Beari verò omnes citra meritum repugnat, cùm in hoc ftet juftitia divina ut virtutem renumeret, vitiumque puniat, nec illud fieri poffit, fi nulla fit libertas creata; unde confequitur neceffarium effe in rerum Syftemate libertatis creatæ donum aliquibus conceffum ; neceffarium, inquam, ratione divinæ Sapientiæ. Verùm age, Theodore, quid de Dei bonitate fentis ? in quo ftat illa perfectio ?

TH. Ille eft profectò bonus, cujus voluntas eft optimi fœcunda Syftematis, & quo moderante, nemo nifi peccator eft mifer : atqui fic fe habet fumma Sapientia. Prima pars eft liquidæ veritatis ; fecundam autem fic probare poffe mihi videor.

Miferum hìc intelligo qui abfque ulla fpe beatitudinis torqueretur : atqui fub Deo Sapientiffimo nemo nisi peccator sic torqueri potest. Absurdum est enim esse quemquam qui meritò nec amaret, nec laudaret summam Sapientiam : atqui mens sensu definito misera, non posset amare & laudare summam Sapientiam, ut patet ex invicto felicitatis amore, essetque tamen inculpata; ergo &c.

EUG. Diciturne meritò bonus, Theodore, qui timorem, dolorem, morbos ac denique mortem toto Orbe disseminavit ; qui fulminat horrendùm ; qui terræ motu evertit urbes, peste gentes populatur, belloque & fame ac variis modis perimit ?

TH. Contendo in his quoque elucere Dei bonitatem, non in Justos modò, sed in plurimos è peccantibus. 1°. In Justos : nam si hæc æquo animo patiantur ; quod certè præstabunt, si à justitia non desciscant, momentaneus in illis dolor majus, quin *& immensum*, ut loquitur divus Paulus, *gloriæ pondus operabitur*; ergo quæ vulgò calamitates dicuntur, hæc sunt bonis optima. 2°. Hæc sunt quoque bona peccantibus quos repentina mors non occupat. Hi enim admonentur timendum esse supremum Judicem ; ergo nisi de industria pectus indurent, mala quævis in bonum convertent, dicentque demum cum Psalte regio : *Bonum mihi quia humiliasti me.* Quòd si mors peccantem nondum resipiscentem occupat, advertendum est vitam & mortem, motûs Legibus esse definitas ; ergo cùm Leges motûs sint sapienter institutæ, Deus è medio tollens peccantem, recto ordini satisfacit, & puniens pro peccatorum gravitate, justitiæ Legibus obsequitur.

EUG. Hæc sunt maximè perspicua quæ tu modò, maximèque Rationi consentanea : cùmque ista à Christianâ Religione deprompta sint, fatendum tandem eum esse Philosophum, qui verè est Christianus.

Eâdem profectò gravitate dices de clementia atque misericordia.

TH. Dotes illas in hoc stare opinor, quòd Deus peccanti spatium pœnitendi, auxiliaque ad repetendam justitiæ viam concedat, & sincero animo pœnitentibus ignoscat. Dubium quidem mihi est utrùm prima pars alio probari pacto possit quàm experimento; hanc igitur prætermittam: at secundam partem sic manifestam facio.

Pugnat certè cum summa Sapientia eum æternas dare pœnas, qui veri & justi ita tenax est, ut vero justoque postponat omnia: atqui quisquis peccatum indignatur suum, & in se ipsum animadvertens, se dignum supplicio, proindeque Deum esse justum profitetur, qui demum omnia & vitam ipsam pro delicti expiatione pacisci cupit, is certè verum justumque amat præ omnibus, is judicium ac voluntatem suam ad voluntatem conformat divinam; ergo cùm talis sit quem verè pœnitet, is non potest summæ Sapientiæ non placere.

EUG. Ah! Theodore, istud quidem probasti ratiocinando: verùm quàm vividiùs comprobatur experimento! Sciscitare ab iis quicumque ab iniquitate revertuntur ad justitiam, utrùm illis opus sit tuâ probatione. Enim verò quid sibi vult ista voluptas inenarrabilis quâ intùs perfunditur peccator cùm semetipsum detestatur? Unde illæ lacrymæ omni gaudio potiores; illa mœrendi suavitas quam cum nulla ridendi jucunditate commutet resipiscens? Unde, inquam, ista, nisi à Deo qui sic pœnitentem admonet sibi placere resipiscentiam, nec vanam esse quæ fit ex amore justitiæ pœnitentiam? Crede mihi, Theodore; nemo libentiùs, nemo certiùs confitetur Deum esse misericordem quàm peccator resipiscens; resipiscens, inquam, ex amore justitiæ: non enim eam experitur pœnitendi voluptatem qui Antiocho similis nihil aliud quærit peccatum confessus, quàm aut bona terrena, aut levamen in adversis; qui nullam esse cuperet in peccatum animadversionem; verbo dicam, qui non peccatum, sed ea solùm odit quæ ex peccato mala consequuntur. Non sentit iste Deum misericordem, unde plerumque in desperationem cadit, quamvis se nefarium ultrò confiteatur. Molestum certè mihi fuisset, si ductum è sensu intimo divinæ misericordiæ argumentum prætermisissem : jam nihil te moror.

TH. Actus misericordiæ ut & justitiæ, in Deo sunt æterni quidem, at effectus non ita; nam justitia (quam certè à Sapientiâ procedere non probabo) nihil aliud est quàm decretum quo Deus cuique tribuit in ratione meritorum : atqui istius decreti effectus ab æterno esse non possunt. Nam ex rerum natura, præire debet mercedi meritum & poenæ culpa, ideoque tempus libertatis necessariò antevertit tempus retributionis; ergo &c.

È contrà effectus misericordiæ & clementiæ non possunt esse in æternum, nisi quantùm ad consectaria : si enim sempiternum Deus concederet poenitendi spatium; aut si in culpam è poenitentiâ relapso, nec iterum respiscenti perpetuò ignosceret Deus, jam nullum superesset justitiæ spatium. Quod si observetur, nulla erit, quæ multis tamen esse videtur, pugna misericordiam inter & justitiam divinam.

Immeritò quoque justitiam divinam esse nullam quidam insani suspicantur, eò quòd virtus sit in hoc seculo misera, vitiumque felix. Nam 1°. falsum est veram virtutem esse hoc in seculo, sensu quem definivi, miseram, cùm nullus sit amor justitiæ sine spe mercedis. Falsum quoque est vitium esse felix, si per felicitatem intelligamus statum mentis citra metum desideriumque beatæ; nullus enim hac in terra hoc sensu felix esse potest. 2°. Si voti aliquâ in re compotes sint injusti, si potentes, honorati, divites; si è contra justus despectus, inops, vexatus, cùm ista tempore libertatis accidant, non verò retributionis, nulla est ratio cur inculpetur Dei justitia.

EUG. Verè, Theodore : qui observat commissum sæpè fuisse impiis in cæteros imperium, rectè colligit illud esse nullius pretii, cùm illud Deus justitiæ inimicis permittat.

D d iij

TH. Neque ob eam causam jure incusatur divina providentia quæ in hoc posita est, ut quaslibet Systematis partes, ne minimâ quidem omissâ, dirigat ad finem propositum. Jam verò perfectio illa à summâ Sapientiâ perspicuè proficiscitur. Nam absurdum est mentem summè Sapientem plures in Systemate rerum universo condidisse partes, quàm quæ requiruntur ad finem attingendum aut pauciores dirigi ad eundem finem quàm quæ conditæ sunt: vel enim non attingeretur finis, vel essent quædam partes inutiles, quod utrumque pugnat cum Sapientia.

EUG. In eo quidam Deum non esse providum arguunt, quòd quæ sit partis alicujus ad legitimum finem habitudo, non habeant exploratum: at erit olim cùm manifestas faciet justitiæ suæ vias Deus, evincetque ab ore impiorum suæ providentiæ confessionem; tunc enim temerè judicare non licebit.

TH. Unum superest quod è notione summæ Sapientiæ eruam; mentem scilicet id genus esse unicam: atqui id multiplici argumento probari potest.

1°. Mens summè Sapiens hoc ipso est summè potens: atqui pugnat duplicem esse causam omnipotentem. Nam si una pendet ab alterâ, non est utraque omnipotens: si neutra; ergo nihil potest altera in alterius voluntatem, quæ proinde erit simul & non erit ex naturâ suâ efficax: erit quidem ex hypothesi; non erit autem propter repugnantem alteram. Fingamus enim ab altera decretum esse ut omnia condita ad finem unum colliment, quod certè est de optimi Systematis essentiâ; hoc obtinere non poterit, simile decretum emittente alterâ; unde non unum Systema, sed permixtum atque confusum extare necesse esset: ergo neutra esset summè potens; neutra secundùm notiones præmissas summè Sapiens.

Liceat rem illustrare ducto à motûs Legibus exemplo. Fingi potest ista (quæ reipsa est, si Physicis credimus) motûs instituta Lex, ut corpus alteri occurrens quantitatem sui motûs partiatur in ratione utriusque molis. Sit ergo corpus ab una causa creatum occurrens corpori ab altera creato : vel tunc mutabitur ordo à secunda causa institutus, si primæ decretum sit efficax; aut invalidum erit primæ causæ decretum, si non mutatur ordo à secunda institutus. Quæ cùm coïre non possint cum idea mentis summè potentis, optimique rerum Systematis, colligo non modò unicam esse causam summè Sapientem, sed & unicam esse causam solo voluntatis imperio efficacem.

2°. Summa Sapientia est immensa atque æterna, nec animo effugit quod tu nuper, scilicet multiplicatâ in infinitum unius Dei existentia, constitui spatium ac tempus infinitum, unde habeamus immutabilem quantitatis ac motûs perseverantisque existentiæ mensuram : atqui duplex esse non potest locus immensus, duplex æternitas; ergo neque duplex mens hoc sensu immensa & æterna quòd his proprietatibus constituat ipsa locum & tempus.

3°. Summæ Sapientiæ est in se continere veri justique exemplar æternum & immutabile : atqui non potest esse duplex id generis exemplar ; alioqui bis verum esset quodcumque immutabiliter verum est, quod certè omnes nôrunt esse falsum.

4°. Extaret necessariò, si extare posset duplex causa summè Sapiens; à nullo enim habere potest existendi beneficium : atqui duplex causa summè Sapiens non potest esse necessaria : nemo enim sibi facilè fingat illud esse in rerum natura necessarium quod est inutile : atqui inutilis esset profectò altera mens summè Sapiens. Nam ut omnia possibilia intelligantur, & existentia fingi possint, satis sunt, 1°. exemplar cujus ope natura rerum innotescat; 2°. voluntas summè efficax, ad cujus nutum & libitum existant; 3°. spatium immensum in quo collocari possint; 4°. tempus infinitum in quo perseverent plus minùs pro nutu causæ; 5°. summa Sapientia ut rectò possint ordine componi : atqui hæc omnia fieri possunt, positâ unius summæ Sapientiæ existentiâ ; ergo &c.

EUG. Nunc te callere novi quas exposui de summa Sapientia notiones : scitè enim admodum eas adhibes. Jam tibi ipse dux esse potes, qui tam fœcunda facis ratiocinando commissa tuæ menti Metaphysicæ principia.

TH. Absit mihi me ducem in tui locum substituam! Brevi, si per te licet, adero auditurus quâ ratione Atheorum fallacias refellere, & quo pacto principia Rationis lumine demonstrata conciliare possim cum doctrinæ Christianæ principiis de Homine-Deo.

COLLOQUIUM QUINTUM.

TH. Cum humanorum de divina essentia errorum cursim perlustravi historiam, visi sunt mihi doctrinæ Christianæ hostes ad tria genera redigi posse. Primum est eorum qui nullum se Deum admittere profitentur. Secundum est eorum qui nomine tenùs admittunt, reipsa negant. Tertium demum eorum qui aut causæ principi suas detrahunt perfectiones, aut affingunt aliquid alieni. Infinitus sim autem, si omnia sigillatim percurrere orando velim quæ temerè, quæ absurdè & impiè de Deo dicta sunt. Nostris quidem principiis pleraque refelli posse sentio; at istorum errorum autores suis oppugnari armis exoptem.

EUG. Id certè facile est : dum enim opinionum ex una parte molem astruunt Dei hostes, hæc aliâ parte ruit : atque ut primi generis impios aggrediamur, exponamus summatim Epicuri ac Lucretii errorem.

Nulla est hujusce Mundi causa, ideoque nullus finis ad quem dirigantur variæ Mundi partes. Non conditus ad videndum oculus, aut auris ad audiendum, non varia semina ad plantarum animaliumque propagationem. Suum cuique rei finxit usus finem maximâ ex parte fortuitus; omnia non ordine, sed casu inter se componuntur; non ergo illi in aspectabili rerum

Orbe Sapientiam omnia regentem mirati funt, fed fati neceffitatem. Res enim aliter, iifdem autoribus, componi non poffunt; exiftunt, moventur atque permifcentur ex naturâ fuâ corpora.

TH. Quid igitur per cafum, quid per naturam intelligunt?

EUG. Illud definire non ita facile eft. Eafdem quandoque voces adhibemus, at tunc pervius eft illarum fenfus. Si dixerim te mihi cafu factum effe obvium, quifque intelligit iftud non oriri à tuo meove confilio, non autem iftud finè causâ contigiffe: aliquid ergo cafu obvenit, fi fpectes ad efficaciam aut fcientiam mentis creatæ: nihil verò cafu accidit fi attendas ad Deum. Aliud eft fingere aliquid quod non fit mente creatâ deliberatum; plurima certè funt hujus generis: aliud verò fingere aliquid quod à nulla causâ cognitum fit aut decretum. In priore cafu fingitur effectus non exortus à mente creata, non prævifus ab eadem mente; in quo quidem nulla eft idearum pugna. In fecundo fingitur effectus extans finè ulla causâ, quod perabfurdum eft. Vocibus ergo abutuntur qui dicunt à cafu fatove natum effe rerum Syftema. Pariter hæc vox *natura* fenfum habet obvium in his propofitionibus: *radiorum æqualitas eft de natura circuli: hoc à natura inftitutum eft ut corpora motu accelerato ferantur ad terræ centrum.* In prima enim propofitione per hanc vocem exprimitur id finè quo nec effe ullo tempore aut loco, nec intelligi circulus poteft. In fecunda verò, Leges quibus Orbem corporeum causâ princeps regit. Si autem, fublatis iftis Legibus, fublatâ operatione causæ, fingas aliquid effe quod antea non fuerit, quod mutetur quantùm ad locum atque varias affectiones, fique illas rerum vices naturæ afcribas, tunc vox illa eft omni fenfu deftituta.

Si verò quæras ab Epicuro aut Lucretio quâ potuerit Orbis ratione coalefcere, hoc habebis refponfi; atomorum, id eft partium quæ dividi non poffunt, natura fert ut difcurrant in fpatio; cùmque variæ sint formæ, hamatæ cæteris cohærent & implicantur, sicque glomerantur corporis alicujus partes. Unde propter varium cujusque impetum rotantur vario modo, gyrantque corpora. Hinc animalia & plantæ: inde hominum genus : *Hinc metuunt cupiuntque, dolent gaudentque.*

TH. Proh! quàm audaci saltu ad consecutiones properant! Immensum illæ distant à principio. At quo momento impulsi principium admisêre?

EUG. Nullo, nisi Religionis cujuscumque odio. Non sibi temperat ab illo odio exprimendo Lucretius, cùm ait : *tantùm Relligio potuit suadere malorum;* quasi ex Religione, non ex iis qui Religione abutuntur, mala exorirentur.

TH. At ex hoc ipso eos refellam, quòd principium non sit probatum. Nam quæ paradoxi speciem habent, accuratè probanda sunt, non fingenda : atqui paradoxum refert quàm maximè opinio quâ fingitur Mundus mirabili ordine compactus absque causa regente & ordinante. Præterea quodnam est istud spatium? Estne aliquod ens, aut entis, & cujus entis affectio?

EUG. Nihil illi hâc de re : subodoramur tamen istud spatium iis prorsus inane visum fuisse.

TH. Quomodo ergo mensurabile spatium, imò & mensuræ fundamentum esse potest? Suntne apud illos aliquæ nihili proprietates?

EUG. Leges motûs quas Physici observant casu quoque, non Sapientiâ institutas esse affirmârunt iidem; & inde secum eos pugnare evincitur. Si enim ab iis eorumque discipulis quæratur cur corpus impactum secundùm lineam perpendicularem reflectatur secundùm eamdem, aut cur corpus duobus æqualibus & æquâ vi prementibus interjectum non moveatur, hoc erit eorum ut & nostrum responsum, quòd nulla sit ratio cur ad sinistram aut ad dexteram pergat. Ergo cùm nulla fuerit primitùs ratio cur atomi horsum potiùsquam illorsum moverentur, quiescere semper atomos necesse fuit : ergo suâpte culpâ ruunt ipso in limine.

Secundi generis Atheos disce à Spinosâ, qui, cùm Deum existere affirmat, unicam esse in toto Orbe substantiam contendit, infinitis constantem attributis seu proprietatibus.

TH. Istud scio : nec me latet adhibuisse Spinosam in hujus figmenti patrocinium larvam quamdam methodi geometricæ.

EUG. Quàm ridiculus sit, cùm ita Geometram mentitur, tu mox judex eris; & hoc argumento est quantùm insaniant qui Deum excutere suo pectore conantur. Eundem errandi & opinionum monstra fingendi furorem invenies in opusculis quibus titulus, *Systema naturæ; Dominatus orientalis; Dictionarium philosophicum*, &c.... Uno ergo exemplo omnes noveris : nam in idem omnes, quamvis vario ratiocinandi apparatu recidunt; scilicet ut nulla sit libertas, nulla Lex, nulla justitia præter voluptatem, nihil iniquum nisi dolor. Verùm hoc te oro ut risum teneas, dum expono summam systematis quod in opere posthumo Spinosæ delineatum habemus. Has ille primùm præmittit definitiones.

1°. *Per substantiam intelligo id quod in se est & per se concipitur ; id est, cujus conceptus non indiget conceptu alterius à quo formari debeat.*

2°. *Per attributum intelligo id quod intellectus percipit de substantia tanquam ejus essentiam constituens.*

3°. *Per modos intelligo substantiæ affectiones, sive quod in alio est, per quod etiam concipitur.*

4°. *Per Deum intelligo substantiam constantem infinitis attributis quorum unumquodque æternam & infinitam ejus essentiam exprimit.*

Tum hæc ponit axiomata.

PRIMUM. *Omnia quæ sunt, vel in se sunt, vel in alio.*

SECUNDUM. *Id quod concipitur, nec per aliud concipitur, per se concipi debet.*

TERTIUM. *Effectûs cognitio pendet à cognitione causæ eamque involvit.*

QUARTUM. *Quæ nihil commune inter se habent, etiam per se invicem intelligi non possunt; sive conceptus unius alterius conceptum non involvit.*

His positis, sic Spinosa se ad demonstrandum accingit.

PROPOSITIO PRIMA.

Substantia prior est naturâ suis affectionibus.

DEMONSTRATUR. Id patet, inquit Spinosa, ex definitionibus primâ & tertiâ.

SECUNDA.

Duæ substantiæ diversa habentes attributa nihil inter se commune habent.

DEMONSTRATUR. Patet ex definitione primâ; nam per se concipiuntur & unius conceptus alterum non involvit.

TERTIA.

Si duæ res inter se nihil commune habeant, earum una non potest esse causa alterius.

DEMONSTRATUR. Nam si nihil commune habent, ergo per axioma quartum per se invicem intelligi non possunt: ergo per axioma tertium una non potest esse alterius effectus.

QUARTA.

Duæ res vel plures distinguuntur inter se vel ex diversitate attributorum, seu substantiarum, vel ex earumdem affectionum diversitate.

DEMONSTRATUR. Omnia quæ sunt, vel in se vel in alio sunt, per axioma primum; hoc est, per de-

finitiones primam & tertiam, extra intellectum nihil datur per quod res plures inter se distingui possint, præter earum attributa earumque affectiones.

QUINTA.

In rerum natura non possunt dari duæ aut plures substantiæ ejusdem naturæ seu attributi.

DEMONSTRATUR. Si darentur plures substantiæ distinctæ, deberent inter se distingui vel ex diversitate attributorum, vel ex diversitate affectionum per propositionem præcedentem. Si ex diversitate attributorum, concedatur ergo non dari nisi unicam ejusdem attributi; si ex diversitate affectionum, cùm substantia sit naturâ prior suis affectionibus per propositionem primam, depositis affectionibus & in se considerata, hoc est verè considerata non poterit concipi ab aliâ distincta; id est, non poterunt dari plures, sed tantùm una ejusdem attributi.

SEXTA.

Una substantia produci non potest ab alia substantia.

DEMONSTRATUR. In rerum natura non possunt dari duæ substantiæ ejusdem attributi, per propositionem præcedentem, hoc est per secundam propositionem, duæ substantiæ nihil commune inter se habent, adeoque per tertiam propositionem una non potest ab alia produci.

Demonstratur etiam ex absurdo. Nam si substantia posset ab alia produci, ejus cognitio à cognitione causæ penderet, per axioma tertium; ergo per definitionem primam non esset substantia.

SEPTIMA.

Ad naturam substantiæ pertinet existere.

DEMONSTRATUR. Substantia non potest produci

ab alia, per præcedentem: erit itaque causa sui; id est, ipsius essentia involvit necessariam existentiam; sive ad naturam ejus pertinet existere.

OCTAVA.

Omnis substantia est necessariò infinita.

DEMONSTRATUR. *Substantia unius attributi nonnisi unica existit per propositionem quintam, & ad ipsius naturam pertinet existere per præcedentem; ergo est de ipsius naturâ eam vel finitam vel infinitam existere: atqui non finitam. Nam deberet terminari ab aliâ ejusdem naturæ, quæ etiam necessariò deberet existere per præcedentem; adeoque darentur duæ substantiæ ejusdem attributi, quod per propositionem quintam est absurdum; existit ergo necessariò infinita.*

NONA.

Quò plùs realitatis aut esse unaquæque res habet, eò plura ipsi attributa competunt.

DEMONSTRATUR. *Id patet ex definitione secundâ.*

DECIMA.

Unumquodque unius substantiæ attributum per se concipi debet.

DEMONSTRATUR. *Attributum enim est id quod intellectus de substantiâ concipit tanquam ejus essentiam constituens, per secundam definitionem; ergo per definitionem primam per se concipi debet.*

TH. Risum, gemitumne teneam nescio. Adeòne insanire quemquam ut velit unam esse in toto Orbe substantiam, seque Dei esse particulam! Mille Spinosa modis confutari potest. Cur enim asserit causam esse nullam, nisi cui sit aliquid cum effectu commune? Notio quidem causæ connexa est cum effectûs notione & vicissim: at aliud est ideas utriusque esse conjunctas, aliud verò suam à causa essentiam cum effectu participari.

Quid & ille de spatio sentit? An materiæ est affectio? Liquet enim nihil aliud esse Spinosæ Deum præter materiam; an merum nihil? Cur in unam potiùs quàm in aliam partem moventur corpora, si nulla est libertas, quæ certè nulla esse potest in materia? Quâ ratione unum corpus in aliud agere potest, cùm diversis extent quæque locis? Cujus mente sani animo succurret tantum rerum ordinem à cæcâ necessitate proficisci? Insulsè ille Dei nomen usurpat, quippe qui nihil admittat præter corpora: istud certè non est viri boni, sed animi fallacis indicium.

Verùm & propriis idem telis confodi potest. Nam infinita sunt attributa, autore Spinosâ. Atqui illa attributa sunt totidem substantiæ: nam non sunt illa modi, cùm aliam modi & attributi præmittat definitionem; ergo non sunt in alio: ergo per axioma primum, sunt in se: atqui ex ultimâ propositione, per se concipiuntur. Ergo per definitionem primam, attributa sunt substantiæ: ergo &c.

EUG. Sic & alii qui *Naturalistæ* aut *Materialistæ* audiunt, suis facilè poterunt armis perimi. Ne ergo in isto negotio nimiùm nobis pereat temporis, inter ea quæ depromuntur ab Hæreticis, qui Deo aliquid affinxêre alieni, aut proprii detraxêre, si qua sint quæ vim aliquam adversùs nostra principia habere tibi videantur, objice.

TH. Probasti invictè, ni fallor, extare summam Sapientiam, seu principium rerum optimum; at mihi videtur pari ratiocinio probari posse existentiam summæ insipientiæ, seu principii mali, ut quidam aiunt. Quod enim majus in infinitum intelligi potest, hoc infinitum quoque esse potest: atqui insipientia &c.

EUG. Distinguo majorem: nisi rei notio limites arguat, concedo; si rei notio limites arguat, nego. Atqui limites arguit insipientia: nam arguit errorem; ergo summa insipientia cum errore infinito conjuncta est: sed infinitus error arguit infinitam inscitiam, ideoque infinitam impotentiam. Nunc quæro a te quid illud esset principium cui nulla esset cognitio, nulla efficacia? Pugnantia ergo locuti sunt Manichæi, cum increatum admisere mali principium. Est quidem aliqua mali physici, id est, sensus injucundi causa. Id vero mali genus cum summa bonitate non pugnare ipsemet ostendisti; at mali moralis, id est, actûs cum recta Ratione pugnantis, nullam esse posse causam physicam ostendi, ubi de libertate.

TH. Adesse in mente liberâ & finitâ principium mali moralis, apertum est. Si quis vero objiciat malum istud à summa quoque Sapientia oriri, quod illa mentem peccaturam creaverit, pronum erit respondere causam quidem principii necessariò agentis censeri actûs illiciti causam, minimè verò, si mens illa possit rectè agere; si illam causa prima ad bonum morale proposito præmio invitet; si actus Rationi repugnantes cum supplicii interminatione prohibeat. Perspicuum istud est, nec in eo moram facio. Verùm Deus dicitur optimus Pater: atqui pater filium armis non instruit, si futurum prænovit, ut illis se filius armis perimat; ergo &c. Multùm valet apud plurimos ista similitudo patris & Dei.

EUG. Magna tamen est quantùm ad præsens argumentum dissimilitudo. Pater ille cui Deum assimilas, non est ipsa Lex, non vindex Legis. Non illius est concedere & experiri libertatem; non illius retribuere in ratione meritorum: at hæc omnia Dei sunt; unde sic ratiocinari fas est. Illa Deo affingenda non est bonitas quæ cum veritate Legis & justitiæ, ideoque cum summa Sapientia conciliari non possit: atqui si hoc sensu bonus sit Deus, ut nulli libertatem quâ possit abuti concedat, nulla esse poterit Dei justitia, nulla Legis veritas. Nam in eo stat justitia, ut cuique retribuatur in ratione meritorum: atqui sublatâ libertate, nulla sunt merita, nec proinde retributio secundùm merita. Præterea absurdum est esse in Deo aliquid inutile: atqui, sublatâ libertate, inutilis esset proindeque nulla Legis veritas.

TH.

TH. Nodum istum planè solvisti. Vult quidem Deus pro Patre haberi; at sine ullo justitiæ cæterarumque perfectionum damno. Nihil est magis Rationi consentaneum. Non objiciam Antropomorphitarum qui Deo corpus affingebant, errorem: est enim ita pinguis illorum opinio, ut operam perdat qui confutationem paret.

Quid verò tu, si quis objiciat totuplicem esse posse substantiam necessariam, quotuplex Persona: atqui triplex est ex Catholico dogmate Persona necessariò existens.

EUG. Negabo majorem. Personæ etenim quas nobis adorandas proponit Christiana Religio peculiarem non habent efficaciam. Una est illis voluntas, unum consilium, unus finis: non multiplex est pro multiplicitate Personarum veri justique exemplar: non multiplex immensitas aut æternitas: non multiplex Sapientia; ergo positâ Personarum illarum multiplicitate, nihil consequitur ex iis quæ tu secum pugnantia fore ostendisti, si multiplex esset causa Sapientissima. Quod si tibi dubium sit, experire, & in hac tua de unitate causæ summè Sapientis demonstratione transfer Personam in substantiæ locum.

TH. At soluto nodo, prodit alter; namque ut verbis Scholasticorum utar, ens dividitur in substantiam & modum: ergo triplex Persona est triplex substantia, vel est triplex modus.

EUG. Hoc addidisse debueras; vel illegitima est divisio entis in substantiam & modum: nam in Deo una est substantia, triplex Persona, infinitæ perfectiones.

TH. Quo pacto evinces aliquid esse medium substantiam inter & substantiæ affectiones?

EUG. Incertam, non illegitimam probabo vulgarem entis divisionem, præsertim si de rebus creatis agitur; nihil enim novimus subjectum inter & affectiones medium. Nec accuratè dicas Personam in Mysterio sanctissimæ Trinitatis esse medium aliquid inter substantiam & proprietates divinas. Persona enim quælibet est substantia. Ut autem quàm sit incerta divisio pateat, à te quæro utrùm evidens sit exemplar veri justique meram esse qualitatem, merum existendi modum?

TH. Istud affirmare non ausim. Video quidem intelligentiam & electionem esse mentis qualitates : at exemplar ad quod mens intuetur cùm intelligit & eligit, certè non videtur esse merus existendi modus. Quin & probabile aliquatenus est substantiarum exemplar non esse meram substantiæ affectionem. Pergratum sanè feceris, si eâdem probabilitate ostendas discrepare à mera qualitate Personam Patris aut Spiritûs Sancti. Nam exemplar veri justique esse ipsammet Filii Personam satis indicat doctrina Christiana.

EUG. Absit ut istud aggrediar, Theodore; neque enim video aut suspicari possum quâ ratione vis creandi quâ Pater distinguitur, & Amor quo Spiritus Sanctus, ut plurimùm, designatur, sint à mentis divinæ proprietatibus distincta. Sit satis ostendisse scholasticam divisionem esse minùs certam ubi de Deo agitur.

TH. Mens erat objicere necessariam non esse triplicem Personam, cùm, unâ positâ, ea possint intelligi creative aut ordinari quæcumque sunt possibilia. At quæ tu modò dixisti, quamvis obscura, nodùm apertè solvunt. Si enim vis creandi, rerum exemplar & amor sunt apud Deum Personæ, una certè non satis est ut intelligantur quæcumque possunt intelligi : una enim non habet omnes summæ Sapientiæ proprietates, nisi quatenus cum cæteris in una substantia conjungitur. Ergo nihil est in abstruso Trinitatis mysterio quod pugnet cum nostris principiis.

Est & aliud dogma præcipuum in Religione Christiana, quod cum iisdem non facilè concilio. Christus, id est, *Deus-homo* nos sanguine redemit suo, meritus iis qui sibi manciparentur peccatorum expiationem. At vel satisfecit quatenus homo, vel quatenus Deus : si quatenus homo ; ergo res creata Deum ad operandum impulit. Atqui absurdum est summam Sapientiam extra se quærere agendi momentum. Potest quidem res creata esse agendi occasio ; at agendi ratio esse non potest. Præterea meritum quo redempti sumus est infinitum ; ergo à re creata prodire non potest. Si Christus quatenus Deus nos redemit, Deus ergo Deo satisfecit. Atqui in hoc magna est pugnæ species. Nec appositè hic Personam à Persona discrimines : non enim Patri modò, sed & Filio satisfactum est in humani generis redemptione ; cùm utriusque eadem sit operatio ; cùm uterque sit rerum finis, & utriusque majestas æquo jure fuerit peccato violata.

EUG. Ipsa se à pugnæ specie exsolvit doctrina Catholica. Christus nos redemit & quatenus Deus & quatenus homo, sed vario sensu. Si quæris Personam satisfacientem, divina illa est, non humana : docet enim Religio Christiana nullam esse in Christo personam humanam. Si quæris instrumentum, habes in humanitate, non in divinitate Christi. Ex humanitate sanguis quo abluimur effusus est : humanitas doloris mortisque subjectum fuit. Minùs tamen accuratè dicas : *Humanitas Christi sanguinem effudit suum :* sed rectè : *Deus sanguinem quem Incarnatione fecerat peculiari modo suum, effudit in humani generis redemptionem.* Hinc redimendi meritum non stat in humanitate Christi, sed in ipsa Verbi Persona. Ergo summa Sapientia cùm se ad redimendum exerere voluit, assumpsit quidem in rebus creatis instrumenta redimendi, quorum longè præcipuum est ipsa Christi humanitas : at non extra se quæsivit, aut quærere potuit redimendi rationem ac meritum. Si enim attendas ad sensum quem præ se ferunt voces illæ, *meritum, Sapientia,* fateberis nullum, sive in divinis, sive in humanis, prodire posse meritum, nisi à Sapientiâ ; ergo meritum infinitum à summa Sapientia prodeat necesse est. Ergo cùm Deo satisfieri non possit, nisi per meritum infinitum, nullus nisi Deus Deo satisfacere potuit.

Verùm id te movet quòd ille cui satisfit non discriminetur ab eo qui satisfacit. Nimirum satisfactionem quæ fieri solet inter homines cum eâ quæ Deum decet confundis, & ad vulgi instar divinas operationes ab humanis existimas. At ut evanescat omnis paradoxi, species animum adverte ad sequentia; inde enim duces uberrimum sanæ Theologiæ principium.

Ideo inter homines necessarium est ut læsus à satisfaciente dividatur, quòd in læso ea desint quibus mitigari possit, quòd ille à seipso suam felicitatem ducere nequeat; quòd propriis viribus violatam tueri dignitatem rectumque ordinem resarcire non possit: imò ideo plerumque lædens satisfacere debet, quòd, ni faciat, futurum sit ut læsus se odio permittat & iræ, vindictæque ac tristitiæ, quæ animum ex arce dejiciunt suâ, & à recto tramite violentiùs abducunt. Quapropter qui læsit, ad rectæ Rationis normam reversus, curare satisfaciendo debet, ne qui læsus est à rectâ Ratione discedat dolori indulgendo. Ista autem arguunt personarum distinctionem: at Deus suam non potest ab alio quàm à seipso ducere felicitatem; ipse solus suam tueri dignitatem, solus rectum ordinem reparare potest, agendi momentum nonnisi à summâ habet Sapientiâ; ergo Rationis lumine patet hoc sensu sibi satisfacere Deum, quòd sibimet in agendi Sapientiâ complaceat, eumque sibi alio pacto satisfacere non posse: atqui ista Patris Sapientia Filius est, ex dogmate Catholico: per eum fecit secula: per eum redemit Adæ filios, per eumdem judicaturus est vivos & mortuos; summa enim Sapientia est ex suâ naturâ judex; ergo rectæ Rationi consonat doctrina Christiana.

TH. Me veluti à somno erigis, Eugeni; quàm mihi mens læva fuit, qui ad ista tam manifesta non animadverti! Ut enim in sola Sapientia sibi placere Deus potest, cùm creat aut judicat Orbem, ita in hac sola sibi placere potest, cùm genus humanum à peccati servitute redimit : atqui ista Sapientia Deus est; ergo solus sibi satisfacere Deus potest. At quo sensu Christus, cùm redemit Orbem, dictus est reparasse rectum ordinem peccato violatum ? Namque hoc sinere non potest summa Sapientia ut ab universo rerum Systemate vel uno temporis momento absit rectus ordo.

EUG. Hoc sensu violatus est rectus ordo, quòd mens creata à Lege discesserit, & hoc sensu reparatus, quòd peremptam peccato mentis rectitudinem restituerit Deus, ad Christi merita intuens. Non autem reparat violatum in rerum Systemate ordinem, nisi hoc sensu quòd prohibeat ne violetur. Verè enim dixisti fieri non posse, quidquid attentet peccator, ut in rerum Orbe absit ille ordo qui summam Sapientiam deceat.

TH. Ista sunt perspicua; intelligo quoque nunc quâ ratione Christus sit, non nobis modò, sed & Angelis Pontifex. Nam in hoc positum est munus istud, quòd per eum Deo placere possimus; atqui apertum est nihil placere Deo posse, nisi per istam Sapientiam quâ omnia ad finem Deo dignum dirigantur. Abstinebimus hodiè, si libet, ab ulteriori disceptatione. Istud enim tuum de satisfactione Christi principium quod omnes videtur nodos resolvere, juvat mecum otiosè commentari.

COLLOQUIUM SEXTUM.

TH. Iterum expendi tua de infinito principia, Eugeni, nec video quâ possint illa ratione impugnari : verùm animadvertens ea esse extra plebeculæ captum, quæsivi utrùm aliquod demonstrationis genus posset ad illius ingenium accommodari, nec frustra, ni fallor. Sic enim ego obtuso alicui Dei existentiam in dubium revocanti. Si te ita geris quasi existat Deus, nihil tibi metuendum, quin & speranda felicitas: sin minùs, nihil sperandum, metuenda infelicitas: atqui in dubio pars tutior est eligenda; ergo te ita gerere debes quasi existat Deus; hoc est, ea præstare quæ docet Religio naturalis. Quæ quidem si sincero animo præstes, dubium expunget à mente Deus optimus.

EUG. Pulchrè quidem, si mentem audientis non infecerit superbia & libidinis amor: libidinosis enim & superbis resistit Deus. Aspectant illi & nihil vident; audiunt & non intelligunt. At si cui non frustra Deum facere manifestum cupis, Theodore; cùm objecta dilueris omnia ope principiorum quæ tibi explanavi, transfer illius mentem ad perlustrandos codices sacros. Multùm quidem valet ad causæ principis demonstrationem Legum physicarum expositio: tota enim Physica luculentum est divinæ existentiæ argumentum: at præterquam quòd id brevi tempore fieri non potest, non satis est ciere in Deum admirationem contemplantis; excites quoque oportet amorem confitentis: atqui nullum est sermonis genus quod hominem, nisi ultra solemne insaniat, certiùs atque vehementiùs ad amandum Deum pellicere possit quàm sacer contextus; quòd quidem te sæpius expertum esse pro certo habeo.

Ex tuæ mentis existentiâ, ex propriæ rationis notione ad Deum assurrexisti, Theodore; nunc cùm inde quidquid de Deo notum est collegerimus, revertamur ad istam mentem, ut magis explorata fiat ejus natura.

TH. Vereor ne nobis ipsis inscrutabiles simus. Mentem enim rectè Tullius oculo assimilat, qui cætera quidem, at seipsum non videt.

EUG. Seipsum quidem in seipso videre oculus non potest; at in speculo. . . . .

TH. Intelligo quid velis. Mens nota fieri non potest nisi ope exemplaris illius æterni quo rerum essentiæ repræsentantur. *Non potest*, inquis. Non sumus nobis ipsis conspicui, hoc cujusque experimento constat. At istud fieri non posse unde habes?

EUG. Potestne aliquid novi Deo accedere?

TH. Nequaquam. Deus est mutari nescius. At quo tendas iter suspicari nequeo.

EUG. Scies modò. Hoc iterum quæro, an citra exemplar mens creata possit esse ipsi Deo intelligibilis?

TH. Resiste aliquantisper. Deus rem aliquam merè possibilem videre non potest, nisi in exemplari ejus essentiam repræsentante: quod enim nondum existit, in se videri non potest. Si verò existat & per se possit intelligi, novum accrescet Deo cognitionis genus, quod absurdum est; ergo res creatæ sui exemplar esse non possunt. Id solius Dei proprium est, quod certè nondum adverteram, quamvis ultrò è principiis oriatur. Atqui nostræ mentis exemplar nobis non est hac in vita propositum; sumus ergo, ut jam dixi, nobismet inscrutabiles.

EUG. Utique quantùm ad innumera. Verùm quædam ex absurdo, ut aiunt, colligere possumus, opitulante sensu intimo; ac primò mentem creatam esse materiæ absimilem.

TH. Nunquam certè in animum inducere potui materiam esse cogitandi efficacem, quamvis id crepent scioli quidam. At ut non possunt illi suam opinionem vel minimo firmare momento, ita haud facilè à me revincuntur. Pergratum igitur feceris si, institutâ concertatione, eorum objecta dilueris.

EUG. Sit itaque

CONCERTATIO QUARTA.

Mens creata est à materiâ diversa.

DEMONSTRATUR. Mentis est de seipsa verba facientis dicere, *ego* : hoc sensu constat intimo. Ergo mens creata suæ sensum habet *singularitatis*, (sit voci venia); ergo reipsâ singularis est; id est, illa substantia non est è pluribus simul conjunctis composita. Atqui materia è pluribus coalescere substantiis in unam molem conflatis fatentur ipsimet Materialistæ; ergo &c.

Præterea, demus similes aut æquales existere posse in variis substantiis affectiones; at certè pluribus eadem affectio communis esse non potest : atqui nisi materia esset cogitandi expers, eandem plures materiæ moleculæ participarent affectionem; singularis enim esse non potest vel minima materiæ molecula; quod aliquando à paradoxi specie vindicabimus. Ergo eadem cogitatio esset communis pluribus substantiis. Non enim is es qui cogitationem divisibilem existimes ; dari scilicet mediam tertiamve partem cogitationis; ergo &c.

TH. Non novimus, inquiunt, omnes materiæ proprietates : ergo nos latet utrùm cogitandi sit expers, necne.

EUG. Nego consequentiam. Novimus enim aliquam materiæ proprietatem cum sensu singularitatis insociabilem. Nam materia est substantia multiplex : atqui substantia cogitans non est multiplex. Nam ille *ego* qui volo, percipio, sentio, me geminum suspicari non possum.

TH. At corporis affectiones sunt animi affectionibus similes.

EUG. Sibi quidem mutuò respondent animi corporisque affectiones, quæ inter se, Deo providente, connectuntur : at similes nulla ratione probantur.

TH. Nunquid non, adolescente corpore, adolescit animus; senescente, senescit; læso, læditur; expedito, fit pariter expeditus.

EUG. Voces illæ & aliæ permultæ quæ de corpore proprio sensu usurpantur, ad explicandas animæ affectiones translatæ jam sunt metaphoricæ. Homines enim, ante natam Philosophiam, de nomenclatione affectionum corporis prius solliciti fuêre quàm animi : quapropter ubi de mentis affectionibus agi coepit, deficientibus verbis propriis, necesse fuit adhiberi metaphorica. Cave ergo eundem illis in utroque casu sensum affingas.

Adolescit corpus ; id est, corporis organa materiæ incremento explicantur & roborantur : adolescit animus ; id est, crescit notionum numerus, & objecta comparandi facultas amplificatur. Senescit corpus ; id est, debilitantur organa, aut exsucca rigescunt : senescit mens ; hoc est, notiones dilabuntur, & minor fit attendendi vis atque ratiocinandi. Læditur corpus ; id est, dividitur partium compago, mutaturque illarum ordo, aut fluida corrumpuntur quæ ad alimentum & incrementum circumeunt : læditur animus ; id est, dolet. Expeditum est corpus, cùm apta ad movendos artus fluida copiosa sunt ac temperata, liberoque circuitu permeant in propriis quæque canaliculis : expedita mens est, cùm citra molestiam attendit, confert objecta, ratiocinatur.

Cùm autem corporis affectiones, jubente Deo, accuratè respondeant animi affectionibus, inde factum est ut eas esse in utraque substantia similes, aut utrique communes vulgus opinaretur.

TH. Mitto ista & quædam alia leviora, ut ad gravius aliquid properem. Non possunt esse in una substantia affectiones secum pugnantes : atqui mens oppositis quandoque affectionibus pertentatur : friget simul & calet, dolet & gaudet.

EUG. Nego minorem. Affectiones illæ sunt quidem diversæ, at non pugnant. Quemadmodum amor & odium, nisi ad idem referantur objectum, opposita non sunt; sed diversa; ita frigus & calor, grata & injucunda sensatio, nisi ad eandem corporis partem referantur.

TH. Non occurrit menti qua de causa in istam opinionem Materialistæ propendeant, nisi quòd sperent animum, si non sit à materia diversus, olim solvendum, sensumque omnem esse penitùs extinguendum; unde si nulla speranda felicitas, at certè nulla est pœna metuenda.

EUG. Atqui neque hoc pacto se à metu eximunt. Si enim animus corporeus est; ergo in materiam cadere potest felicitas, vel infelicitas: atqui partes materiæ, ut solvi possunt, ita & rursus compingi; ergo sensum alterutrum experiri possunt; ergo animus sit corporeus necne, modò Lex extet, Legisque ultor violatæ Deus, libidinosos sua manet pœna, quæ nullà arte, nisi pœnitentià declinari possit; ergo quæ Materialistæ de natura animi fingunt, hæc sunt exigua ingentis periculi effugia.

TH. At suos quoque habet nodos Christiana de animo incorporeo doctrina. Nam si dicitur extensus, assimilatur corporibus, figuratus erit & trinà dimensione metabilis: si inextensus, si nullum, ut quidam affirmant, locum occupat; ergo nullibi est, proindeque non existit: te enim autore, hoc sensu res aliqua creatur, quòd eam jubeat Deus tempori & loco definitis respondere.

EUG. Pugnare quidem videntur qui mentem extensam dicunt, cum iis qui extensam negant; at reipsa non pugnant. Qui negant extensam, in mente habent eam quæ corporis est propria, extensionem: verè ergo negant. At aliud extensionis genus admittunt, qui menti extensionem adscribunt; & verè illi quoque. Hoc enim sensu extenditur corpus, quòd variis spatii partibus varià sui parte respondeat, unde æstimari potest materiæ quantitas; at variis loci partibus mens multiplici sui totius præsentiâ respondet. Tota est in qualibet loci parte quem obtinet; corpus verò in loci sui parte partim existit. Dicatur nunc animus figuratus aut trinâ dimensione metabilis, si per usum liceat penes quem jus est & norma loquendi, non penès Philosophos, per me quoque licebit; modò figura illa non arguat partes sibi externas, modò trina hæc dimensio in spatium occupatum cadat, minimè verò in substantiæ quantitatem.

TH. Hinc infero mentem creatam esse hac ex parte ad aliquam sui Conditoris effigiem expressam, non quòd ipsa sit sibi locus, sed quòd in loco multiplex sit ejus existentia.

Verùm ex dogmate Catholico, Christi corpus existit totum in qualibet Sacramenti Eucharistici parte; ergo corpus Christi existere potest more mentis. Quidni & mens more corporis?

EUG. Fingis, Theodore, ut multi, corpus Christi esse Sacramenti Eucharistici loco cicumscriptum, quasi signum rei sit iisdem quibus res significata limitibus definitum; abige pinguem istum errorem. Nos monent species panis & vini corpus Christi esse oculis præsens, quamvis oculis non percepta sit ejusdem corporis forma; & in escam transire sumentibus, quamvis sui sensum edulium à pane non diversorum more faciat. Sit ergo quantùmlibet exiguus ille ad quem species referuntur locus, modò locus ille sensuum ope discerni possit, nos illæ species monebunt corporis Christi præsentiam; minimè verò quo Christi corpus loco circumscribatur. Putasne minùs extensum esse Christi corpus iis qui Sacramenti partem assumunt, quàm qui totum?

TH. Fateor, Eugeni, me hîc quoque voces mephoricas incautè pro vocibus propriis habuisse. Ex ista enim loquendi ratione; *Christus sub specie panis & vini tanquam velo latet*, existimabam Christi corpus eo coarctari in loco ad quem referuntur species minutiffimæ. Nunc pro certo habeo apud ipfos Ecclefiæ Catholicæ difcipulos, quamvis veriffima fit illius doctrina, multiplex effe errandi periculum inde natum, quòd Ecclefiæ verba malè interpretentur. Unde colligo non effe facilè mutanda Ecclefiæ verba etiam interpretandi causâ ; ne dum illius doctrinam exponere volumus, errorem vero fubftituamus.

EUG. Inde quoque meritò colliges Ecclefiæ jus effe judiciumque in fermonem quo dogma exponitur : nec mirum effe fi & earum locutionum præfcribat ufum qui cum minore errandi periculo fit conjunctus, & vituperet ac prorfus amandet illas quæ etfi verum quibufdam, at multò pluribus errorem ingerunt : imò rectè ab illa profcribi voces quas olim admifit, fi olim verum, nunc falfum infinuent. Voces enim mutabilia funt immutabilis doctrinæ figna. Qui obiter aliquid objecifti de facro dogmate, hanc obiter quoque accipe notionem theologicam. Nunc revertor ad mentis naturam.

Nemo de mente verba facit, quin ad cogitationem attendat. Cogitationem autem appello quamcumque mentis affectionem cujus fibi mens eft confcia; ut veri perceptio, appetitus boni, fenfufque doloris aut gaudii.

TH. A te fcifcitari libet utrùm cogitatio fit perpetua in mente : utrùm Deus mentem fingere poffit non cogitantem. Si poffit cogitatione mens penitus deftitui, jam nullâ re à corpore difcriminari videtur. Attamen videtur quoque fomnus gravis cogitationem omnem extinguere. Scio varias effe hac de re opiniones.

EUG. Quid ad nos ? Incertum id effe voluit Deus : nec mirum ; idem enim eft inutile. Mens non cogitans à corpore nihilo certius effet diverfa & fuâ fingularitate & fuo extenfionis genere. Ergo malè probant Carthefiani cogitationem abeffe à mente non poffe. Aliâ ex parte quid probat fomnus gravis, nifi leves atque fugaces fenfus aut perceptiones in expergifcentis memoria obliterari? Nonne inter vigilandum adsunt quandoque hujus generis cogitationes, quas in memoriam revocare non possumus quamvis subitò interpellati? Vix patior Lockium, cùm sic demonstrare conatur abesse in somno gravi quamlibet à mente cogitationem.

Deus, inquit, *nihil operatur inutile: atqui inutiles essent dormientis cogitationes, quas scilicet memoria retractare non posset.*

Quasi sic retorqueri non possit: Deus nihil fingit inutile: atqui inutiles sunt somniantis omnes & vigilantis permultæ cogitationes; cùm priores sint mera figmenta & posteriores subitò in perpetuum obliterentur.

Verè Lockius negasset exploratam esse cogitationum illarum utilitatem. At nullam temerè asserit. Probabiliora tamen sentit qui observat motum organicum in dormiente perseverare, & nullos deprehendi motus in corpore, qui non sint cum aliqua mentis affectione conjuncti. Ut ut sit, non minùs inutilis est disceptatio de cogitatione dormientis, quàm de cogitatione foetûs humani utero materno conclusi.

Quidam inter eos qui mentem cogitatione destitutam esse posse negant, eandem à cogitatione minimè distinctam existimârunt.

TH. Apertè illi errabant. Nam cogitatio nostra fluxa est, mutatur in horas; non eadem hodie cogito quæ heri; certum est tamen me hodie eundem esse qui heri. At si inutile est scrutari utrùm perpetua & necessaria sit cogitatio, non ineptè à te quæram quid sit somnium; an libertate potiamur inter somniandum? Nam si liberi sunt somniantes, peccati, cùm errent, non erunt expertes: si libertate carent, invictus erit illorum error: atqui utrumque absurdum est.

EUG. Quæris quid sit somnium, rectiùs quæsivisses somnii causam naturalem. Nemo enim somnii conscius ignorat quid sit somnium. Qui somniat, videt rerum imagines; rerum, inquam, quæ fieri possunt. Nam nemo somniat bis bina dare quinque; ergo qui somniat habet sensationes idearum comites. Cùm autem mos apud homines invaluerit, ut ea extare opinentur quæ ideæ, adjunctâ sensatione, repræsentant, ideo qui somniant, ea tunc extare credunt quorum imagines se dormientibus offerunt; at temerè: non enim ea est in somniante judicandi necessitas quæ est ut plurimùm in vigilante. Qui autem mentis affectiones observare callet, colligit ex somnio res conditas in seipsis non videri, cùm videantur etsi non extent. Pariter res externas in mentem nostram non agere, nisi tanquam occasiones, cùm iidem sint in mente affectus, absentibus objectis.

Quantùm ad somnii causam naturalem; clausis oculis, preme summo digito minorem palpebrarum angulum, lux aliqua ex opposito orietur subobscura & qualis somnianti videri solet. Unde, ut ex aurium quodam tinnitu inter ipsa noctis silentia, colligitur non in objectis externis modò, vel in impressione quæ ab illis in organa proficiscitur, sed etiam in aliquo motu interni fluidi quo nervuli agitantur, dari occasionem sensationum leviorem quidem, at non minus certò cum sensatione conjunctam. Pone ergo in dormiente motus hujus generis, quorum vestigia diu supersint in ea cerebri parte, unde pendere memoriam voluit Deus; tunc vi Legum physicarum orientur in mente sensationes quas referet memoria, quarum nullus esse videtur ordo, eò quòd ordo ille sit cum interiori & invisibili capitis mechanica connexus; & quæ nullam habent comitem judicandi necessitatem de objectis externis, in quo stat discrimen somniantis à vigilante. Nam inter vigilandum adest in sensationibus ordo pendens ab ordine rerum externarum, unde non videtur animus vagari cùm illas experitur. Adest præterea, ut plurimùm, judicandi necessitas de existentia, motu, figura & ordine corporum.

Hoc de libertate somniantis nos docet experientia, dari scilicet necessitatem judicandi de imaginum existentia, & in hoc error nullus esse potest: existunt

DE METAPHYSICA. 447

enim illæ rerum imagines. Inclinamur quidem ad afferendam eorum existentiam quorum mente percipiuntur imagines. Cùm autem non adsint inter somniandum signa ad certitudinem instituta, somnians suspicatur solummodò objectorum externorum existentiam, in quo nullus est error. At si quis probare possit esse aliquem qui somniando asserat objectorum externorum existentiam, cùm neminem Deus ad errorem adigere possit, hoc ipso probatum erit non penitus carere libertate somniantem.

Te obiter monebo, Theodore, somnia quædam consequi à libertatis usu inter vigilandum, & si quis, dum somniat, sibi in affectu pravo complacuit, teneri eumdem ad retractandum voluntatis consensum cùm evigilat, pravumque reminiscitur affectum cui dormiens indulsit: quod certè indubium est libertatis in somniando argumentum. At peccatum istud, eò quòd longè minor sit libertatis gradus, levius esse solet, nisi accedat in evigilante consensus novus, aut præcesserit occasio à negligentiâ vel temeritate profecta. Hanc esse Ecclesiæ Catholicæ doctrinam indicant preces apud Christianos usurpari solitæ.

TH. Multa jam dixisti luculenter de ideis, de illarum perceptione, de voluntate, de sensu. Numquid nihil adjiciendum superest ad pleniorem mentis humanæ explicationem?

EUG. Pauca quidem de ideis adjiciam; pauciora de cæteris.

Magna est inter Philosophos dissentio utrùm rerum exemplaria quæ menti adsunt, cùm rerum essentiam investigamus, sint nostri affectiones, an ipsamet illa archetypa ad quæ Deus intuetur, cùm videt quid operari velit, aut etiam possit.

Idea, si nomen interpreteris, est ipsa mentis perceptio, quæ certè est ejusdem affectio. Verùm Platonis autoritate factum est ut in posterum, quidquid reclamarent Grammatici, vox illa pro rei imagine usurparetur: unde contigit ut multi ideam pro perceptione promiscuè haberent, & rei imaginem mentis affectionibus accenserent. Verùm inter illos, alii ideas quæ in mente lumen veri pariunt, esse ab ipso ortu menti adjunctas dixêre : quas scilicet velut in promptuario reconditas mens perlustraret identidem, ut quasdam, prout in usum venirent, quasi è turba erueret & propiùs investigaret. Ergo, illis autoribus, mens humana sibi ipsi lux est, quidquid in adversum asseruerit Augustinus, à quo tamen se dissentire minimè opinantur. Ergo minùs accuratè dixit Divus Joannes *Verbum esse Lucem veram, quæ vel priusquàm caro fieret, illuminaret omnem hominem*. Ergo nunc non illucet oculis nostris Sol ille justitiæ, sed faculam quamdam in mente condidit Deus cujus ope se mens illustraret ipsam, veritatemque à propria hauriret essentiâ, quo certè nescio an quidquam pertinaciùs negatum fuerit ab Augustino. Ideas autem omnes iidem hoc sensu ingenitas affirmant, quòd sint cum ipsa mente conditæ.

Non ibi commemorabo eos qui rerum imagines ab ipsa mente procreatas existimavêre, ad literam urgentes hanc loquendi rationem, *mens suas sibi fingit ideas*, cujus alibi sensum exposui. Cùm enim hæc opinio nonnisi apud pingues Scholasticos invaluerit, ideoque cæteris venerit in contemptum, vanus esset refellendi labor.

Alii ideas quidem esse à Deo in mente creatas, sed non ab ipso ortu omnes autumant. Datâ scilicet occasione, nascuntur & extinguuntur. Quasdam autem innatas hoc sensu dicunt, quòd eas penè ab infantia experiamur, quòdque facillimè rursus & sæpissimè excitentur. Hi quoque cum Augustino pugnant : at hæc opinio hòc est priore probabilior, quòd non fingantur permanentes in mente affectiones quæ modò aliquem, modò nullum sui sensum faciant. Atqui si prioribus habeatur fides, constant in mente rerum imagines quarum modò conscia sit, modò inscia; licèt mutationem illæ non patiantur.

Ego

Ego verò, si quis velit esse ideas nobis innatas, non illo quidem sensu quòd ab ortu creentur, sed quòd eas à teneris & in posterum sæpissimè, parcissimâ attentione præstitâ, Deus menti faciat manifestas, accedo. Eas autem ab increatis rerum exemplaribus non distingui, si non certum, at certo proximum existimo.

Nam immutabilem esse veritatem ex idearum intuitu invictè colligimus: atqui nemo facilè in animum inducat aliquid immutabile mutabili imagine exhiberi. Ponamus enim mutari exemplar quod creatum fingitur! Ergo proprietates à vero alienas exhibebit adulteratum exemplar: ergo jure suspicari poterimus necessariam non esse veritatem quæ idearum lumine exploratur. Præterea quod intelligibile est, pariter possibile necessariò judicatur: ergo invictè colligimus res, quæcumque existunt & intelliguntur, esse ad idearum quas intuemur fidem expressas. Atqui nihil est quod effingere possit Deus ad exemplar ideæ creatæ. Illa enim non exhiberet omnes entis proprietates, ut experimento constat. Atqui nihil Deus creare potest quod aliquâ sui proprietate careat: ergo nihil Deus creare potest ad nostrarum, si quæ sint, idearum effigiem.

At si rem altiùs scrutemur, infinitas esse naturâ ideas patebit, infinitas esse quoque numero, quarum singulæ mentem afficere possint. Ac 1°. sit in exemplum idea trianguli: nunquid non illa infinitos triangulos naturâ diversos exhibet? Nôrunt enim Geometræ in datum latus cætera infinitis modis posse latera inclinari: ergo infinitum repræsentat idea trianguli. Quis nunc eam esse finitam meritò suspicetur? 2°. Inter figurarum ideas nulla est quam mens intueri non possit: ergo infinitas numero in mente creata affectiones admittant necesse est, qui asserunt suam esse menti ingenitam idearum copiam.

Denique qui aliquam aliam opinionem suam fecêre, nullâ eam ratione fulciunt: & quærentibus Augustino & Mallebranchio quâ ratione veritas, quæ esse constat immutabilem, in substantia ex omni parte mutabili videri possit, responsum hucusque desideratur. Neque ullo pacto nostram illi possunt impetere, nisi quod eam a vulgari sensu remotiorem criminentur, quasi illud duntaxat in Metaphysicis pro vero haberi debeat, quod cadat ultro in mentem incultam, aut ratiocinandi insolentem.

TH. Jam sæpius audivi quæ objicere soleant. Vere tu dixisti nulla, quæ mentem sanam moveat, impugnari ratione Augustini & Mallebranchii sententiam. Si enim objiciant perceptionem satis esse ad intelligendum, pronum est obloqui oculum non esse satis ad videndum, sed requiri insuper objecta quæ in conspectum cadant, aut tabellas quibus objecta repræsententur.

Si dixerint mutari ideas, quasdam esse falsas, easdem esse imperfectas, respondebo eos minus accuratâ locutione decipi. Non mutantur ideæ, sed mutatur mens, quemadmodum non mutatur sol, cum dicitur tepidus, æstuosus, nubilus, oriens, occidens, ecclipsim patiens : sed mutatur status intuentis. Ideæ non sunt falsæ, sed intuitum idearum falsa quandoque judicia subsequuntur ; quemadmodum nulla est falsa tabella, sed falsum quandoque de re repræsentata judicium. Non sunt imperfectæ ideæ ; sed imperfecta idearum perceptio, quemadmodum confusa non sunt & imperfecta objecta eminus prospecta, sed confusa & imperfecta sensatio.

Effutiunt quidam mentem cum sit ad Dei effigiem condita, habere quoque in seipsâ pro suo modulo veri exemplar. Sed ego potiori jure illam ad Dei similitudinem effictam eâ de causâ existimo quod idem sit Deo mentique veri ac justi protypum. Quid enim cum Deo commune mens habeat cui sit aliud Rationis lumen, alia veritas, aliud justi exemplar?

EUG. His adjice quæ alibi de ideis, de veritate, de supremâ Ratione, de rerum essentiis metaphysicis diximus, (idem enim variis vocibus ex usu significavimus) nihil erit quod desideres ad plenam idearum notionem.

Perceptio est affectio mentis ad ideas intuentis. Mens percipiens idem est ac mens idearum lumine illustrata ; quemadmodum mens sentiens est eadem mens Deo beante aut torquente affecta. Qui percipit aut sentit non advertit ut plurimùm ad utriusque affectionis objectum, imò vix putat esse aliquod sensûs objectum ab ipso sensu diversum : at quemadmodum fieri non potest ut mens videat, seposito visûs objecto ; ita fieri nequit ut sentiat, seposito sensûs objecto. Ergo, ut divi Augustini verbis utar, ipsâ Dei substantiâ mens tangitur, quoties percipit aut sentit; quin & cùm habet propensiones. Namque propensiones sunt illicia ad bonum quod gaudio possit pertentare mentem : atqui solus Deus illecebris mentem trahere potest; solus est illud quod in rebus creatis mens ineptè & frustra quærit bonum. Ergo quoquò versùm se mens flectat, Dei circumvenitur efficaciâ.

Quæ menti hucusque adscripsimus sunt *passiva*, ut aiunt; id est, sunt effectus Dei mentem pro datâ occasione illuminantis, moventis, beantisve aut torquentis.

Una est animæ affectio quæ effectus dici nequit, consensus scilicet, de quo si quæratur à te an ope concursûs aut præmotionis à mente prodeat, recole quæ diximus de libertate, vocesque istas prorsus ablega, quæ nimirùm ad rem obnubilandam confictæ videntur à Scholasticis.

TH. Non excidit profectò mente quod olim tu de consensu mentis creatæ. Id unum ab illâ oriri novimus. Quantùm ad cætera, magnam esse intelligo mentis dignitatem, quæ sinè intermissione, velit, nolit, ipso Deo plena est.

EUG. Hæc animo tecum volve, ut si quid in meditando dubii superveniat, proximo colloquio expungatur.

COLLOQUIUM SEPTIMUM.

EUG. Numquid tibi superest dubii, Theodore, de natura mentis creatæ?

TH. Nondum cohærent omnia quæ à te accepi cum notionibus quibusdam quæ, etsi vulgares sint, tamen ab omni errandi periculo alienæ mihi videntur. Ac 1°. consortium mentis cum corpore in hoc stare affirmas quòd mentis affectionibus ex decreto Dei respondeant motus organici, & vicissim; quod quidem in dubium vocari non posse reor. Experientiâ enim constat, positâ mentis propensione, moveri artus, dummodo motus optatus non adversetur Legibus physicis: pariter excitato motu in organis, excitari in mente affectiones. Ergo sibi respondent mutuò affectiones utriusque substantiæ: atqui certum est nullam esse vim propriè dictam corporis in mentem, neque mentis in corpus; cùm Deus sit una rerum causa physica. Ergo in hoc positum est utriusque substantiæ commercium, quòd altera alterius sit affectionum occasio; id est, quòd eas inter se connecti & sibi mutuò respondere voluerit Deus. At pariter motus globi missilis respondet voluntati jaculantis: & si impingatur ille in aliquam corporis humani partem, sensus mentis cum globi motu connectitur secundùm Leges constantes. Ergo eodem sensu mens externis corporibus quàm suo consociabitur; quod certè nemo sanus dixerit. Hoc nodi solvas velim.

EUG. Est in hoc gemino consortii genere par aliquid & nonnihil diversi. Proximè mens cum suo corpore conjungitur: eadem nonnisi ope corporis sui cum ambientibus sociatur. Non potest mens, constante vitâ, à corpore divelli suo: potest à cæteris quibuslibet; non ita commovetur collisis corporibus externis, quàm contactâ vel minimâ corporis sui parte. Non eodem affectu metuit cæteris aut optat quàm suo. Ergo non mediocris est in utroque conjunctionis genere disparitas. Similitudo verò in hoc sita est quòd mutuò quoque mens & corpora externa sint sibi affectionum quarumdam occasiones. Deus mentem conjunxit cum omnibus corporibus, sed vario affectûs gradu. Amore perpetuo & invictâ propensione mens fertur ad curam incolumitatemque sui corporis : ad cæterorum verò conservationem non ita. Quò longiùs absunt, quò sunt exiliora, quò minùs ad fovendam corporis incolumitatem & ad ciendam voluptatem conferunt, eò minori affectu illis conjungitur.

TH. Ergo non necesse est ad explicandum corporis cum mente consortium, ut mens sit toto diffusa corpore; ut intra illud velut in domicilio habitet, aut eo velúti carcere coerceatur.

EUG. Quin & nescimus quo existat mens nostra loco; nec illius medio in corpore præsentia est ullo sensu necessaria. Ut enim sol & planetæ, quamvis dissiti, se mutuò attrahunt; ita corpus & mens, quamvis absint, possunt mutuas in se affectiones excitare. Ridendi ergo illi qui locum mentis investigant in capite.

TH. Atqui hoc in animum inducere nequeo mentem abesse à corpore.

EUG. Non abest à corpore, si attendas ad sensationum relationem : suas enim sensationes invictè mens ad aliquas sui corporis partes refert : neque te induco ut mentem à corpore dissitam putes. Hoc unum assero, scilicet id esse incertum, nec ad nos pertinere quidquam quo mens loco insideat.

TH. Idne pro certo habes, quemlibet in corpore motum cum peculiari mentis affectione conjunctum esse & vicissim.

EUG. Minimè; sed pro verisimili. Nihil enim hucusque observari in alterutra substantia potuit, quod non fit cum alterius aliqua affectione conjunctum. Ut autem in illa organorum varietate mens singulos nequit observare motus; ita in tam multiplici sensationum compositione, quæ cuique motui respondeat, discernere non potest: & hoc sensu verum est quod quidam dictitant, explicari non posse mentis cum corpore commercium: at si hæc illorum mens est, dubium esse an à vi propriâ mentis repetendum sit aut corporis, an à decreto Dei utriusque substantiæ affectiones certis connectente Legibus, illi profecto hallucinantur.

TH. Mira certè corporis humani compago; at non minùs stupenda illius cum mente connexio. Corporis nostri ope variis in infinitum modis conjungi possumus cum cæteris corporibus; quin & cum mentibus aliis quarum cogitata nobis aperit Deus plures simul connectendo occasiones. Hujus rei unum sit exemplum. Vult Eugenius animi sensus prodere: continuò movet Deus fluidum quo stringuntur nervi atque musculi; pectus more follis agitatur ad expirandum aëra, qui motum tremulum & elasticum mediis in faucibus concipit: tum moventur lingua & labia, ut varia sit & discriminata aëris expirati impressio in externum: deinde motus aëris millies repercussus fluit undatim ad aures usque Theodori, & vibratilem impetum excipiunt auditûs fibrillæ, qui ubi ad intimum caput pertigit, sonum peculiarem confestim excitat Deus, & occasione soni easdem Theodoro ideas manifestat quas Eugenio, aut certè quæ ab illius ideis non multùm abludunt.

Qui posuit illas inter homines commercii Leges, potuit alias non minùs constantes ponere: nec scimus utrùm inter Angelos & corpora, inter illorum cogitationes & nostras non aliquas instituerit Deus connexionis Leges. Quin & istud verisimile est, cùm aliunde omnia videamus aliquo connexa vinculo. Ope igitur decreti alicujus divini palàm fieri potest Beatis quid sentiamus, quid exoptemus. Quam pinguis est ergo illorum opinio qui existimârunt exaudiri non posse à mortuis viventium vota; quasi unicus sit Deo cogitata revelandi modus. Id certè non asseruissent Hæretici, si advertissent audiri non posse ab homine hominem, nisi alteri quid alter sentiat, medius inter utrumque revelaret Deus.

EUG. Apertiùs tibi fit in dies, non nisi ab imprudentibus impugnari doctrinam Catholicam. Quemadmodum igitur Angeli qui nôrunt velle Deum ut homines salvi fiant, ex amore Dei à nobis mala deprecantur, & huic voto Deus annexuit Gratias, id est, bonas propensiones; ita cacodæmones ex odio Dei & justitiæ præparatam homini felicitatem invident, & huic invidiæ Deus annexuit illecebras ad malum. Ergo vana effutiunt quicumque id fieri posse negant ut nos boni Dæmones ad justitiam pelliciant, & mali ad iniquitatem: multiplicem enim liquet esse rerum occasionem à Deo institutam. Ergo nihil mirum si ab objectis externis, ab organorum compositione & à voluntate Angelorum, tanquam à variis occasionibus simul conjunctis nascantur propensiones sive ad bonum, sive ad malum.

Istud autem observa diligenter, multiplicem esse unius rei causam occasionalem; multos enim fefellit ista opinio, unum effectum esse uni causæ ascribendum. Unaquæque res cum cæteris in infinitum arcanâ commissurâ sociatur.

Ad istum causarum naturalium ordinem advertisse non videtur Leibnitzius cùm harmoniæ præordinatæ Systema publici juris fecit. Ille nimirum excogitavit Deum, cùm prævidisset actus è mentium humanarum libertate, secluso corporis consortio, orituros, aptasse cuique corpus ita organis compactum, ut ex ipsa vi mechanicâ prodiret quidquid à libertate proficisci videretur. Utrùm libertati repugnet ista opinio, alii viderint. Mihi satis erit palam fecisse hanc experimento falsam comprobari. Nemo enim adultus nescit ex impressione corporum, luminis, verbi gratiâ, soni,

F f iv

odoris &c. oriri motus organicos; ex illis motibus illecebras; ex illecebris voluntatis actus quos externi motus consequantur. Ergo temerè asseruit Leibnitzius prævisos esse libertatis actus, secluso corporis cum mente consortio; ideoque ruit funditus harmoniæ præordinatæ systema.

TH. Scire velim an ejusdem generis sint mentes angelicæ & humanæ.

EUG. Jam prænotavimus varias esse posse mentes in infinitum, cùm variæ sint in infinitum perceptiones, variæ propensiones, varii gaudii & doloris gradus.

TH. At illa varietas non est penes essentiam. Eadem enim mens potest varias experiri perceptiones, propensiones &c.: atqui nulla mens mutare naturam potest; illa enim natura pendet ab exemplari ad cujus fidem effingitur; quod cùm sit immutabile, naturam mentis & rei pariter cujusque immutabilem esse necesse est.

EUG. Quid ergo quæris? utrùmne mens nostra sit ex naturâ suâ corpori conjuncta; minimè verò mens angelica.

TH. Nequaquam: liquet enim consortium illud stare ex libero Dei decreto, neque semper extiturum: pariter Angelis, jubente Deo, posse corpus peculiari Lege aptari; cùm & ipsi Verbo natura humana fuerit peculiari Lege conjuncta.

EUG. Atqui nemo hucusque fingere potuit ullam mentis affectionem quæ in alia mente esse non posset. Ergo (& istud quoque diligenter observa) nulla esse potest ratio asserendi aliam esse inter mentes creatas diversitatem, quàm quæ oritur ex decreto Dei alias alio modo pro libito afficientis.

TH. Ergo verè Augustinus & Mallebranchius, nihil nosse nos quod sit naturâ nostrâ nobilius quàm Deum, neque ignobilius quàm corpus. Mens nostra veluti media est inter utrumque: nec mirum si quò plus ab alterius amore deflectit, eò magis ardeat amore alterius.

Est & aliud quod tecum disquirere libet an belluæ sint mente præditæ. Novi quid hac de re sentias, autoribus Carthesio & Mallebranchio. At alii pene omnes aliud vident in animantibus quàm materiam certâ coagmentatam industriâ; atque, ut dicam quod sentio, mihi ultra metam processisse videntur Carthesiani, & dum à vulgaribus opinionibus abhorrent, ad incredibilia figmenta mentem aliquando contulisse. Non enim semper falsum est quod vulgus opinatur; & aliunde tanta sunt animi belluini signa, ut vulgò insani habeantur qui belluas dicant esse inanimas. Minùs urbanè quidem, at verè quandoque ait vulgus splendidè desipere Philosophos.

EUG. Mitte quid sentiat vulgus de Philosophis, & Philosophi de vulgo. Hæc erit semper inter eos pugna.

TH. Verùm timeo ne dum ab insania vulgari caveo, more insolito insaniam. Non herclè me adduces ut inter automata recenseam catellum istum qui mihi fidus assistit comes, quem ad multa fingo docilem, qui & mihi & familiaribus meis quos dignoscit, tam festivè adblanditur.

EUG. Sunt & multi qui se adduci posse negant ut fateantur colores non esse corporibus superfusos.

TH. Istud fateor. At multiplici demonstratione palàm factum est errare vulgum ex hâc parte; verùm nullâ ratione demonstratum belluas esse prorsus inanimas.

EUG. Sine me rem ordine explicare: futurum enim existimo ut, cùm vel sola dubitandi momenta exposuero, à vulgo descisas, mutatâque sententiâ, istum qui te incessit catelli amorem ridiculum & viro indignum fatearis: & idcirco concertationem instituam in qua tu pro viribus mentem belluarum secundùm vulgi opinionem propugnabis, ego verò expugnabo.

CONCERTATIO QUINTA.

Certum est Deum automata belluis ex omni parte paria fingere posse; finxisse verisimile est: absurdum verò belluas ad vulgi opinionem esse confictas.

Primam partem sic manifestam facio. Quidquid sensuum ope attingere possumus in belluis, vel certa quædam materiæ forma est, vel motus organicus; mens enim, si quam belluis indidit Deus, nullo sensu attingitur: atqui suam dat organis formam Deus, nullatenus cooperante mente creatâ, quod omnes fatentur; nec ullus est hodie inter Physicos qui neget motum quemcumque pendere à Legibus quas Deus instituit ad Mundi corporei regimen; ergo motus organicus est quoque mechanicus: Atqui motus mechanicus non arguit mentis creatæ industriam. Positâ enim certâ machinæ formâ, positis motûs Legibus, motum excitari necesse est & perseverare secundùm easdem Leges, velit nolit mens creata. Ergo quod videmus in belluis nullam mentem arguit.

Enimverò belluarum operationes non sunt magis stupendæ, quam cordis & pectoris humani motus, quàm plantarum è semine explicatio, quàm motus totius Orbis qui nihil est quàm ingens machina ex infinitis minorum machinarum miraculis compacta. Atqui nullam ista arguunt mentis creatæ industriam; nullus est qui aliam Mundo mentem ascribat præter Deum; nullus qui suas affingat arboribus animas; nullus qui creatæ mentis operationi ascribat sanguinis in homine circuitum & quicumque motus à libertate non pendent; qui certè plurimi sunt in corpore humano. Ergo sepositâ mente creatâ, machinas belluis pares fingere potest Deus.

DE METAPHYSICA. 459

O inficetum vulgus! Novit concinnari posse ab artificibus machinas quæ incedant vi mechanicâ organorum, quæ carmen musicum aptatâ ori digitisque fistulâ edant; equos qui juncti currum trahant, aliaque permulta id generis: & ipsum Mechanicæ Autorem Deum negabit fingere posse machinas nostro corpori similes, quarum organa ita sint composita, ut motus edant & ad propriam incolumitatem & ad nostram quandoque utilitatem idoneos, quasi mira fingere non valeat Deus.

IN SECUNDAM verò partem his inclinor momentis. Verisimile non est inesse polypo quinque sexve mentes; nec magis probabile est Deum, occasione datâ per sectionem polypi ab homine factam, totuplici animâ donare polypum divisum quot sunt divisionis membra: atqui alterutrum esset necessarium, si sua cuique mens esset polypo. Experientiâ enim constat partes polypi divisi & aquæ injecti mutari in totidem polypos integro similes. Ergo verisimile est polypum cæteraque pariter animantia esse mente destituta.

Præterea vel libertate carent belluæ, vel si quam habent, certè ad regendos saltem aliquos sui corporis motus: nullum enim alium libertatis finem fingit in belluis vulgus. Si primum, ergo mens illarum motus organicos regere non potest, proindeque est illa prorsus inutilis. Si secundum, sic ego ratiocinor: vero absimile est mentes liberas quæ innumeræ finguntur in apibus, verbi gratiâ, à Mundo condito in eosdem ferri motus & unam ac eandem semper eodemque modo exercere artem: atqui sic se habent apes, ut patet ex historia naturali: ergo verisimile non est earum operationes prodire à mentis creatæ industriâ.

Denique nemo sanus credat mentem humanam belluarum ingenio & acumine superari: atqui, si nôrunt opera sua belluæ, homines profectò vincunt ingenii acumine; quod ut uno probem exemplo, observabo præstantioribus quibusque Mathematicis ignotum fuisse quænam esse deberet alveoli forma ut minimum esset & spatii & materiæ simul dispendium: atqui istius problematis solutionem præstant apes ab ipsis cunis recentes; quod superiore tantùm seculo observatum est: ergo &c.

TERTIA pars demum sic probatur. Hoc censet vulgus de belluis, mentes videlicet illarum ad corpus regendum natas interire, soluto corpore; illas esse insontes, sentiendi potentes & cognoscendi atque amandi: quidam liberas negant, posse tamen errare confitentur: alii vim illis affingunt conferendi objecta, eligendi & ratiocinandi: atqui hæc sunt totidem absurda.

Nam 1°. mens illa, quantùmvis ignobilis, corpore est præstantior; cùmque, soluto corpore, intereat, nullum habet finem ultimum præter corpus. Atqui hoc cum recta Ratione pugnat mentem ad substantiam viliorem referri tanquam ad finem suum ultimum. Ergo &c.

2°. Sub Deo justo simul & optimo nemo miser nisi peccator (nôsti quid per miserum intelligam): atqui belluæ sunt omnes insontes, sunt tamen quædam miserrimæ secundùm vulgi opinionem: ergo pugnantia de belluis vulgus affirmat.

3°. Sentiunt & cognoscunt belluæ: atqui objectum sensus, ut probè nôsti Deus est quatenus beans aut torquens: objectum cognitionis est idem Deus quatenus est Lumen & Veritas; ergo Deo conjunguntur belluinæ mentes eodem sensu quo mentes humanæ. Atqui tamen belluæ, autore vulgo, ad corporis amorem invictè applicantur. Ergo mens veri cognoscendi ideoque amandi capax materiæ invicto amore copulatur. Ergo illam adigit Deus ad ignobiliora præferenda; quo certè nescio an sit quidquam absurdius.

4°. Si fingis errare belluas, neque tamen esse liberas, ergo illas ad errorem adigit Deus, quod tu fieri non posse confiteris. Si autem liberas affirmes, sic dilemmate rem absolvo. Vel sunt errandi expertes belluæ, vel non : Si primum, illarum conditio est humanâ præstantior, quod tu certè negabis : si secundum ; ergo neque sunt à peccato immunes ; ergo illas sua manet merces aut pœna pro legitimo vel illegitimo libertatis usu; ergo &c.

TH. Me non mediocriter conturbat ista quæstionis propositæ connexio cum luculentioribus Philosophiæ principiis. Jam præsentio aut abjiciendam esse vulgarem opinionem, aut alia esse ponenda Metaphysicæ Moralisque fundamenta. Experiamur tamen quid in causæ penè desperatæ patrocinium valeamus.

Belluas esse mente præditas demonstro, inquit Voltarius ; *sunt illis organa sensûs. Ergo sensûs non sunt expertes ; ergo suus est belluis animus.*

EUG. Nec in hoc loco visus est ad demonstrandum feliciter natus ille Scriptor. Sunt quidem plurimis animantibus organa iis paria quæ sensum in mente humana excitant : verùm non ex natura materiæ aut formæ, sed ex libero Dei decreto sensus apud hominem est connexus cum organorum motu. Potest igitur fieri ut quæ Deus apud nos sociavit, in belluis conjuncta esse noluerit. Sunt nobis organa motûs & sensûs simul : in belluis sunt tantùm organa motûs. Quid tu, si quis ita ratiocinetur ? Voces humani sermonis usurpat psittacus ; ergo humanè loquitur.

TH. Nec defuêre qui assererent mutuum esse inter belluas colloquium : quibusdam nimirum sonis opem efflagitant, terrent, dolorem aut gaudium significant.

EUG. Nec defuêre qui belluarum dictionarium elucubrare tentârent ; sed nugas istas procul amandemus. Duplicis generis sunt signa quibus quæ favent aut nocent mechanicæ corporis compositioni significantur; alia sunt naturalia, ut risus, gemitus, lacrymæ, clamor & quædam interjectiones. Alia sunt ad humanum arbitrium instituta, ut variarum linguarum voces. Prioris generis signa, ut in nobis, ita sunt in belluis; ex hac parte ab animantibus non discrepamus. Hac arte Deus nos inter nostri similes & ipsa animantia sociavit, ut scilicet ipsa oris specie, ipso gestu aut sono, commoverentur aliorum organa, sive ad auxilium ferendum, sive ad territationem incutiendam, sive ad excitandam fiduciam, verbo dicam, ad parandam ex mutuo commercio corporis incolumitatem. Secundi generis signa nulla observantur in belluis, ne in psittaco quidem, qui velut echo voces regerit, ac nunquam proprio marte componit ad exprimendos animi sensus.

TH. Non me latet consensum generalem nuspiam esse veri argumentum, nisi cùm pravo cupidini adversatur. At illud certè verisimile est quod ab omnibus creditur, si consensus ille non faveat cupiditatibus: atqui sint in belluis mentes necne, nihil ad vulgum attinebit, & omnes, demptis paucissimis, in vulgarem conspirant sententiam.

EUG. Unde istud habes, illud esse verisimile quod generalem obtinet fidem, si medium sit inter ea quæ tuentur aut oppugnant libidinem? Ego contra sic arguo: tolle prima cognitionum principia, cæteræ notiones non possunt, nisi præstita attentione sedulâ, parari. Atqui vulgare est abhorrere ab attentione sedulâ, cùm res nihil attinet ad voluptatem; ergo error in hoc quoque casu vulgaris esse debet.

Præterea cupidini favet quàm maximè apud plerosque opinio vulgaris de belluarum mente. 1°. Magis arridet mentibus quàm nudæ imperitare materiæ. Se Regem belluarum homo existimat. Tolle mentem belluarum, jam non erit unde superbiat. 2°. Non possumus esse materiæ amici. Fingimus ergo mentem ubicumque amamus. Plerique autem equos, canes, aves amore vituperabili prosequuntur. Ergo ne ridiculus fiat ille amor, fingunt mentem in belluis, quæ sit amoris objectum. 3°. Nulla sunt apud nos vitiorum signa quæ non observentur in belluis, & cum signo rem confundere solent homines : atqui ea signa criminis animantibus verti non possunt ; ergo significata cupiditas excusatur in belluis, quidni & in nobis ?

TH. Factum signorum concursu probatur. Atqui innumera signa edunt mentis sibi aptatæ animantia. Clamat canis fuste percussus, quod doloris est argumentum : occurrente hero festivos edit motus in lætitiæ signum ; demittit auriculas & humi se extenuat, si minas intentat herus ; quod certè timorem & reverentiam arguit : quin & beneficii vicem reddere videtur : herum enim si quis lacessat, aggredientem invadit canis ; infinitus sim, si omnia commemorem.

EUG. Innumera quidem sunt signa machinæ mirâ arte compositæ : at cùm ea mentis signa esse volumus, eorum similes sumus qui apud barbaros peregrinantes ornamenta nigra assererent esse luctûs argumentum, eò quòd res apud nos ita se habeat. Sic arguis, Theodore ; clamat canis ictus verbere ; ergo dolet. Sic ego in adversum : non clamant percussi pisces ; ergo non dolent.

TH. Magna hîc disparitas : non clamant pisces eò quòd organis destituantur ad clamorem natis.

EUG. Cur ergo ex clamore canis non collegisti inesse cani clamandi organa ? Equidem apud hominem dolor cum clamore quandoque conjungitur. Utrumque ergo colligi potest in homine, & eum esse pulmonibus instructum, quæ consecutio certa est ; & eum dolere, quæ consecutio aliquando falsa est. At si idem de cane colligis, eum esse fingis homunculum quadripedem.

Omnibus phænomenis quæ in brutis animantibus observantur hoc sit generale responsum. Cùm Deus & corpus humanum & animantia condidit, organa sic disposuit ac concinnavit, ut possint amplificari, perseverare, variosque motus edere pro vario rerum concursu. Voluit ut quædam animantia essent veluti præparatæ à naturâ ad hominis usum machinæ, quo sensu Rex animantium jure dicitur homo : voluit præterea ut ipsâ oris specie externâ inter se connecterentur, & inde varia ducerent incolumitatis adjumenta. Ad finem ergo multiplicem pro vario rerum concursu referuntur belluarum operationes: non video autem quâ de causâ velis hunc finem attingi mentis creatæ industriâ, cùm certius attingatur divinâ. Hæc tamen videtur esse erroris istius causa: in animantibus qui propius accedunt ad humani corporis mechanicam, in canibus, verbi gratiâ, necesse est motus qui ad incolumitatem referuntur esse pares motibus humanis: atqui apud nos sequitur sensatio motus organicos; ergo id vicit consuetudo, ut mens nostra ad motus non attenderet quin simul ad sensationem comitem sese flecteret. Hinc fit ut sensationem esse in cane motûs organici sequacem judicemus. Verùm nosmetipsos intueamur. An motus organici mentis nostræ industriâ semper reguntur? Pauci sunt, ideo dicti liberi, quos à voluntate nostra pendere voluit Deus; cæteri eliciuntur solâ vi mechanicâ, quin & reluctante quandoque voluntate. Attende, verbi gratiâ, ad istum ruborem quo suffunditur vultus ejus qui mentiri insolens, mendacii convictus est. Vellet quidem isto se indicio non prodere: at illud extorquet arcana corporis mechanica.

TH. Esto id ad quod peculiariter nata est bellua, fiat vi mechanicâ organorum. Sed ad alia pro arbitrio quædam fingimus animantia, equum, verbi gratiâ, canem, aviculam, ut nôrunt omnes. Atqui ista docilitas arguit mentem reminiscentem & motus à libertate brutorum proficiscentes. Nam vis mechanica mente destituta non potest dirigere machinæ motus ad quodcumque homini libuerit.

EUG. Unicus est plerumque finis machinarum quas homo concinnat: at innumeri machinarum quas finxit Deus. Voluit enim bruta quædam aptari ad varios usus hominis; ergo illa multiplici organorum genere instruxit. Quemadmodum voluit ut terra varia produceret pro variâ hominis industriâ: quapropter illam iam multiplici succorum genere instruxit. Ergo ut mens inutilis in Terra, ita in belluis; nisi voluerit Deus motus quosdam ab illarum voluntate pendere. Verùm si Deus potuit ut in nobis, ita in belluis experiri libertatem, quantùm ad usuram corporum, vel peccare illæ poterunt; vel nullo momento probabis peccare fures, homicidas &c.

TH. At mutare possumus naturales brutorum operationes. Sic canis naturâ vorax fingitur ad sobrietatem, ad servanda edulia intacta, quamvis esuriat. Verbere corrigitur canis venaticus ne prædam discerpat in posterum, aut ne ruens imprudenter illam abigat.

EUG. Quid inde colligis, Theodore? meminisse canem? Duplicem distingue memoriam; aliam corpoream, quæ posita est in organorum connexione; quæ, ut in cane, ita in nobis est: alteram spiritualem quæ in connexione perceptionum consistit, & quæ solis competit mentibus. Si apud nos una perceptio revocat alteram, unum ergo in cerebro vestigium renovat aliud vestigium. Aures canis suâ perstrinxit voce herus, & cutis nervulos simul verbere perstrinxit. Duplex facta est in canis cerebro impressio, quarum altera deinceps renovabit alteram. Ergo in posterum solâ voce heri coërcebitur canis quasi verbere quoque perstringatur; hujus memoriæ multa sunt signa in hominibus. Sic oculis literarum figurâ motis excitantur organa perceptionis: sic vel inviti refugimus illorum consortium, qui quos experti sumus infestos ore referunt. Sic oblato ovo recente nauseam corpoream patitur vel invitus, qui paulò ante corruptum absumpsit.

TH. Non possum tamen, Eugeni, existentiam mentis in homine colligere, nisi ex motibus corporeis: animum enim tuum videre non possum. Ergo si motus corporei non sunt certa mentis signa, suspicari potero te meram esse machinam: quod cùm fieri non posse sentiam, neque suspicabor belluas esse mera automata.

EUG. Magna est disparitas, Theodore; 1°. multò plura sunt signa mentis in homine quam in bruto: atque ut omittam ipsam formae similitudinem, unde jam suspicari potes me tui esse similem, qui sensu intimo nôsti te non esse meram machinam; ad definitum artis genus animantia à mundi principio destinata sunt; ad multiplex in infinitum homo. Signa arbitraria usurpare non possunt belluae, fatente vulgo: eadem in infinitum varia adhibet & inter se componit homo, ita ut cùm aliquis ratiocinando veritates aliquo ordine connectit in genere morali aut mathematico, jam dubitare non possimus perspectas esse illi rerum ideas. Non video quidem animam Theodori; at vel in uno colloquio adest ille signorum concursus qui comitem habet judicandi necessitatem.

2°. Pone in homine mentem ad ea natam quae docet Religio Christiana, pugnantia non conjunges. At pugnantia sociare vulgum ostendi, cùm mentem affingit belluis. Observabis quoque ex motibus qui sunt nobis cum animantibus communes, probari non posse existentiam mentis in homine : cur ergo illa signa magis valeant in belluis?

TH. At probari non potest nullam esse inter belluas signa arbitraria.

EUG. Accedo. Quid tu inde? Non me pro certo habere dixi, sed pro verisimili belluas esse mente destitutas. Illudne censes verisimile quodcumque fingi potest?

TH. Non eò usque insanio, Eugeni. Ea hucusque tibi duntaxat proposui quae objicere solet vulgus in mentis belluinae patrocinium & quae infirma esse ac irrita confiteor. Unum proprio marte objiciam in quo vim non mediocrem esse existimo. Mera materia misericordiae objectum esse non potest : fingamus enim pretiosissimam machinam casu aliquo comminutam, dolebit possessor & forsan irascetur; at misericordiâ non commovebitur. Atqui misericordiam movent bruta animantia, si aegrotent, si clamore opem, aut extenuato humi corpore veniam efflagitare videantur; quin & horrore aliquo mentem percellunt, si vulnerantur, si occiduntur. Qui quidem affectus invicti sunt; ergo illi à Deo oriuntur significante belluas esse mente præditas.

EUG. Ad illos affectus animum afflectens aliquandiu hæsi dubius utra utri esset anteponenda opinio, vulgi-ne an Carthesii. Re autem propiùs inspectâ, sic ego mecum : si illa in belluas quasdam misericordia certum est mentis belluinæ indicium; cur non eodem affectu corripimur cum aliæ casu aliquo labefactantur ? Cur non horrescimus cùm perimimus insectorum millia ? Illa etenim mente non sunt magis destituta quam canes; quin & hujus affectûs rationem observando exploratam habui. Nam hoc magis excitatur misericordia quò propiùs accedunt ad nostræ mechanicæ formam animantia, & quò similiora sunt signa naturalia laborantis organorum systematis. Atqui ut homo homini ægro aut saucio ferret opem, & ut ab alterius sanguine effundendo coerceretur, ita organa compegit nostra Deus, ut perceptis periculi signis miseresceremus, & vel ipsum horreret quisque sanguinis colorem, nisi mentem pravi mores aut occidendi consuetudo adulteravissent, quod militibus & laniis quandoque accidit. Ergo si signa edant paria belluæ; si sanguine illæ simili vigeant, necesse est eosdem in nobis excitari affectus, misericordiæ scilicet, si morbo belluæ aut ictu graviore labefactantur, & horroris, si sunt vulnere cruentatæ.

TH. Præclarè observatum, Eugeni. Novum mihi divinæ providentiæ sufficis argumentum. Non enim satis cautum fuisset humano generi Legibus & statutâ pœnâ, nisi humana hâc arte composuisset organa Deus, ut ad opem ferendam, naturali quodam instinctu excitaremur, & nisi homo, *qui ab initio homicida fuit*, ut Christi verbis utar, effusum horreret sanguinem. Nunc intelligo quâ de causâ prohibuerit Deus ne mixtum cum carne sanguinem comederent

Judæi, ne scilicet illum quem parit sanguis horrorem naturalem cruentâ consuetudine tandem abigerent.

EUG. Piè simul & rectè, Theodore. Verùm cùm sacras perlegisti literas, cur non observasti animantia post diluvium homini à Deo fuisse in escam permissa; & hoc pacto nobis esse luculenter significatum bruta esse inanima? Si enim est in belluis mens dolendi capax, verone simile est Deum homini fecisse copiam torquendi tot mentes, cùm aliunde victum sibi parare potuerit? Numquid seposita hâc licentiâ vescendi carnibus à Deo profectâ, insulsè Neuto qui mentem brutis affingebat, prohibuisset ne ad parandas sibi dapes occiderentur altilia? Si mente donasses animantia, Theodore, an per te liceret lucio lucium absumere? Cur ergo fingis mentes illas esse divinæ bonitatis expertes?

TH. Nimis urges; absiste, quæso, Eugeni: jam me vulgaris pudet opinionis, quam certè prorsus à mente mea excussisti.

EUG. Hæc sint satis de mente corpori consociatâ. Mox de nudâ materiâ agemus.

COLLOQUIUM ULTIMUM.

TH. Extremum hunc mihi laborem concede, Eugeni; pauca de materiâ, quæ quamvis sit substantia omnium vilissima, non ideo prorsus negligenda est, ut pote quæ sit opus Dei mirabili digestum ordine. Nihil primo intuitu videtur materiâ notius, & tamen in ipsâ materiæ definitione hæreo. Quid enim mente attingimus cùm ad materiam oculos affectimus? figuram & colores. Atqui figura & limites materiæ idem sunt: limitibus autem non natura rei sed spatium occupatum definitur. Aliunde colores esse non materiæ, sed mentis affectiones jam dudum liquet. Quid illud ergo in se est quod materiam dicimus ? hoc primùm à te audire cupio.

EUG. Nec tamen audies, Theodore, quippe qui nesciam : non enim (quod te jam monui) affulget menti exemplar materiæ. Verùm ut dolor à gaudio discriminatur, quamvis non illuceat menti idea affectionum hujus generis; ita materiam voluit Deus à mentibus discriminari posse quamvis nolit perspectum esse nobis sive materiæ, sive mentis exemplar. Mentem esse substantiam singularem nôsti : materia est substantia multiplex ; ergo à mente diversa : hoc unum de materia novimus, judicandi adjiciente necessitatem Deo. Numerum arguit definitio ; essentiam verò non exhibet. Nihil igitur à me de materia perconteris, nisi quod ad numerum attinet.

TH. Non ergo, ut nonnulli, materiam definies substantiam impenetrabilem ?

EUG. Minimè prorsus. Novimus quidem omnia creata divinâ penetrari substantiâ : at nescimus utrùm substantiæ creatæ, sive mentes sive corpora, possint eodem loco existere necne. Nullum est, fateor, hujusce penetrationis exemplum : quid inde colligemus ? Eò quòd nullum sit motûs rectilinei exemplum, inferasne moveri non posse materiam nisi motu curvilineo ?

TH. Quidam dixêre materiam esse substantiam extensam. Verè quidem illi, si istam propositionem pro definitione non usurpant, aut si per extensionem eam intelligunt proprietatem quâ substantia existit partim in parte spatii occupati : mentibus enim inesse non potest illud extensionis genus ; quo sensu ista definitio à tuâ non est nisi voce tenus diversa. Verùm si numerus partium est de materiæ essentiâ, cùm numerus quilibet sit in infinitum divisibilis, materia poterit quoque dividi in infinitum. Ergo nulla erunt prima materiæ elementa. At istam propositionem sequuntur absurda, ni fallor, corollaria : quin & fa-

Gg iij

tentur ferè omnes dilui feliciter non posse quæcumque in eam objiciuntur. Ergo satius erit admittere elementa quæ non constent partibus; quæ quidem elementa cùm sint de natura materiæ, non quælibet materiæ moles erit substantia multiplex.

EUG. Non me latet hærere quosdam in propugnandâ materiæ multiplicitate, cùm ea objiciuntur quæ ad Mathesim & infiniti naturam aliquatenus attinent; eò quòd vix ac ne vix quidem infiniti naturam meditati sint, aut progressionis geometricæ Leges parùm calleant, aut denique quòd incautè quædam axiomata scholastica pro veris habuerint, tu verò qui mecum sæpius es commentatus infinitum, qui Mathesi multa cum laude operam dedisti, experieris ex sequenti concertatione perspicuè dilui posse quæcumque objiciuntur in materiæ multiplicitatem.

CONCERTATIO ULTIMA.

Absurdum est existere prima materiæ elementa; ideoque materia dividi potest in infinitum.

QUOD quidem sic manifestum facio. Illa elementa quæ prima finges, vel extensa negabis, vel inextensa. Si primum, ex multis minimè extensis conflari potest extensum, quod idem est ac si è nihilo rem aliquam, numerum ex zeros composueris. Si extensa sunt, locum multis constantem partibus occupat elementum quodcumque: atqui existit partim in spatii sui parte; ergo diversas habet partes; ergo elementum constat elementis, de quibus cùm idem institui possit ratiocinium, inde consequens est nulla prima dari elementa. Atqui illa elementa sunt dissociabilia; quælibet enim moleculæ pars est substantia integra, cui nihil est commune cum parte contiguâ:

atqui præter decretum divinum nulla est ratio cur una substantia hanc potius quàm aliam spatii partem occupet; ergo partes moleculæ cujuslibet possunt diversis existere locis: cùmque idem de partibus partium affirmari possit, perspicuum est dividi posse materiam in infinitum.

Vis alio pacto rem tibi fieri luculentam? Finge duas parallelas infinitas unam distantes hexapedam A B : à

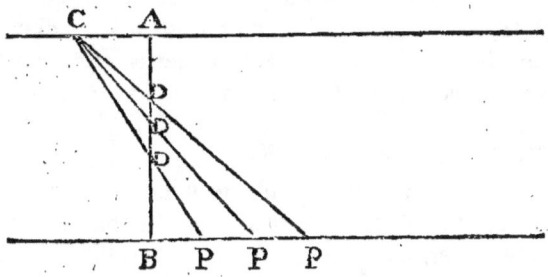

puncto C superioris parallelæ finge lineas CP, CP &c. ad inferioris infinita puncta P æquo distantia intervallo: linea A B geometricè dividetur in partes infinitas; lineæ enim CP, CP, &c. cadunt in puncta distincta D, D, &c. Nunc loco lineæ A B finge parallolipedum materiæ, & habebis materiam in infinitas partes discriminatam: atqui illæ lineæ, seposita fictione, existunt; ergo infinitis materia partibus coalescit.

Præterea spatium numerum & tempus primis carere elementis pro certo habes: atqui eâdem ratione evinci potest materiam non conflari atomis; & quæcumque objiciuntur in materiæ divisibilitatem pari jure objici possunt in numeri spatiive aut temporis multiplicitatem; cujus tu rei fac nunc, Theodore, periculum.

TH. Ergo infinitæ sunt in una moleculæ.

EUG. Accedo: nisi enim infinitæ essent, iteratâ divisione perveniri posset ad ultimam insectilem.

TH. Atqui ex unitate infinities repetitâ coalescit summa infinita: ergo ex moleculâ infinities repetitâ exurgit moles infinita.

EUG. Nec istud negare possum: verùm quid inde?

TH. Ergo quælibet materiæ moles erit infinita. Nam infinitæ sunt in mole quavis moleculæ: ergo quævis constat moleculâ infinities repetitâ.

EUG. Retorqueo argumentum. Ergo quilibet numerus est infinitus. Nam infinitæ sunt unitates in numero quovis: sit, verbi gratiâ, in exemplum numerus 2: æquat ille numerum 1, 9 9 9 &c. ergo quilibet numerus constat unitate infinities repetitâ.

TH. Nodum geminas, nedum solvas. Expedi ergo quî fieri possit ut materia vel numerus constet infinitis partibus, nec tamen constet parte infinities repetitâ.

EUG. Nôsti quid sit progressio geometrica decrescens in infinitum; constat illa terminis numero infinitis: atqui nullus est tamen in illius summa terminus infinities repetitus. Si enim quilibet terminus quantùm vis exiguus infinities repeteretur, inde coalesceret summa infinita: hæc enim exurgit ex infinitis partibus æqualibus. At inter progressionis geometricæ terminos non dantur æquales duo, sed sunt illi minores in infinitum. Jam verò si fingis infinitas materiæ moleculas æquales, aut in aliâ ratione quam quæ competit progressioni geometricæ, aut quæ in geometricam resolvi possit, exurget certè moles infinita. At quoties infinitæ dicuntur esse in unâ moleculæ, toties intelliguntur partes quæ sint minores & minores in infinitum secundùm Legem progressionis geometricæ, aut quæ solvi possit in geometricam ut ista. $1, \frac{1}{3}, \frac{1}{6}, \frac{1}{10}, \frac{1}{15}, \frac{1}{21}$, &c.

TH. Ergo datur, ut in numero, ita & in materia pars infinitè exigua.

EUG. Distinguo: datur infinitè exigua, hoc sensu quòd parte quantùmvis exiguâ detur minor, concedo: hoc sensu quòd nihil detur minus, nego. Priore sensu Geometræ admittunt infinitè exigua quæ inter se rationem habere finitam possint. Secundo sensu, infinitè exiguum est zero: id est pugnat cum rectâ Ra-

DE METAPHYSICA. 473

tione esse quidquam quo minus aliquid fingi non possit.

TH. At quaevis progressio decrescens, si ducatur inversâ ratione, crescit. Ducatur ergo ratione inversâ progressio decrescens in infinitum, quid erit primus terminus, nisi infinitè exiguus, ita ut nullus fingi possit minor.

EUG. Quaevis progressio finita duci potest inversâ ratione, minimè verò infinita. Nam ut infinita sic converti posset, oporteret ultimum terminum in primi locum succedere: atqui in eâ quae decrescit in infinitum, repugnat esse terminum ultimum; ergo in conversâ nullus dari posset primus; ergo converti illa non potest. Unde sic collige mecum: ut in progressione decrescente non datur terminus ultimus nec proinde infinitesimus, ita non datur in materiâ pars ultima, nec proinde infinitesima.

TH. Sit ista series $1, \frac{1}{2}, \frac{1}{3}, \frac{1}{4}, \frac{1}{5}$ &c.: licet illa constet partibus minoribus & minoribus in infinitum, est tamen infinita quantùm ad summam; ergo pari jure, etsi materia constet partibus minoribus & minoribus in infinitum, molis erit illa infinitae.

EUG. Non asserui ex infinitis partibus in qualibet ratione decrescentibus componi molem finitam, sed ex partibus quae secundùm Leges progressionis geometricae decrescerent. Quod ut pleniùs assequaris, sit series infinita $\frac{1}{2}, \frac{1}{4}, \frac{1}{8}$, &c.; vel ista $\frac{1}{3}, \frac{2}{6}, \frac{3}{12}$ &c.: summa aequat unitatem, seu duplum primi termini in prima serie, & duplum primi cum altero in secunda. Atqui in materiae mole quavis continetur media pars & alterius mediae media, quae est quarta pars, & alterius quartae media quae est octava, & sic in infinitum: ergo tota moles est summa progressionis cujus est ratio duplex & primus terminus aequat $\frac{1}{2}$.

Sit altera series $\frac{1}{3}, \frac{1}{9}, \frac{1}{27}$ &c.: summa aequat mediam unitatis partem. Atqui in mole quavis continetur tertia pars, & tertiae tertia, &c. Ergo media pars molis est summa progressionis cujus est ratio triplex & primus terminus aequat $\frac{1}{3}$. Unde colliges quodlibet progressionis geometricae genus includi in mole quavis materiae. Si verò in materia sequi volueris seriem de qua tu modò, quartus terminus prioribus superductus jam superabit duplum molis. Ergo cùm moli moles hoc pacto addatur in infinitum, moles cui responderet illa series esset infinita, aut certe major quâcumque datâ finitâ. Hic utor locutionibus geometricis, ut probè sentis, cùm mihi non suppetant locupletiores.

TH. Si materia dividi potest in infinitum, fingamus eam in infinitum divisam.

EUG. Antequam ultra progrediaris expone quo sensu materiam fingis in infinitum divisam. Si enim partes illius esse fingis secundùm Leges progressionis geometricae divisas, admitto hypothesim, quippe quae non pugnat cum notionibus de spatio & cum materiae definitione: cùm enim spatium sit infinitum, non deest locus ut partes numero infinitae seorsim existant. Quin & fieri potest ut loco finito partes finitae molis quamvis separatae secundùm progressionem geometricam contineantur. Sint enim intervalla in eadem progressione geometrica quàm partes materiae divisae, pes cubicus materiae poterit esse in spatio duorum pedum divisus in infinitum. Si voluerit quoque Deus unamquamque sectionem variis respondere momentis, modò tempora sint pariter in ratione partium, duobus minutis divisionem absolvere poterit; sed in hac fictione nulla est ultima sectio, nulla ultima pars, ideoque nulla infinitesima; ac proinde nihil pugnat illa cum definitione materiae.

TH. Fingamus ergo eam esse alio pacto divisam, scilicet 1°. in duas partes aequales; 2°. utramque mediam in quartas; 3°. quartam in octavas, & sic in infinitum; partes divisae semper erunt aequales; ergo absolutâ divisione in infinitum, pars quaelibet erit infinitesima.

EUG. Nego istam divisionem esse posse absolutam.

Nam 1°. divisionis terminus assignari posset: atqui divisio in infinitum est divisio carens termino, id est, in qua non datur ultima sectio; ergo jam ex hac parte pugnat tua hypothesis cum ipsa vocum notione. 2°. Infinitesima pars ea esset quæ careret partibus, quæ in loco existeret minimè extenso: atqui nihil infinitesimum esse potest præter zero; ergo cùm divisione materia converti in nihilum non possit, absurdum est materiam hoc esse divisam modo, quo tu modo finxisti.

TH. Ergo quod potest fieri, factum fingi non potest. Nam materia hoc pacto potest dividi: atqui hoc videtur inter axiomata recensendum illud fingi posse existens quodcumque possibile est.

EUG. Hic distinctione opus. Quod possibile est, fingi potest existens eodem modo quo possibile intelligitur, concedo: alio modo, nego. Rem illustrabunt exempla. Potest substantia creata existere in æternum, fingine idcirco potest existisse in æternum? Corpus est in infinitum mobile secundùm lineam rectam, fingesne motum hujus generis esse absolutum? Fateor materiam quo tu finxisti modo esse divisibilem, ut corpus est mobile quo exposui modo. Ergo Deus fingi potest materiam in infinitum hoc pacto dividens aut movens; divisisse verò aut movisse nequaquam. Nam ipsa loquendi ratio in hac ultimâ hypothesi includit simul & excludit terminum.

TH. Argutè quidem ducis è Mathesi unde te extrices. Verùm si partes spatii & temporis numerique intelligibilis separari non possunt, at certè non ita materiæ partes. Hic profectò deficiet comparatio. Fingamus ergo jubere Deum ut omnes omnino molis alicujus partes diversis existant locis; tunc quælibet occurrens erit infinitesima, si sint numero infinitæ; nec ibi retractes progressionem decrescentem in infinitum: si enim secundùm progressionis Legem, partes dividere fingatur Deus, non erunt omnes diversis positæ locis; cùm primus progressionis terminus multis conftet partibus fimul conjunctis. Jam verò fictio non eft abfurda; cùm nulla pars fit cum aliâ neceffariò conjuncta.

EUG. Antequam iftud nodi folvo, diftinguo partes totius quæ *compartes* dicuntur à partibus partium quas nonnulli *fuppartes* dixêre: pars quævis à partibus primi generis feparari poteft. Nam pars quælibet eft totum comparatè ad fuî partes. Atqui multiplex totum poteft diffitis exiftere locis. Ergo compartes ejufdem totius funt diffociabiles. At totum à fuî partibus feparari nequit, hoc eft, præftare Deus non poteft ut exiftat totum fine fuî partibus. Ergo cùm pars quælibet primi generis fit totum comparatè ad fuî partes, nulla à fuî partibus eft feparabilis. Hoc prænotato, fingere poffumus diffociatas effe compartes, at negabo infinitas effe in toto finito compartes æquales. Ergo quamvis disjectæ fint illæ partes, nulla occurret infinitefima. Quòd fi fingis Deum ita feparare partes materiæ ut fuî partibus careant, aut ab illis fecretæ fint, perfpicuum eft te abfurda fingere.

TH. Quin potiùs ego quoque à Mathefi peto arma quibus tecum feliciùs colluctari queam. Lineas rectas dicunt Mathematici uno interfecari puncto: atqui fi punctum quodlibet habet partes, fi lineæ aliquantulùm latæ fint, neceffe eft in multiplici puncto fieri interfectionem. Ergo & fpatii punctum & linea quantùm ad latitudinem carent partibus. Idem dictum efto de materiæ quàm de fpatii elementis.

EUG. Te præmonui, Theodore, infinitè exigui duplicem effe apud Mathematicos acceptionem. Vel enim intelligunt illud quo nihil minus datur, & cùm hoc fenfu punctum lineamque ufurpant, ifta funt merum nihil: fpatium enim trinâ carens dimenfione nullum eft: atqui punctum & linea hoc ufurpata fenfu trinâ carent dimenfione; ergo funt meri limites proindeque nihil. Vel intelligunt illud quod finito quovis minus fingi poteft, quamvis non fit reipsâ nihil. Hoc pofteriore fenfu dicunt Mathematici è punctis constare lineam, è lineis superficiem, & superficiem esse corporis elementum; quem profectò sensum ablegant, cùm lineas unico & indivisibili puncto intersecari dicunt.

TH. At punctum contactûs non est merum nihil: atqui demonstrant Geometræ unico planum à sphæra puncto contingi; ergo dantur elementa individua.

EUG. Ne qua te ludat æquivocatio, discerne, Theodore, punctum tangens ab ipso contactu. Punctum tangens multiplex est, longum utpote, latum & profundum. Contactus autem est defectus loci interjecti: jam verò punctum tangens non tangit quà profundum est. Ergo constare potest elementis, quamvis contactus nullas habeat partes. Cùm igitur dicunt Geometræ tangi unico puncto à sphæra planum, non asserunt punctum tangens elementis carere; sed idem est ac si dicant planum inter & extremos quosque sphæræ radios spatium aliquod intercedere, excepto radio perpendiculari, ubi deficit locus interjectus: atqui ubi deficit locus frustra quæras spatii elementa; ergo nulla sunt elementa contactûs.

Nec te moveat quòd lineæ & figuræ proprietates demonstrentur, cùm tamen nihili nullæ sunt proprietates. Nam ut limites nonnisi per rem limitatam intelliguntur, ita lineæ & figuræ non intelliguntur nisi per spatium lineis & figuris definitum. Non ergo propria lineæ aut figuræ explicatur essentia, sed spatium à spatio contiguo limite communi distinguitur.

TH. Non inania pollicitus es, Eugeni; verè argumentum istud ab omni ambage extricasti: in hoc, ut in multis, expertus sum te sæpius esse infinita commentatum. Verùm ut corpus dividendo minus fit in infinitum, sic adjiciendo majus fieri potest in infinitum. Pariter, ut nullum dari potest corpus infinitesimum; sic, opinor, nullum fingi potest infinitum. Limites enim videntur attinere ad materiæ essentiam.

EUG. Si ad nudam Dei efficaciam spectes, Theodore, liquet creari posse infinitum; nec enim locus deest, nec numerus partium quæ iisdem dimensionibus contineantur. Non datur quidem pars infinitesima corporis finiti: at quodlibet corpus finitum est infiniti pars infinitesima. Si verò ad Dei Sapientiam animum convertas, evidens erit fingi non posse corpus nullo interjecto spatio infinitum: nullæ enim tunc essent motûs Leges ideoque nullus ordo. At, illæsâ Dei Sapientiâ, fingi potest infinitus corporum numerus quæ, interjecto spatio, ita inter se componantur, ut vi Legum motûs varias in infinitum formas induant. Verbo dicam; finge quodvis infinitum, modò eadem hypothesis figmenta secum pugnantia non consociet; modò non excludatur ordo qui summam Sapientiam deceat, non ineptè finges.

Cùm autem nihil frustra creet Deus, pro certo habe, Theodore, Mundum perfectissimum quâ fieri potuit minimâ materiæ quantitate, quamvis infinitâ, coalescere. Quin & te docebunt Physici corpora vel densissima, in existente rerum Systemate, si tollantur vacuola intercepta, longè ultra opinionem fore extenuanda. Jam verò non te latet in spatio immenso varia concludi posse infiniti genera.

TH. Ergo duplex erit ratio cur materiæ quantitatem æstimare non possimus. 1°. Quòd multa sint in corpore vacuola intercepta; 2°. quòd etsi fingatur corpus accuratè solidum; cùm spatii quantitate materiæ quantitas definiatur, nec loci magnitudo dignosci possit, nisi comparatè ad aliud, pariter dignosci non possit quanta sit moles, nisi comparatè ad aliam. Quin & si tuam ego mentem ritè sum assecutus, fieri potest, ut distributis in materiæ moleculâ vacuolis, condat Deus Orbem magnitudine parem Systemati nostro solari.

EUG. Et quod tibi multò magis stupendum videbitur, potest Deus in cubico spatii pollice, in quovis dato vacuolo Systema concludere quod servatâ partium ratione geometricâ, æquare videatur quidquid est nobis aspectabile. Quod quidem quia liquidius est, omnes à Carthesio hucusque Philosophi confessi sunt.

TH. Nunquid non alia materiæ proprietas, aut affectio nobis innotescit præter partium multiplicitatem, seu quod idem est præter illud extensionis genus quod illi proprium est?

EUG. Nulla prorsus, nisi inter materiæ affectiones formam & motum recenseas; nam obliteratæ sunt jam dudum qualitates occultæ Peripateticorum, id est, multiplex illud energiæ genus quod vulgus variis affingit corporibus.

TH. Atqui forma & motus non videntur esse veræ affectiones; nam si moveatur moles, mutatur situs corporum inter se, si non moveantur æquâ velocitate secundum parallelas: mutatur ergo Systema corporum; at singulum corpus non mutatur: atqui, accedente verâ affectione, mutatur subjectum; quin & demptâ creatione atque conversione in nihilum, nulla est ratio mutandi substantias, nisi affectiones adimas aut adjicias. Quod spectat ad formam, hæc quoque vera esse non videtur affectio. Nam corpus quodcumque est corporum Systema; ergo formæ corporum in partium ordine consistunt: atqui ordo non est substantiæ affectio, in plures etenim substantias una dividi affectio non potest. Præterea, si qua forma esset vera affectio, maximè simulachri à marmorario scitè elaborati: atqui nihil marmori adjectum est, sed potiùs ademptum, ut illa forma nasceretur; ergo nec forma, nec motus sunt veræ materiæ affectiones.

EUG. Vera prædicas. Minùs accuratè, ut innumera, vulgus motum & figuram pro veris habet affectionibus. Sunt qui mobilitatem esse corporum proprietatem affirment: at de potentiâ divinâ inopini verba faciunt, cùm materiam dicunt esse mobilem. Idem dictum esto de quâcumque substantiæ creatæ *potentiâ passivâ*; quod observes diligenter velim. Nam à multis seculis non mediocriter ipsi Philosophi abusi sunt istis vocibus, *potentia, capacitas, relatio distantiæ, contactus* &c., eò quòd istis vocibus rati sint aliquid significari verè extans in rebus creatis.

Nonnulli, pauci quidem, hoc in disceptationem adduxêre utrù‍m existerent corpora. Alii nihil non tentârunt ut illud geometrico more probarent: at corporum existentia est facti genus, quod proinde more factorum probatur, videlicet concursu signorum, additâ judicandi necessitate. Nemo adultus caret illo rerum consensu, qui quidem fidem faciat extare corpora. Ergo mendax est quisquis materiæ existentiam in dubium vocat, & imperitus quisquis eam geometrico more probare attentat.

TH. Scire velim quid per certitudinem physicam nonnulli intelligant. Triplicem, ut nôsti, distinguunt certitudinem. Primo recensent loco metaphysicam quæ spectat ad verum necessarium; hanc intelligo.

Secundo moralem, quæ refertur ad verum contingens; hanc admitto, modò adsit quoque judicandi necessitas; qui verò hanc pro verisimilitudine usurpant, videntur legitimum verborum sensum intervertere: illud enim falsum est sæpius quod verisimile judicatur; atqui nullo sensu certum dici debet quod falsum est.

Tertio physicam, quæ, illis autoribus, in ordine rerum instituto fundamentum habet: hanc certè non capio. 1°. Enim, non satis innotescit ordo rerum, ut certò noverimus hoc potiùs quàm illud eventurum. Conjecturam facimus plùs minùs probabilem. Quis autem asserat audacter nullam esse causam occultam unde inopinus prodire debeat effectus? Quid certius in hoc genere quàm istud, solem esse rursus, absoluto diei circulo, oriturum? Atqui improvisa aderit dies in quâ aliud ex ipso rerum ordine consequetur. 2°. Inexpectato miraculo interverti potest rerum ordo naturalis. Quid certius nisi futurum ut ardeat quilibet in ignem projectus? Atqui erravit profectò, si istud pro certo habuit qui tres Hebræos in fornacem projici jussit.

EUG.

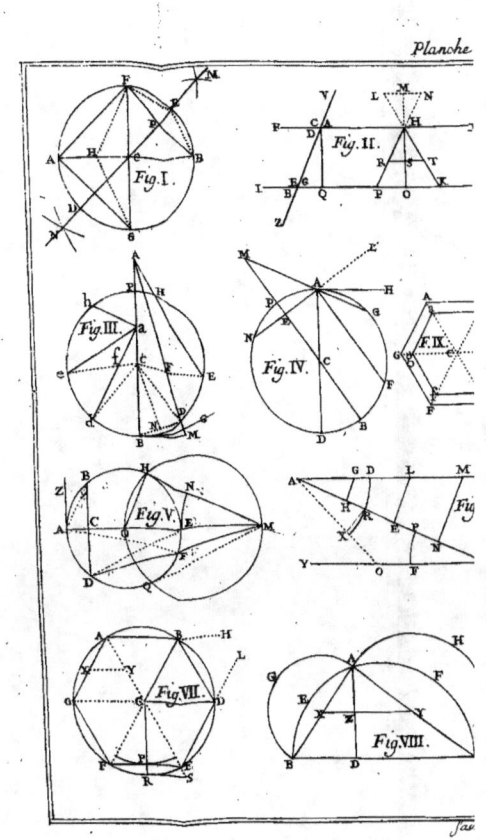

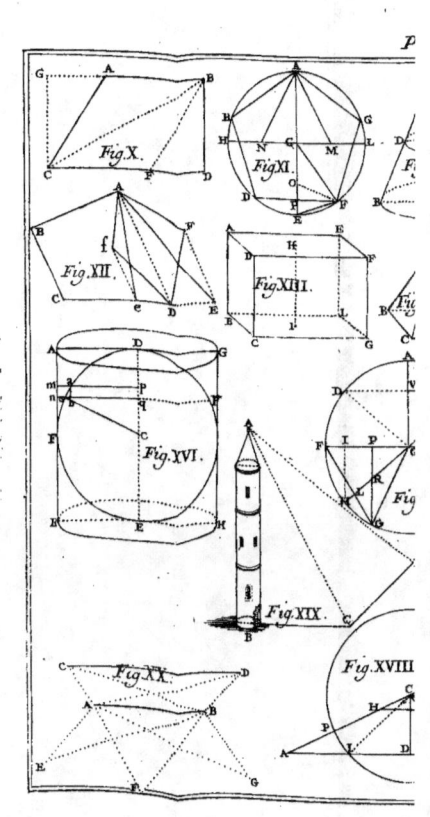

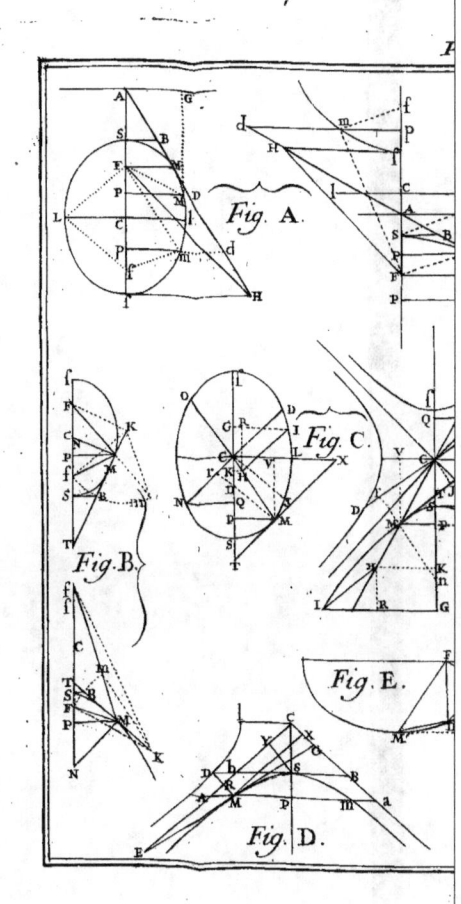

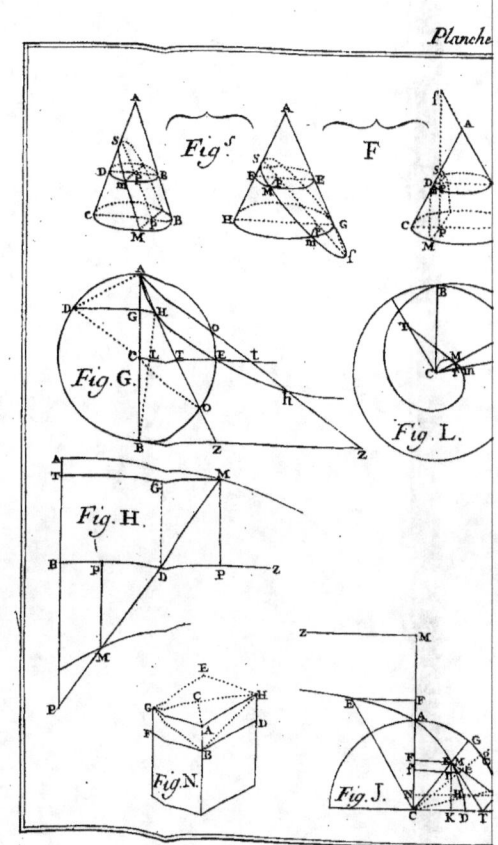

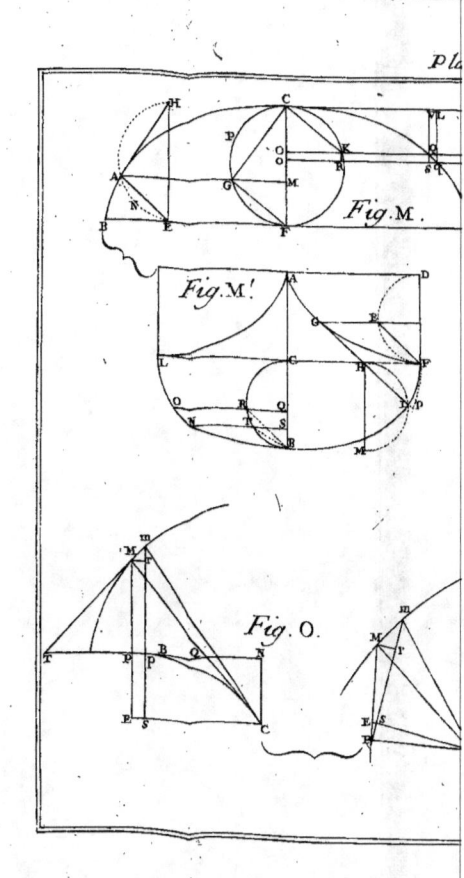

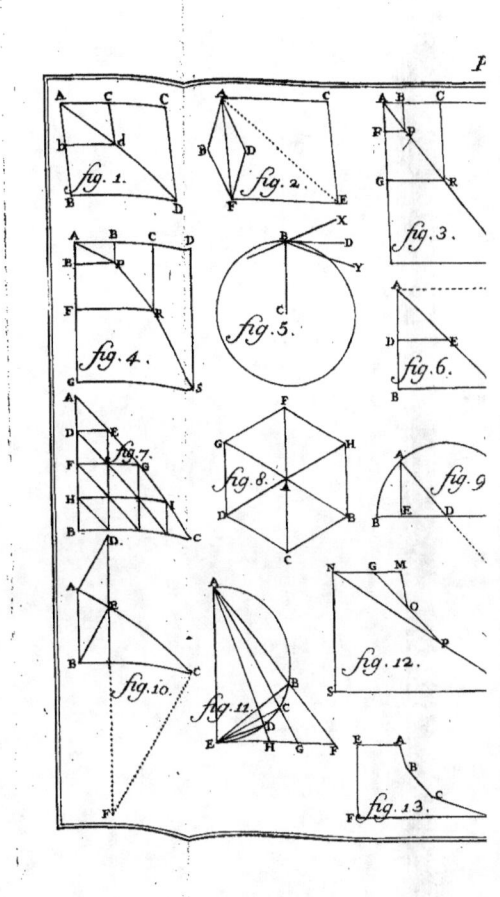

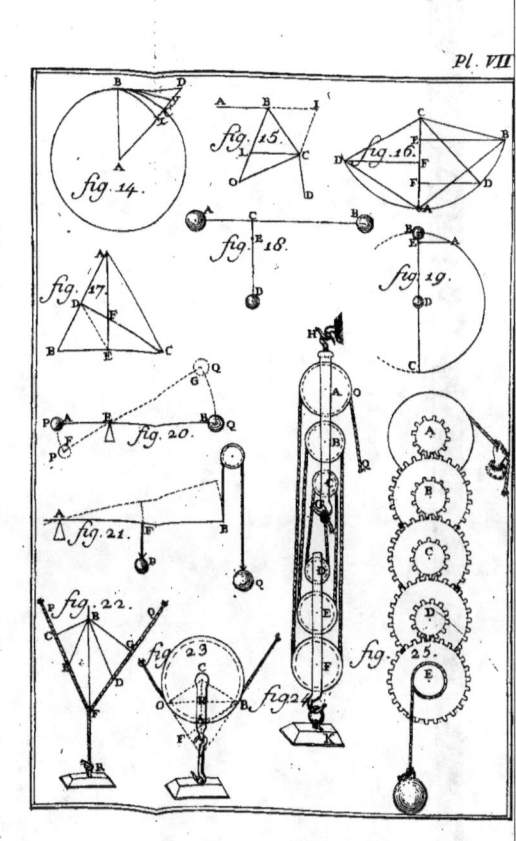

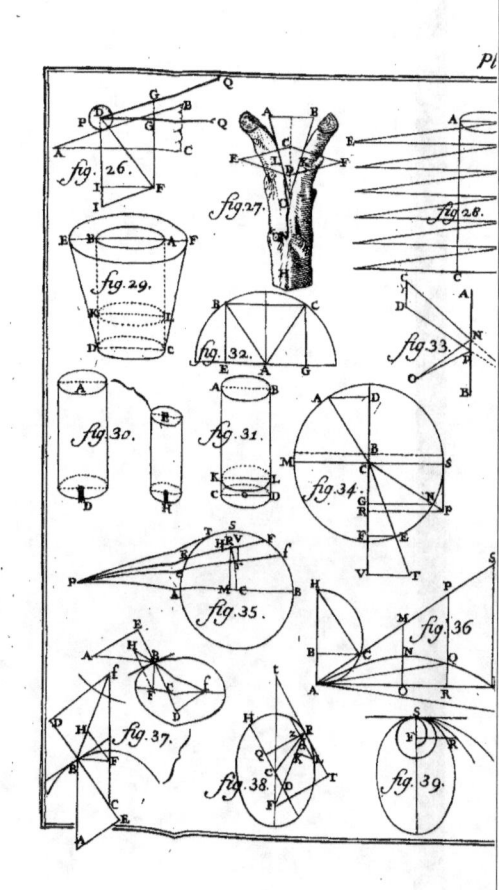

Table du rapport des Sons. Pl. IX.

Noms des notes	rapport des sons	Intervalles	Noms des Intervalles
ut ♮	$\frac{2}{1}$	3T+2t+2S.	Premiere octave aiguë du Son Fondal.
Si ✕	$\frac{125}{64}$	3T+3t.	Octave diminuée.
ut ♭	$\frac{48}{25}$	3T+1t+3S.	Septieme majeure superflue.
Si ♮	$\frac{15}{8}$	3T+2t+1S.	Septieme majeure.
Si ♭	$\frac{9}{5}$	3T+1t+2S.	Septieme mineure.
La ♮	$\frac{5}{3}$	2T+2t+1S.	Sixieme majeure.
La ♭	$\frac{8}{5}$	2T+1t+2S.	Sixieme mineure.
Sol ✕	$\frac{25}{16}$	2T+2t	Quinte superflue.
Sol ♮	$\frac{3}{2}$	2T+1t+1S.	Quinte.
Sol ♭	$\frac{64}{45}$	1T+1t+2S.	fausse Quinte.
Fa ✕	$\frac{25}{18}$	1T+2t.	Triton.
Fa ♮	$\frac{4}{3}$	1T+1t+1S.	Quarte.
Mi ✕	$\frac{125}{96}$	1T+1t+1ſ.	Quarte diminuée.
Fa ♭	$\frac{32}{25}$	1T+2S.	Tierce majeure superflue.
Mi ♮	$\frac{5}{4}$	1T+1t.	Tierce majeure.
Mi ♭	$\frac{6}{5}$	1T+1S.	Tierce mineure.
Re ✕	$\frac{75}{64}$	1T+1ſ.	Tierce mineure diminuée.
Re ♮	$\frac{9}{8}$	1T.	Ton majeur, Seconde majeure.
Re ♮	$\frac{10}{9}$	1t.	Ton mineur, Seconde mineure.
Re ♭	$\frac{16}{15}$	1S.	Semiton majeur.
Ut ✕	$\frac{25}{24}$	1ſ.	Semiton mineur.
Comma mineur	$\frac{81}{80}$	c.	Difference de 4 quintes à la 17.me
Ut ♮	1	0.	Son fondamental.

favart sculp.

EUG. Minùs accurata quidem est loquendi ratio; non tamen sensûs expers omninò. Quisquis asserit, nullâ adjectâ conditione, hoc aut illud ex instituto rerum ordine consecuturum, is temerè judicat, cùm non adsit menti judicandi necessitas. At si conditiones apponantur; si quis, verbi gratiâ, asserat, secluso miraculi casu, seclusâ vi quâlibet præter gravitationem, affore æquilibrium, modò pondus utrumque sit in ratione inversâ suæ à fulcro distantiæ, tunc adest certitudo geometricæ non impar, cùm istud geometrico more demonstretur.

Numquid aliud habes quod elucidari velis?

TH. Nihil quod nunc animo succurrat. Satis pro captu meo, te adjutante, dignovi triplex substantiæ genus: causam scilicet universam quæ omnia moderetur, mentes quæ justitiæ regulis, & corpora quæ physicis regantur Legibus. Hoc inter multa tibi debeo, quòd me ignorantiam confiteri & multa libenter nescire docueris. Hoc certè plurimùm abhorret à more Scholasticorum qui de re quâlibet obviâ, utili necne, differunt; nec exclamant, *O altitudo!* nisi cùm jam pugnantia locuti sunt.

Finis Metaphysicæ.

FAUTES A CORRIGER

Dans la Logique.

*P*AGE 11, *ligne* 25, breviter, *lisez* obiter.
*P*age 16, *ligne* 19, posteà, *lisez* præthereà.
Page 19, *ligne* 4, distingue, *lisez* distinguunt.
Page 76, *ligne* 32, corpora, *lisez* corporea.
Page 93, *ligne* 9, hac sic prop. defin. *lisez* hac præmissâ defin. sic.
Page 111, *ligne* 1, definitione, *lisez* definitioni.
Page 139, *ligne* 7, existisse, *lisez* extitisse.
Page 149, *ligne* 1, tunc, *lisez* tu.
Page 158, *ligne* 30, minusque comp. *lisez* magisque comp.
Page 167, *ligne* 16, quodque, *lisez* quodque est.
Page 185, *ligne* 4, motus, *lisez* gravitationis.
Page 190, *ligne* 16, repugnat, *lisez* repugnen.

Dans la Morale.

Page 196, *ligne* 17, nata benè, *lis.* nata à teneris benè.
Page 214, *ligne* 12, generi, *lisez* cupiditati.
Page 218, *ligne* 28, bonum à falso, *lisez* bonum à malo.
Page 255, *ligne* 22, observare, *lisez* observari.
Page 269, *lig.* 18, laudari, *lis.* laudari aut vituperari.
Page 287, *ligne* 37, quid, *lisez* quæ.
Page 289, *ligne* 19, servatores, *lisez* observatores.
Page 299, *lig.* 28, boni, verique, *lis.* veri, bonique.
Page 299, *ligne* 29, conjunctam, *lisez* conjuncta.
Page 300, *ligne* 28, cognitas, *lisez* conditas.
Page 309, *ligne* 7, uni Deo, *lisez* in uno Deo.
Page 318, *ligne* 21, & illi, *lisez* & illis.
Page 329, *ligne* 2, innumeri, *lisez* innumera.
Page 334, *ligne* 17, potuerant, *lisez* potuerunt.
Page 348, *ligne* 11, ob ipsum, *lisez* ob id ipsum.
Page 353, *ligne* 29, in quo rerum, *lisez* in quo versamur rerum.

Page 361, ligne 15, vilescat, lisez liquescat.
Page 365, ligne 13, aliquid, lisez aliud quid.

Dans la Métaphysique.

Page 375, ligne 30, simul, lisez semel.
Page 381, ligne 33, infinitâ, lisez infinita.
Page 386, ligne 24, nullo, lisez nullum.
Page 392, ligne 21, eligat, lisez dirigat.
Page 395, ligne 2, nec tamen scio, lisez nec scio.
Page 398, ligne 4, ut recte, lisez ut tu recte.
Page 414, ligne 29, præsciverit, lisez præsciverit Deus.
Page 417, ligne 35, At, lisez Atqui.
Page 425, ligne 15, mente, lisez à mente.
Page 443, lig. 26, à pane non, lis. à pane & vino non.
Page 463, ligne 30, quadripedem, lisez quadrupedem.
Page 475, ligne 19, existisse, lisez extitisse.
Page 480, ligne 9, qui quidem, lisez qui fidem.

www.ingramcontent.com/pod-product-compliance
Lightning Source LLC
Chambersburg PA
CBHW071612230426
43669CB00012B/1911